TRAITÉ DES SEIGNEVRIES.

PAR

CHARLES LOYSEAV *Parisien.*

A PARIS,

Chez ABEL L'ANGELIER, au premier pillier de la grand' Salle du Palais.

M. DC VIII.

Auec priuilege du Roy.

Extraict du Priuilege.

PAR grace & Priuilege du Roy il est permis à Abel l'Angelier Libraire Iuré en l'Vniuersité de Paris, d'imprimer ou faire imprimer vn liure intitulé *Traicté des Seigneuries Par Charles Loyseau Parisien*. Auec deffences à tous Imprimeurs, Libraires, & autres, de quelque estat, qualité ou condition qu'ils soient: imprimer ou faire imprimer, vẽdre ne distribuer autres que ceux que ledict l'Angelier aura faict imprimer, durant le temps de dix ans, à peine de confiscation desdicts liures, & d'amende arbitraire, selon qu'il est plus à plein contenu en l'original. Donné à Paris le 2. Ianuier 1608.

Signé, BRIGARD.

A TRES-ILLVSTRE ET TRES-EXCELLENTE PRINCESSE MADAME M. CATERINE

de Gonsagues de Cleues, Dame souueraine de Neuf-chastel en Suïsse, Duchesse de Longueville & de Touteville. Comtesse de Dunois, Barone de Montreuil-Bellay, Partenay, Mouuans & Meruant, Dame de Colommiers, &c.

ADAME,

C'est l'vnique fin de la justice, & l'office du juge mesme; d'attribuer à chascun ce qui luy appartient: & cela ne s'appelle pas dõner, mais rendre: ce n'est pas gratification, ains deuoir. C'est pourquoy, Madame, qnand je vous dedie ce liure des Seigneuries & justices, *que j'ay recueilly en estudiant, pour conseruer les droicts de la plus antique de vos Seigneuries, & de la plus belle de vos justices, je ne pretens pas le faire vostre, ains seulement j'entens le declarer vostre. Vostre est-il, soit à l'egard de l'autheur, duquel le labeur vous est acquis destors, qu'il s'est rengé à vostre seruice: soit à cause de la matiere, entant que vous possedez toutes les ſortes de Seigneuries qu'il traicte: ſoit à raiſon de ſon deſſein & projet, qui n'eſt autre, ſinon qu'il ſerue de memoires, pour la conſeruation de vos droicts. Ie feroy donc & contre mon deuoir, & contre le ſujet du liure, & contre le deſſein d'iceluy, ſi je l'addreſſoy à autre qu'à vous. Et neantmoins, Madame, comme Dieu meſme, à qui tout appartient, prend bien en gré, que luy facions offrāde d'vne petite portion des fruicts, que ſa benediction faict naiſtre de noſtre labeur: auſſi jeſpere, que vous aurez agreable, qu'à ce commēcement d'année, je vous offre ce mien petit ouurage, lequel je vous ſupplie tres-humblement d'accepter, pour vn public & permanent teſmoignage du zele extreme, que j'auray toute ma vie, de demeurer,*

Madame,

Voſtre tres-humble &
tres-obeïſſant ſeruiteur.

C. Loyseav.

ADVERTISSEMENT AV LECTEVR.

MY LECTEVR, l'impression de ce liure a eu trois mauuaises rencõtres, l'absence de l'Autheur, la maladie du Libraire, & la demeure du Correcteur hors l'Imprimerie. Ce qui a causé en iceluy plusieurs fautes, voire souuẽt le chãgement de mots tous entiers. Dont m'estant apperçeu au voyage que i'ay fait en ceste ville, pour le distribuer à mes amys, i'ay esté contraint de le relire à la haste, & ayant cotté les principales fautes, i'ay astraint de promesse le Libraire de les faire corriger à la main. En quoy ie n'ay compris celles de l'orthographe ny de la ponctuation, pource que ce n'eust esté iamais fait: ayant ma ponctuation & orthographe esté changés fort souuent, comme tu cognoistras en ce, que plusieurs mots sont orthographez diuersemẽt. I'ay donc laissé ces legeres fautes soubs ta benignité, & pareillement celles que ie n'ay apperceuës a ceste vnique reueuë du liure, cõme ie ne doute pas, qu'ils n'y en ayt encor quelques vnes, soit à cause du peu de loisir que i'y ay peu employer, soit pource que l'Autheur n'est iamais bon correcteur de son œuure. Ie te prie donc, de les excuser, & croire, que i'en suis plus marry que toy, ne desirant de ma part autre contentement de mon ouurage, que de t'en donner à toy-mesme.

TABLE DES CHAPITRES DE CE LIVRE.

FIN.

Sommaire du premier Chapitre.

1 La Seigneurie publique est mal aisée à regler.
2 Pourquoy.
3 Elle n'a point encor esté reglée.
4 Peu de Coustumes en ont parlé.
5 Articles secrets de la Coustume de Paris.
6 Qu'il seroit besoin y apporter un reglement.
7 Intention de l'Autheur.
8 Explicatiõ du mot de Seigneurie.
9 En toutes langues un mesme mot signifie l'Officier, & le vieillard.
10 En Hebreu.
11 Seniores populi.
12 Vieillards de Susanne.
13 Honor Senectutis.
14 γέρας πρέσβεις.
15 Presbyter. Senior.
16 γερουσία.
17 Senatus.
18 Seigneur.
19 Senior.
20 Anciens Seigneurs des Gaules.
21 Que Seigneur vient de Senior.
22 Sieur vient de Sien.
23 Pourquoy Seigneurie importe proprieté.
24 Deux significatiõs de Seigneurie.
25 Definition de Seigneurie.
26 Diuision de Seigneurie.
27 Seigneurie publique.
28 Seigneurie priuée.
29 Noms de Seigneurie publique & priuée.
30 Distinction d'icelles.
31 Κύριος. Δεσπότης.
32 Que la Seigneurie publique a lieu sur les personnes & sur les biens.
33 Usages diuers de ces deux Seigneuries.
34 Diuers effects d'icelles.
35 Que les Romains ont recogneu la Seigneurie publique.
36 Qu'ils n'en usoient sur les citoyẽs Romains
37 Ius libertatis.
38 Ny sur les heritages d'Italie.
39 Ius Quiritium.
40 Opinion de Bodin.
41 Qu'ils en usoiẽt par tout ailleurs
42 Mancipium unde.
43 Manus.
44 Main en François.
45 Main de Iustice.
46 Mancipium quid?
47 Mancipes.
48 Mancipium opponitur usui.
49 Res Mancipi & non mancipi.
50 Ius Imperij.
51 Subtilité d'Antonin pour oster les priuileges des citoyẽs Romains.
52 Abolissement du Ius Quiritium, & de la difference rerum mancipi & non mancipi.
53 Tributs, Census.
54 Que les anciens François ont recogneu ces deux Seigneuries.
55 Seruitude des Gaulois vaincus par

TABLE ALPHABETIQVE CONTENANT LES PRINCIPALES MATIERES TRAICTEES EN CEST OEVVRE.

A.

E

K.

L.

M.

N.

le Patron

T

Territoire

Y

FIN.

TRAITE' DES SEIGNEVRIES.

DES SEIGNEVRIES EN GENERAL.

CHAP. I.

'IL est ainsi (comme le diuin Platon a escrit) que ces mots, *tien & mien*, qui ne concernent que la Seigneurie priuée, dont la possession est reelle & toute apparente, sont neantmoins cause des guerres, noises & procés: combien plus en doit causer & engẽdrer la Seigneurie publique, qui n'est qu'vn droict intellectuel, & vne authorité qu'on ha sur les personnes libres, & sur les choses possedées par autruy? Que si la possession de ceste authorité est mal aisée à faire paroistre, son tiltre & son droict est encor' plus difficile à fonder en raison: par ce que les Seigneuries, ayant du commencemẽt esté establies en confusion par force & vsurpation, il à depuis esté comme impossible, d'apporter vn ordre à ceste confusion, d'assigner vn droict à ceste force, & de regler par raison ceste vsurpation. 1. La Seigneurie publique est mal-aisée à reigler.

Ainsi se sont forgées confusément plusieurs fantasques especes de Seigneuries, dont les noms mesme sont presque incogneus, & chascune d'icelles s'est attribué diuerses sortes de pretensiõs, plus en vn païs, moins en vn autre, selon qu'en chacun pays l'vsurpation a eu plus ou moins de cours, & souuent qui plus, qui moins en mesme pays, selon que chaque 2. Pourquoy.

Seigneur a esté plus ou moins entreprenant, & ses subjects plus ou moins endurans.

3. Elle n'a point encor esté reglee.

En fin la confusion & varieté s'y est trouuee si grande, que depuis tant de siecles, que ces Seigneuries sont establies, on n'y a encor peu establir de droit certain & vniforme, ains comme aux nouuelles conquestes, on y a tousiours vescu à discretion, & s'est-on accommodé à loge qui peut. Mesme toutes les fois qu'il s'en est presenté des differens en Iustice, on les a vuidez, non par le poinct de la raison, mais par celuy de la possession ou vsurpation, & par la regle de conqueste, *qui tenet teneat*, & que, *vis est ius*, donnant par ce moyen force à la force, & ne laissant aucun pouuoir à la raison ny à la justice, au faict mesme des justices: & ainsi les plus entreprenans & auantageux, l'ont emporté iusques icy par dessus les plus retenus & modestes.

4. Peu de Coustumes en ont parlé.

Mesmement quand on a redigé par escrit les Coustumes des prouinces, combien qu'il n'y ait matiere aucune, qui soit plus directement du droict coustumier & local, que celle des Seigneuries, neantmoins presque toutes les Coustumes l'ont passée soubs silence, pour ce (à mon aduis) que le peuple ne s'en est peu accorder. Cinq ou six Coustumes, sans plus, en ont traicté assez maigrement, & dix ou douze autres ont parlé fort variablement des simples justices seulement, qui est la derniere espece des Seigneuries. Quoy que ce soit, elles ont toutes commencé par ceste matiere, comme à la verité, c'est le premier, que de fonder la Iurisdiction, & est bien raisonnable d'expliquer la Seigneurie publique auant la priuée.

5. Articles secrets de la Coustume de Paris.

Et de nostre temps, en ceste celebre assemblée faite pour la reformation de la coustume de Paris, où se trouua l'eslite des Iurisconsultes François, les reformateurs esbaucherent bien quelques articles touchant ces simples Iustices, dont Bacquet nous a faict part: mais encores ne les oserent-ils proposer à l'assemblee, craignans d'émouuoir autant de procés de reglement, qu'il y a de Iustices dans la Preuosté de Paris, & d'auoir autant d'oppositions que d'articles, comme il fust sans doubte aduenu. Par ainsi ces Seigneuries sont demeurees sans droict, ces droicts, sans Iustice, & ces Iustices, sans raison, & la raison sans force.

Vaudroit-il pas mieux y apporter (qui pourroit) vn ordre asseuré, & y assigner vne regle vniforme, afin que les Seigneurs sceussent ce qui leur appartient, & les subiects ce à quoy ils sont tenus, sans parmy ceste confusion & incertitude, permettre en ceste matiere des Seigneuries & Iustices que la force domine & seigneurie la Iustice, & l'vsurpation la raison? Certes il y a raison par tout, pourueu qu'on la puisse trouuer, & combien que la verité soit souuent cachee au puits de Democrite, si la peut-on trouuer, pourueu qu'on la cherche iusques au fonds: & estant trouuee, elle doit demeurer la maistresse. 6. Qu'il seroit besoin y apporter vn reglement.

Quant à moy, ie ne me vante pas de la pouuoir trouuer: car qui s'en pourroit asseurer en vn champ si ample, en vn endroit si obscur, & en vn goulphe si profond? mais i'estime neantmoins qu'il y a du merite à la chercher, *in magnis & voluisse sat est*. Et si ie ne la trouue, possible que sous mes brisees vn autre plus penetrant, plus laborieux, & plus capable que moy, la trouuera apres moy. 7. Intention de l'Autheur.

De prime abord, se presente le mot mesme de Seigneurie, dont l'explication est aussi difficile comme l'vsage en est frequent, pource que par la mutation de nos mœurs il s'est du tout esloigné de son origine & signification primitiue, qui estoit, de signifier l'office du Magistrat ordinaire de chasque lieu, ainsi que ce discours fera foy. 8. Explication du mot de Seigneurie.

Car c'est chose notable, que comme anciennemẽt presqu'en toutes les nations, les gens d'aage & d'experience estoient appellez aux offices, (tesmoin l'e- 9. En toutes lãgues, vn mesme mot signifie l'Officier, & le vieillard.

xemple que Dieu mesme nous en donne au chap. 11. des Nombres, des septante vieillards, ausquels il fist part de l'esprit de Moyse) aussi en toutes les langues anciennes, vn mesme terme signifie le vieillard & l'officier, la vieillesse & l'office.

10. En Hebreu. En Hebreu, זקנים & זקני, qui signifie proprement *Senes & Seniores*, est pris pour les Conseillers & Magistrats, en plus de vingt endroits de la Bible, notam-
11. *Seniores populi.* ment en ce chap. 11. des Nombres, *Senes populi, ac magnates*: ainsi voit-on dans le nouueau Testament, que *Seniores populi*, ne sont pas les plus vieils du peu-
12. Vieillards de Susannne. ple, ains les officiers ou Conseillers de la Synagogue: & en Daniel, les vieillards de Susanne, n'estoiẽt pas de simples bourgeois d'ancien aage, ains c'estoiẽt les Iuges de la cité, *constituti erant duo senes iudices in illo*
13. *Honor Senectutu.* *anno*, ce dit le texte. Et de fait, quand le ieune Daniel voulut faire retracter le iugement donné contre Susanne, ayant dit, *reuertimini ad iudicium*, ils luy dirent: *indica nobis, quomodo dedit tibi Deus honorem senectutis*, c'est à dire, l'authorité affectee aux vieillards.

14. γέρας. πρέσβυς. En Grec, il est notoire, que γέρας, signifie la vieillesse & l'office, & πρέσβυς le vieillard & l'officier, dont nostre Eglise a retenu le comparatif πρεσβύτερος, &
15. *Presbyter. Senior.* au Latin & au Frãçois, *Presbyter* (dit Isidore 1. *ethym. cap.* 12.) *Latinè, senior interpretatur, non modo pro ætate, sed propter honorem & dignitatem.*

16. γερουσία. Pareillemẽt du mot, γέρας, presque toutes les natiõs Grecques ont appellé leur Conseil d'Estat γερουσίαν, & de ce mesme nom, les premiers Magistrats d'Athenes estoiẽt tiltrez: *Apud Lacedemonios, qui amplißimum Magistratum gerunt, vt sunt, sic etiam appellantur Senes*, dit Ciceron, *in Catone*: Desquels Magistrats, parlant Demosthene πρὸς Λεπτίνην, dit, qu'ils estoient comme Seigneurs & dominateurs du peuple, Ἐπειδὰν τις εἰς τὴν καλουμένην γερουσίαν ἐγκριθῇ, παράσχων ἑαυτὸν οἷον χρὴ, δεσπότης ἐστὶ τῶν πολλῶν. Ce qu'Aristote reprend au 2. des Polit. disant, qu'il n'est pas à propos

qu'il y ait vn Magistrat perpetuel, ayant authorité entiere, d'autant (dit-il) qu'il deuient en fin comme Seigneur & dominateur.

Tout de mesme, en Latin, le Senat est dit, *à Senio. Consilium*, dit Ciceron au mesme liure, *ratio & prudentia nisi essent in senibus non summum Concilium maiores nostri appellassent Senatum. Semper*, dit Callistrate, *in ciuitate nostra senectus venerabilis fuit. Namque patres nostri eundem penè honorem senibus, quem Magistratibus habebant. l. semper. De Iure Immunit.* 17. *Senatus.*

Finalement, en nostre France tres-Chrestienne, nous nous sommes accommodez à la mode de l'Eglise, qui se sert du comparatif Grec πρεσβύτερος pour signifier ses Officiers, & nous tout de mesme empruntons le comparatif Latin *Senior*, pour signifier noz Magistrats politiques, notamment le Magistrat ordinaire de chasque lieu, qui y a la charge du gouuernement & de la Iustice. Ce que les Italiens & Espagnolz font aussi à nostre exemple. Et de ceste imitation il s'en trouue vne belle auctorité dans le vieil decret *distinct.* 84 *.can. vlt. Cum nongentis & amplius annis ab Adam vsque ad Abraham vixisse homines legamus, nemo prius appellatus est Presbyter, id est, Senior, quam Abraham, qui multo paucioribus annis vixisse conuincitur.* 18. Seigneur. 19. *Senior.*

C'estoient donc les Seigneurs de l'ancienne Gaule, dont parle Cesar au 6. *de bello Gall. Principes regionum atque pagorum inter suos ius dicunt controuersiasque dirimũt*, charge qui residoit lors en leurs personnes, cõme vray Office, & non pas en leurs terres, comme noz Seigneuries d'apresent. 20. Anciens Seigneurs des Gaules.

De ce que dessus il s'ensuit, que le mot de *Seigneur* vient du Latin, *Senior*: Et de faict, & les anciens autheurs Latins, & les Italiens & Espagnolz modernes le tournent tousiours ainsi. Etymologie qui me semble plus vray-semblable, que le deriuer du pronom possessif *Sien*, & dire, que celuy qui peut dire la chose sienne, en est le Sienneur. Car c'est à mõ aduis le nom 21. Que Seigneur viẽt de *Senior.* 22. Sieur vient de *Sien.*

de *Sieur*, & non celuy de *Seigneur*, qui vient de *Sieur*: & de fait il est tout notoire que le mot de *Sien*, importe & signifie proprieté, & celuy de *Signeur* auctorité & superiorité: c'est pourquoy en nostre vsage vulgaire, nous estimons le titre de *Monseigneur* plus honorable que celuy de *Monsieur*.

23. Pourquoy Seigneurie importe proprieté.

Neantmoins pource que noz Seigneuries, qui de leur origine n'estoient qu'Offices, ont à succession de temps esté chãgées en proprieté: de là est venu qu'auiourd'huy le mot de *Seigneurie* importe tousiours quelque proprieté: voire que c'est auiourd'huy le terme plus vsité que nous ayons pour signifier la proprieté de quelque chose, que nous appellons Seigneurie, qui deuroit estre appellé *Sieurie*, mais ce mot s'en va hors d'vsage, & desormais est trouué rude.

24. Deux significations de Seigneurie.

De sorte que maintenant le mot de *Seigneurie* a deux significations, l'vne de signifier *in abstracto* tout droit de proprieté, ou puissance proprietaire qu'on a en quelque chose, qu'à l'occasion d'icelle on peut dire sienne: L'autre de signifier *in concreto*, vne terre Seigneuriale. Expliquons en premier lieu ceste premiere signification, qui à la verité, comme plus generale, comprend aucunement la seconde, que nous auons à traicter.

25. Definitiõ de Seigneurie.

Donques la Seigneurie en cette generale signification est definie *Puissance en proprieté*: Definition bien courte, mais qui a, & son genre, à sçauoir, *Puissance*, qui est commune aux Seigneuries & aux Offices & sa difference à sçauoir *Proprieté*, qui distingue les Seigneuries d'auec les Offices, dont la puissance n'est que par functiõ ou exercice, & non pas en proprieté, comme celle des Seigneuries.

26. Diuision de Seigneurie.

Quant à sa diuision, la Seigneurie a deux especes, à sçauoir la Seigneurie publique & la priuée. La publique consiste en la superiorité & auctorité qu'on a sur les personnes, ou sur les choses, qui toutesfois est propre au Seigneur, au lieu que la superiorité, qu'a le sim-

27. Seigneurie publique.

ple Officier n'est que par exercice, comme i'ay prouué au commencement du second liure *des Offices*. Et ceste espece de Seigneurie est appelleé publique, pource quelle concerne & importe le commandemẽt ou puissance publique,&aussi quelle ne peut estre exercée, que par personnes publiques.

Quant à la Seigneurie priuée, c'est la vraye propriete & iouyssance actuelle de quelque chose, & est appellée priuée pource quelle concerne le droict, que chacun particulier ha en sa chose. Dõques le Seigneur qui ha la Seigneurie publique,ha pour sõ relatif le subject, & celuy qui ha la Seigneurie priuée, l'esclaue. La Seigneurie publique est en Grec appellée κυριότης, ἐξουσία, ἀρχὴ: en Latin *Imperium*, *potestas*, *dominatio*: par nous domination, & proprement Seigneurie. La priuée est dite en Grec δεσποτεία, en Latin *dominium*, & en François proprement *Sieurie*. 28. Seigneurie priuée. 29. Noms de Seigneurie publique & priuée.

Ces deux especes sont nettement distinguées par Seneque en ces deux beaux passages du 1. liu. *De Benef.* *Ad Cæsarem potestas omnium pertinet, ad singulos proprietas.* Et peu apres, *Cæsar omnia imperio possidet, singuli dominio.* Mais sur tout ces deux mots Grecz κύριος & δεσπότης les distinguent elegamment κύριος signifiant celuy qui ha la Seigneurie publique τὸ κῦρος ἔχοντα *auctoritatem habentem*, & δεσπότης ἀπὸ τοῦ δεσμοῦ, signifiant celuy qui ha la propriete & Seigneurie priuée, *herum*, *siue dominũ*. Qui est-ce que dit en propres termes Philon Iuif au Traicté, Τίς ὁ τῶν θείων κληρονόμος ἐστί. Καί τε, dit-il, συνώνυμα ταῦτα λέγεται Κύριος καὶ Δεσπότης, ἐπινοίαις δ' αἱ κλήσεις διαφέρουσι. Κύριος μὲν παρὰ τὸ κῦρος, ὃ δὴ βέβαιόν ἐστιν, εἴρηται Καὶ ἐναντιότητα ἀβεβαίου, καὶ ἀκύρου. Δεσπότης δὲ παρὰ τὸν δεσμὸν ἀφ' οὗ δέος οἶμαι. 30. Distinction d'icelles. 31. Κύριος. Δεσπότης.

Qui voudra prendre garde de prez, trouuera que ceste Seigneurie publique a lieu par effect, & sur les personnes & sur les biens. Quant aux personnes, c'est en vertu d'icelle, qu'on les contraint quelque fois d'aller en guerre, qu'on les emprisonne, qu'on les punit 32. Que la Seigneurie publique a lieu sur les personnes & sur les biens.

corporellement, qu'on les faict mourir, quand le cas y eschet. Quant aux biens c'est en vertu de ceste Seigneurie, qu'on leue des subsides pour la necessité de l'Estat, qu'on les vend par auctorité de Iustice, qu'on en euince l'vn, pour les adiuger à vn autre : bref qu'on les confisque en cas de delict, vnissant la Seigneurie priuée à la publique.

33. Vsages diuers de ces deux Seigneuries.

Et faut remarquer hardiment, qu'il y a vne difference fort importante en l'vsage de ces deux Seigneuries à sçauoir qu'on peut vser de la Seigneurie priuée à discretion & libre volonté, *quilibet enim est liber moderator & arbiter rei suæ* dit la loy, pource que consistant en ce qui est nostre, il neschet gueres, que facions tort à autruy, en quelque façon que nous en vsions : mais pource que la Seigneurie publique concerne les choses qui sont autruy, ou les personnes qui sont libres, il en faut vser auec raison & justice. Et celuy qui en vse à deseretion, empiete & vsurpe la seigneurie particuliere qui ne luy appartient pas : si c'est sur les personnes, c'est les tenir pour esclaues : si c'est sur les biens, c'est vsuper le bien d'autruy, chose que les Princes doiuent bien considerer : & se souuenir de la response, que fist le Roy Antigonus au flateur, qui luy disoit, que toutes choses sont iustes aux Roys, non pas aux Roys, dit-il, mais aux Tyrans : & du dire de Seneque, *Cæsari cùm omnia liceant, propter hoc minus licet.*

34. Diuers effects d'icelles.

Bref ces deux especes de seigneurie sont entierement differentes quant à l'effect. Car comme la Seigneurie priuée n'induit point de puissance publique, aussi la Seigneurie publique, qui consiste en la Iustice, n'attribuë aucune Seigneurie priuée, & ne diminuë aucunement la liberté parfaicte du subject ou iusticiable, au contraire l'augmente & la conserue, comme dit fort bien du Moulin sur le 2. art. de la Coust. glo. 3. nom. 4.

----Neque enim libertas tutior vlla est.
Quam Domino seruire bono, dit Claudian.

Pour d'auantage approfondir la distinction de ces deux Seigneuries, & monstrer qu'elle n'est pas verbale & imaginaire, ains reelle & vraye, & pource que c'est la clef de ceste matiere, qui iamais n'a esté traittée: Ie veux prouuer à loisir, que, & les Romains, & noz anciens François ont distinctement pratiqué l'vne & l'autre, & sur les personnes & sur les biens. 35. Que les Romains ont recogneu la Seigneurie publique.

Au regard des Romains, ayant chassé leurs Roys, c'est bien la verité, qu'ils se voulurent exempter tout à fait de ceste Seigneurie publique, afin de iouyr d'vne parfaicte & absoluë liberté, & quāt à leurs personnes, & quant à leurs biens. Quant à leurs personnes, ils ne dependoient d'aucun Roy ny Monarque, mesme ne vouloient dependre d'aucun Magistrat par droit de Seigneurie, & duquel ils peussent estre dits subiects, qui est ce qu'ils appellerēt *Ius libertatis*, qui estoit l'vn des droicts & priuileges particuliers des citoyens Romains, doctement expliqué par Sigonius, *lib. 1. de antiquo iure ciuium Rom. cap. 6.* Mesme ne voulurent pas estre astraints tout à faict à la puissance publique des Magistrats, leur ayant osté le pouuoir de condamner à mort, voire au fouët aucun citoyen Romain: & est à croire, qu'ils se fussent passé tout à fait de Magistrats, s'ils eussent peu. 36. Qu'ils n'en vsoient sur les citoyens Romains. 37. *Ius libertatis.*

Quant aux biens aussi, les Romains voulurent, que leurs heritages fussent entierement libres, c'est à dire qu'ils fussent exempts de ceste Seigneurie publique, & qu'ils appartissent aux proprietaires d'iceux, *optimo iure, seu iure Quiritium*, comme ils parloient. Ce qui a meu Bodin de dire, que la Seigneurie publique est vne inuention de ~~personnes~~ peuples barbares, & que les Romains ne la recognoissent point, soit sur les personnes ou sur les biens. 38. Ny sur les heritages d'Italie. 39. *Ius Quiritium.* 40. Opinion de Bodin.

Ce qui est bien vray pour les personnes des citoyēs Romains, & pour les terres d'Italie. Mais il est bien aisé à prouuer, qu'ils la recognoissoient à l'esgard des personnes de tous ceux, qui n'estoient citoyens Ro- 41. Qu'ils en vsoient par tout ailleurs.

mains, & qui partant *non habebant ius illud libertatis, quod erat proprium ciuium Rom.* & sur les heritages situez hors l'Italie, *quibus non erat concessum ius Quiritium.* Ce qui se cognoist par cette ancienne diuision *rerum mancipi & nec mancipi*: que ie me donneray loisir d'expliquer en passant, pource que Iustinian en la loy vnique, *De iure Quirit. toll.* dit que c'est vn Enigme inexplicable.

42. *Mancipium unde.* *Mancipium est quasi manu captum*, dit Varo *lib. 5. quod manu ab hostibus capitur*, dict Iustinian aux Instit. Or

43. *Manus.* c'est chose notoire qu'en ces endroits, *Manus* ne signifie pas la main, mais la puissance, & encore non pas la puissance priuée, mais la publique, comme en la loy 2. *in princ. de orig. iur. omnia manu ab Regibus gubernabantur. An nescis longas Regibus esse manus? Inde manumittere, manum inijcere, in manu esse*, signifient & presupposent la puissance publique. Vray est qu'en l'Estat populaire des Romains ces termes sont quelquesfois accommodez aux particuliers, pource qu'ils auoiét part à l'Estat, & partant estoient capables de ceste puissance publique.

44. Main en François. Mais en nostre France monarchique : la main signifie communément la puissance publique, comme quand nous disons *mainmise*, *mainleuee*, *confortemain*, *maintenuë*, *maingarnie*, nous entendons ceste main, que nous appellons la main du Roy, ou de Iustice, c'est à dire la puissance publique, qui a son effect en la Iustice,

45. Main de Iustice. ce, selon laquelle elle doit estre conduite, ainsi qu'il vient d'estre dit : & que partant nous representõs par ceste main de Iustice, que noz Roys estans en leur habit Royal portent particulierement, comme les plus grands Iusticiers du monde, outre le sceptre commun à tous Roys.

46. *Mancipium quid.* *Mancipium* donques estoit proprement à Rome ceste Seigneurie superieure, qui appartenoit à la Republique sur les personnes & biens des Prouinces. Car, comme il vient d'estre dit, les citoyens Romains en

estoient exempts, *ÿ que fuerant mancipÿ*, comme aussi estoient toutes les terres d'Italie, *quæ habebant ius Quiritium*. Mais celles des Prouinces *erant in mancipio Reipubl.* & estoient tributaires. D'où vient que ceux, qui 47. Mancipes. prenoient à ferme, ou faisoient party general des tributs des Prouinces, estoient appellez *Mancipes*. *Mancipes*, dit, Asconius, *sunt publicanorum principes, qui exigenda à socÿs exigunt, & repræsentant suo periculo*.

Ainsi *Mancipium* est opposé à la iouyssance, tesmoin 48. Mancipium opponitur vsui. l'Epistre de Curius à Ciceron liu. 7. *epist. ad famil*. *Sum* χρήσει μὲν *tuus* κτήσει δὲ *Attici nostri: ergo fructus est, mancipium illius*. A quoy Ciceron respond, *Quandò proprium Attici nostri te esse scribis mancipio & nexu, meum autem vsu & fructu, contentus illo sum. Id enim cuiusque est proprium, quo vtitur ac fruitur*. Et dans Lucrece liu. 3.

Vitaque mancipio nulli datur, omnibus vsu. 49. Res mancipi & non mancipi.

Voyla la propre & originaire signification de *Mancipium*, de signifier la puissance publique & superieure. Mais depuis que les Romains en leur Estat populaire se furent attribué ce droit de posseder *optimo Iure seu iure Quiritium* les heritages de toute l'Italie, c'est à dire sans aucune subiection, ains en parfaicte liberté & entiere Seigneurie, dont chacun particulier estoit capable, 50. Ius Imperÿ. ayant part à l'Estat (ce qu'ils appelloient *Ius Imperÿ*, qui estoit encor vn autre des droits propres aux citoyens Romains) ils appellerent *res mancipi* les biens dont les possesseurs *habebant mancipium*, c'est à dire ceste Seigneurie superieure conioincte à la proprieté & iouyssance actuelle, *& res nec mãcipi* celles dont les particuliers n'estoient capables d'auoir ceste mesme Seigneurie publique, pource qu'elle auoit esté reseruee inseparablement à la Republique, à sçauoir les terres des Prouinces.

Et par apres depuis que soubs les Empereurs ils 51. Subtilité d'Antonin pour oster les priuileges des citoyens Romains. commencerent à perdre *eiusmodi iura libertatis & Imperÿ*, commençans aussi à estre reduits peu à peu à la Monarchie, l'Empereur Antonin n'osant pas oster tout ouuertement ces droicts & franchises au peuple Romain, les communiqua par vn sage trait d'Estat à tous les subjects de l'Empire, qu'il feist tretous citoyés Romains, par ce bel Edict rapporté en la loy *in urbe. De statu hominum:* & ainsi il abolit par effait les priuileges des citoyens Romains, les reduisant en droict commun.

52. Abolissemēt du *Ius Quiritium*, & de la difference *rerum mancipi & non mancipi.*

Et long temps apres Iustinian osta tout à plat ceste difference des terres d'Italie & des Prouinces. Quoy faisant, afin d'abolir toutes les traces & vestiges de ceste antique liberté populaire, il dit finement, que ce *Ius Quiritium* estoit vn nom vain & sans effaict. Aussi à la verité luy ostoit-il lors son effaict, en ostant la difference *rerum mancipi, & nec mancipi*, & ordonnant que *quisque rei suæ legitimus & plenissimus dominus esset. l. vnica. de Iure Quirit. toll. & l. vnica. De vsucap. transform. & sublatâ differentiâ rerum mancipi, & nec mancipi.*

53. Tributs. *Census.*

Et neantmoins en effect les terres des Prouinces ne laisserent de demeurer en la Seigneurie publique de l'Empire Romain, & d'estre tributaires, comme au parauant: ainsi que les trois derniers liures du Code font foy, & le titre *de Censibus* au Digeste. C'est pourquoy le vieil glossaire Grec dit, que σπερδιάκια ὅτι τὰ ἐν ἐπαρχίαις κλίματα. Et ce tribut fut en fin appellé *Census*, Κῆνσος, *Inquit Suidas*, ἐτήσιον τέλος, lequel tribut ou Cens des Romains estoit la marque de ceste Seigneurie publique.

54. Que les anciens Frāçois ont recogneu ces deux Seigneuries.

Voila quant aux Romains, & pour le regard de noz François, quand ils conquesterent les Gaules, c'est chose certaine qu'ils se feirent Seigneurs des personnes & des biens d'icelles, i'entens Seigneurs parfaits tant en la Seigneurie publique, qu'en la proprieté ou Seigneurie priuée.

55. Seruitute des Gaulois vaincus par les Francs.

Quant aux personnes ils feirēt les naturels du pays serfs, non pas toutesfois d'entiere seruitute, mais tels à peu-pres que ceux que les Romains appelloient ou *Censitos seu adscriptitios*, ou *Colonos seu glebæ addictos*, qui estoient deux diuerses especes de demy-serfs, s'il faut ainsi parler, dont les premiers sont appellez en noz Coustumes *Gens de mainmorte, id est mortuæ potestatis*, ou *gens de pote, id est alienæ potestatis*: comme il est interpreté en vn vieil arrest de l'an 1247. rapporté par Ragueau. Et les derniers sont appellez *Gens de Suitte* ou *Serfs de Suitte*, qui estoient subjects de demeurer dans le territoire du Seigneur, autrement pouuoient estre poursuiuis & ramenez, comme les serfs fugitifs.

56. Gẽs de mainmorte ou de Pote.

57. Serfs de Suitte.

Mais quant au peuple vainqueur, il demeura franc de ces especes de seruitute, & exempt de toute Seigneurie particuliere. D'où est venu que les François libres estans meslez auec les Gaulois, qui estoient demy-serfs, le mot de *Franc*, qui estoit le nom propre de la nation, à signifié ceste liberté: Ainsi que M. Pasquier à bien remarqué au 5. chap. du 1. liure de ses recherches.

58. Franc pourquoy signifie libre.

59. Franc d'où vient.

Quant aux terres de la Gaule, les François victorieux les confisquerent toutes, c'est à dire attribuerẽt à leur Estat l'vne & l'autre Seigneurie d'icelles. Et hors celles, qu'ils retindrent au domaine du Prince, ils distribuerent toutes les autres par climats & territoires aux principaux chefs & capitaines de leur nation. Donnãt à tel toute vne Prouince à titre de Duché: à tel autre vn pays de frontiere à titre de Marquisat: à vn autre vne ville auec son territoire adiacent à titre de Comté: bref à d'autres des Chasteaux ou villages auec quelques terres d'alentour à titre de Baronnie, Chastellenie, ou simple Seigneurie, selon les merites particuliers de chacun, & selon le nombre des soldats qu'il auoit soubs luy. Car c'estoit tant pour eux que pour leurs soldats.

60. Comment les terres furent distribuees apres les cõquestes des Gaules.

61. Origine des Seigneuries.

Mais ces terres ne leur estoient pas baillees *optimo iure*, pour en iouyr en parfaicte Seigneurie, ains voulans establir vne Monarchie asseurée, ils en retindrẽt pardeuers l'Estat, non seulement la Seigneurie publique, ains aussi se reseruent vn droit sur la Seigneurie

62. Seigneurie directe.

priuée, qui n'auoit point esté cogneu par les Romains, que nous auons appellé Seigneurie directe, qui est vne espece ou degré de Seigneurie priuée.

63. Origine des Fiefs. Car ils ne concederent pas ces terres à leurs Capitaines pour en iouyr en toute franchise, & sans prestation ou redeuance aucune, ains le concederent à titre de fief, c'est à dire, à la charge d'assister à tousiours le Prince souuerain en guerre. Inuention qui auoit esté commencée par les Empereurs Romains, lesquels, pour asseurer leurs frontieres, s'aduiserent de donner

64. *Beneficium.* les terres d'icelles à leurs Capitaines & soldats plus signalez par forme de recompense ou bien-fait, qu'aussi ils appellerent *Benefice*, & à la charge de les tenir tant qu'ils seroient soldats seulemeut. Ce qui seruoit, tant à les obliger à continuer la milice, qu'à les rendre plus courageux lors qu'ils defendoiēt leur propre terre, *vt attentius militarent propria rura defendentes*, dit Lāpride.

65. Etymologie de Fief. Ce que noz antiques François ayant appris, lors qu'ils enuahirent sur les Romains les frontieres de Gaule, le pratiquerent depuis, non seulement en la frontiere de leur Estat, mais par tout iceluy, appellāt Fiefs, les terres concedées à ce titre, à cause de ceste confiance, ou foy promise par le preneur d'icelles, d'assister son Seigneur en guerre: ce qui a fait croire à plusieurs, qu'ils ont esté les premiers inuēteurs des Fiefs, estāt eux à la verité qui en ont appris l'vsage aux Lombardz.

66. Origine des arriere-Fiefs. Et non seulement le Prince souuerain des François conceda à ses Capitaines tant pour eux, que pour leurs soldats, les terres de leur partage à titre de Fief vers luy: mais aussi ces Capitaines baillerent à chacun de leurs soldats la part, qu'il leur en voulurent conceder, à mesme titre de Fief vers eux, c'est à dire à la charge qu'ils seroient tenus les assister en guerre toutesfois & quantes qu'il en seroit besoin, & par ce moyen leurs compagnies demeurerent entieres pour iamais.

Par ainsi ils auoient deux sortes de gens de guerre à sçauoir les vassaux ou feaux, & les soldats : les Feaux y estans obligez par leurs Fiefs, & les soldats par leur solde. Et y auoit en France anciennement si grand nombre de feaux ou vassaux, qui estoient conuoquez par le ban & arriere-ban, qu'on n'vsoit presque point de soldats soudoyez : Et sans celà noz Roys, qui n'auoient presque point de domaine (estans lors tous les Duchez & Comtez detenus par les Seigneurs) & qui d'ailleurs n'auoient aucune taille, ny autre subside ordinaire, n'eussent pas peu soustenir les grãdes guerres, qu'ils supportoient presque continuellemẽt. Voire mesme pource qu'en temps de paix leur puissance estoit fort petite, estant reserree de si pres par tant de Seigneurs trop puissants, qu'ils estoiẽt cõtraints, pour se maintenir, d'auoir tousiours quelque entreprinse de guerre, afin d'auoir subject de tenir tous ces Seigneurs obligez à les assister, & à demeurer aupres d'eux, soubs leur commandement militaire.

67. Feaux & soldats.

68. Pourquoy la guerre estoit iadis continuelle en France.

Mais pour reuenir au partage que feirent noz conquerans François des terres de la Gaule: ces Capitaines ausquels les territoires entiers auoient esté concedez, outre la part, qu'ils en donnerent à leurs soldats, rendirent aussi aux naturels du pays quelque petite portion de leurs terres, afin de ne les exterminer, ains pour s'en seruir au labourage. Mais ils ne la leur concederẽt pas au mesme tiltre de Fief, cõme ils auoient fait à leurs soldats, (car ils leur osterent l'entier vsage des armes, & par consequent des Fiefs,) ains à tiltre de Cens, c'est à dire, à la charge de leur en payer la mesme rente annuelle ou tribut qu'ils auoient accoustumé d'en payer aux Romains : duquel tribut les Fiefs concedez aux François estoient exempts, & pour ceste cause furent appellez *Francs-Fiefs*, ou bien parce qu'il n'y auoit que les Francs qui fussent capables de les tenir: ce qui sera examiné ailleurs.

69. Origine des Censiues.

70. Fiefs pourquoy appellez Francs.

71. Iadis les Seigneurs auoiét la directe des personnes aussi bien que des heritages.

Voila en passant, l'origine de noz Fiefs, arriere fiefs & Censiues. Or ces Capitaines, ausquels les Prouinces, ou les villes, ou les amples territoires auoient esté concedez, tant pour eux, que pour leurs soldats, n'auoient pas seulement la Seigneurie priuee, soit directe, soit vtile, des heritages de leur territoire : mais aussi ils estoient Seigneurs des personnes des anciens habitans du pays residés en leur distroit, selon la condition de seruitude, qui leur auoit esté imposee lors de leur conqueste : laquelle Seigneurie ne se pouuoit estendre sur les François, qui estoient francs & libres. Toutesfois il faut noter que toute la Seigneurie qu'auoient ces Capitaines, soit sur les terres, ou sur les personnes, n'estoit qu'vne Seigneurie priuée, demeurant iusques alors la Seigneurie publique entierement pardeuers le Prince souuerain, selon sa vraye nature.

72. Quelle puissance publique ils auoiét.

Vray est qu'ils auoient le commandement & puissance publique en qualité d'Officiers, estāt tousiours demeurez en leurs charges de Capitaines, en tant que par le moyen des vassaux, qu'ils auoiét soubs eux, leurs compagnies & bandes estoient maintenuës à perpetuité, & de faict aux liures des Fiefs ils sont appellez *Capitanei Regis aut regni.*

73. Qu'ils auoiét l'administration de la Iustice, aussi bié que des armes.

Voire, que non seulement ils auoient le commandement au faict de la guerre, comme Capitaines, ains auoient aussi l'administration de la Iustice, pource qu'en ces nations belliqueuses, il n'y auoit point d'autres Officiers principaux, que ceux de la guerre, qui quant & quant exerçoient la Iustice en temps de paix: n'ayant mesme en aucune ancienne Republique les charges de la guerre & de la Iustice, esté separées comme il a esté dict au 1. liu. des Offices. Aussi Cesar au passage sus allegué, dit-il, qu'en l'ancienne Gaule c'estoient les principaux des villes & bourgs qui rendoiét la Iustice. Et tout ainsi que ces Capitaines s'aydoient de leurs vassaux en la guerre, aussi faisoient-ils en la

Iustice, principalement aux causes d'importãce, qu'ils iugeoient par leur aduis, & pour ceste raison ils les appelloient *Pares curiæ*, c'est à dire Pairs & compagnons de leur Cour & Iustice.

Dont s'ensuit que la charge de ces Capitaines, estoit Office & Fief tout ensemble. Office en tãt qu'ils auoient l'administration, & des armes, & de la Iustice: Fief aussi entant qu'ils estoient Seigneurs de leur territoire, lequel ils tenoient en fief du Prince souuerain, à la charge de l'assister en guerre. 74. Que leurs Seigneuries estoient Offices & Fiefs ensemble.

Aussi n'estoient lors l'Office & le Fief gueres dissemblables. Car outre l'affinité, qu'ils ont encor, de consister tous deux en functiõ personnelle, & de subsister formellemẽt en la foy, le Fief aussi biẽ que l'Office finissoit lors par la mort, mesme l'vn comme l'autre estoit reuocable par la volonté du cõcedant, comme il est dict au 1. tit. des Fiefs. Bref l'Office & le Fief n'auoient lors autre difference, sinon que la function de l'Office est publique & celle du Fief est priuée, à sçauoir d'assister son Seigneur en guerre: en signe dequoy le serment de l'Office se fait publiquement, & la foy du Fief se rend en priué: & aussi la recompense de l'Office consiste ordinairement en gages perceptibles du public, & celle du feudataire en heritages, dont il iouyt par ses mains. 75. Ressemblance de l'Office & du Fief.

Donques ces charges de Capitaines, qui sont les Duchez, Marquisats & Comtez, n'estoient pas lors de ceste premiere institution simples Offices, comme a dit Bodin, puis qu'elles estoient conferées à la charge d'assister le Prince en guerre, qu'elles auoient des vassaux & Censiers, qui en releuoient, & que leur reuenu consistoit, non en gages, ains en heritages. Ce n'estoient pas aussi simples Fiefs, puisque d'iceux dependoit la function publique, voire le commandement, tant au fait des armes, que de la Iustice. Partant il faut conclurre que c'estoient Offices & Fiefs tout ensemble. 76. Cõtre Bodin.

77. C'est pourquoy dans les liures des Fiefs ils sont ap-
Feuda dignitatum. pellez *Feuda dignitatum, seu feudales dignitates*: comme
qui diroit dignitez & Fiefs ensemble. Terme que l'an-
tique Bouteiller a bien sceu recueillir. *Tenir par Digni-*
78. *té*, (ce dit-il au tit. des Fiefs) *si est tenir aucun Office en*
Tenir par dignité. *Fief, par forme de Dignité, si comme de tenir Seigneuries, &*
autres Offices à heritage & en Fief, & si comme maieur heri-
tier c'est à dire vn Maire hereditaire. Qui est l'occasion pourquoy nous les auons fort à propos qualifiez
du nom de Seigneuries, qui par sa double Etymologie
de *Senior*, & de *Sien*, cy-dessus recitée, comprend, &
l'Office, & la proprieté des terres.

79. Car il faut noter, que quelque commandement
Commét les Offices des Seigneurs ont esté changez en Seigneuries. ou puissance publique qu'eussent les Ducs, Marquis,
& Comtes de leur premiere institution, si est-ce qu'ils
ne l'auoient que par forme d'administration comme
Officiers, & non pas en proprieté comme Seigneurs:
Mais pour l'affinité qu'il y a entre la puissance des Officiers, & celle des Seigneurs, (qui est si grande, que ny
les Grecs, ny les Romains, n'ont sceu la distinguer
80. par vn nom diuers : ains ont esté contraints appeller
Difference de l'Office & Seigneurie. l'vne & l'autre d'vn mesme nom ἀρχὴν, *Imperium*) Il a
esté facile à ces anciens Ducs & Comtes, de changer
leur Office en Seigneurie : entreprenans premierement de faire exercer leurs charges par commis &
Lieutenans, ainsi que le droict Romain permet : puis
ayant trouué moyen accortement de les rendre accessoires & dependentes de leurs Fefs, qui desia auparauant auoient esté faicts hereditaires & patrimoniaux.

81. Par ainsi outre la Seigneurie priuée concedée à ces
Comment les Seigneurs ont vsurpé la Seigneurie publique. Seigneurs tant des terres de leur distroit, que des personnes des Gaulois, ils ont encor vsurpé vne espece
de Seigneurie publique, c'est à dire vne proprieté de
82. la puissance publique. Dont s'ensuit qu'en France, &
Deux sortes de Seigneurie publique. en si peu qu'il y a d'autres pays, où la Iustice & puissãce
publique est laissée en proprieté aux particuliers, il y a

deux degrez de Seigneurie publique, à sçauoir celle qui demeure inseparablement par deuers l'Estat, nonobstãt ceste vsurpatiõ; que nous appellõs *Souueraineté*: Et celle qui a esté ainsi vsurpée par les particuliers, pour laquelle exprimer il nous à fallu forger vn mot expres, & l'appeller *Suzeraineté*, mot qui est aussi estrange, cõme ceste espece de Seigneurie est absurde.

83. Deux sortes de Seigneurie priuée.

Comme au pareil nous auons deux degrez de Seigneurie priuée, à sçauoir la directe qui est celle des Seigneurs Feodaux ou censuels, & la Seigneurie vtile, qui est celle des vassaux & subjects Cẽsiers: lesquels deux degrez de Seigneurie priuée reuiennent presque à la distinction que font les Grecs entre *κτῆσις* & *χρῆσις*.

84. La Seigneurie priuée n'a plus lieu directemẽt sur les personnes.

Or comme ainsi soit, que nons n'auons plus à present aucune sorte d'esclauage en France, qui est le pays des francs, la Seigneurie priuée n'y a plus lieu sur les personnes, ains seulement sur les terres: Vray est qu'elle redõde indirectement sur les personnes à l'occasion des terres: comme on veoit que le vassal & censier doiuent quelques redeuances personnelles à leur Seigneur direct, mais ce n'est pas de leur chef, ains à cause de leur terre, qui estant inanimée ne peut rendre le deuoir, dont elle est chargée, sans l'entremise du detenteur d'icelle, qui aussi se peut exempter de ce deuoir, en quittant la terre, ce qui ne seroit pas, s'il estoit deu directement par la personne.

85. La Seigneurie publique n'a lieu directement que sur les personnes.

Mais au rebours la Seigneurie publique a lieu directement, & principalement sur les personnes, qui sont capables de receuoir le cõmandement, & nõ sur les choses inanimees. Que si elle s'estẽd sur les choses, c'est indirectement, & à cause de la personne, à qui elles appartiennent: comme quand on saisit les meubles d'vn debteur, qu'on confisque les biens d'vn condamné.

De ce discours (qu'il a esté besoin faire vn peu long, tant pource que c'est le fondement de ceste ma-

tiere, que pource que ceste distinction de Seigneurie n'a iamais esté traitée:) Il appert assez, ce me semble,
86. Contre Bodin. que Bodin se mesprend, quand il dit que les Romains n'ont point recogneu de Seigneurie publique: & encore plus, quand pour prouuer ceste proposition, il dit, que ces mots *Dominium directum, & vtile* ne se trouuét point dans le corps de leur droit, pensant à mon aduis, que la Seigneurie directe fust la publique, & que l'vtile fust la particuliere, combien que la directe & l'vtile soient deux especes de la Seigneurie priuée: au dessus desquelles deux, est encor la Seigneurie publique.

87. Ce qui l'a deceu. Ce qui l'a deceu, est la grãde affinité & ressemblance d'entre la Seigneurie priuée directe du Seigneur Feodal & censuel, & la Seigneurie publique du Seigneur haut Iusticier, qui se rencontrent ordinairemét en mesme personne, & en mesme Fief. Et aussi que le cens, qui aux Romains estoit marque de Seigneurie publique est à nous marque de Seigneurie directe des particuliers.

88. Que les Romains ne cognoissoient qu'vn degré de chacune Seigneurie. Concluons doncq des preuues cy-dessus rapportées, que les Romains recognoissoient la Seigneurie publique & la priuée: Mais ils n'en cognoissoiét qu'vne sorte de chaque espece, & non pas deux diuers degrez comme nous. Car premierement quant à la Seigneurie publique. Ils ne cognoissoient point celle, qui a esté en France vsurpée par les particuliers. Et quant à la Seigneurie priuée, ils ne recognoissoient point le *dominium directum & vtile*, qu'ont produict nos Fiefs & Censiues, dont ils n'auoient l'vsage.

Sommaire du second Chapitre.

DES SEIGNEVRIES SOVVERAINES.

CHAP. II.

1\. Seigneurie *in concreto*, ou terre Seigneuriale.

C'EST assez parlé de la Seigneurie prise *in abstracto*, & entant qu'elle signifie toute puissance en proprieté, soit publique, soit priuée. Parlons maintenant de la Seigneurie prise *in concreto*, qui estant formée & concréee de la rencontre de la Seigneurie publique & de la priuée, (rencontre qui sera expliquée au Chap. 4.) signifie vne terre Seigneuriale, en laquelle ces deux Seigneuries se rencontrent, & principalement la publique, que nous auons dit estre la plus vraye, & plus propre Seigneurie.

2\. Deux especes de terres Seigneuriales.

Proprement donc la Seigneurie, ou terre Seigneuriale est celle, qui est doüée de Seigneurie publique, c'est à dire de puissance publique en proprieté. Et cõme il a esté dit au Chap. precedent, qu'il y a deux sortes de Seigneurie publique *in abstracto*, à sçauoir la Souueraineté, & la Suzeraineté: aussi y a-il deux sortes de Seigneuries *in concreto*, ou terres Seigneuriales, à sçauoir les Souueraines, & les Suzeraines. Les Suzeraines sont celles qui ont puissance superieure, mais non supreme, ains subalterne. Les Souueraines, ausquelles ce Chapitre est destiné, sont celles qui ont la puissance souueraine, qui par les Hebreux est appellée

3\. Noms de souueraineté.

חוסר שבט par les Grecs *ἄκρα ἐξουσία καὶ κυρία ἀρχὴ*, par les Latins *Suprema potestas, summumque Imperium*: & en vn mot *Maiestas*: & par les Italiens *Signoria* par vne certaine

certaine excellence, tout ainsi que les Romains l'appellent par fois simplement *Imperium*.

Ceste Souueraineté est la propre Seigneurie de l'Estat. Car combien que toute Seigneurie publique deust demeurer à l'Estat, ce neãtmoins les Seigneurs particuliers ont vsurpé la Suzeraineté : Mais la Souueraineté est du tout inseparable de l'Estat, duquel si elle estoit ostée, ce ne seroit plus vn Estat, & celuy qui l'auroit, auroit l'Estat, en tant & pourtant qu'il auroit la Seigneurie souueraine : comme quand le Roy Frãçois quitta la Souueraineté de Flandres, la Flandre fut par consequent distraicte & ostée de l'Estat de France, & deuint vn Estat à part. Car en fin la Souueraineté est la forme, qui donne l'estre à l'Estat, voire mesme l'Estat & la Souueraineté prise *in concreto*, sont synonimes, & l'Estat est ainsi appellé, pource que la Souueraineté est le comble & periode de puissance, ou il faut que l'Estat s'arreste & s'establisse.

4. Souueraineté est propre inseparablemẽt a l'Estat.

5. La Souueraineté est la forme de l'Estat.

6. Estat d'où est dict.

Et comme c'est le propre de toute Seigneurie d'estre inherẽte à quelque Fief ou domaine, aussi la Souueraineté *in abstracto* est attachee à l'Estat, Royaume ou Republique. Pareillement comme toute Seigneurie est communiquée aux possesseurs de ce fief ou domaine, la Souueraineté, selon la diuersité des Estats, se communique aux diuers possesseurs d'iceux : à sçauoir en la Democratie à tout le peuple, comme à Rome, où la Maiesté estoit attribuée au peuple en general, & chacun citoyen en particulier *dicebatur habere ius Imperij*, que nous disons auoir part à l'Estat. En l'Aristocratie la Souueraineté reside pardeuers ceux, qui ont la domination, qui pour ceste cause sont ordinairement appellez Seigneurs. Finalement és Monarchies elle appartient au Monarque, qui pour ceste cause est appellé *Prince souuerain* ou *souuerain Seigneur*.

7. Souueraineté reside en l'Estat, & se cõmunique aux Seigneurs d'iceluy.

Or elle cõsiste en puissance absoluë, c'est à dire parfaite & entiere de tout poinct, que les Canonistes appellent *plenitude de puissance*. Et par consequent sans de-

8. Que c'est que la puissance absoluë de Souueraineté.

gré de superiorité : Car celuy qui a vn superieur ne peut estre supreme & souuerain : sans limitation de temps, autrement ce ne seroit, ny puissance absoluë, ny mesme Seigneurie, ains vne puissance en garde ou depost: sans exception de personnes, ou choses aucunes, qui soient de l'Estat, pour ce que ce qui en seroit excepté, ne seroit plus de l'Estat : & finalement sans limitation, pouuoir & auctorité, pource qu'il faudroit vn superieur pour maintenir ceste limitatiõ. Et comme la courone ne peut estre, si son cercle n'est entier, aussi la Souueraineté n'est point si quelque chose y defaut.

9. Bornes de la puissance souueraine fort notables.

Toutesfois comme il n'y a que Dieu qui soit tout-puissant & comme la puissance des hommes ne peut estre absoluë tout à fait: Il y a trois sortes de loix qui bornent la puissance du Souuerain, sans interesser la souueraineté. A sçauoir les loix de Dieu, pource que le Prince n'est pas moins souuerain, pour estre subject à Dieu: Les regles de Iustice, naturelles & non positiues, pource qu'il a esté dit cy-deuant, que c'est le propre de la Seigneurie publique, d'estre exercée par Iustice, & nonpas à discretion : Et finalement les loix fondamentales de l'Estat, pource que le Prince doit vser de sa souueraineté selon sa propre nature, & en la forme, & aux conditions, qu'elle est establie.

10. Marque de souueraineté.

C'est donc la puissance absoluë, qui est la difference specifique, & la vraye marque pour distinguer les Seigneuries souueraines, d'auec celles qui ne le sont pas. Car les autres marques de souueraineté rapportées par Bodin au 10. chap. de son premier liu. sont plustost droits & dependances, que marques specifiques & certaines: & quiconque voudroit mirer & recognoistre la souueraineté par chacunes d'icelles, se mesprendroit souuentesfois. Mais on ne peut iamais errer en ceste regle, que quiconque a la puissance & commandement souuerain, a la souueraineté, & quiconque ne l'a, n'est pas Prince souuerain.

Or d'autant que la souueraineté reluist plus parfaitemẽt en la Monarchie, qu'en la Democratie ou Aristocratie, aussi que ie n'entens traiter, que des dignitez de nostre France monarchique: Ie ne parleray icy, que de la souueraineté, qui reside par deuers les Monarques, qui presqu'en toutes les Monarchies sont indifferẽment appellez Roys. Car Aristote liu. 3. *de Repub.* chap. 3. compte iusques à cinq sortes de Roys. Toutesfois pource que sa diuision a esté prouuée vicieuse par Bodin: I'en feray vne à ma mode, & afin de la rendre plus parfaicte, ie n'vseray pas du terme de Roy, ains en prendray vn plus general, à sçauoir celuy de Prince, qui peut estre adapté à tous Seigneurs, qui participent à la souueraineté.

11. Qu'il ne sera icy traicté que de la Souueraineté Monarchique.

12. Tous Monarques indiferemmẽt appellez Roys.

Ie dy doncq' qu'il y a quatre sortes de Princes, à sçauoir les simples Princes, les Princes subjects, les Princes souuerains, les Princes Seigneurs: auquel compte ie ne mets point les Princes de race, pour ce que ce ne sont que Princes honoraires, qui sont sous le gẽre de l'Ordre, & nõ d'Office ou Seigneurie, & en sera traicté au liure des Ordres: Ny pareillement ceux qui ont des terres erigées en titre de Principauté, pource que ceux-là ne sont pas Princes, ains seulement Seigneurs de Principautez, desquels sera traité cy-apres au chapitre 5: Mais de noz quatre sortes de Princes, les deux derniers sont parfaictement souuerains, les deux autres ne le sont qu'en partie & par participation.

13. Quatre sortes de Princes.

Ie mets au premier rang ceux que i'appelle simples Princes, c'est à dire les premiers Magistrats, qui exercent la souueraineté comme Officiers, mais n'en ont pas la proprieté, comme Seigneurs: pource que sans doute c'est la plus propre signification du mot de Prince, & aussi l'espece des Princes la plus ancienne & plus selon nature. Car *Princeps* en Latin, & Prince en François signifie proprement & originairement le premier chef, c'est à dire le premier Officier de l'Estat qui y a le premier commandement, & la puissance

14. Simples Princes.

15. Prince que signifie proprement.

souueraine, mais non pas en proprieté, comme le Seigneur souuerain, ains en a seulement l'administration
16. Ἀρχὼν, ἀρχή. & exercice, comme tout Officier de ce qui depend de sa charge: Et en Grec il est appellé Ἀρχὼν, pource que ἀρχὴ signifie, & la primauté, & le commandement ou Magistrature : mais quand on veut exprimer le Seigneur souuerain, il faut l'appeller Monarque, pour exclure toute puissance égale à la sienne. Mesme le
17. Rex. terme de Roy conuient mieux aux simples Princes, qu'aux Princes souuerains, estant dit *Rex à regendo*, & en Grec, Βασιλεὺς, *quasi* βάσις τοῦ λαοῦ la base & l'as-
18. Βασιλεύς. seurance, & non pas le Seigneur & dominateur du peuple. Et l'Empereur mesme est vn nom d'Office, non de Seigneurie, signifiant celuy qui exerce le cōmandement.

C'est aussi l'espece de Princes plus ancienne & plus selon nature, pource que, comme dict Aristote au
19. Simples Princes plus anciens que les autres. commencement des Polit. quand au commencemēt du monde plusieurs familles s'assemblerent pour faire vne cité, elles eurent incontinent besoing de Magistrats, pour les gouuerner: puis quand plusieurs citez s'vnirent pour faire vn Estat ou Republique, il leur fut besoin d'vn premier & souuerain Magistrat, qui commādast aux Magistrats particuliers des citez, afin de tenir en toutes vn mesme ordre, & vne parfaicte intelligence, pour viure en repos entr'eux & en asseurance auec leurs voisins.

20. Origine des Princes. Partant elles esleurēt celuy d'entr'eux, qu'elles estimerent le plus apte à les bien gouuerner en paix & en guerre. Mais pourtant ne luy donnerent-elles aucune Seigneurie sur eux, & ne se rendirēt pas ses subjets, ains est à croire, qu'elles voulurent conseruer entierement leur franchise & liberté naturelle.

21. Exemples des simples Princes de l'antiquité. Tels furent les Patriarches, puis les Iuges parmy le peuple de Dieu. Tels furent aussi les Roys de Lacedemone, qui comme dit Aristote, n'estoient que simples Capitaines en chef, subjects au surplus à la Sei-

gneurie, c'est à dire à l'assemblée generale de tout le peuple, pardeuers laquelle en tels Estats reside la pure Seigneurie & parfaicte souueraineté : Voire mesme les Roys de Lacedemone furent en fin assubiettis aux Ephores, qui les condamnoient à l'amende, comme Agesilaus, & quelquesfois à la mort, comme Agis & Pausanias.

22. Roys de Lacedemone condamnez à mort.

Tels estoient les anciẽs Roys de la Gaule que pour ceste cause Cesar appelle souuent *Regulos*, estãs subiets & iusticiables des Estats de leur Prouince, qui aussi quelquesfois les faisoient mourir par iustice, comme a bien prouué Hotman en sa Francogallie, notamment au premier chap. du 1. liure, tesmoin le dire d'Ambiorix Roy des Liegeois, qu'il rapporte du 5. liure des Commentaires de Cesar, *Sua esse huiusmodi Imperia, vt non minus haberet in se iuris multitudo, quam ipse in multitudinem.*

23. Roys de la Gaule.

Le mesme Hotman semble assez bien prouuer que les Roys de Frãce de la premiere lignée, n'estoiẽt pareillement que simples Princes, & premiers Officiers du Royaume, & que la souueraineté de la France residoit lors pardeuers les Estats. Dont il ne se faut esmerueiller, ny en tirer vne consequence, que ceux d'apresent n'ayent point plus de droict. Car il est vray de dire, qu'en toutes les Monarchies, qui ont esté establies par la volonté des peuples, & non par la force, cela a eu lieu.

24. Roys de Frãce de la premiere lignée.

Mesme il y a grande apparence, que les Roys de Rome, biẽ qu'ils se fussent establis d'eux-mesmes, n'auoient pas la pure souueraineté : Tesmoin ce qui aduint à Romulus, lors qu'il voulut faire le Seigneur. La forme de gouuernement de Numa, l'appel de la sentence de Tullus interietté par deuers le peuple par Horatius, le dechassement de Tarquin & plusieurs autres marques. Quoy que ce soit, il est bien certain que les Roys de Rome n'auoyent pas la souueraineté dans la Toscane, qui se dõna aux Romains à cõdition

25. Roys de Rome n'estoiẽt que simples Princes.

expresse, que *non suprema potestas, sed tantùm Principatus penes Regem Romanum esset*, dit Florus.

26. Premiers Empereurs n'estoient que simples Princes.

Aussi est-il bien certain que les premiers Empereurs n'estoient, ou pour mieux dire, ne faisoient semblant d'estre, que simples Princes, laissans en apparence la souueraincté au peuple. C'est pourquoy ils se faisoient eslire & continuer chacun an aux Magistrats, qui auoient le premier commandemẽt en toutes sortes d'affaires, comme de Consuls, Censeurs, Tribuns du peuple: & outre cela gardoient tousiours la charge ou commission d'Empereurs, c'est à dire de Capitaines generaux des armées: pource que de ceste charge dependoit le commandemẽt militaire, qui estoit plus libre & moins astraint aux loix, que celuy de tous autres Magistrats, mais pourtant n'estoit pas parfaictement absolu: quoy que ce soit, il n'appartenoit pas aux chefs d'armées en proprieté.

27. Empereur que signifioit du commencement.

28. Que les premiers Empereurs n'estoiẽt vrays Monarques.

Que ces premiers Empereurs ne fussent que simples Princes, cela se verifie bien, par ce qui est escrit dans Suetone *in Caligula*, que cet Empereur oyant à sa table des Roys discourir de leur auctorité & pouuoir, s'escria par ce traict d'Homere

29. Passages pour confirmer la difference du simple Prince, & Prince souuerain.

Ο'υκ ἀγαθὸν πολυκοιρανίη, εἷς κοίρανος ἔστω,
Εἷς βασιλεύς.

Nec multùm absuit, dit Suetone, *quin diadema sumeret, & speciem Principatus in Regnum conuerteret.* Ce qui sert encor pour confirmer la difference d'entre le simple Prince, & le Roy ou Prince souuerain: comme aussi fait le passage de Florus, qui vient d'estre recité. Il y en a encor vn autre dans Philon Iuif, qui rapporte que le peuple de Iudée se plaignoit qu'Aristobulus auoit changé leur forme de Principauté en double Royaume, prenãt vn Diademe pour luy, & en ayant enuoyé vn autre à son frere.

30. Exemples modernes de simples Princes.

On rapporte communément pour exemple de ceste espece de Princes le Duc de Venise, qui est comme Prince des Veniciens, & leur premier Magistrat, ayãt tous les hõneurs qu'il est possible d'imaginer: mais fort peu de pouuoir: En fin estant subjet & iusticiable de la Seigneurie, qui feist pendre iadis le Duc Fallier, & qui a fait mourir iusques à douze autres Ducs: comme il se veoit dans Sabellic. Toutesfois à cause du peu de pouuoir qu'a le Duc de Venise, qui ne peut riẽ ordonner seul, on peut dire, qu'il n'est pas Prince tout à fait, ains seulemẽt premier Senateur, ainsi qu'estoit à Rome le Prince du Senat, ayant la Primatie & premier rang seulement, mais non pas l'exercice de la souueraineté comme ont les simples Princes en qualité de premiers Magistrats, & les Princes souuerains en proprieté, comme Seigneurs. 31. Duc de Venise.

Bodin nous dõne vn autre exemple du simple Prince, à sçauoir de l'Empereur d'Allemagne, qu'il soustient n'estre pas Monarque ny Prince souuerain, ains estre seulement le premier chef & Officier souuerain de l'Empire: Par deuers les Estats duquel, il dit, que la souueraineté reside, & de faict ils priuerent iadis par voye de Iustice les Empereurs Adolphe & Venceslan de leur dignité, comme ayant puissance & iurisdiction sur eux. 32. L'Empereur d'apresent.

Mais il s'en peut donner vn autre exemple plus certain au tẽps d'apresent à sçauoir le Duc Maurice parmy les Estats des pays bas, au cas que nous les voulions admettre pour vn Estat formé & legitime. Car il a beaucoup d'exercice de la souueraineté, & neantmoins est subiect au conseil des Estats: & n'est pas de merueille qu'il ne s'en puisse donner d'autre exemple à present: pource qu'il n'y a point d'autre Estat nouueau. 33. Le Duc Maurice és pays de Flandres.

La seconde espece de Princes est de, ceux que nous auons nõmez Princes subjects, qui ont bien les droicts de souueraineté sur leur peuple, ou la pluspart d'iceux (qui seront recitez au chapitre suiuant) & encor les ont, non comme simples Officiers par exercice, ains en proprieté comme Seigneurs, mais eux mesme pour 34. Princes subjects.

leur personnes, ont vn superieur, duquel ils sont sujets naturels, & partant ne sont pas vrayement Princes souuerains.

35. Roys subjects en Ethiopie. Tels sont les Roys subjects du grād Negus d'Ethiopie, que Paul Iove dict estre cinquante en nombre, comme aussi presque tous les Roys, qui sont soubs le grand Seigneur des Turcs; Tels sont aussi tous les Potentats d'Allemagne, qui sont subjects de l'Empire:

36. Potentats d'Allemagne. Tels aussi estoient anciennement les Princes d'Italie, qui recognoissoient pareillement l'Empire: mais pour estre esloignez du siege d'iceluy, ils ont secoüé le ioug

37. Princes d'Italie iadis sujets. de ceste subiection, & se sont faits Princes souuerains. Tels pareillement ont esté autresfois les principaux Ducs & Comtes de France, qui auoient vsurpé la plus part des droicts de souueraineté, comme il sera dict au 5. chap. ne recognoissant les Roys, que de l'hōmage

38. Ducs & Cōtes de France iadis Princes sujets. de leur Seigneurie, & de la subiection de leurs personnes, ainsi que les Princes d'Allemagne recognoissent auiourd'huy l'Empire : mais noz Roys ont trouué moyē de ruiner, & de reünir à leur Courone peu à peu ces Duchez & Comtez: de sorte que ceux qui sont de present en France, ne sont plus Principautez souueraines, ains simples Seigneurs suzerains, n'ayāt plus ny la proprieté, ny l'exercice d'aucun droit de souueraineté, comme il sera dit cy-apres.

39. Distinction des Princes subiects d'auec les souuerains. Or les Princes subiects sont distinguez des souuerains par la subiection, qui est le correlatif de la Seigneurie publique, comme l'esclauage est le correlatif de la Seigneurie priuée: partant il faut conclurre, que ceux-là sont Princes subiets, qui dependent de la Seigneurie publique, c'est à dire du commandement & iurisdiction d'autruy.

40. Subiect du Prince souuerain acquerāt vne Monarchie souueraine. Quoy donc, si le subiet naturel d'vn Prince souuerain vient à acquerir vne Monarchie, sera-il neantmoins Prince suiet? Non. Car la souueraineté se mesure par la Seigneurie, & non par le Seigneur, pource que sa dignité reside directemēt en icelle, & par icelle si com-

se communique à la personne du seigneur, comme il sera dict au 4. chap. Et d'ailleurs le suiect naturel d'vn Prince souuerain, allant resider hors sa Souueraineté, n'est plus son iusticiable ny suiect par effect, d'autant que la Iustice & la Seigneurie publique suyuent le territoire & demeurance des personnes.

41. Le territoir & demeurāce faict la suiection de la personne.

Comme au contraire vn Prince souuerain venant demeurer dans la souueraineté d'vn autre deuient son suiect & Iusticiable, à cause de sa personne, tant qu'il y reside. Mais il ne laisse pas d'estre Prince souuerain, à cause de l'Estat souuerain, dont il est seigneur.

Mais on demande si les Principautez, qui sont tributaires ou en protection, sont souueraines, & sur tout c'est vne grande question, si le Prince feudataire peut estre souuerain. Bodin ne fait point de doute que le Prince tributaire, ou en protection, ne soit souuerain, mais il tient, que le feudaitaire ne l'est pas, soubz pretexte de ceste maxime vulgaire, que le souuerain est celuy, qui ne recognoist point de superieur : qui est bien vraye en propres termes, mais proprement superieur signifie celuy, qui a la Seigneurie publique : or est-il que le Seigueur de fief, n'a que la Seigneurie directe, qui est l'vne des especes de la seigneurie priuée, laquelle deuroit estre plustost nommée *Sieurie*, que Seigneurie ou superiorité.

42. Si les Principautez feudataires, tributaires, ou en protectiō peuuent estre souueraines.

43. Contre Bodin, que le Prince feudataire ne laisse d'estre souuerain.

Aussi y a il grāde difference entre le Seigneur ayāt La Seigneurie publique, auquel son subiet doit obeissance parfaicte, & le Seigneur de fief, auquel le vassal ne doit que la foy & l'assistance en guerre : ce qui ne diminue, ny la liberté du vassal en soy, ny mesme la puissāce absoluë, qu'il a luy mesme sur ses propres subjects, non plus (comme Bodin mesme est daccord) que la protection ne diminue point la souueraineté, combien qu'elle regarde plus directement l'Estat, & soit encore plus personnelle, que le vasselage & feudalité, pource qu'elle cōcerne l'honneur, qui est tres-personnel: ny pareillement le tribut, qui neantmoins entre

44. De mesme

les Romains estoit marque de subiection, comme il a esté dict au chap. precedent.

45. La feudalité auilit, mais n'oste pas la souueraineté

Il est bien vray que la protection, le tribut & la feudalité rabaissent & diminuent le lustre de l'Estat souuerain, qui sans doute n'est pas si pur, si souuerain, & si maiestatif (s'il faut ainsi dire) quand il est subiect à ces charges : mais le Prince qui les possede ne laisse pourtant d'estre souuerain en effaict, puisque pour sa persõne il n'est iusticiable d'aucun, & que la puissance absolüe luy demeure sur ses subiects : esquelles deux choses consiste proprement & parfaictement la Souueraineté : ne plus ne moins que celuy dont la maison est chargée, de plusieurs seruitudes viles & incommodes, ne l'aisse pourtant d'en estre seigneur vrayement & entierement *l. Rectè dicimus. De verb. signif.*

46. Incõuenient de l'opinion de Bodin.

Autrement qui tiendroit l'opinion de Bodin, & qui d'ailleurs croiroit ce qu'il dict au chap. 9. où il fait vne enumeration des Roys & Princes feudataires, Il n'y auroit presque point de Souerainetez au monde. Car à son compte, presque tous les Roys & Princes de la Chrestienté sont feudataires, ou du sainct Siege, ou de l'Empire, attendu que (sans raporter icy les vassaux de l'Empire) il tient que les Roys de Hierusalem, Angleterre, Hibernie, Naples, Sicile, Arragon, Sardaigne, Corsegue, Grenade, Hongrie, & des Canaries sont feudataires de l'Eglise Romaine, & mesme la plus part des Docteurs de droict tiennent que toutes les souuerainetez de la Chrestienté doiuent dependre, qui du Pape, qui de l'Empereur.

47. Roys feudataires de l'Empire, selon Bodin.

48. mesme cõtre Bodin.

Or seroit-ce contre le sens commun de tenir que tous ces Royaumes, que ie viens de nommer, ne soient pas souuerains. Car comme ainsi soit que tout pays habité & ciuilisé depend de quelque souueraineté, pour ce qu'autrement il seroit en Anarchie, & sans forme de gouuernement : qu'elle apparence y a il de dire, que la souueraineté de ces Royaumes soit pardeuers le Pape, qui n'y a nul commandement au temporel? & qu'elle ne reside pas pardeuers les Roys, qui y commandent, auec puissance absoluë, tant en paix, qu'en guerre, & tant aux armes, qu'en la Iustice?

Aussi voit-on, que quand les Princes souuerains créent & erigent de ces hautes Seigneuries dont les titres sont capables de souueraineté, comme Duchez, Marquisatz, Comtez & Principautez, ils ne se contentent pas d'en retenir la feudalité, mais par expres ils s'en reseruent le ressort & souueraineté. Combien que la verité soit, que l'érection que feroit vn Prince de telles Seigneuries dans son Estat, sans ceste reseruation expresse, ne pourroit pas preiudicier à la souueraineté, qui merite bien vne expression speciale: aussi que telles Seigneuries n'importent pas de leur propre nature la souueraineté ny le dernier ressort de la Iustice, ains sont propremẽt especes de Seigneuries suzeraines. Toutesfois ceste reseruation ne peut nuire en vne matiere si chatouilleuse & importante, que la souueraineté, où il ne faut qu'vn pretexte à celuy qui est le plus fort, pour l'vsurper. Mais qui erigeroit vn Royaume, ceste reseruation du ressort & souueraineté seroit du tout necessaire à exprimer: pource que le titre de Roy de sa nature importe souueraineté, comme il sera prouué tout incontinent.

49. Pourquoy on reserue la souueraineté en creãt les Principautez.

50. Quand telle reserue est necessaire.

Voyla les deux premieres especes de Princes expliquées, asçauoir du simple Prince, & du Prince suiect, desquels ny l'vn ny l'autre n'est parfaictement souuerain, attendu que le simple Prince n'a que l'exercice, & non la proprieté de la souueraineté, & que le Prince suiect n'a pas la souueraineté toute entiere. Reste les deux autres especes, asçauoir des Princes souuerains & des Princes seigneurs, dont les vns & les autres sõt Monarques & souuerains tout à faict. Ce qui reuient à la diuision, que fait Bodin des Monarques, dont il nomme les vns Royaux, & les autres Seigneuriaux. Vray est qu'il en met encore vne troisiesme espece, asçauoir des Monarques Tyrãniques, que ie ne mets

51. Les Princes simples & suiects ne sont parfaictemẽt souuerains.

52. Princes souuerains & seigneurs, sont souuerains tout à faict.

53. Diuision de Bodin, des Monarques, reprouuee.

point en compte, pource que ie ne parle que des Seigneuries legitimes & bien ordõneés, aussi que la monarchie Tyrannique ne peut estre vne espece à part pource qu'elle conuient aux Monarchies Royalles & aux Seignerialles, si les monarques d'icelles sont tyrãs c'est à dire, s'ils sont vsurpateurs de l'Estat, ou oppresseurs du peuple.

54 Princes Seigneurs pourquoy dicts.

Ceux que Bodin appelle Monarques Seigneuriaux ie les appelle Princes Seigneurs, sçauoir est Princes, afin de retenir le nom du genre, & Seigneurs pource qu'ils ont toute espece de seigneurie, & publique, & priuée. Et i'appelle Princes souuerains ceux, qui ont seulement la souuераineté, qui est la seigneurie publique, mais nõ la priuée, lesquels ie ne veux pas appeller Roys, comme Bodin, d'autant que le nom de Roy conuient, & aux Monarques Seigneuriaux, dõt plusieurs ont pris le titre de Roy, comme il sera dit incontinent, & aux simples Princes, tesmoin les anciens Roys de Gaule, & ceux de Lacedemone: & finalemẽt aux Princes suiects, tesmoin les cinquante Roys suiects du Negus d'Ethiopie, ceux qui sont soubs la domination du Turc, & le Roy de Boheme qui est suiet & Officier de l'Empire.

55 Nom de Roy conuient à toute sorte de Princes.

56 Nom de Prince opposé à celuy de Seigneur.

Au contraire le mot de Prince est souuent opposé specifiquement à celuy de Seigneur, cõme en ce beau passage de Pline à Traian *Principis locum obtines, ne sit Domino locus*, qui contre-pointe elegammẽt noz deux especes de Monarques.

57 Princes seigneurs qui sont.

Depeschons premieremẽt les Monarques Seigneuriaux, que i'appelle Princes Seigneurs, pource qu'ils ont & toute principauté, & quant & quant toute proprieté & Seigneurie priuée, tant sur les personnes, que sur les biens de leurs suiects, qui par consequent ne sont pas seulement suiects, mais esclaues tout à fait, n'ayant ny la liberté de leurs persõnes, ny aucune Seigneurie de leurs biens, lesquels ils ne possedent, qu'à droit de pecule, & par souffrãce du Prince Seigneur.

Dont s'ensuit, que telle monarchie Seigneuriale est directement contre nature, qui nous a tous fait libres, aussi est elle tousiours introduite par la seule force, c'est à dire, ou par vsurpation intestine du citoyen, ou par conqueste de l'estranger, auquel le droict de guerre attribue telle Seigneurie sur le vaincu, quand le pouuant tuer, il luy remet la vie à condition expresse de telle seruitude.

58. Principautez Seigneurlales sont contre nature.

Si est-ce que l'vsage en est fort ancien. Car telles furent les quatre premieres Monarchies du monde sçauoir est celle des Assiriens soubs Nembrot, que l'escriture appelle puissant veneur, qui est à dire voleur, aussi son nom signifié en Hebreu Seigneur terrible. Celle des Medes, tesmoin Xenophō, qui dit que leur Prince estoit Seigneur de toutes choses. Celle aussi des Perses comme il se veoit apertement dans Curse, finalement celle des Egiptiens, que la bible nomme souuēt esclaues. Et à present telles sont les Monarchies des Turcs, des Moschouites, des Ethiopiens, & plusieurs autres, ainsi que nous enseigne Bodin. De sorte qu'à son dire il y a plus eu au monde par le passé & y a encores dauantage à present de pays en Monarchie Seigneuriale, qu'en Principauté souueraine. Mesmement il dit, que l'Empereur Charles le quint se fist Monarque Seigneurial au Peru, au moins pour le regard des biēs lesquels il n'a concedé qu'à louage, ou à vie au plus, aux habitans du pays, qui est vne principauté metoyenne entre la pure seigneuriale & la pure soueraine.

59. Anciennes Principautez Seigneuriales.

60. Principautez seigneuriales d'apresent.

61. Monarchie du Peru metoyenne.

Neantmoins il faut confesser que ces monarchies Seigneuriales sont barbares & contre nature, & particulieremēt qu'elles sont indignes des Princes Chrestiens, qui ont aboly volontairement l'esclauage en leurs pays, afin que ceux qui ont esté rachepte z du sāg de nostre Redempteur, iouissent en ce monde, de leur pleine liberté, *vt potè non ancillæ filij, sed liberæ: qua libertate Christus nos donauit.*

62. Principautez seigneuriales sont contre le Christianisme.

63 *Princes souuerains pourquoy dits.* Reste donc à expliquer la plus vraye & la plus commode espece des Princes, asçauoir des Princes souuerains, qui sont ceux, dont nous auons principalement à traicter, que i'appelle Princes souuerains, parce que non seulement ils sont premiers chefz, mais aussi ils ont parfaictement la Seigneurie souueraine.

64. *Quatre sortes de Princes souuerains.* Il y en a de quatre degrez, qui sont distinguez seulement par l'estendue de leur domination, pource que *intensiuè* leur pouuoir est pareil, ayant tous la parfaite souueraineté & puissance absoluë, asçauoir les Empereurs, qui ont plusieurs Royaumes vnys ensemble, les Roys qui ont plusieurs prouinces, les Ducz ou Comtes souuerains, qui n'ont qu'vne prouince, & les simples Seigneurs, qui n'ont pas vne prouince entiere.

65. *Imperator que signifie.* Le mot d'Empereur, qui est latin, signifioit premierement parmy les Romains, le chef ou Capitaine general d'vne armée, qui estoit appellé *Imperator* pource qu'il auoit *summum imperium*, le commandement en dernier ressort, comme il est necessaire en la discipline militaire, & ce principal empire ou commandement s'appelloit par vne certaine excellēce *Imperium* simplement cōme en ce passage de Ciceron aux Philippiques, *Demus imperium Cæsari, sine quo res militaris geri non potest*: ce qui est bien discouru par Sigonius *lib. De antiquo iure ciu. Rom. cap.* 21. Ce cōmandemēt principal du chef d'armée est encore mieux exprimé par le terme Grec Αὐτοκράτωρ, qui signifie celuy, duquel la puissance & commandement ne depend d'autre que de luy-mesme. Mais tant y a qu'en Grece & à Rome du commencement c'estoient titres, non de Princes souuerains, mais de simples generaux d'armées.

(Marginal notes: 66. *Imperium.* — 67. *Αὐτοκράτωρ.*)

68. *Autre signification d'Empereur.* Vray est qu'à Rome le mot d'Empereur auoit encor vne autre signification: Car c'estoit vn titre honoraire, qu'on donnoit aux Capitaines, qui auoient faict quelque grand faict d'armes, lequel titre ou surnom, leur ayant esté premieremēt deferé par l'acclamation des soldats: puis estant confirmé par le Senat, leur de-

meuroit par apres à toute leur vie. *Magnum numerum hostium cecidimus, Imperatores appellati sumus*, dict Ciceron *in Pis.* Appian liure 2. dict que de son temps c'estoit assez d'auoir faict mourir dix mil ennemis, pour estre surnommé Empereur: Mais qu'au temps passé il en falloit bien auoir tué d'auantage. Ce qui est expliqué par Brisson, *lib.4.formul.* & par Rosinus *lib.* 10. *cap.* 6.

C'est pourquoy entre autres honneurs que le Senat Romain, soit par crainte, ou par adulation defera à Iules Cesar apres les guerres ciuiles: c'estuy-cy fut l'vn, de le surnommer Empereur. Lequel surnom ou titre d'honneur fut continué par apres à Auguste, puis à ses successeurs, qui trouuerent ce titre fort commode à leurs pretentions, le prenant à double enuers, en accumulant & ioignant ensemble ces deux significatiõs, dont la premiere leur attribuoit le pur commandement en dernier ressort, tel qu'est le commandement militaire d'vn general d'armée, & l'autre rẽdoit leur charge perpetuelle & continuelle en tous lieux & à tousiours: ce qui n'estoit pas aux autres Offices de la Republique Romaine. 69. Nom d'empereur pourquoy attribué.

Et combien que du commencement ces Empereurs feissent semblant de se contenter de ce cõmandement militaire libre & exempt des formes, ausquelles les Magistrats ordinaires estoient astraints, & toutesfois subjects à la Souueraineté de la Republique, si est-ce qu'en effaict ils commandoient absolument, & disposoiẽt de la Republique ainsi qu'ils vouloiẽt: C'est pourquoy Suetone au passage cy-dessus allegué, appelle leur domination *speciem Principatus*, vne Principauté par apparence seulement. 70. Empereurs Romains estoient souuerains en effaict.

Que si cela s'est dict des premiers Empereurs, à plus forte raison, apres que pied à pied la Souueraineté eust esté tout à faict vsurpee, faut-il tenir que les Empereurs Romains furẽt vrays Monarques & Princes souuerains: Comme furent encor plus ceux, qui se 71. Empereurs de Constantinople estoiẽt purs souuerains.

retirerent en Grece, qui estoit pays de conqueste : lesquels aussi prirent en fin pour armoiries & enseignes de leur souueraineté quatre β (que le vulgaire appelle par erreur quatre fuseaux) signifiants βασιλεὺς, βασιλέων βασιλεύων βασιλεῦσι : qui est à peu pres la qualité que prenoient les Rois de Babylone, tesmoin Ezechiel, qui appelle מלך מלכים le Roy Nabuchodonosor, & pareillement les Roys de Perse la prenoient, comme il se void dans Esdras : comme aussi les Roys de Parthe, comme Dion escrit de Phraates, qu'il s'appelloit Roy des Roys. Toutesfois c'est vne faulse opinion de nostre vulgaire, de penser, que tous les Roys Chrestiens doiuent recognoistre l'Empire, quoy que la pluspart des Docteurs estrangers l'ayent escrit, notamment Barthole, qui (pour fauoriser l'Empereur, en recompense de ce, qu'il l'auoit ennobly) s'est tellement passionné en ceste propositiõ, que d'auoir laissé par escrit, sur la loy *Hostes. De captiuis*. Que ceux-là sont heretiques, qui ne croyent pas que l'Empereur soit Seigneur de tout le monde.

71. Les quatre β des Empereurs de Constantinople que signifioient.

73. Roy des Roys.

72. Faulse opiniõ de penser, que tous Roys doiuent recognoistre l'Empereur.

75. Quant au nom de Roy, il vient d'estre dit en passant qu'anciennemẽt il a esté adapté à toute sorte de Prince, soit simple, soit subjet, soit souuerain, soit seigneur. Aussi estoit-ce le seul nom dõt l'antiquité vsoit, & duquel tous Princes indifferemment estoient qualifiez, comme le verbe, *Regir*, leur conuient à tous : Mais à parler proprement & specifiquement nous appellons Roys les Princes souuerains qui ont plusieurs Prouinces en leur Estat.

Roys, qui sõt proprement.

76. Definitiõ des Roys.

77. Ce qui se iustifie fort bien, par ce qui est remarqué par Plutarque *in Demetrio*, qu'apres la mort d'Alexandre le grand, les Gouuerneurs des Prouinces de son Royaume, qui s'estoient cantonnez, & fait Seigneurs d'icelles, furent long temps sans oser se qualifier Rois, & que le premier qui s'enhardit de prendre ce titre, & de porter le Diadéme, ou bandeau Royal, fut Antigonus, apres auoir vaincu Ptolomée : & que par jalousie les

Preuue d'icelle.

sie les Egyptiens voulurent, que Ptolomée s'appellast aussi Roy, ce que les autres feirent en suitte.

78. Beau passage de T. Liue.

Et T. Liue au 5. liure de la 5. Decade, escrit qu'apres que le Royaume de Macedoine eust esté reduict en la puissance des Romains, Paul Emile s'offensa fort, & ne voulut faire response aux lettres que Perseus luy auoit escrittes, à cause de la qualité de Roy inserée en la superscription d'icelles, combien, dit-il, que les prieres contenues en icelles, ne ressentissent rien de la Royauté.

79. Roys de Bourgongne & Lorraine.

Mais sans aller si loin, nous trouuons en nostre histoire, qu'aussi tost que les Roys de Bourgongne & de Lorraine eurent perdu la souueraineté de leur pays, ils quitterent aussi le titre de Roys, & furent desormais appellez Ducs.

80. Roys de Dãnemark commẽt ont vsurpé la souueraineté sur l'Empire.

Au contraire par le moyen de ce que l'Empereur Federic enuoya l'espée & la CourõneRoyale à Pierre Seigneur de Dannemark, luy attribuant le nom de Roy, pour titre honoraire seulemẽt, auec reseruation expresse de la souueraineté de son pays à l'Empire (comme dit Tritemius, chap. 17.) les Roys de Dannemark ont pris subject peu à peu, de s'exempter de la subjection de l'Empire, & se sont faits souuerains, en consequence du titre de Roy.

81. Archiducs d'Austriche autresfois Roys.

Il n'en aduint pas de mesme au Duc d'Austriche, qui ayant obtenu du mesme Empereur Federic, le titre de Roy, auec pareille reseruation de la souueraineté, voulant trop tost trancher du souuerain, & ayãt refusé d'obeyr à l'Empereur, fut priué douze ans apres de ceste qualité de Roy, & contraint se nommer seulement Archiduc.

82. Roy de Boheme n'est qu'honoraire.

Le mesme Federic (car il n'y eut iamais que luy, qui ait eu ceste fantaisie d'ériger des Roys honoraires) dõna encor' ce titre au Duc de Boheme, auec ceste mesme retention de la souueraineté. Enquoy n'y a eu depuis aucune mutation, tant pour la petitesse de son Royaume, proche voisinage du Siege Imperial, que ſur tout à cauſe que ce Roy eſt vn des Eſlecteurs, & partant des principaux Officiers & Princes de l'Empire.

83. Les Royaumes de Naples & Sicile.

C'eſt pourquoy le Roy François I. dict Bodin, aduertit le Cardinal Bibienne Legat en France, que le Pape ne deuoit endurer, que Charles le quint ſe qualifiaſt Roy de Naples & de Sicile, attendu que la Souueraineté en appartenoit au S. Siege. Ce qu'il vouloit empeſcher, mais il ſe trouua, que l'inueſtiture ancienne eſtoit faicte ſoubs ceſte qualité. Auſſi void-on qu'il en a maintenant entrepris la ſouueraineté, combien que ce ne ſoient que Royaumes honoraires, ſujects au S. Siege, non ſeulement par droict de fief, mais auſſi par droict de ſouueraineté : comme Bodin prouue bien.

84. Le grãd Duc de Toſcane.

Et pour ceſte meſme cauſe, le Pape Pie quatrieſme, ne voulut donner à Coſme Duc de Florence le titre de Roy, qu'il luy demandoit, de peur qu'il s'accreuſt trop en Italie: dont l'Empereur eſtant aduerty, diſt, que *Italia non habet Regem, niſi Cæſarem*, ce dit Bodin: par ainſi le Duc de Florence ſe qualifie ſeulement grand Duc de Toſcane. Bref, il eſt bien certain, que ſi vn Roy ne peut endurer de compagnon, il endure encor' moins de ſuperieur, & comme Martial a dit,

85. Roys ne peuuent endurer de ſuperieur.

Qui Rex eſt Regem, Maxime, non habeat.

86. Roys ont facilement empieté la ſouueraineté ſur les Eſtats.

Que ſi les Roys, qui ont eſté autresfois Princes ſubjects d'vn autre Monarque, ont trouué moyen d'empieter la ſouueraineté, cela a eſté encor plus aiſé à ceux qui eſtoient ſimples Princes, leſquels n'auoient point de Monarque par deſſus eux, ains dependoient des Eſtats d'vn Royaume, qui malaiſémẽt ſe peuuent aſſembler, & ſi ſouuent, & ſi promptement, cõme il eſt beſoin, pour faire teſte à leur Roy, lequel eſt touſiours tout preſt à vſer de ſa puiſſance.

87. Vſurpation ſuiuie d'vne longue iouiſſance, fait loy aux ſouuerainetez.

Or puiſque l'vſurpation eſtant ſuiuie par apres d'vne longue iouiſſance volontaire & paiſible, qui efface ſon vice, donne loy aux Souuerainetez qui n'ont au

oun en ce monde, dont elles la puissent receuoir, on ne doit reuoquer en doute la souuerainecté des Roys, qui sont en possession ancienne d'en vser. Et à la veri- 88.
té c'est bien la forme d'Estat la plus stable de toutes, & moins subjecte à mutation, que celle des Principautez souueraines tout à fait. *Ea conditio est Imperandi* (dict Saluste dans Tacite, *lib. 1. Annal.*) *vt non aliter ratio constet, quàm si vni reddatur*: pource que tant qu'il y a quelque manquement à la souueraineté, le Prince ne cesse de remuer, iusques à ce qu'il l'ayt enuahie de tout point. 89.
Et si les Estats du pays se trouuent bastans pour luy resister, c'est vne guerre perpetuelle : comme il se veoit dés y a long temps au Royaume de Pologne, où tantost la Noblesse tient la souueraineté, & tantost le Roy, selon que l'vn ou l'autre party se trouue le plus fort, & tousiours sont en debat à qui l'aura : de sorte que leur Estat n'est iamais ny arresté ny paisible. 90.

Principautez souueraines tout à faict sont les meilleures.

Guerre immortelle en Pologne entre le Roy & les Estats.

Inconueniét, qui est ordinaire aux Estats électifs, principalement quand ceste élection est deferée aux Princes du pays, qui ayans ce pouuoir de donner le Royaume, à qui ils veulent, élisent souuent quelque Prince imbecille, auquel ils ne laissent que le nom de Roy, retenant à eux le principal exercice de la souueraineté : comme il est aduenu souuent à lesgard de l'Empereur d'Allemagne, qui (cõbiẽ qu'il represẽte & tienne dãs son pays la place des Empereurs Romains, qui en fin furent souuerains, aussi biẽ qu'ont esté ceux de la maison de France, & generalement tous les Empereurs hereditaires) est auiourd'huy simple Prince, & la souueraineté de l'Empire reside en effaict aux Estats d'iceluy, comme Bodin à bien prouué.

Inconueniét des Estats électifs.

Et ne faut trouuer estrange s'il precede neãtmoins tous les Magistrats Chrestiẽs, attẽdu que les Ambassadeurs, voire les simples Procõsuls & Gouuerneurs des Prouinces Romaines, & mesme leurs generaux d'armees, qui n'estoiẽt que simples Commissaires, prece- 91.

Preéminence de l'Empereur d'Allemagne.

doiét tous les Roys estrangers, comme il se void dans Tite-Liue. Comme aussi il ne se faut estonner, que l'Empereur érige des Royaumes: Car le Senat Romain entreprenoit bien ceste puissance en l'Estat populaire, ores qu'il n'eust pas la souueraineté.

93. Grandeur du Royaume de France.

De ce discours, ensemble de ce que i'ay dict au 2. li 1. des Offices, chapitre 2. Ie collige, que le Royaume de Frãce est la mieux establie Monarchie, qui soit, voire qui ait iamais esté au monde: Estant en premier lieu vne Monarchie Royale non Seigneuriale: vne souueraineté parfaicte, à laquelle les Estats n'ont aucune part: successiue, non eslectiue: non hereditaire purement, ny communiquée aux femmes, ains deferée au plus proche masle par la loy fondamentale de l'Estat. Occasion pourquoy ce Royaume a desia plus duré qu'aucun autre, qui ait onc esté: & si est encor en son progrez & accroissement: N'ayant oncq' esté plus florissant qu'il est à present soubs ce parãgon, voire ce miracle des Roys Henry quatriesme, admirable en guerre & en paix: auquel Dieu à donné vne posterité, qui nous donne subject d'esperer encor vn plus grand accroissement à l'aduenir.

92. Loüange du Roy d'apresent.

Il y a aussi des Ducs & des Comtes, qui sont notoiremẽt souuerains: de sorte qu'il y a de trois degrez de Ducs & Comtes: à sçauoir aucuns qui sont souuerains, comme ceux de Lorraine & de Sauoye, autres, qui sont Princes subjects comme ceux d'Allemagne, & les anciens de France, ainsi qu'il vient d'estre dict: & finalement d'autres, qui ne sont point Princes pour tout, c'est à dire qui n'ont aucun exercice ou participation de Seigneurie souueraine, ains sont simples Seigneurs suzerains, comme noz Ducs & Comtes d'apresent, desquels sera traicté au chap. 5.

94. Trois sortes ou degrez de Ducs & Cõtes.

95. Seigneuries de surseance.

Bref, il y a de petites Seigneuries souueraines, qui n'ont aucun titre particulier, & aussi n'ont pas des Prouinces ou pays entiers, ains sont ordinairement des terres de surseance, situeés aux limites des grands Estats, qui sont tolerées & maintenuës par le contrepoids & force égale de leurs voisins, qui s'empeschent l'vn l'autre, de les assubiettir à soy, pource qu'elles leur seruent de bornes respectiuement. C'est pourquoy ceux qui possedent ces petites terres souueraines, bien qu'en effaict ils vsent du mesme pouuoir que les Monarques, si est-ce que hors leur territoire, ils n'ont aucun rang d'honneur entre les Princes souuerains: voire mesme sont precedez ordinairement, non seulement par les Princes subiects, mais aussi par les Ducs & Comtes, qui ne sont point Princes.

Sommaire du troisiesme Chapitre.

1 *Liure de Samuel des droicts du Royaume.*
2 *Interpretation du huictiesme Chapitre du premier liure des Roys.*
3 *Les droicts de Souueraineté mal-aisez à expliquer.*
4 *Trois sortes de droicts de Souueraineté.*
5 *Du pouuoir des Souuerainetez.*
6 *Cinq cas de Souueraineté.*
7 *Sixiesme cas de Souueraineté.*
8 *Si ne tenir que de Dieu est marque de Souueraineté.*
9 *Faire loix comprend tous les autres cas de Souueraineté.*
10 *A Rome ce droict n'estoit bien obserué.*
11 *Il n'y a que le Roy qui face loix en France.*
12 *Reglemens des Magistrats.*
13 *Ils s'appellent proprement Edicts.*
14 *En quoy les reglemens des Magistrats different de la loy du Prince.*
15 *Pourquoy les loix des Princes ont esté appellez Edicts.*
16 *Ce qui est cõpris soubs le droict de faire loix.*
17 *Droict de faire des Officiers, n'appartient qu'au Prince souuerain.*
18 *La puissance publique n'appartient qu'au Prince.*
19 *Comment elle est cõmuniquee aux officiers.*
20 *Pourquoy aux Republiques populaires les principaux Magistrats font les petits Officiers.*
21 *Pourquoy le cõtraire a lieu aux Monarchies.*
22 *Deux cas esquels en France, d'autres que le Roy, font des Officiers.*
23 *Ce qui est compris soubs le droit de faire Officiers.*
24 *Droit de faire la guerre & la paix, n'appartient qu'au Roy, & pourquoy.*
25 *Autre raison entre Chrestiens.*
26 *Les charges militaires ne doiuent estre conferees, que par commission.*
27 *Ce qui est compris soubs le droit de guerre.*
28 *Le dernier ressort de la Iustice appartient au Souuerain.*
29 *Preuue.*
30 *De mesme.*

31 *Souueraineté signifie par fois le ressort de Iustice.*
32 *Compagnies souueraines.*
33 *Erection d'Echiquier dangereuse.*
34 *Ce qui est cōpris soubs le droit de Iustice.*
35 *Droit de forger monnoye.*
36 Numisma, *quasi* νόμος.
37 *Les Princes mettēt leur Image à leur monnoye.*
38 *Punition de ceux qui ont forgé monnoye.*
39 *Monnoye de Gennes.*
40 *Anciennement les Ducs & Comtes forgeoient monnoye.*
41 *Reuocation de ce droit.*
42 *Si leuer deniers est vn droict Royal.*
43 *Anciennement les tailles n'estoient ordinaires en France, & les subsides ne se leuoient que par le consentement des Estats.*
44 *Aydes & subsides pourquoy dicts.*
45 *Esleuz, Generaux des Aydes.*
46 *Estats n'ont part en la Souueraineté.*
47 *Quand le Prince peut faire leuees sur ses subiets sans leur consentement.*
48 *Qu'autre que luy ne les peut faire.*
49 *Droit de tailles des Seigneurs au quatre cas, aboly.*
50 *Que nul Officier ne doit toucher aux deniers du Roy.*
51 *Peculat.*
52 *L'honneur du monde appartient au Prince souuerain.*
53 *Le Roy est distributeur de l'hōneur mondain.*
54 *Rang des Princes Souuerains.*
55 *En leur pays.*
56 *En pays d'autruy.*
57 *De la Maiesté des Roys.*
58 *Que c'est le plus haut titre qui puisse estre.*
59 *Sacree Maiesté de l'Empereur.*
60 *Excellente Maiesté du Roy d'Angleterre.*
61 *Maiesté non communicable à autre qu'au Souuerain.*
62 Attributa Romanorum.
63 *Altesse.*
64 *Excellence.*
65 *Serenité.*
66 *Roys par la grace de Dieu.*
67 *Euesques & Abbez par la miseration diuine.*
68 *Et du S. Siege Apostolique.*
69 Insignia Regia.
70 *Du sceptre Royal.*
71 *Matiere d'iceluy.*
72 *Forme d'iceluy.*
73 *Croce des Euesques.*
73 *Diadême.*
75 *Changemens des Coronnes.*
76 *Droicts vtiles des Souuerainetez.*

DES DROICTS DES SEIGNEVRIES SOVVERAINES.

CHAP. III.

SI nous auions le liure, que feist Samüel des droicts du Royaume, lors qu'il establit Saül premier Roy du peuple de Dieu, comme il est escrit au 10. chap. du 1. liure des Roys, il nous apprendroit asseuréméṭ les droits de Souueraineté: mais les Rabins nous tesmoignent, que les Roys subsequens le supprimerent, craignans d'estre controllez en vertu d'iceluy. Et partant ceux-là se trompent, qui cuident, que les droicts Royaux soient ceux, que le mesme Samuel specifie au 8. chap. du mesme liure, soubs pretexte que la version commune porte *Ius Regis*: Car en cet endroit le terme Hebreu signifie Coustume & façon de faire, pource que Samuel voulant destourner le peuple de demander vn Roy, luy remonstre de la part de Dieu, que la coustume des Roys est de prendre les biens du peuple pour en disposer, les filles pour en abuser, les fils pour s'en seruir comme d'esclaues: lesquelles iniustices & meschancetez, il n'y auroit point d'apparence de qualifier du nom de Droict. Mais apres l'election de Saül, ce fut lors que Samuel specifia les vrays droits du Roy, & en feist vn liure.

1. Liure de Samüel des droicts du Royaume.

2. Interpretatiō du 8. chap. du 1. liure des Roys.

Or à faute d'auoir ce liure, il est bien malaisé de cotter asseurément les droicts de souueraineté, pource que les anciens Philosophes n'en ont presque point parlé, à cause que de leur temps les souuerainetez

3. Les droicts de Souueraineté malaisez à expliquer.

n'estoient pas bien nettement establies. Au rebours, noz docteurs Feudistes, & pareillement noz modernes Iurisconsultes en font vne grande liste: Pour lesquels discerner, comme i'ay diuisé les droicts des Offices, en ceux qui concernent ou le pouuoir, ou l'honneur, ou le profit, ainsi faut-il faire de ceux des Seigneuries, & principalement des souueraines.

4. Trois sortes de droits de souueraineté.

5. Du pouuoir des souueraínetez.

6. Cinq cas de souueraineté.

Doncques les droits cõcernans le pouuoir des Seigneuries souueraines, qui peuuent estre proprement appellez actes ou cas de souueraineté, sont cinq en nõbre, à sçauoir faire loix, créer Officiers, arbitrer la paix & la guerre, auoir le dernier ressort de la Iustice, & forger mõnoye. Lesquels cinq droits sont du tout inseparables de la personne du souuerain, & tellement attachez à la souueraineté, que quiconque en entreprẽd aucun, entreprend quant & quãt la souueraineté, & est coulpable de leze-Maiesté. Le premier d'iceux cõcerne l'outil & instrument de la souueraineté, le second les ministres d'icelle, & les trois autres concernent les trois diuerses functiõs, qui sont en tout Estat, sçauoir est le troisiesme les armes, le quatriesme la Iustice, & le cinquiesme & dernier, les finances.

7. Sixiesme cas de souueraiaté.

Aucuns, & non sans cause, en adioustẽt vn sixiesme, à sçauoir de leuer deniers sur le peuple: mais les plus retenuz disent, que ce n'est pas vn droit, ains vne entreprise & pouuoir desreglé, au moins de faire ces leuées à discretion, ce qui sera examiné à son rãg. Bodin (duquel i'ay esté bien aise d'emprunter contre ma coustume partie de ce chap. afin d'auoir garãt en vne matiere si importãte) en adiouste encor vn septiesme, sçauoir est de ne tenir que de Dieu & de l'espée: ce que ie ne puis aduoüer, pource que la feodalité concerne la seigneurie priuée, & non la publique, cõme il a esté dit au 1. chap. Aussi qu'il a esté prouué au chap. precedẽt, que le Prince feudataire ne laisse d'estre souuerain, bien que sa souueraineté ne soit si excellente ne si parfaicte, que celle qui ne releue d'aucun.

8. Si ne tenir que de Dieu est marque de souueraineté.

I'ay mis à bon droit pour le premier acte de souueraineté, celuy de faire loix, pource qu'il comprend aucunement, soubs soy tous les cinq autres. Car l'erection des Officiers, la denonciation de la guerre, l'establissement des Iustices souueraines, le réglement des monnoyes, & les leuées de deniers se font notoiremēt en vertu de la loy, c'est à dire de l'ordonnance du Prince souuerain. Aussi le Prince & la loy sont-ils comme relatifs, estāt le Prince le faiseur de loix, & la loy l'œuure du Prince. Car il n'y a point de plus propre effet de la souueraineté, que de faire, de sa propre puissance, des loix, qui obligēt tous les subiets en general, & chacun en particulier, tout ainsi que le Prince a pouuoir & commandement sur eux tous, sans exception.

9. Faire loix cōprend tous les autres cas de souueraineté.

Ce droit, cōme tous les autres, est beaucoup mieux maintenu icy qu'à Rōme, où la souueraineté n'estoit pas si bien réglée à beaucoup pres. Et comme le Senat, le menu peuple de Rōme, voire les simples Magistrats, participoient aucunement à la souueraineté: aussi faisoient-ils certaines especes de loix, dont celles du Senat estoient appellez *Senatusconsulta*, celles du menu peuple *Plebiscita*, & celle des Magistrats *Edicta*: mesme les simples Iurisconsultes, bien qu'ils ne fussent que gens priuez, faisoient encor vne autre espece de loix, qui estoient appellées, *Responsa prudentum*.

10. A Rōme ce droit n'estoit bien obserué.

Mais aux pures Monarchies, où les Princes maintiennent mieux leur souueraineté, dont ils sont extremement jaloux, & notamment en celle de France, (qui est la plus pure & la plus parfaite du monde, comme il a esté dit au chapitre precedent) il n'y a que le Roy seul, qui puisse faire des loix. Et combien que sa bonté permette au peuple des Prouinces coustumieres de choisir certaines Coustumes, selon lesquelquelles il desire viure, si est-ce qu'il faut tousiours que ces Coustumes soient non seulement arrestées par le

11. Il n'y a que le Roy, qui face loix en France.

mandement du Roy, & pardeuant les Commissaires par luy ordonnez : mais encor qu'elles soient approuées & verifiées par luy en son Parlement, ainsi que ses autres loix. Et quant aux Arrests des Parlements & autres Cours souueraines, ce ne sont pas loix, ains plustost c'est l'obseruation & execution des loix.

12. Reglemens des Magistrats. Vray est que le Roy ne pouuant tout sçauoir, ny estre par tout, & par consequent ne luy estant possible de pouruecoir à toutes les menuës occurrences, qui aduiennent en tous les endroicts de son Royaume, & qui requierent d'estre reglées promptemẽt, permet à ses principaux Officiers, soit des Cours Souueraines, soit des villes, de faire des reglemens chacun au faict de leurs charges, qui ne sont pourtãt que prouisoires, & faits soubs le bon plaisir du Roy, auquel seul appartient faire loix absoluës & immuables: mais ces reglemens n'ont force, sinon iusques à tant qu'ils soient reuoquez, soit par le Roy, ou par les successeurs des Magistrats, qui les ont faits, ou encor par eux-mesme.

13. Ils s'appellẽt proprement Edicts. Ces reglemens s'appelloient proprement à Rome Edicts: *Est enim Edictum iussum Magistratus* dict Varron. Τὰ διατάγματα τῶν Ἀρχόντων, Ἕλληνες μὲν Διαγράμματα, Ῥώμαιοι δὲ Ἔδικτα προσαγορεύουσι. dict Plutarque *in Marcello*, Et ne different de la loy qu'en deux poincts.

14. En quoy les reglemens des Magistrats different de la loy. L'vn, que la loy est faicte par le Souuerain, & le reglement par le Magistrat : l'autre que la loy est pour tous ceux de l'Estat & pour tousiours, & le reglement n'est que pour ceux de la Iurisdiction du Magistrat, & n'auoit force à Rome, sinon tant que sa charge duroit. C'est pourquoy lors que les Magistrats y estoient annuels, leurs Edicts n'auoient force que pour vn an. *Qui plurimùm Edicto tribuunt, legem annuam esse dicunt,* dict Ciceron *De Prat. vrb.* au lieu que les sentences des Magistrats auoient force à tousiours à Rome, aussi bien qu'en France.

Mais soubs pretexte que le Iurisconsulte Iulian ramassa plusieurs Edicts des Preteurs, & les ayant interpretez & redigez en vingt-quatre liures, en feit present à l'Empereur Adrian, qui en recõpense le feit grand Preuost de Rome, & auctorisa ces Edicts à tousjours, ordonnant qu'ils auroient force de loy perpetuelle: Et que Iustinian feit le semblable des Edicts recueilliz & interpretez par d'autres Iurisconsultes, comme il est dit en l'Auant-propos des Digestes, leur laissant neantmoins le nom d'Edicts, comme aussi le liure de Iulian fut appellé *Edictum perpetuum*: de là en fin est venu que, & à Rome, & en France à l'imitation de Rome, les Edicts ont esté appellez Loix, & les Loix Edicts. Dont il y a encor vne autre cause possible plus pertinente, à sçauoir que les Empereurs Romains ne se voulans pas qualifier Roys ny Princes Souuerains du commencement, ains seulement simples Princes ou Principaux Magistrats perpetuels, comme il a esté dict cy-deuant, appelloient leurs Ordonnances Edicts ou Constitutions, ainsi que les Grecs διατάγματα ἢ διατάξεις, & non pas Loix, feignant de vouloir laisser au peuple la puissance de faire Loix. 15.

15. Pourquoy les loix des Princes ont esté appellées Edicts.

Soubs ce droict de faire Loix, ie compren à plus forte raison les Priuileges, qui sont Loix priuées & particulieres, plus difficiles à faire, que les generales, qui aussi à Rome ne pouuoient estre faictes, qu'en l'assemblee generale du peuple. I'y cõpren pareillement les dispenses de toute sorte, soit en ciuil, ou en criminel, pource qu'il faut du moins autant de puissance, pour deslier, que pour lier. Vray est, que le Roy, pour sa decharge, laisse aux Officiers des ses Chancelleries quelques legeres dispenses d'expedition ordinaire, comme les lettres d'aage, de benefice d'inuentaire, de restitution en entier au cas de droict, & autres semblables, qui toutesfois sont encor expediées soubs son nom, & soubs le seau de France.

16. Ce qui est compris soubs le droit de faire loix.

17. Droit de faire des Officiers n'appartient qu'au Prince souuerain.

Or comme la loy est l'outil de la souueraineté, aussi les Officiers en sont les Ministres, qui mettent la loy en œuure. C'est pourquoy il est vray de dire en bonne Iurisprudence, que comme il n'appartient, qu'au souuerain de faire les loix, qui sont les Magistrats muets, aussi il n'appartient qu'à luy, d'establir les Magistrats, qui sont les loix viues & parlantes.

——— *Solus*, dit Claudian,
Iura Magistratusque facit.

18. La puissance publique n'appartient qu'au Prince.

Aussi est-ce à luy, que la puissance publique appartient entierement & parfaictement, & en ceste parfaite puissance consiste la souueraineté, & est vray de dire qu'autre que luy, ou de par luy, ne peut auoir ny exercer la puissance publique, ny ne peut auoir aucun commandement sur les subiects du Prince. Mais d'autant qu'il ne peut estre par tout, ny donner ordre en tous lieux, il est contraint de communiquer l'exercice de ceste puissance publique à ceux, que nous appellons Officiers, à ce qu'au faict de l'office à eux attribué, ils representent sa personne, & facent sa function publique, comme ses commis ou Procureurs.

19. Comment elle est communiquee aux Officiers.

De sorte que comme on dit en Theologie, que toutes vertus resident parfaictement & essentiellement en Dieu, & aux hommes par participation seulement, en tant qu'il luy plaist les leur communiquer : aussi en la science politique nous disons, que la puissance publique de l'Estat reside parfaitement & entierement aux Princes souuerains, & l'exercice d'icelle en leurs Officiers par leur communication, chacun au faict de sa charge, & comme les representans en icelle.

20. Pourquoy aux Republiques populaires les principaux Magistrats sont les petits Officiers.

Aussi fut-ce la premiere loy, qui fut faicte à Rome apres le dechassement des Roys, que les Magistrats seroient éleus en assemblée generale par le peuple, auquel la souueraineté residoit. Comme aussi lors de l'establissement de la Republique de Venise, ce fut la premiere loy, qui y fut publiée, dit Contarin. Mais comme aux Republiques populaires il est impossible, que le peuple s'assemble autant de fois, qu'il seroit besoin pour élire tant d'Officiers, qui y sont necessaires: il a tousiours esté obserué en icelles, que les principaux Magistrats, ayans esté deüement éleus & establis par le peuple, auoient pouuoit de choisir les petits Officiers dependans de leur charge, ce pouuoir leur estant taisiblement attribué lors de leur establissemẽt, ainsi que quand on donne puissance aux Procureurs de substituer.

21. Pourquoy le cõtraire a lieu aux Monarchies.

Mais aux Estats Monarchiques, où il est aisé d'auoir recours au Prince, pour tous les Offices, il n'y a si petit Office, qu'il ne vueille conferer luy-mesme, n'y ayant autre que luy, qui puisse conferer ou commettre l'exercice de la puissance publique. Car comme vn Procureur ne peut substituer, ou faire vn autre Procureur, si par expres ceste faculté ne luy est concedée par sa procuration, aussi vn Officier n'en peut faire vn autre, si par expres il ne luy est permis par le Prince: pource qu'il faut estre Seigneur pour faire vn Officier, & auoir la proprieté de la puissance publique, pour en conferer & attribuer l'exercice.

22. Deux cas esquels en Frãce d'autres que le Roy font des Officiers.

Neantmoins en consequence de ce que le contraire s'obseruoit à Rome, nous autres François, qui auons esté aux premiers temps obseruateurs exacts du droict Romain, en auons retenu deux vestiges, iusques en ce temps, comme i'ay discouru plus amplement au second chapitre du premier liure des Offices: l'vn que les Seigneurs de France, qui anciennement n'estoient qu'Officiers, ayant vsurpé la proprieté de leur charge, en conferent l'exercice aux Officiers de leur Iustice: l'autre que les chefs d'Office de la maison du Roy, ont gardé iusques à present ce droict de pourueoir aux menus Offices, ou plustost milices, ou places des compagnies, dependantes de leur charge.

23. Ce qui est cõpris soubs le droict de faire Officiers.

Soubs ce droict de créer Officiers, ie compren le pouuoir d'ériger & conferer toutes autres dignitez politiques, soit Ordres, comme faire des Cheualiers, ennoblir les roturiers, & iusques à faire des corps de mestiers iurez: soit Seigneuries, comme d'ériger des Pairries, Duchez, Marquisats, Cõtez, & autres telles dignitez Seigneuriales, comme il sera prouué en son lieu.

24. Droit de faire la guerre & la paix n'appartient qu'au Roy, & pourquoy.

Quant au droit de guerre, puisque d'icelle peut aduenir la ruïne & subuersion de l'Estat, voire qu'elle ne peut aduenir sans icelle, il est bië raisonnable, qu'autre que le souuerain ne la puisse entreprëdre, pour mettre l'Estat en hazard. Mesme ce n'est pas vne iuste guerre, ains c'est vn brigandage punissable en Iustice, quand la guerre est entreprise sans l'auctorité de celuy, auquel la souueraineté reside. Et combien qu'és Estats populaires, où elle reside pardeuers la multitude, ce soit chose dangereuse de luy communiquer & diuulguer le secret & motif de la guerre, si est-ce que l'aduis s'en peut bien dõner par le Senat, mais la resolution s'en doit faire par le peuple. *Controuersia fuit*, dit T. Liue, *vtrum populi iussu indiceretur bellum, an satis esset Senatus consulto. Peruicere Tribuni, vt Consul de bello ad Populum ferret*: ce que Bodin confirme par plusieurs auctoritez.

25. Autre raison entre Chrestiens.

Mais entre Chrestiens nous auons encor vne autre consideration fort pertinente, Que celuy qui tuë en guerre ne peut estre excusé d'homicide, si la guerre n'est iuste, c'est à dire, auctorisee par le souuerain ordonné de Dieu, & descendu de race choisie par le peuple, afin de le garder de l'oppression des ennemis. Mais le sujet, auquel son Prince a mis les armes à la main, pour vne iuste guerre, ne peche point en tuant l'ennemy. Car comme ainsi soit, qu'il y a deux voyes, pour repousser l'iniure, l'vne de la Iustice, l'autre de la force, quand la Iustice ne peut auoir

auoir lieu, dit Ciceron au 1. des Offices: ainsi que celuy, qui fait mourir vn meschant par la voye de Iustice, & par le iugement du Magistrat, ne peche point, aussi ne fait celuy, qui fait mourir vn ennemy en guerre par l'authorité du Prince.

Voire le droict de guerre depend tellement du souuerain, que les charges militaires doiuent, en vn Royaume bien estably, estre seulement cōferées par commission reuocable à sa volonté, à fin que le commandement des armes, que les Romains appelloient le pur commandement, pource qu'il n'est point astreint aux formes de Iustice, demeure seul & pour le tout par deuers luy, comme i'ay prouué au 4. liure des Offices chap. 3. Et c'est pourquoy aussi le port d'armes est cas Royal en France, comme il sera dit en son lieu. 26. Les charges militaires ne doiuent estre conferées que par commission.

Ce droit de guerre comprend les traitez de paix, d'alliance, de treues, & iusques à la permission de leuer la moindre compagnie de gens de guerre, voire mesme de faire aucune assemblée de peuple, qui puisse tendre à sedition: voire il comprend les lettres de marque ou represailles, qui est la petite guerre. 27. Ce qui est cōpris soubs le droit de guerre.

Or comme la guerre est en la disposition du Prince souuerain, aussi est la Iustice, ayant le Prince souuerain esté estably, pour defendre l'Estat en guerre par les armes contre les ennemis, & pour le maintenir en paix par la Iustice entre les subjets. Vray est que comme il ne peut faire la guerre seul & sans Capitaines, aussi ne peut rendre la Iustice seul & sans Iuges. Mais comme le souuerain commandement de la guerre luy demeure par dessus ses Capitaines, aussi fait le dernier ressort de la Iustice par dessus ses Iuges. Ainsi lisons nous que par ceste premiere loy faite à Rome, apres le dechassement des Roys, appellée la loy Valeria, le dernier ressort, & l'appel de tous les Magistrats fut reserué au peuple, & parce que les Consuls y contreuenoyent souuent, ceste loy fut re- 28. Le dernier ressort de la Iustice appartient au souuerain. 29. Preuue.

publiée par trois fois, & finalement par la loy *Duilia*, la peine de mort fut indicte à celuy, qui y contreuiendroit, & T. Liue appelle ceste loy le fondement de la liberté populaire, ores qu'elle ait esté tousiours mal entretenue. Semblable loy voire encore plus ample, estoit à Athenes, où le dernier ressort estoit reserué au peuple, non seulement à l'ésgard des citoyens, comme à Rome, mais aussi des alliez, comme dit Xenophon au liure *de Republ. Athen.* & Demosthene en l'oraison *pro Aphobo.* Et Cõtarin nous tesmoigne que la premiere loy, qui fut faite, pour l'establissement de la Repub. de Venise fut, qu'il y auroit appel de tous les Magistrats au grand Conseil: & Guichardin rapporte, que Valery Duc de Florence, ne fut tué pour autre cause, que pour n'auoir deferé à l'appel interieté de luy au grand Conseil du peuple, par trois Florentins, qu'il auoit condamné à mort.

30. De mesme.

Mais en France le dernier ressort de iustice, est tellement vn droict de souueraineté, que mesme en commun langage, il est appellé souueraineté, comme quand és concessions des fiefs ou des appanages, le

31. Souueraineté signifie par fois le ressort de iustice.

Roy reserue à la courõne la foy & hõmage, ressort & souueraineté: la foy & hommage concernent la feudalité & seigneurie priuée, & directe: le ressort & souueraineté, concernent la iustice & seigneurie publique & souueraine. Et les compagnies de Iuges, qui

32. Compagnies souueraines.

soubs le nom du Roy, iugent en dernier ressort, sont appellees souueraines. Et a esté prouué au chapitre precedent, que les Princes, qui ont parfaictement le dernier ressort de la iustice, sont mis entre les souuerains, ores qu'ils soient vassaux tributaires, ou en protection, pource qu'en effait leur peuple n'est subject au commandement d'autre, que d'eux: consideration

33. Erectiõ d'Eschiquier d'angereuse.

qui a esté bien representée toutes les fois, que le Duc de Lorraine a voulu obtenir du Roy ce dernier ressort en son Duché de Bar: & lors de l'erection de l'eschiquier d'Alencon en l'an 1571. combien que ce ne fust pas vne iustice tout à fait souueraine, neantmoins l'vn de Messieurs les Aduocats Generaux remonstra sagement au Roy, qu'il eust mieux vallu ériger douze Parlemens Royaulx, qu'vn seul Eschiquier pour vn Prince du sang.

Soubz ce droict ie compren l'octroy des requestes ciuiles, des éuocations, interdictions de Iuges, les graces & remissions des condemnez, & autres semblables dépesches. Et combien qu'anciennement aucuns Gouuerneurs des Prouinces eslongnées entreprissent de donner graces, si est-ce que ce pouuoir leur a esté iustement osté par Edit du Roy Louys 12. de l'an 1449. mesmement le Roy François ayant concedé ce pouuoir à Madame sa mere, elle ayant sceu que le Parlement faisoit difficulté de le verifier, s'en deporta volontairement. 34. Ce qui est cõpris soubs le droit de iustice.

Au pareil le droit de forger monnoye dépend de la souueraineté, pource que c'est le mereau du commerce, qui partant dépend de la police generale du Royaume, laquelle appartient au seul Prince souuerain : voire la monnoye dépend aucunement du droit des gens, & partant il est necessaire, que le Prince la proportionne auec ses voisins, autrement ses subjets ne pourroient trafiquer auec eux : & si pour profiter sur ses subjets, il hausse trop sa monnoye, il leur fait iniustice, & est en effait faux monnoyeur, comme le Poëte Dante appelle, quoy qu'à tort, le Roy Iean. Quoy que ce soit, il est certain que la monnoye dépend entierement de l'authorité du Prince souuerain, qui en prescrit la matiere, la forme, le cours, le poids, & le prix, ainsi qu'il luy plaist. C'est pourquoy la monnoye est appellee en Grec νομισμα quasi νόμος, dont aucuns veulent dire qu'est deriué le Latin *nummus*, que Fr. Hotman au traité *de re numaria* 35. Droit de forger mõnoye. 36. Numisma quasi νόμος.

soustient deuoir estre escrit par vne seule *m* & mesme en François nous appellons la monnoye, alloy, & quelquesfois simplement loy.

37. Les Princes mettent leur image à leur monnoye.

Pour ceste cause les Monarques font ordinairement grauer leur image à leur monnoye, mesme aucuns l'ont nommée de leurs noms, comme les Philippus de Macedoine, & les Dariques de Perse: & voyons nous pas en l'Euangile, que l'image de Cesar s'estant trouuée en la piece d'argent, qui fut presentée à nostre Seigneur, il en feit la conclusion, qu'il failloit rendre à Cesar, ce qui estoit à luy? Aussi lisons-
38. Punition de ceux, qui ont forgé monnoye.
nous dans Herodote, que Darius feit trãcher la teste au Gouuerneur d'Egypte Ariander, pour auoir fait grauer son image, en la monnoye. Et pour mesme cause l'Empereur Commodus feit mourir Perennius son grand mignon, dit Herodian. Et le Roy
34. Monnoye de Gennes.
Loys 12. laissant la souueraineté à ceux de Gennes, voulut neantmoins que pour souuenance de ce qu'il les auoit remis en liberté, ils marquassent leur monnoye de son image, ce qu'ils n'ont pas entretenu, pource que c'eust esté deroger à leur souueraineté, ains pour signe d'icelle, ils mettent vn gibet à leur monnoye, comme ils faisoient auparauant. Aussi fust-ce l'vne des principales occasiõs de la guerre que feit le Roy Loys 11. contre le Duc de Bretagne, pource que contre le traité de l'an 1465. il entreprenoit de forger de la monnoye d'or.

40. Anciennemẽt les Ducs & Comtes forgeoient monnoye.

Et combien qu'anciennement en France, presque tous les Ducs & les Comtes, voire mesme plusieurs Euesques entreprissent de forger monnoye, les vns par vsurpation (ainsi qu'ils auoient vsurpé presque tous les autres droits Royaux) autres par concession des Roys, qui par icelle en ordonnoient la matiere, la forme, le poids, & le prix lequel apres ne pouuoit estre changé, comme il fut iugé contre le Duc de Bretagne, en l'an 1274. & contre le Comte d'Angoulesme, en l'an 1281. ainsi que rapporte

Choppin liu. 2. *De Dom. tit.* 7. neantmoins le mesme Choppin nous apprend, que le Roy Loys Hutin fut fort soigneux de remettre ce droit en son domaine, & qu'il le racheta à prix d'argent de plusieurs Ducs & Comtes, ce que feirent aussi ses successeurs : & en fin le Roy François, par Edict general, a reuoqué toutes ces vsurpations, & cassé tous ces Priuileges. Et à bon droit : car les droits de souueraineté ne sont, ny prescriptibles par les subiects, ny communicables à eux : comme les Estats de Pologne soustindrent particulierement pour celuy de forger monnoye, que Sigismond Auguste auoit concedé au Duc de Prussie, laquelle concession ils casserent par vn decret, portant par exprés, que ce droit n'auoit peu estre donné, comme estant inseparable de la coronne. Et par mesme raison l'Archeuesque de Gnesne au mesme pays, & celuy de Cantorbie en Angleterre, en furent priuez par les estats de leur pays. 41. Reuocation de ce droit

Finalement à l'esgard de faire des leuées de deniers sur le peuple, i'ay dit que les plus retenuz Politiques tiennent, que les Roys n'ont droit de les faire par puissance reglée, sans le consentement du peuple, non plus que prendre le bien d'autruy, pource que la puissance publique ne s'estend, qu'au commandement & auctorité, & non pas à entreprendre la Seigneurie priuée des biens des particuliers, qui est le poinct auquel consiste la difference de la Monarchie Seigneuriale, d'auec la pure Souueraineté ; d'autant que celle-là a la Seigneurie publique & priuée tout ensemble, des personnes & des biens de ses subiects : & celle-cy n'en a que la Seigneurie publique. 42. Si leuer deniers est vn droit Royal.

Qui est à peu pres la remonstrance que feit aux Estats de Tours, ce sage Politique Philippe de Commines, comme il nous a laissé par escrit en ses memoires. Et de faict, c'est chose bien certaine, qu'anciennement en France les tailles & autres subsides

43. Anciennemẽt les tailles n'estoient ordinaires en Frãce, & les subsides ne se leuoient que par le consentement des Estats.

n'estoient pas ordinaires & perpetuels, comme ils sont à present : ains ils ne se leuoient, que du consentement du peuple, & tant que la necessité duroit. Voire que la principale cause d'assembler les Estats, estoit pour auoir leur consentement à quelque nouuelle leuée. Et mesinemẽt c'estoit le peuple, qui élisoit ceux, qui deuoiẽt leuer ces subsides ou aydes (ainsi les appelloit-on, pource que volontairemẽt le peuple en aydoit & secouroit le Roy en sa necessité) & pour ceste cause on appelle encor' Eleus, ceux, qui les faisoiẽt leuer en chacune Prouince, & Generaux soit des Aydes, ou de la Iustice d'icelles, ceux qui sont superintendãs de ces leuées. Ce qui se pratique encor en Angleterre, & Pologne, où les Roys ne peuuent faire aucune leuée sans le consentement des Estats.

44. Aydes & subsides pourquoy dicts.

45. Eleus, Generaux des Aydes.

46. Les souuerains õt maintenant droit de leuer deniers.

Mais ie croy, qu'à present le cõtraire s'obserue par tout ailleurs : & qu'il n'y a quasi plus d'autres Princes souuerains, voire mesme de Princes sujects, qui n'aiẽt prescrit ce droit de leuer deniers sur leur peuple. De sorte que à mon aduis il ne faut plus douter qu'en Frãce (qui est possible auiourd'huy la plus pure & plus parfaite Monarchie du monde) nostre Roy, n'ayant d'ailleurs presque plus d'autre fonds de Finance, ne puisse faire des leuées de deniers sans le cõsentement des Estats, qui, comme i'ay prouué au Chap. precedẽt, n'ont aucune part en la Souueraineté.

47. Preuue.

Car puis qu'il a esté dit que la puissance publique du souuerain s'estend aussi bien sur les biens, que sur les persones, il s'ensuit, que comme il peut commãder aux persones, aussi peut-il vser des biens de ses sujets. Et comme ce commandement des persones ne les rend pas esclaues, aussi cẽt vsage des biẽs ne les reduit pas en la Seigneurie priuée du Prince : pource que la Seigneurie priuée est la parfaite proprieté, dõt on peut vser à discretiõ : mais l'vsage de la Seigneurie publique doit estre reglé par Iustice, voire estre dirigé à la propre vtilité & necessité du peuple, estant biẽ raisonable que son Prince, à qui Dieu l'a baillé en garde, puisse le tirer du peril, à mesme sa bourse, mal-gré qu'il en ait, comme le malade qu'on medicamente contre sa volonté.

48. Qu'autre que luy ne les peut faire.

Mais quoy que ce soit, il n'y a que le Roy seul, qui puisse faire telles leuées, ores mesme que ce soit du consentement du peuple, (sauf & reserué tousiours le cas de l'extreme necessité, qui n'a point de loy.) Ce qui est disertement au vingtroisiesme article de l'Ordonnance de Moulins, dont les mots meritent bien d'estre rapportez icy. *Parce que à nous, seul appartient leuer deniers en nostre Royaume, & que faire autrement seroit entreprendre sur nostre Maiesté, defendons tres-expressement à tous noz Gouuerneurs, Baillifs, Thresoriers & Generaux de noz Finances, & autres quelsconques noz Officiers d'entreprendre de faire leuer aucuns deniers, quelque auctorité qu'ils ayent, & pour quelque cause que ce soit, ne permettre qu'autres en leuent, soit en nom de particulier ou de communauté, sinon qu'ils en ayent noz lettres Patentes precises & expresses, à peine de confiscation de corps & de biens, &c.* En consequence de laquelle Ordonnance Bodin estime, que le droict pretendu par plusieurs Seigneurs, & qui est auctorisé par plusieurs Coustumes, de leuer tailles aux quatre cas sur leurs subjects, est maintenant aboly, & c'est pourquoy i'ay mis à bon droit le droit de leuer deniers sur le peuple, pour vn sixiesme cas de Souueraineté.

49. Droit de tailles des Seigneurs, aux quatre cas aboly.

50. Que nul officier ne doit toucher aux deniers du Roy.

Mais pour le regard des deniers Royaux imposez, c'est bien sans doute, que puisque les particuliers sont maistres de leur bien, à plus forte raison, le Roy l'est du sien. De sorte que les Gouuerneurs des Prouinces, ny mesme les chefs des armées, n'y peuuent toucher, s'ils n'en ont expres pouuoir, ou bien en cas d'extreme necessité, non plus, que les Procureurs ne peuuent disposer du bien de leurs maistres, sinon en tant qu'il leur est permis par leur procuration. Autrement ceux qui touchent aux deniers Royaux

51. Peculat. commettent, non pas vn simple larcin, mais comme ceux qui dérobent les choses dediées à Dieu, commettent sacrilege, qui est vne branche de leze Majesté diuine, aussi ceux-là commettent peculat (qui est vne branche de leze Majesté humaine) qui dérobent ou diuertissent les deniers du Prince.

52. L'honneur du mõde appartient au Prince souuerain. Voylà le pouuoir du Prince souuerain, & quant à l'honneur, il faut tenir en vn mot, que c'est en luy, que réside tout l'honneur de ce monde: Dieu, auquel il appartient essentiellement, luy ayant laissé, & comme baillé en depost, toute espece d'honneur

53. Le Roy est distributeur de l'honneur mondain. mondain, duquel il l'a rendu distributeur, comme il est escrit au sixiesme chapitre d'Hester *Honorabitur, quem voluerit Rex honorari.* Partant c'est de luy que toute dignité procede, & comme dict Cassiodore *lib. 6. Variarum Epist. 23. à Principe exeunt omnes Dignitates, vt à Sole radij*, & comme dict Balde en la préface des fiefs, *ab eo tamquam à fonte profluunt omnes Dignitatum riuuli.*

54. Rang des Princes souuerains. Or n'est-il question de parler du rang & seance des Princes souuerains, pource qu'elle ne peut estre reuoquée en doubte dans leur souueraineté, non seulement par leurs subjects, qui commettroient

55. En leur pays. crime de leze Majesté, s'ils le vouloient entreprendre, mais aussi par les Princes estrangers regulierement, pource que chacun est maistre en sa maison. Bien est vray que par honneur ils ont accoustumé en leur propre maison de ceder aux Princes de plus haut titre, comme les Roys à l'Empereur, les Ducs aux Roys: mais sur tout ils doiuent deferer & laisser le premier rang à ceux, auec lesquels ils ont alliance inegale, ou de superiorité, comme à leur protecteur, Sei-

56. Es pays d'autruy. gneur Feodal, & à celuy duquel ils sont tributaires, bref à tous ceux, *quorum Maiestatem comiter obseruare tenentur.* Car combien qu'ils ne soient leurs subjects quant au pouuoir, si sont-ils leurs inferieurs, quant à l'honneur.

à l'honneur. Et quant au rang d'entre les Princes souuerains és pays d'autruy, on obserue que ceux de plus haut titre ont la preseance : & entre ceux de mesme titre, on a égard à l'antiquité de l'establissement, qui est vne matiere, qui meriteroit bien vn plus grãd discours. 56. Es pays d'autruy.

Maintenãt pour le regard du titre, ou pour mieux dire, de la qualité, qu'on donne aux Princes souuerains, il faut prendre garde, que ceux, qui sont parfaictement souuerains, c'est à dire qui ne sont ny en vasselage, ny en protection, ny tributaires, & principalement les Roys sont qualifiez du titre de Majesté, qui signifie parfaicte souueraineté, d'où viẽt que ceux qui l'offensent sont dits coulpables de leze Majesté. C'est ceste Majesté, qu'Ouide au 5. des Fastes feint, à sa mode, auoir esté engendrée du mariage d'Honneur auec Reuerence, & auoir esté grande dés l'instant de sa naissance. 57. De la Majesté des Roys.

Ce titre est le plus haut, & le plus Auguste, qui iamais ait esté inuenté en ce monde, mesmement est si haut, qu'il appartient proprement à Dieu. Aussi Ouide au discours de ceste Majesté, adiouste. 58. Que c'est le plus haut titre qui puisse estre.

Assidet illa Ioui, Iouis est fidissima custos,
Et præstat sine vi sceptra tenere Ioui.
Venit & in terras.

Et certes il semble, que ce soit vne entreprise, que font les Rois sur l'honneur de Dieu, que de s'attribuer ce titre : & de faict M. Pasquier nous apprend, qu'on n'en vsoit pas iadis si cõmunément en France, comme on a faict depuis la hantise des Espagnols : Toutesfois c'est la verité, qu'on en a vsé de tout temps & à Rõme & en France. Et encor les Allemans pour mettre leur Empereur par dessus les Roys, l'appellent sacrée Majesté : qui est à mon aduis, vn blaspheme. Car c'est la Majesté seule de Dieu, qui est sacrée. Et la vanité des Angloys les a portez à vouloir rehausser la Majesté de 59. Sacrée Maiesté de l'Empereur. 60. Excellente Majesté du Roy d'Angleterre.

leur Roy d'vn epithete d'honneur, l'appellant excellente Majesté, comme dit Bodin.

61. Majesté non cõmuniquable à autre qu'aux souuerains.

Quoy que ce soit, ce titre est inseparable de ceux, ausquels reside la souueraineté, estant és Estats populaires referé au peuple, és Aristocratiques aux Seigneurs, & és Monarchiques aux Monarques: aux femmes mesme, desquels il ne peut pas estre proprement communiqué, nõ plus, que le plein pouuoir de la souueraineté, combien que tous autres honneurs le puissent estre, cõme il fut remonstré aux Estats d'Orleãs, où, pendant la minorité du Roy, on ne voulut permettre à la Royne sa mere d'vser de ce titre, ainsi qu'vn autheur moderne a laissé par escrit. Et combien que les anciens Autheurs Romains l'attribuent quelques fois aux principaux Magistrats, notamment T. Liue en plusieurs passages, & mesme le Iuriconsulte en la loy 11. *de Iust. & Iu. l. 9. de iurisd. l. 23. de iniur.* toutesfois c'est improprement: car proprement à Rome *imperium erat Magistratuum, Auctoritas senatus, Potestas plebis, & Majestas populi*, comme les distingue Ciceron *pro Rabir. perd. reo.*

Royne mere n'a le titre de Majesté.

62. Attributa Romanorum.

63. Altesse.

Mais les Princes qui ne sont pas parfaictement souuerains, ne prennent pas le titre de Majesté, ains ou celuy d'Altesse, comme les Ducs de Lorraine, Sauoye, Florence, Mantouë & Ferrare: ou celuy d'excellence, cõme les Princes des Pays de surseance: ou finalemẽt celuy de serenité, cõme les Ducs de Venise, dit Bodin.

64. Excellence.

65. Serenité.

Il y a encor vne autre remarque d'honneur au titre des Princes souuerains, à sçauoir qu'ils se qualifient Empereurs, Roys, ou Ducs par la grace de Dieu, pour signifier qu'ils ne tiennẽt leur Estat, que de Dieu & de l'espee. Et ce fut vne des trois choses que le Roys Loys 11. defendit au Duc de Bretaigne par le traicté qu'il fist auec luy, de se qualifier Duc par la grace de Dieu. Cõbiẽ qu'anciennemẽt les Ducs & les Cõtes de France, qui auoient vsurpé vne maniere de souueraineté, ne mãquassent iamais de se qualifier, Tels par la grace de

66. Roys par la grace de Dieu.

Dieu, cõme il se voit aux titres des vieilles coustumes, & és anciennes chartres: voire mesme Bodin nous apprend, que les grands Officiers de Frãce vsoient de ceste adionction, iusques à cotter qu'vn Esleu de Meaux s'estoit qualifié Esleu par la grace de Dieu. Et encor' à present les Euesques & Abbez se qualifient tels par la miseration diuine, pour monstrer qu'ils ne tiennẽt leur benefice d'autre que de Dieu, & nõ pas des seigneurs temporels; vray est qu'en ces derniers temps, que la prouision d'iceux à esté attribuee au consistoire de Rome, ils mettent en leurs qualitez par la miseration diuine, & du S. siege Apostolique.

67. Euesques & Abbez par la miseration diuine.

68. Et du S. siege Apostolique.

Finalemẽt il y a encor vn autre honneur des souuerainetez à sçauoir les enseignes ou ornemens d'icelles, que les Grecs appellent σύμϐολα τῆς ἡγεμόνιας & Virgile *Regis insigne nimirum sceptrum sacerque tiaras*, c'est à dire le sceptre & la couronne qui sont tellemẽt enseignes de Roys, que dans les bons Autheurs l'vn & l'autre signifie souuent la Royauté mesme.

69. *Insignia Regis*

Le sceptre est plus anciẽ que la courõne: car Homere attribue bien le sceptre aux Roys, mais il n'attribue la courõne, qu'aux Dieux. Il est fait mẽtiõ au Genese du sceptre de Pharaõ, & en Hester de la verge d'Assuerus, & Xenophõ attribue vn sceptre à Cyrus. On le feit premieremẽt de bois, cõme il est descrit au 4. de l'Iliade & au 7. de l'Eneide, puis d'yuoire ou d'Ebene, cõme il se voit dans Iuuenal & dans T. Liue. Et finalement on l'a fait d'or, qui est le metal souuerain. Et au bout d'iceluy on y a mis tantost la figure d'vn Aigle, tantost d'vne Cicogne, tantost d'vn Hippopotame, & nos Roys n'y mettent qu'vne fleur de lys.

70. Du sceptre Royal.

71. Matiere d'iceluy.

72. Forme d'iceluy.

Le sceptre est signe de puissance, comme la courõne est signe d'honneur, & pour ceste cause les Euesques, qui ont la iurisdiction Ecclesiastique, ont leur baston pastoral, ainsi qu'Homere attribue le sceptre au Prestre Chryseis, & qu'ẽ la saincte Escriture il est fait mẽtiõ de la verge d'Aarõ, & les augures de Rome auoient

73. Croce des Euesques.

Lituum, que A. Gelle definit *virgam breuem & curuam*, comme est le baston de noz Euesques, appellé pour cette occasion Croce, quasi croche.

74. Diadême. La Couronne est appellée par les Grecs Diadême, bien que proprement Diadême soit vn simple bãdeau Royal, dont iadis vsoient seulement les Roys, laissant la Courõne aux Dieux. Ainsi les effigies des premiers

75. Changemens des Couronnes. Empereurs Romains se voyent ornées de bandeaux seulement: Puis ils prirent des cercles de pur or, que par apres ils rayonnerent à la forme des Courõnes des Dieux, ausquelles les rayõs estoiẽt adioustez, pour representer l'esclat de la diuinité, comme nous faisons auiourd'huy aux peintures des Saincts. Apres encor au lieu de rayons, ils y meirẽt des fleurons ornez de pierres precieuses. Ce qu'estant fait commun à tous les Roys, les Empereurs de Grece voulans, que leur Couronne fust plus auguste, la fermerent par enhaut: & finalement noz derniers Roys, pour monstrer qu'ils sont autãt ou plus souuerains, que l'Empereur d'apresent, l'ont voulu porter de mesme.

76. Droits vtiles des souuerainetez. Reste de parler des droits vtiles des souuerainetez, lesquels ce ne seroit iamais fait, de vouloir expliquer particulierement. Car combien que Choppin & Bacquet en ayent fait de gros liures, si n'ont-ils encor tout dit. Or par ces droits, ie n'enten pas les droits domaniaux, & qui appartiennent au Prince à cause de son domaine, c'est à dire, à cause des terres & seigneuries particulieres appartenantes à l'Estat, ains ceux qui luy appartiennent immediatemẽt à cause de sa souueraineté: & encor parmy ces droits, ie n'enten point comprendre les leuées extraordinaires de deniers, que ie doubte estre vrays droits, mais aydes & subsides, ou concedez volontairement par les peuples, ou exigez pour la necessité.

77. Regalia. Les Feudistes appellent ces droits *Regalia*, & les ont ramassez dans le tit. *Quæ sunt Regalia*, tenans vne proposition, qui va bien loin, que tout ce qui est public, ou

qui n'appartient à personne, doit appartenir au Prince souuerain: d'autant disent-ils que ce que les Romains appelloient *publicũ* quasi *populicum*, estoit ce qui appartenoit au peuple, pardeuers lequel residoit la souueraineté, & par consequent qu'és Estats Monarchiques tout cela doit appartenir au Monarque, *cui populus omne jus suum transtulit*, dit la loy. Ainsi les Princes souuerains soustiennent cõmunément, que tout ce qui n'appartient à personne, leur doit estre estimé propre, par le moyen de leur Seigneurie vniuerselle: de sorte que des cinq sortes de choses rapportées au tit. *De rerum diuis.* ils s'en sont attribué communément les quatre, *nimirum communes, pulblicas, vniuersitatis, & nullius*, & n'õt laissé aux particuliers, que la cinquiesme espece, à sçauoir *res singulorum*. Par ce moyen ils se sont voulu attribuer la proprieté de la mer, des riuieres nauigables, des chemins, des champs, des rues, murailles, & fossez des villes, & generalement de toutes choses qui sont hors de commerce, & encor de ce qui entre en commerce, ils se sont voulu attribuer, tout ce qui n'a point de maistre.

77. *Publicum.*

79. Princes se sõt attribué tout ce qui n'appartient à personne.

Tout cela neãtmoins n'est pas passé sans contredit: car d'vne part, les cõmunautez des peuples pretendẽt la pluspart de ces choses, sinon en proprieté, au moins quant à l'vsage: soustenant qu'elles sont dites publiques, non pas pour estre dépẽdantes de la souueraineté du peuple: (car la seigneurie priuée, dont nous entendons parler, n'a point de coherence ny correspondance à la publique, encor moins à la souueraine) mais pour ce que l'vsage en appartient à chacun du peuple.

80. Les communautez s'y opposent.

Mais la plus forte contradiction a esté de la part des Seigneurs Iusticiers, ausquels la Seigneurie publique du lieu ~~appartient~~, subalterne veritablement: mais immediate ayant esté laissée, ils soustiennent, que c'est celle-là, qui attire & rejoint à soy la seigneurie priuée, quand elle est vacante, & n'appartient à aucun. Et de là sont prouenus de grands differẽds, & en grãd nõbre,

81. Comme aussi les Seigneurs Iusticiers.

qui ne sont pas encor bien vuidez, & dont le droit n'est encor' certain & bien estably, ains à faute de les auoir peu regler par raison, on les à laissé establir par la force & par l'vsurpation, & chacun en a pris par où il a peu: de sorte qu'auiourd'huy on les termine par la possessiõ & ancien vsage, comme i'ay dit au commencement de ce Traicté, & pource que la possession ne peut estre vniforme par tout: de là vient la varieté des Coustumes, & la diuersité d'opiniõs, de ceux, qui en ont traité.

82. Essay de vuider ces differens.

Pour tascher à y apporter vne regle, il faut rechercher la raison ponctuelle & decisiue de tous ces differens: ie dy donc, qu'il ne faut point demander à qui appartiennent les choses, qui sont hors de cõmerce. Car

83. Ce qui n'est point en cõmerce ne peut appartenir à aucun.

puisque de leur nature elles sont incapables de Seigneurie priuée, c'est follie d'en attribuer la Seigneurie priuée à aucun. Noz Iurisconsultes Romains en ont fait de quatre sortes: à sçauoir les communes, qui sont communes à tous les animaux, comme les élemens, la

84. *Res communes, publicæ, vniuersitatis & nullius.*

mer, la pluye du ciel, celles qui sont communes aux hommes seulement, qu'ils ont appellées publiques, comme qui diroit peupliques, c'est à dire dont l'vsage est commun aux hommes, & non aux bestes, à sçauoir les riuieres, les chemins. Celles qui sont communes à certaines communautez d'hommes seulement, qu'ils ont appellé *res vniuersitatis, vt stadia, theatra*: Et finalement celles qui par vn respect particulier ne sont attribuées à aucun *vt res sacræ, religiosæ, sanctæ*. Toutes ces choses sont incapables de Seigneurie priuée, & la proprieté d'icelles ne peut appartenir à aucun, ny au Prince souuerain, ny au peuple, ny au Seigneur Iusticier: mais l'vsage en demeure à vn chacun, selon la qualité particuliere de chacune: bien est vray que la Seigneurie publique, c'est à dire l'auctorité & direction par la voye de Iustice, en appartient au Prince souuerain en souueraineté, & au Seigneur haut Iusticier en Iustice primitiue.

85. *Res singulorum*

Mais pour le regard des choses, qui sont en cõmerce, & capables de Seigneurie priuée, que le droict appelle *res singulorum*, celles là estans vacantes, & n'ayans point de maistre, leur Seigneurie priuée vacante se joinct & reünit à la Seigneurie publique, cōme l'vsufruict vacāt se rejoinct à la proprieté. Mais pource que la Seigneurie publique appartient, tant au Prince souuerain, qu'au Seigneur haut Iusticier, la question est auquel des deux elles doiuent appartenir. Et certes il y a plus d'apparence de les attribuer au Seigneur public, primitif & immediat, qu'au dernier & souuerain: si ce n'est és matieres, qui dependent directement de la souueraineté: ce qui sera particularisé cy apres, en traittant des droicts des Iustices.

à qui appartiennēt, quād sont vacātes.

Le mesme doit estre dit à mon aduis des fruicts & émolumēs capables de cōmerce, & seigneurie priuée, qui prouiennēt des choses, qui sont hors de cōmerce, cōme de la pescherie de riuieres publiques, ensemble de celle des fossez des villes, voire mesme des rētes, ou amēdes, qui prouiennēt des saillies ou autres entreprises faites sur les ruës & chemins: toutesfois auparauāt que ny le souuerain, ny le seigneur primitif y puissent rien prēdre, il seroit raisonnable, que ces émolumens ou fruicts fussent employez à la refection & entretien des choses, dont ils prouiennent, comme la pescherie des riuieres, à l'entretien des leuées & guays d'icelles: celle des fossez, à l'entretenement d'iceux: les deniers prouenans des entreprises sur des ruës, à l'entretien du paué d'icelles. Et partāt il seroit bien raisonnable, que tous ces émolumēs fussent attribuez aux villes & cōmunautez, cōme deniers d'octroy, à la charge de faire ces entretenemēs: Car de charger le peuple de cet entretenement, & que le Roy, ou le seigneur du lieu en prēne neātmoins le reuenu, il n'y a raison quelcōque.

85. Ce qui prouiēt des choses estās hors de cōmerce, à qui appartient.

87. Qu'il deuroit estre employé à l'entretien d'icelles.

Pour cōclusion, i'aduertiray le lecteur, qu'ē estudiāt ceste matiere dans les coustumes, il garde de se mesprēdre en l'équiuoque du nom de Prince: car maintenant quād nous parlōs indefiniement du Prince, nous

Prince que signifie dans noz Coustumes.

entendons le Roy, ainsi que font les loix Romaines. Mais és coustumes, il s'entẽd tout autremẽt: Car d'autant que la pluspart d'icelles ont esté, ou redigées, ou pour le moins establies du tẽps que les Ducs & Cõtes des Prouinces se qualifioiẽt Princes, & iouyssoient par effait des droits de souueraineté, quand en icelles il est parlé du Prince, ce n'est pas le Roy, qui est entẽdu, ains le Duc ou Comte de la Prouince: de sorte que quand elles parlent des droicts du Prince, ce n'est pas des droits du Roy, ains des droits du Duc. Que si la Duché appartenoit au Roy lors de la redaction d'icelles, elles entendent parler des droits du Roy, non en tant que Roy, mais en tãt que Duc, & seigneur de la Prouince.

Prince signifie le Duc ou seigneur du pays.

Ce qui est biẽ exprimé en l'inscription de la seconde partie de la coustume d'Anjou: dõt voicy les mots, *Pour la secõde partie est traité des cas, esquels le Prince*, videlicet, *le Duc d'Anjou, a preuention sur ses subjets*. Et en l'art. suiuãt est dit, *Premierement le Roy comme Duc d'Anjou a ressort & Suzeraineté, &c.* En quoy, sauf l'honneur deu à ce grand personnage feu M. Chopin, il me sera permis de dire, qu'il a vn peu choppé, cõme le Poëte a dit, qu'il est permis de s'achopper en vn grand œuure. Car voicy comment il interprete ce passage *Cum hac præfatio loquitur de Principe, intelligit de supremo rerum Domino, Galliæque moderatore maximo.*

De mesme.

Et en l'ancienne coustume de Normandie, chap. 12. *Le Duc de Normandie, ou le Prince est cil, qui tient la Seigneurie de tout le Duché, de quoy le Roy de France a ores la Seigneurie & la dignité*: ainsi cõbien que le chap. 10. soit intitulé *Du Seneschal au Duc*, ce Seneschal est dans le texte tousiours appellé le *Seneschal au Prince*. Ce qui se veoit encor plus clairement, par la coustume de Niuernois en l'art, 10. *Celuy qui a Iustice ne peut leuer signe patibulaire, sans auctorité du Prince du pays, au refus duquel Prince, il aura recours au souuerain Seigneur: Ce qui n'a lieu aux Iustices exẽptes du Prince. &c.* Qui est vn point fort à noter.

1. *Deux sortes*

Sommaire du quatriesme Chapitre.

1 *Deux sortes de Seigneurie.*
2 *Definition de la Seigneurie Suzeraine.*
3 *Trois especes de dignitez, l'Ordre, l'Office & la Seigneurie.*
4 *La Seigneurie reside directement au fief.*
5 *La Seigneurie ne peut estre tenuë qu'en fief.*
6 *Franc aleu noble.*
7 *La proprieté de la Iustice appartient à la Seigneurie.*
8 *La Seigneurie n'a plus d'autre puissãce publique que la Iustice.*
9 *La puissance des armes estoit iadis aux Seigneurs.*
10 *Leuer bãniere.*
11 *De l'assistence en guerre que les vassaux deuoient à leur Seigneur de fief.*
12 *Tout le faict des armes est à present reserué au Souuerain.*
13 *En quoy consiste la proprieté de la Iustice.*
14 *Pouuoir de la Iustice.*
15 *Honneur de la Iustice.*
16 *Profits de la Iustice.*
17 *La Seigneurie est composée du fief & de la Iustice.*
18 *Comment la Iustice est au fief.*
19 *Explication de ces mots,* Terre, Fief, & Seigneurie.
20 *De l'union du fief & Iustice.*
21 *Comment la Iustice a esté renduë accessoire au Fief.*
22 *Explicatiõ de la question,* An iurisdictio adhæreat feudo.
23 *Cinq questions.*
24 An iurisdictio adhæreat castro.
25 *Comment la Iustice est inherente au Chasteau.*
26 *Comment la Iustice est inherente au Fief.*
27 *Comment elle peut estre separée du Fief.*
28 An iurisdictio adhæreat feudo.
29 *Comment la Iustice est inherente à la Seigneurie.*
30 *Comment elle est attribuée au territoire.*
31 *Resolution sommaire des cinq questions.*
32 *Qu'elle est l'vnion du fief, & Iustice en la Seigneurie.*
33 *Pourquoy aux Benefices le reuenu est demeuré accessoire.*
34 *Les Benefices sont composez de deux parties, aussi bien que les Seigneuries.*
35 *Officiers de la Courõne ont tasché de rendre leurs Offices accessoires aux Fiefs.*
36 *Exemples.*
37 *Pourquoy ils ne l'õt peu faire.*

38 *Diuision des Seigneuries Suzeraines.*

39 *Les grandes Seigneuries.*

40 *Les mediocres.*

41 *Les petites, ou simples Iustices.*

42 *Qu'elles releuent les vnes des autres, de degré en degré.*

43 *Ce qui éleue les Seigneuries Suzeraines.*

44 *Si les Seigneurs Suzerains peuuent ériger des Seigneuries inferieures à la leur.*

45 *Raisons de l'affirmatiue.*

46 *Resolution pour la negatiue.*

47 *Le Roy seul peut ériger des Seigneuries.*

48 *1. raison concernant le defaut de puissance.*

49 *Il y a bien differẽce entre establir des Officiers, & créer des Iustices.*

50 *2. raison concernant l'interest d. Roy.*

51 *Opinion de Ie. Faber.*

52 *Opinion de du Moulin.*

53 *3. raison concernant l'interest du peuple.*

54 *Remede à l'interest du Roy & du peuple.*

55 *Qu'il n'y a point d'incõueniẽt, que les Seigneuries soiẽt érigées par le Ro , & neãtmoins releuẽt des Seigneurs immediats.*

56 *Que l'vsage ne fait loy en telles matieres.*

57 *Que les Coustumes contraires sont iniustes.*

58 *Edict de Roussillon retranchãt vn degré de Iustice.*

59 *Les Coustumes ne peuuent tollir les droits du Roy.*

60 *Que la Iustice, concedée par vn Seigneur, tient iusques à ce qu'on s'en pleigne.*

61 *Si les Iustices peuuent estre acquises par prescription.*

62 *Si du moins la prescriptiõ immemoriale y a lieu.*

63 *Trois raisons de la negatiue.*

64 *Resolution pour l'affirmatiue.*

65 *Que la possession immemoriale se doit prouuer par preuue literale en ceste matiere.*

66 *Arrest pour ce regard.*

67 *Signes visibles des Iustices ou Seigneuries.*

68 *Pilory ou eschelle.*
Gibet.

69 *Difference du Pilory & Gibet.*

70 *Marques des Seigneuries de Dignité.*

71 *Que les Seigneuries de dignité sont cõposées des moindres.*

72 *Edict notable pour le reglemẽt des Seigneuries de dignité.*

73 *A quoy seruent ces marques.*

73 *L'erection d'vne Seigneurie de dignité faite par autre que le Roy, est du tout nulle.*

75 *Qu'il vaut mieux s'aider de la prescription, que d'vn mauuais titre.*

DES SEIGNEVRIES SVZERAINES OV SVBALternes en general. CHAP. IIII.

COMME les Dialecticiens ont deux ſortes de genre: L'vn qu'ils appellent generaliſſime, *γένος γενικώτατον*: L'autre Subalterne: auſſi auons-nous deux eſpeces de Seigneurie publique, l'vne ſouueraine qui a eſté expliquée au chap. precedent: l'autre ſubalterne, que noz Couſtumes appellent Suzeraine, qu'il faut expliquer icy. 1. Deux ſortes de Seigneurie.

Commençons par ſa definition, que ie baſty ainſi à ma mode, Seigneurie Suzeraine eſt dignité d'vn Fief ayant Iuſtice. En ceſte definition, Dignité eſt le genre, ainſi qu'en celle de l'Office. Car comme il a eſté dit au 1. liure, il y a trois eſpeces de dignitez, l'Ordre, l'Office & la Seigneurie, qui ſont les trois titres d'honneur deſquels nous-nous pouuons qualifier & accõpagner noſtre nom: dont l'Ordre & l'Office ſont directemẽt attribuez, voire inherens à la perſonne, à ſçauoir l'Ordre inſeparablement & l'Office ſeparablemẽt: mais la Seigneurie eſt proprement attribuée & inherente au Fief, & indirectement communiquée à la perſonne qui le poſſede. 2. Définitiõ de la Seigneurie Suzeraine. 3. Trois eſpeces de Dignitez, l'Ordre, l'Office & la Seigneurie.

C'eſt pourquoy aux liures des Fiefs, quãd on demãde *Quis dicatur Dux, Marchio, aut Comes*, on reſpond que c'eſt celuy *qui de Ducatu, Marchia, aut Comitatu inueſtitus eſt*: ce qui mõſtre bien que le titre & dignité de Duché, Marquiſat & Comté reſide propremẽt au Fief: ce qui n'eſt pas de meſme au pur Office, qui ne peut reſider 4. La Seigneurie reſide directement au Fief.

réellement & actuellemẽt qu'en la personne de l'Officier : que s'il est vacant, & qu'aucun n'en soit pourueu, ce n'est alors rien de positif, ains n'est qu'vne table d'attente, *& qualitas sine subjecto*.

5. *La Seigneurie ne peut estre tenuë qu'en fief.*

I'ay dit, Du Fief ayant Iustice, pour ce qu'vne terre roturiere ne peut estre Seigneurie, n'y auoir Iustice : que si la Iustice vient à estre concedée à vn franc aleu, il deuient noble à ceste occasion de l'art. pour ce que toute terre qui est en dignité, est noble, & soit que la

6. *Franc aleu noble de la Coustume de Paris.*

Iustice soit annexée à vne terre tenuë en franc-aleu, soit qu'elle subsiste de soy-mesme, & ne soit annexée à aucune terre (auquel cas neantmoins c'est plustost vne simple Iustice qu'vne parfaicte Seigneurie) si faut-il tousiours que la Iustice soit vn Fief, & qu'elle soit tenuë en Fief, ne pouuãt estre allodiale, ny tenuë à autre titre que de Fief, comme du Moulin a bien prouué sur le 46. art. de la Coust.

7. *La proprieté de la Iustice appartient à la Seigneurie.*

I'ay dit, ayant Iustice, c'est à dire en proprieté comme Seigneurie, & non pas en exercice, comme simple Officier : Car l'Officier de la Iustice n'est pas dict auoir Iustice, ains exercer la Iustice : aussi n'est-il pas qualifié Seigneur de la Iustice, pource qu'il n'en a que l'administration : & combien qu'originairement les Seigneurs n'eussent que l'administratiõ de la Iustice, comme Officiers, & non pas la proprieté d'icelle : si est-ce qu'à present c'est tout le contraire, car ils en ont la proprieté, qu'ils ont vsurpée, & en ont delaissé l'administration aux Officiers qu'ils préposent.

8 *La Seigneurie n'a plus d'autre puissance publique, que la Iustice.*

D'auantage i'ay dit, Iustice simplement, & non pas puissance publique entierement, ainsi que i'ay dict en la definition de la Seigneurie : car la puissance publique comprend aussi bien le commandement des armes, que celuy de la Iustice. Et de fait les Seigneurs du

9. *La puissance des armes estoit iadis aux seigneurs.*

temps passé auoient l'vn & l'autre commandement : voire celuy des armes, estoit la premiere & la plus vraye partie de leur charge, cõme il a esté dit au 1. ch. Car ils cõmandoient en guerre à leurs vassaux, dont chaſque Seigneur faiſoit vne compagnie qu'ils appelloient Banniere, à cauſe du Ban & euocation d'iceux: & encor ceux de leurs vaſſaux, qui auoient aſſez d'arriere-vaſſaux ſoubs eux, pour faire vne compagnie, leuoient auſſi Banniere & auoient leur bande à part : à laquelle le premier Seigneur commandoit par deſſus eux, comme vn Colonnel ou maiſtre de camp d'vn regiment commande à pluſieurs compagnies, par deſſus les Capitaines d'icelles. 10. Leuer Bãniere.

Ce qui eſtoit cauſe, que les Seigneurs eſtant perpetuellement aſſeurez de l'aſſiſtẽce de leurs vaſſaux, entreprenoient de faire la guerre de leur auctorité, ſoit pour leurs querelles, ſoit pour celles de leurs amis : & de là ſont procedées tant de queſtions touchant l'aſſiſtence que doit le vaſſal à ſon Seigneur en guerre, dõt les liures des Fiefs ſont pleins, comme de ſçauoir, ſi le vaſſal eſt tenu aſſiſter ſon Seigneur, contre ſon frere, contre ſon pere, contre ſon autre Seigneur, & contre le Seigneur de ſon Seigneur. 11. De l'aſſiſtence en guerre, que les vaſſaux deuoient à leur Seigneur de fief.

Queſtions qui ſont à preſent hors d'vſage en ce Royaume, d'autant que noz Roys de la derniere race, trop plus accorts, que leurs predeceſſeurs, ont nõ ſeulement retranché aux Seigneurs ceſte licence de faire la guerre de leur propre auctorité, comme eſtant l'vn des cinq cas de ſouueraineté, ainſi qu'il a eſté dit au chap. precedent: mais auſſi ont reſerué à eux & à leurs Officiers ſoubs leur nom & auctorité, tout le commãdement des armes, ſans exception, comme du Moulin a noté ſur le 1. art. de la Couſt, *gl.* 6. qui eſt, dit-il, la principale cauſe de la trãquilité & durée de ce Royaume: de ſorte que les vaſſaux ne marchent plus en guerre ſoubs leur Seigneur de Fief, ains ſoubs vn Capitaine eſtably par le Roy : & meſme l'arriere-ban, qui eſt la ſeule remarque qui nous reſte de ceſte obligation premiere des Fiefs, n'eſt pas conduit par le Seigneur du territoire, ains par le Bailly Royal : meſme le Roy 12. Tout le fait des armes eſt à preſent reſerué au ſouuerain.

met des capitaines & gouuerneurs pour luy és villes des seigneurs, comme il sera dit en son lieu: dõt s'ensuit que les seigneurs n'ayant plus aucun commandement sur leurs vassaux, au fait des armes, il ne leur reste plus que la proprieté de la iustice, dont encor l'exercice demeure à leurs officiers.

13. En quoy consiste la proprieté de la iustice.

En consequence de laquelle proprieté de la iustice, le pouuoir, l'honneur, & le proffit dépendant d'icelle leur appartiẽt. Le pouuoir cõsiste tant en ce, qu'ils ont droit de pouruoir d'officiers pour l'exercice & administration de leur iustice, qu'en ce aussi, que les cõmandemens & publications, qui escheent à faire en icelle, se font sous leur nom. L'honneur en ce, qu'ils iouïssent de tous droits honorifiques dépendãs de leur seigneurie, selon la diuersité d'icelles, qui seront cy-apres specifiez: & finalement ils ont tous les profits & émolumens, qui procedent de leur iustice comme les amendes, confiscations, des-herences, biens, vacans reuenus des Greffes & Notariats.

14. Pouuoir de la iustice.

15. Honneur de la iustice.

16. Profits de la iustice.

17. La seigneurie est composée du fief & de la iustice.

Voilà en quoy consiste la proprieté de la iustice, que nous appellons simplement iustice, de laquelle & de la proprieté feodale des terres, que nous appellõs simplement fief, est composee la seigneurie. Car d'vne part le fief sans iustice n'est pas la vraye & parfaite seigneurie, dont nous traittons: & d'autre part la iustice ne peut estre sans fief, c'est à dire, ou qu'elle ne soit annexee auec quelque terre feodalle, ou, si elle subsiste à part soy, qu'elle ne soit tenue en fief. Bref la seigneurie est composee du fief, pris *actiuè*, & de la iustice, comme l'homme est cõposé de l'ame & du corps, & comme toute chose l'est de la forme & de la matiere. Le fief est la matiere, & la iustice est la forme, qui anime & dõne l'estre au corps de la seigneurie. Qui est en effet, ce que nous auons dit cy-deuant, qu'elle est formee & concreée de la seigneurie priuee & publique.

18. Comment la iustice est au fief.

Car nous auons accoustumé d'appeller nos terres

de trois noms, terres, fiefs, & seigneuries, noms que volontiers nous mettons ensemble, dont celuy de terre se refere au domaine ou seigneurie vtile: celuy de fief (qui est lors pris *actiuè* non *passiuè*) se refere à la seigneurie directe: & finalement celuy de seigneurie se refere à la seigneurie publique, qui est la iustice: de sorte qu'vne terre, où y a domaine directe, & iustice est à bon titre appellee terre, fief, & seigneurie tout ensemble. 19. Explications de ces mots terres, fiefs, & seigneuries.

Expliquons donc ceste remarqnable vnion du fief & de la justice, & nous ressouuenons que l'inuention en est deue à nos antiques Francoys, qui ayant conquis les Gaules, eurent pouuoir de disposer en mesme temps, & des heritages d'icelles & des offices. Aussi donnerent ilz les vns & les autres à mesmes personnes comme il vient d'estre dit, que les capitaines ausquels ils donnerent les heritages à titre de fief, estoient ceux-là mesme qui auoient la puissance publique de leur territoire à titre d'office: & du depuis le fief & la iustice n'ont cessé de demourer ensemble. 20. De l'vnion du fief & justice.

Vray est, que ces capitaines ou Barons de France, que nous appellons maintenant Seigneurs, ayant gaigné ce point, de rendre leurs fiefs patrimoniaux, à fin de faire le mesme de leurs offices (qui par vne si longue suitte d'annees estoient demourez ioints auec iceux, qu'il sembloit que ce ne fust desia qu'vn) trouuerent moyen de comprendre leurs offices, c'est à dire leurs capitaineries & iustices, dans les adueuz de leurs fiefs, comme vn droit & dépendance d'iceux: voire firent par expres la foy & hommage de leurs offices comme fiefs, & ainsi rendirent leurs offices patrimoniaux, pource que le titre de fief importe proprieté: & par consequent on ne les appella plus offices, mais seigneuries. 21. Comment la justice a esté rendue accessoire au fief.

22. Explication de la question *An iurisdictio adhæreat fundo.*

Il est donc besoin de traiter icy ceste feriale & fameuse question de l'eschole, *An iurisdictio adhæreat feudo*, que noz docteurs ont tellement broüillé, qu'ils ne s'entendent pas l'vn l'autre, pour ce qu'ils ont confondu & pris pour synonimes, cinq termes de signification fort differente à sçauoir *castrum, feudum*, *fundum*, *dominium & territorium*: distinguant lesquels, & à chacun d'iceux appliquant la question separément, il est aisé d'en venir à bout.

23. Cinq questions.

24. *An iurisdictio adhæreat castro.*

Premierement en la question *an iurisdictio adhæreat castro*, la plus-part des docteurs Vltramontains entendent *per castrum* ce que nous appellons la Seigneurie, n'ayans autre terme Latin plus commode pour l'énoncer: partant à leur égard c'est demander, si la Iustice est adherente à la Seigneurie, question qui sera expliquée en son ordre. Mais nous autres François qui *per castrum* entendons le chasteau, ou chef-lieu de la Seigneurie, pratiquons tout notoirement, que la Iustice n'y est point tellement inherente, qu'elle suiue tousiours le chasteau, ores mesme qu'elle y soit exercée. Car combien que la Iustice esclatte principalement au chef-lieu & parroisse, particulierement au lieu où elle a son auditoire, si est-ce qu'elle subsiste & a sa force en tout son territoire, ainsi que l'ame subsiste & exerce sa force en toute les parties du corps, combien que son principal exercice & siege soit au chef. C'est pourquoy nous obseruons par toute la France coustumiere, que l'aisné, auquel appartient par preciput la maison Seigneuriale entierement, n'a pourtant en la Iustice, que telle part, qu'au fief: ce que du Moulin a traitté sur le 10. art. de la Coust.

25. Comment la Iustice est inherente au Chasteau.

26. Comment la Iustice est inherente au fief.

Est-ce donc au Fief, que la Iustice est inherente? Ouy d'ordinaire, à cause de ceste conionction ancienne du Fief & de la Iustice. De sorte que à *communiter accidentibus*, il est à présumer, s'il n'appert du contraire, que la Iusti ce releue du mesme Seigneur, que le Fief: & que l'enclaue du Fief, est celuy de la Iustice,

& au

& au contraire. Toutesfois ceste presumption n'est pas necessaire, ains seulement vray semblable, pour ce que la iustice est d'autre nature que le fief, c'est à dire la seigneurie directe & feodale : qui est ce que nous disons que le fief & iustice n'ont rien de cõmun, qu'il faudra expliquer en son lieu. C'est pourquoy il se voit quelquefois que la Iustice releue d'vn seigneur, & le fief d'vn autre: voire mesmes, ores qu'ils soient tenus d'vn mesme seigneur, & à vne seule foy & hommage, comme ne faisant qu'vn seul fief : si est-ce qu'ils peuuent estre separez l'vn de l'autre, comme si le vassal vend à l'vn sa iustice, & à l'autre sa terre & seigneurie feodale, ou s'il vend l'vne, & retient l'autre. Mais s'il vend ou donne son fief, sans faire mention de sa iustice, la question est, si la iustice suit quant & quant? En quoy il faut dire en vn mot, que si la iustice est du mesme fief, elle suit, mais non, si c'est vn fief separé.

27. Cõment elle peut estre separée du fief.

Au contraire si vn seigneur vend ou donne sa terre, la iustice y est comprise indistinctement. Car le mot de terre (ainsi que le Latin *fundus*) estant énoncé simplement comprend non seulement les terres en domaine, mais to⁹ droits soit seigneuriaux ou de iustice, bref la masse entiere du reuenu, que le pere de famille a voulu joindre ensemble soubs mesme nom. *l. locus. cum simil. de ver. signif.* Quand donc on vend sa terre, il n'est point necessaire de dire appartenances & dépendances, pour ce que le mot de *terre* les comprend en soy : mais qui vend vn chasteau, doit dire qu'il le vend auec ses appartenances & dependances, autrement en nostre langue il ne signifie que le manoir. Que si en vendant vne terre, on adjouste ces mots, *auec les appartenances & dependances*, c'est par vne précaution superabondante.

28. *An iurisdictio adhæreat fundo.*

Ce qui a lieu à plus forte raison en la seigneurie, en laquelle la iustice est inherente, non seulemẽt separablemẽt, cõme au fief, mais inseparablemẽt, cõme vne partie integrale d'icelle. Car si on separe la iustice d'vn

29. Cõment la iustice est inherente à la seigneurie.

chasteau, d'vn fief ou d'vne terre, le chasteau, le fief & la terre ne laissent pas de subsister en leur integrité, & de retenir leur nom & leur estre : mais si on l'oste de la seigneurie, ce qui estoit seigneurie, n'est plus qu'vn fief ou terre, pour ce que la vraye & parfaicte seigneurie est composée de deux parties necessaires à son estre, le fief & la justice. Dont s'ensuit qu'au pareil celuy auquel la justice est venduë separément, n'acquiert pas non plus la parfaite seigneurie, ains deuient simplement seigneur justicier: & l'autre qui retenant son fief a vendu sa justice, deuient simple seigneur du fief: mais ny l'vn ny l'autre en bon langage, ne se peut qualifier seigneur absolument, indéfiniement, & sans queuë, pour ce qu'il n'a pas la vraye & parfaicte seigneurie.

30. Cõment elle est attachée au territoire.

Encor plus estroitement la justice est-elle liée au territoire, prenant ce mot pour le distroit de la justice, ainsi que le Iurisconsulte en la loy *Pupillus*. §. *territorium. De verb. signif.* & non pas pour l'estenduë du fief. Car combien que la justice ne laisse de subsister quand elle est separée de la seigneurie, si est-ce qu'elle perit & s'esteint: si tost qu'elle est separée de son territoire: voire la iustice ne peut estre imaginée sans territoire, non plus que l'agent sans le patient, & vn correlatif sans l'autre. Si le territoire est diuisé entre plusieurs, la justice est diuisée, si partie du territoire est attribué à vne autre justice, l'autre justice diminuë d'autant.

31. Resolution sommaire des cinq questiõs.

Bref, la justice est au Chasteau, comme en son siege: en la terre, cõme vne annexe ou piece attachée à icelle: au fief comme vne dependance separable: en la seigneurie comme vne partie inseparable: & suit le territoire, comme son correlatif.

32. Quelle est l'vniõ du fief & justice en la seigneurie.

Reuenant donc à l'vnion du fief & de la iustice, c'est bien vne vraye vnion des deux ensemble en vn seul corps & titre de seigneurie. Mais neantmoins les deux parties vnies retiennẽt à part leur diuerse nature

D'ailleurs ceste vniõ n'est pas de celles que les Canonistes appellẽt égales, mais inégale, pour ce que la iustice est comme accessoire & dependante du fief. Car combien que lors de la premiere institution des seigneuries, le fief ait esté attribué à l'office au lieu de gages, & partant luy estoit accessoire: si est ce que les seigneurs voyant qu'il leur estoit plus vtile, que leur seigneurie suiuist la nature du fief, que celle de l'office, ont trouué moyen accortement de rendre l'office accessoire au fief.

33. Pourquoy aux Benefices le reuenu est accessoire.

Il n'est pas ainsi aduenu des offices Ecclesiastiques, que nous appellons Benefices, ainsi que noz fiefs s'appelloient originairement, auãt que le nom de fief eust esté receu en vsage, comme prouue bien M. Pasquier en ses recerches. Car combiẽ que les benefices Ecclesiastiques, ainsi que les seigneuries ayent deux parties vnies ensemble, à sçauoir office, & le reuenu, comme Duarein, a bien remarqué au traité qu'il en a fait: si est-ce qu'on y a obserué tout le contraire qu'aux seigneuries: pource qu'au lieu que noz seigneuries ont pris leur denomination de l'office, les benefices l'ont prise de leur reuenu: & aussi au lieu qu'aux seigneuries l'office a esté rẽdu accessoire au fief ou reuenu: tout au contraire, aux benefices le reuenu a esté rendu accessoire à l'office, & dépendant d'iceluy, qui est ce qu'on dit que *Beneficium datur propter officium*. Et c'est pourquoy, comme ainsi soit que l'accessoire suit tousiours la nature de sõ principal, les benefices Ecclesiastiques sont demeurez en leur pristine nature & qualité d'offices personels, non transmissibles par cõtract, ny succession, encor qu'ils ayent plusieurs heritages, voire mesmes des iustices & seigneuries temporelles annexées: & au rebours les seigneuries ont perdu tout à fait leur premiere nature d'offices à vie, & sont deuenuës propres & patrimoniales, encor mesme, qu'elles ne dependent d'aucun fief ou terre.

34. Les benefices sont composez de deux parties aussi bien que les seigneuries.

35. Officiers de la Couronne

Par ceste mesme raison, que l'accessoire suit la

ont tasché de rédre leurs offices accessoires aux fiefs. nature de son principal, les officiers de la Couronne, & autres grands officiers de France ont esté empeschez du dessein qu'ils auoient, & qu'ils ont opiniastré par plusieurs siecles, de rendre leurs offices hereditaires & patrimoniaux, & les conuertir en seigneuries par le moyen des petites iustices, & menuz droits, qu'ils auoient annexez de temps en temps, & de la foy & hommage qu'ils auoient pris coustume d'en rendre au Roy.

36. Exemples. Ainsi les Conestable, Mareschaux, Grand maistre, grand Chambrier, grand Panetier, grand Eschanson de France, & autres semblables, se sont pretenduz par vn long temps seigneurs hereditaires de leurs offices: comme du Tillet l'a discouru, qui mesme tombe en ceste opinion, que ces offices estoient lors en partie offices, & en partie fiefs: à sçauoir offices en ce, qui estoit de leur exercice, & fiefs en ce, qui estoit des iustices & menuz droits, qui en dépẽdent: de sorte, dit-il, que comme officiers ils doiuent estre receus solemnellement en iustice, & comme possesseurs de fiefs, ils doiuent la foy & hommage au Roy.

37. Pourquoy ils ne l'ont peu faire. Mais tant y a, que ces grands offices n'ayans peu estre renduz accessoires, à ces petites iustices & menus droits, qui en dépendent, il a fallu en fin, que le plus fort ait attiré le plus foible, & que l'accessoire ait suiuy son principal, & par ainsi sont demeurez simples offices à vie: ce qui a esté iugé par plusieurs arrests du Parlement, rapportez par du Tillet: Voire mesme les fiefs annexez à ces grãds offices, sont reglez en tout & par tout, cõme les offices mesme.

38. Diuision des seigneuries Suzeraines. Or toutes ces seigneuries sont impropres & bastardes, voire sont plustost offices fieffez, que seigneuries, & partant ie n'en parleray plus. Mais quant aux propres & vrayes seigneuries, dont nous traittons, on les peut diuiser en trois classes, rangs ou degrez, à sçauoir des grandes, des mediocres & des petites seigneuries. Les grandes sont celles, qui ont vn ti-

tre capable de souueraineté, comme les Duchez, Marquisats, Comtez & Principautez : les mediocres sont celles, qui ont bien vn titre de dignité, mais qui n'est capable de souueraineté, comme les Baronies, Vicomtez, Vidamez, & Chastellenies : bref les petites ou simples seigneuries sont celles, qui n'ont aucun titre de dignité, autre que le simple titre de seigneuries, sçauoir est les hautes, moyennes & basses justices.

39. Les grandes seigneuries.
40. Les mediocres.
41. Les petites ou simple justice.

Et faut remarquer, que les grandes seigneuries releuent immediatement des souueraines, & les mediocres des grandes le plus communément, & les petites des mediocres, & ainsi successiuement de degré en degré. Car combien qu'il ne puisse y auoir qu'vn degré de seigneurie souueraine, comme il n'y a qu'vn genre generalissime en Dialectique : si est-ce que comme il y a souuent plusieurs genres subalternes les vns soubs les autres, & tous dependans du generalissime, aussi il peut bien y auoir plusieurs seigneuries subalternes, les vnes au dessus des autres, & toutes dependantes mediatement de la souueraine, Car *Io. Faber ad* §. *Adeò. instit. de Locato*, & du Moulin sur le 1. art. de la coust. gl. 6. nous tesmoignent, qu'il n'y a point d'inconuenient, que plusieurs soient seigneurs de mesme chose, non seulement par diuerses especes de seigneurie, mais aussi par mesme espece, mais par diuers respects & degrez. Toutesfois il faut remarquer en ces diuers degrez, que comme vn corps est d'autant plus illuminé, que plus nuëment il est opposé au Soleil : aussi toutes les seigneuries suzeraines, n'estant que des rayons & esclats, de la puissance souueraine du Prince, s'en ressentent d'autant plus, qu'elles en approchent de plus pres.

42. Qu'elles releuent les vnes des autres, de degré en degré.
43. Ce qui esleue les seigneuries suzeraines.

Mais quoy ? comme les petites seigneuries releuent des mediocres & les mediocres des grandes, les seigneurs des grandes seigneuries peuuent-ils en ériger de mediocres, & ceux des mediocres de petites ?

44. Si les seigneurs suzerains peuuent ériger des seigneuries inferieures à la leur.

Comme pour exemple, vn Duc ou vn Comte peuuẽt ils ériger vne Baronnie ou vne Chastellenie: & vn Barõ ou vn Chastellain peuuẽt-ils eriger vne haute, moyenne ou basse justice? Qui en doute dira quelqu'vn?

45. Raisons de l'affirmatiue.

veu que cela est tout notoire en vsage, & qu'il y a quelques coustumes, cõme celle de Tours & de Lodunoys qui permettent aux Barons d'ériger des justices. Autrement il y auroit peu de justices en Frãce, qui ne fussent abusiues: & d'ailleurs comment pourroient les petites seigneuries releuer en fief & ressortir par appel és mediocres, & les mediocres aux grandes, si elles n'auoient esté concédees par les seigneurs d'icelles?

46. Resolution pour la negatiue.

Neantmoins ie tien pour certain, que le contraire est veritable en bonne Iuris-prudence, & qu'autre que le Roy ne peut créer des seigneuries, ny ériger des justices nouuelles. C'est ce que dit le grand coustumier liu. 1. chap. 3. où parmy les droits Royaux & de souuerraineté il met cestuy-cy. Item au Roy seul appartient de donner & creer nouuelles iurisdictions par tout son Royaume, & nul autre ne le peut faire sans son congé.

47. Le Roy seul peut ériger des seigneuries.

Qui est aussi le dire de Io. Faber & de du Moulin dõt les termes seront cy apres rapportez. Ce qui est fondé principalement sur trois raisons, que i'ay estendues plus amplement au liure des justices de village.

48. 1. raison concernant le deffaut de puissance.

La premiere concerne le deffaut de puissance des concédans à sçauoir que la iurisdiction estant définie *potestas de publico introducta cum necessitate iuris dicendi*, il s'ensuit qu'elle ne peut estre introduite par autre que le Prince *ad quem omne imperium, omnisque potestas pertinet* dit la loy. 1. *De constit. Princip.* & par consequent autre que luy ne peut desmẽbrer de son Estat ceste puissance publique, pour la cõferer à perpetuité à vne terre, en telle sorte, que les possesseurs d'icelle ayent à iamais la proprieté du commandement, & la puissance perpetuelle d'establir des Magistrats & officiers, qui puissent juger des biens, de l'honneur, & de la vie de tout vn peuple. Car ce qu'ó permet à vn seigneur subalterne d'establir des officiers en sa justice, est à cause de la consequence, que la loy nous apprend, que *cum iurisdictio data est, ea quoque concessa esse videntur, sine quibus explicari non potest*: chose pourtant qui est fort exorbitante, qu'vn particulier puisse conferer l'exercice de la puissance publique, mais ce seroit encor bien plus, d'en cõceder la proprieté. Aussi que ce n'est point chose necessaire à vn seigneur, pour l'exercice de sa justice, d'en conceder de nouuelles : qui n'est pas l'exercer & maintenir, mais la rompre & despiécer. 49. Il y a biẽ difference entre establir des officiers, & créer des justices.

La seconde raison concerne l'interest du Roy, à sçauoir, que les seigneurs subalternes concedans des justices au dessous des leurs, esloingnẽt d'vn degré le ressort du Roy, en sorte que ce qui souloit ressortir immediatement en la justice Royale, n'y reuiẽt plus que en second degré d'appel : ce qui est vne diminution de son pouuoir, & quant & quant vn dommage à ses droicts, & de ses officiers, dommage dont luy ny eux ne sont indemnisez ou recõpensez en aucune façon. 50. 2. raison concernant l'interest du Roy.

C'est ce que dit Faber sur le tit. des institutes *De vulg. substit. Barones non possunt plures gradus iudicum, sub se constituere, quia ex hoc posset reperiri via quod nunquam appellaretur ad Principem, si seniores plures gradus facerent, cum non liceat tertiò prouocare: sicque hoc esset in præiudicium Reipublicæ & superiorum, ad quos cognitio appellationum deuolui debet.* 51. Opinion de Io. Faber.

Et du Moulin sur le premier article de la coustume glos. 5. nombre 50. & suiuans, *Inferior habens iurisdictionem non potest constituere aliam sub se, vt ipsemet cognoscat de iure appellationis, frustrando superiorem iure suo, hoc est in fraudem appellationis ad superiorem deuoluendæ : & hoc non valeret, etiamsi fieret per viam statuti ab habente potestatem statuendi* : ce qu'il prouue par plusieurs auctoritez. 52. Opinion de du Moulin.

La troisiesme raison qui est à mon aduis la plus forte, quoy que la moins prisée, concerne l'interest du 53. 3. raison concernant l'interest du peuple.

pauure peuple. Car quelle apparence y a-il, soubs pretexte qu'vn seigneur aura voulu gratifier son vassal d'vne nouuelle justice, que les pauures subjets, qui releuoient directement deuant le juge Royal, n'y ressortissent plus que mediatement & en seconde instance d'appel, & par ainsi soient mollez & surchargez d'vn nouueau degré de iurisdiction, sans leur fait & consentement? Aussi la coustume de Tours, qui est l'vnique, auec celle de Lodunoys, qui permet aux seigneurs subalternes l'érection des justices, pour remedier à ces deux dernieres raisons, dit bien, que les Barons peuuẽt donner iustice à leurs vassauls, mais non au préiudice de leurs subiects, ny des droicts du Roy, de sorteque la justice par eux donnée ne ressortit pas en la leur, ains en la superieure. Encor les coustumes d'Anjou & du

55. Remede à l'interest du Roy & du peuple.

Mayne ne permettent qu'aux Ducs, Comtes, & Barons, l'érection des simples justices, mais non au moindres seigneurs. Cōcluons donc par les termes du Iurisconsulte, que *is demum iurisdictionem dare potest, qui eam suo iure, non alieno beneficio habet l. more. de iurisd.*

56. Qu'il n'y a point d'incōuenient que les seigneuries soient érigees par le Roy, & neantmoins releuent des seigneurs immediats.

Aussi n'y a-il point d'inconuenient, que les moindres seigneuries releuent en fief, & ressortissent par appel és plus grandes, bien qu'elles ne puissent estre concedees par autre, que par le Roy: ainsi qu'vn Preuost Royal, bien que pourueu par le Roy, & receu au Parlement, recognoist neantmoins le Baillif de la Prouince, pour son superieur immediat, deuant lequel ses appellations ressortissent. Tout de mesme aussi quand le Roy concede justice au vassal d'vn seigneur, de son consentement, & à la charge que les appellations d'icelle ressortiront en la justice de ce seigneur (Car autrement le Roy ne le peut faire, ne pouuãt par puissãce reglee, tollir ou diminuer le droit du seigneur, sans son consentement) alors il n'ya nul inconuenient, que ceste nouuelle justice, biẽ que cōcedée par le Roy, releue neantmoins en fief & ressortisse par appel en celle, dont elle a esté distraite & desmembrée.

Et

Et ne faut pas opposer à des raisons si peremptoires l'vsage contraire, qui est plustost vne corruptelle qu'vne coustume, ny tirer en consequence de l'aduenir l'abus des siecles passez, ausquels la force & l'ignorance commandoient: ains lors que l'erreur estant descouuert, la verité paroist toute claire, il faut se ranger de son costé & se conformer à icelle, autrement si on se vouloit opiniastrer aux erreurs du passé, on ne donneroit iamais place à la reformation, & jamais les bonnes loix ne corrigeroient les mauuaises mœurs.

56. Que l'vsage ne fait loy en telles matieres.

C'est pourquoy j'estime que les coustumes particulieres, qui permettent aux Barons & Chastellains de conceder des justices de leur propre authorité, & sans qu'il soit besoin de la confirmation du Roy, ne doiuent plus estre tolerées ny suiuies : aussi à la marge de celle de Tours ~~où~~ du Moulin a mis ces mots fort à propos, *Iniſtis, quæ non solùm propter errorem emerserunt, sed etiam sunt contrà ius Regis & bonum publicum, non valet consuetudo: & certum est, post edictum Regis Caroli de optando* (qui est l'Edit de Roussillon) *quod hæc consuetudo est abolita*. Vray est neantmoins que cest Edit de Roussillon, ne retranche, que l'vn des degrez de jurisdiction appartenant à mesme seigneur, & non celuy qui appartient à diuers seigneurs, quoy que du Moulin l'ayt autrement entendu: comme à la verité, il y a encor plus d'apparence, qu'vn seigneur puisse auoir à soy deux degrez de jurisdiction, que d'en donner le deuxiesme à autre, moindre que luy, de sa seule auctorité. Le mesme du Moulin au passage susallegué de la coust. de Paris dit-il pas aussi, que *non valet statutum in contrarium, licet fiat ab eo, qui habet potestatem statuendi*?

57. Que les coustumes contraires sont iniustes.

58. Edit de Roussillon retranchant vn degré de justice.

Aussi est-ce vne maxime que les coustumes des lieux ne peuuent tollir les droits du Roy auquel elles ne peuuent preiudicier, n'obligeant pas mesme le peuple *in vim statuti, sed tantùm in vim pacti*, à cause du consentement volontaire qu'ils y prestent: Et ce que les offi-

59. Les coustumes ne peuuent tollir les droits du Roy.

ciers du Roy, & notamment son Procureur assister à la redaction d'icelles, est pour la solemnité de l'acte principalement, & pour la manutention de ses droits, mais non pas pour preiudicier au Roy par sa simple presence, attendu qu'il ne le pourroit pas par vn consentement exprés *l. 1. §. 1. D. de offic. Procur. Cæsar.* comme

60. Que la justice concedée par vn seigneur tient iusques à ce qu'on s'en plaigne.

Bacquet a bien discouru au traité des droits d'Aubaine, chapitre 29. & Choppin au commencement de la coustume d'Anjou. Toutesfois i'estime qu'on peut condonner cela à l'ancien vsage: que quād vn seigneur à concedé justice à son vassal, il en peut vser & la faire exercer sans hazard de tomber au cas de la loy 3. *D. Ad l. Iul. maiest.* disant que *Qui priuatus pro potestate se gessit lege Iulia maiestatis tenetur*, mesme, que ceste justice subsiste licitement, & n'est point nulle, tant qu'elle est tolerée par le Roy, ses officiers, le seigneur immediat, si aucun y a, & le peuple du territoire d'icelle, qui tous ont interest de l'empescher: mais ceste tolerance n'a effect, que tant qu'elle dure, & ne l'establit pas incommutablement & à tousiours, s'il n'y a expresse confirmation du Roy.

61. Si les justices peuuent estre acquises par prescription.

Partant c'est vne grande question, si ceste tolerance & iouïssance d'vne justice concedée par vn seigneur subalterne sans confirmation où approbation du Roy donne cause legitime de prescrire, qui est en effect la question, si les justices peuuent estre acquises par prescription.

62. Si du moins la prescription immemoriale y a lieu.

En premier lieu, chacun est bien d'accord, que les prescriptions ordinaires n'y ont point de lieu, non plus qu'aux seruitudes: mais on fait dobute de la prescription centenaire ou possession immemoriale.

63. Trois raisons de la negatiue.

Et semble qu'il y a trois fortes raisons entre autres, qui excluent mesme ceste prescription, tout ainsi que la coustume de Paris l'a exclusе des seruitures, contre l'opinion de du Moulin. La premiere, que le particulier n'estant habile à posseder la puissance publique, ne la peut par consequent prescrire. La seconde, que les droicts du Roy, & principalement ceux de souueraineté (comme il vient d'estre prouué, que le droit de conceder des justices, en est l'vn) ne peuuent estre aucunement prescris par ses subjets. La troisiesme, que ce qui est contre le bien public, à la foule du peuple, & contre l'ordre & discipline de la justice, ne peut estre introduit par aucune prescription.

Toutesfois d'autant que l'vsurpation a donné ori- 64.
gine, & commencement presque à toutes les justices Resolution
de France, & que par consequent il les faudroit toutes pour l'affir-
abolir, si on y rejettoit la prescriptiõ immemoriale, n'y matiue.
ayant mesme gueres de justices dont on puisse monstrer auiourd'huy la concession du Roy, force est de nous accommoder à l'antique vsage des siecles passez, & d'admettre ceste prescription immemoriale, qui fait presumer vn titre & constitution legitime *& iure constitutæ loco habetur* de la loy *hoc iure. §. Ductus aquæ. D. De aq. quot. & æst.* 65.

Ie ne suis pas pourtant de l'opinion de Bacquet, qui Que la posses-
au 5. chap. des droits de justice tient, que ceste posses- sion imme-
sion immemoriale se peut prouuer simplement par moriale se
tesmoins, soubs pretexte d'vn arrest interlocutoire doit prouuer
qu'il rapporte, par lequel il fut dit, que tant le Roy que par preuue li-
les Chanoines de Paris, informeroient tant par titres terale en ceste
que tesmoins touchant la prescription immemoriale matiere.
de la justice sainct Laurens. Car si tout ce qui excede la valeur de cent liures, dont on a coustume de faire contracts, doit estre verifié par escrit, suiuant l'ordre de du Moulins Si d'ailleurs la moindre procedure iudiciaire ne peut estre verifiée que par actes publics, *cap. Quon. ext. de probation.* cõment en matiere odieuse receura on la preuue par tesmoins, pour vne justice,

toute entiere, & pour l'exercice d'icelle pendant plus de cent ans, veu que si la justice a esté continuellement exercee tant de temps, on ne peut manquer d'en auoir quelques registres du Greffe, que l'ordonnance enjoint estroitement de garder, des grosses des sentences ou actes; des adveus ou receptions de foy, des extraits des assises du juge superieur, où ceste justice ait esté appellée, bref des appellations receuës d'icelle: & si on manque de pieces pour prouuer cent annees d'exercice cõtinuel & public d'vne justice, qu'est-ce qu'on pourra au monde verifier par escrit?

66. Arrest pour ce regard.

Aussi Bacquet rapporte-il vn bel arrest à ce propos de l'an 1588. que l'information de tesmoins touschant la justice pretenduë par le Prieur nostre Dame des Champs lés Paris, ne suffit pas s'il n'y a titre. Que s'il se trouue quelques arrests, qui ayent admis en ce cas la preuue testimoniale, j'estime que ç'à esté apres la representatiõ ou production des titres, pour suppleer par la preuue vocale, ce qui defailloit à la literale, & sur tout pour verifier la continuité de l'exercice.

67. Signes visibles des justices ou seigneuries.

68. Pilory ou eschelle.

Or y a-il deux marques & signes visibles, de la possession publique des justices, à sçauoir le Pilory soit tournant, ou en simple pilier, auquel y a vn carcan attaché, ou bien vne eschelle, comme celle du Temple à Paris, le tout selon la mode des lieux: signe qui est commun & vniforme à toutes les seigneuries subalternes, qu'elles quelles soient jusques aux hauts justiciers. Car les moyens & bas n'ont droit d'auoir Pilory ny eschelle, qui est signe de haute justice, comme dit le grand coustumier au titre de la haute justice, & plusieurs coustumes le disent aussi, pource qu'à la verité c'est le signe de la seigneurie publique du territoire, lequel n'appartient ny aux moyens, ny aux bas justiciers.

Mais l'autre signe, qui est le gibet, est different selon la qualité de chacune seigneurie. Car ordinairement celuy du haut justicier est à deux piliers, celuy du Chastellain à trois: du Baron à quatre, du Comte à six, & du Duc à huict. En quoy toutesfois & les Coustumes, & les anciens liures sont fort variables: si selon la diuersité des seigneuries, les gibets doiuent estre liez par dedans, ou par dehors, pattez, enfestez, ou surfestez: Chose qui est de petite importance, & d'ailleurs est de droit positif & volontaire. Gibet.

Tant y a que le pilory sert pour les punitions corporelles, non capitales, qui de tout temps ont peu estre faites dans les villes: c'est pourquoy il est tousjours mis aux principal carrefour ou endroit de la ville, bourg, ou village de la seigneurie. Mais le gibet ne sert, que pour les supplices capitaux, dont jadis les executions n'estoient faictes, sinon hors les villes, comme Lipsius a bien prouué au liure *De Cruce*, c'est pourquoy le gibet est tousiours planté emmy les champs. 69. Difference du Pilory & gibet.

Mais il y a d'autres marques particulieres, pour les seigneuries de dignité, notamment pour les Baronnies & Chastellenies, rapportées par les Coustumes, à sçauoir d'auoir forests, College ou Eglise Collegiale, Abbaye ou Prieuré conuentuel, Hospital ou Maladerie, Foires ou marchez, ville close ou chasteau, peage ou trauers, & seel à contracts. En quoy toutesfois il faut distinguer les marques d'auec les droits. Car la forest, le College, Prieuré, Hospital, sont plustost marques que droits: mais les autres sont plustost droits que marques, combien qu'ils puissent estre l'vn & l'autre tout ensemble. Partant je reserue d'en traitter cy-apres en expliquant les droits des Barons & Chastellains. 70. Marques des seigneuries de dignité.

Mais la plus certaine marque des seigneuries de di- 71. Que les seigneuries de dignité sont comptables des moindres. gnité, est d'en auoir plusieurs soubs elle de moindre qualité, soient vnies & annexées à elles mesme, soit releuans simplement d'elles. Comme pour exemple la marque de Baronnie est d'auoir plusieurs Chastellenies en soy ou soubs-soy, celle du Comte d'auoir plusieurs Baronnies, & celle du Duc d'auoir plusieurs

27. Edict notable pour le reglemẽt des seigneuries de dignité. Comtez : & la raison de cela est, que le superieur est presumé estre en plus grande dignité que son inferieur. Et touchant ces marques des seigneuries de dignité, il fut faict vn bel Edict par le feu Roy en l'an 1579. qui n'a esté verifié qu'au Parlemẽt de Bretagne, que suiuant l'arrest du priué Conseil du 10. Mars, 1578. est defendu publier aucunes érections de seigneuries en nouuelles dignitez, sinon que les seigneuries ausquelles sera attribué nouuelle dignité, soient de la qualité requise. A sçauoir que la terre qui sera érigée en Chastellenie, ait d'ancienneté, iustice haute, moyenne & basse, droict de Foire, Marché, Preuosté, peage, & préeminence sur tous és Eglises, estans au dedans de ladite terre. Que la Baronnie sera composée de trois Chastellenies pour le moins, qui seront vnies & incorporées ensemble, pour estre tenuës à vn seul hommage du Roy. Que le Comte aura deux Baronnies, & trois Chastellenies pour le moins, ou vne Baronnie & six Chastellenies,, aussi vnies, & tenuës du Roy. Que le Marquisat sera composé de trois Baronnies, & de trois Chastellenies pour le moins, ou de deux Baronnies, & six Chastellenies vnies, & tenuës comme dessus, &c. Edict qui meriteroit bien estre verifié par tout, & soigneusement obserué, pour ce que la douceur de noz Roys, qui ne veulent refuser aux seigneurs de leur Cour, ces titres d'honneur, a desia receu & érigé tant de seigneuries de dignité, que ces beaux titres sont desormais beaucoup auilis, & par le nombre qu'il y en a en France, & par la communication, qui en a esté faicte à des seigneuries fort chetiues.

Et faut notter pour la fin de ce chapitre, que comme ces marques se rencontrans de nouueau en vne seigneurie, seruent pour la rẽdre capable d'estre érigée par le Roy en la dignité, qu'elles designẽt: aussi se verifiãt que de tẽps immemorial elles ont esté en vne seigneurie, elles seruẽt pour luy acquerir sõ titre sans érection du Roy, en vertu de la possession immemoriale. 73. Aquoy seruẽt ces marques.

En quoy ne seruiroit rien de rapporter l'érection d'vne Chastellenie faicte par vn Baron, ny d'vne Baronnie faicte par vn Comte. Car c'est chose toute certaine qu'autre que le Roy ne peut faire telles érections, encor moins, que des simples iustices. Voire mesme on ne se contente pas à present d'en auoir les lettres patentes du Roy, ains encor on les fait verifier & enregistrer au Parlement: ce que pourtant ie n'estime pas estre absolument necessaire, fors és érectiõs de Pairie, qui sont offices de la Couronne, & du corps de Parlement: mais quant à l'érection des autres seigneuries, ce n'est point vne alienation de domaine, ny priuilege contre les loix: bref rien n'empesche, à mon aduis, que le Roy seul ne puisse faire ces érectiõs à perpetuité. 74. L'érectiõ d'vne seigneurie de dignité faite par autre que le Roy est du tout nulle.

Mais les seigneurs subalternes n'ont pas ceste puissance: mesme ie dy, qu'encor, que l'érection qu'ils font des iustices soit tolerée, iusques à ce qu'elle soit debatuë par ceux, qui y ont interest: Toutesfois l'érection par eux faicte des seigneuries de dignité n'est nullement tolerée, ains est du tout nulle. Et partant ie conseille à ceux, dont les seigneuries ont esté érigés de ceste sorte, & qui ont la possession centenaire de tenir bon, comme on dict, & ne point monstrer leurs lettres. Car n'en apparoissant point leur possession immemoriale faict presumer d'vne presomption peremptoire, que leur iustice a esté legitimement constituée, suiuant ce §. *Ductus aquæ*. Mais apparoissant d'vn titre vitieux & abusif, ceste presomption est renuersée & *quod ab initio non valuit tractu temporis, non* 75. Qu'il vaut mieux s'aider de la prescriptiõ que d'vn mauuais titre.

76. Titre vicieux oste l'effait de la prescriptiõ.

conualescit. Et est la verité, qu'en matiere de droits de seigneuries & justices, les seigneuries perdent ordinairemẽt leur cause pour auoir produit leur titre originaire, *ad cuius primordium posterior formatur euentus*. C'est pourquoy il faut suiure le conseil de du Moulin, que *melius est titulum non ostendere, quam exhibere vitiosum*.

I Varieté

Sommaire du cinquiesme Chapitre.

1 *Varieté & difficulté des grandes seigneuries.*
2 *Grandes seigneuries pourquoy dites, & comment different des autres.*
3 Regales dignitates, feuda Regalia.
4 *Pairs de France.*
5 *Precedoient jadis les Princes du sang.*
6 *Leur origine.*
7 *Leur charge.*
8 *Leur Etymologie.*
9 *Cause de leur institution.*
10 *Nouuelles Pairies.*
11 *Origine des Duchez & Comtez.*
12 Dux *à toutes les mesmes significations que Capitaine.*
13 *Cinquiesme signification de* Dux *ou Capitaine.*
14 *Ducs d'apresent.*
15 Comites vnde dicti.
16 Comites prouinciarum.
17 *Comtes des Prouinces egaux aux Ducs.*
18 *De mesme en France.*
19 Comites minores.
20 *Definition du Comte.*
21 *Comtes des villes en France.*
22 *Comtes des villes, inferieurs à ceux des Prouinces.*
Duc & Comte en mesme ville.
23 *Comtes des Prouinces portoiét par fois le nom de leur capitale ville.*
24 *Ainsi que les Roys lors des Tetrarchies.*
25 *Marquis.*
26 Duces aut Comites limitanei.
27 *Etymologie de Marquis.*
28 *Marche, mot François signifiant frontiere.*
29 *Marchir aboutir.*
30 *Si les Marquis sont plus que les Comtes.*
31 *Resolution.*
32 *Que maintenant Marquis est plus que Comte.*
33 *Ducs, Marquis & Comtes jadis officiers en l'Empire Romain & en France.*
34 *Difference entre les Ducs & Comtes des Romains, & ceux de France.*
35 *Comment en France, les Ducs & Comtes se sont faicts hereditaires.*
36 *De mesme.*
37 *Comment ils tascherent à se faire Souuerains.*
38 *Faisoient loix.*
39 *Cause de la diuersité de noz Coustumes.*
40 *Establissoient les officiers.*

41 *Entreprenoient le dernier ressort de la justice.*
42 *Faisoient guerre de leur auctorité.*
43 *Forgeoient monnoye.*
44 *Leuoyent deniers sur le peuple.*
45 *Portoient Couronne.*
46 *Couronnes des Ducs, Marquis & Comtes.*
47 *Couronne des Ducs fleuronnée.*
48 *Celle des Comtes perlée.*
49 *Celle des Marquis meslée.*
50 *N'en portoient anciennement.*
51 *Traditiō d'anneaux aux Ducs & Comtes, que signifie.*
52 *Anneau d'Alexandre le grād.*
53 *Changement d'anneau en Couronne.*
54 *Ne portent à present la Couronne qu'en peinture.*
55 *Trois degrez de Ducs & Comtes Seigneurs.*
56 *Ducs & Comtes officiers.*
57 *Comment ces changemens sont aduenus.*
58 *De mesme.*
59 *Comment les Ducs & Comtes de Frāce sont redeuenus simples seigneurs Suzerains.*
60 *Le ressort de justice les a remis en cêt estat.*
61 *C'est le Parlement, qui a maintenu la France.*
62 *En fin il a fallu reünir les anciens Duchez & Comtez à la Couronne.*
63 *Comment on a fait en Angleterre.*
64 *Comtes d'Angleterre.*
65 *Des nouueaux Ducs & Comtes de France.*
66 *Duchez & Comtez d'Apanage.*
67 *Duchez & Comtez proprietaires.*
68 *Les Duchez & Comtez d'à present different des anciens.*
69 *Pourquoy ceux d'à present ont la Couronne en leurs armoiries.*
70 *Pourquoy les Roys les appellēt leurs cousins.*
71 *Principautez.*
72 *Leur origine.*
73 *De mesme.*
74 *Difference entre les Princes & seigneurs des Principautez.*
75 *Princes du sang.*
76 *Princes estrangers.*

DES GRANDES SEIGNEVRIES A SCAVOIR, Pairies, Duchez, Marquisats, Comtez & Principautez.

CHAP. V.

A *TOVS Seigneurs tous honneurs*, dict le Prouerbe, & comme dict vn de noz vieils Poëtes, 1 Varieté & difficulté des grandes seigneuries.

Iustice & Seigneurie
Mainte chose varie.

Mais comme j'ay dit au commencement de ce liure, le moyen de reduire ceste varieté en bon ordre, & la régler par raison, veu qu'elle a esté introduite par desordre, & establie par vsurpation ? Toutesfois il s'en faut tirer comme d'vn mauuais passage, où en passant j'aduertiray le lecteur de ne trouuer estrange si me rencōtrant le premier, comme je croy, à rompre la glace, il m'y veoit chanceler quelquesfois, voire possible faire quelque faux pas.

Donques il est icy question d'expliquer le premier degré, & la plus noble espece des seigneuries Suzeraines, que j'ay appellé à bon droit grandes ou hautes seigneuries, pour ce que leurs titres sont capables de souueraineté, y ayant plusieurs seigneuries souueraines, qui ont les mesmes titres, aussi qu'elles participent 2. Grandes seigneuries pourquoy dites, & comment different des autres.

aucunement aux honneurs des seigneuries souueraines : qui est possible pourquoy aux liures des Fiefs elles sont appellées. *Regales dignitates & feuda Regalia*, ce qui sera expliqué tantost. Quoy que ce soit, le possesseur d'icelles est dict grand seigneur, & se peut qualifier *Haut & puissant seigneur*. Ces hautes seigneuries sont proprement, & par tous pays, les Duchez & Comtez.

3. *Regales dignitates, feuda Regalia.*

4. Pairs de France.

Mais en France nous en auons vne autre par dessus, à sçauoir les Pairies, encor sont-ils offices proprement, non pas seigneuries, & sont annexees aux Duchez & Comtez, & non à autres seigneuries, & rehaussent grandement leur dignité. Car les Pairs de France sont sans controuerse, les principaux vassaux de la Couronne, qui iusques à ces derniers temps, ont debattu la prérogatiue d'honneur contre les Princes du sang, & l'auoient sans doute lors de leur institutiõ, & lors que les Ducs & Comtes iouyssoient des droits de souueraineté, tesmoin que Philippe premier Duc de Bourgongne au banquet du Sacre du Roy Charles sixiesme, s'assist comme Pair de France au dessus du Duc d'Anjou son frere aisné.

5. Precedoient jadis les Princes du sang.

6. Leur origine.

Ils furent choisis, selon la plus vray-semblable opinion par Loys le Ieune, du tout à la maniere des anciẽs Pairs de fief, dont parlent les liures des Fiefs, & ont aussi toutes les mesmes charges qu'eux: à sçauoir d'assister le Roy en son inuestiture, qui est son Sacre & couronnement, & de iuger auec luy les differens des vassaux du Royaume. Et ont les vns & les autres esté ainsi appellez, nõ pas pour estre égaux à leur seigneur, mais pour estre pairs & compagnons entr'eux seulement, comme l'explique vn ancien arrest donné contre le Comte de Flandres au Parlemẽt de Toussaints, 1295. rapporté par du Tillet.

7. Leur charge.

8. Leur Etymologie.

9. Cause de leur institution.

Ce fut pourtant vn trait, non de jeune, mais de sage Roy, lors que les Ducs & Comtes de France auoient

vsurpé la souueraineté presqu'étiere, pour empescher qu'ils ne se separassent tout à fait du Royaume, d'en choisir douze des plus mauuais, les faire officiers principaux, & comme m'embres inseparables de la Couronne, afin de les engager par vn interest particulier, à la maintenir en son integrité, mesme à empescher la des-vnion des autres moindres qu'eux: moyen que les Allemans ont aussi tenu, pour la cõseruation de l'Empire, par la creation des 7. Electeurs. Mais à succession
de temps cinq de noz premieres Pairies layes, ayans esté reünies à la Couronne, & la sixiesme, qui est celle de Flandres, en ayant esté distraicte tout à faict: noz Roys, qui n'ont voulu laisser perdre ce beau titre de dignité, en ont érigé d'autres en leur lieu, certes en trop grand nombre, aussi bien que les Duchez & Comtez. 10. Nouuelles Pairies.

Pour discourir l'origine desquels, c'est sans doute, que les anciens Ducs & Comtes estoiẽt les capitaines & gouuerneurs des prouinces & villes, comme il a esté dit au 1. chap. Aussi est-il dit tout au commencement du liure des Fiefs, que *propriè vocantur capitanei Regis aut regni*. 11. Origine des Duchez & Comtez.

Particulierement pour le terme de Duc, c'est chose fort notable, que *Dux* en Latin a toutes les mesmes significations & variations, que *Capitaine* en François. 12. *Dux* à toutes les mesmes significations que Capitaines.
Car l'vn comme l'autre, a esté premierement attribué au conducteur & chef d'vne compagnie, qui est sa plus 1.
propre signification. Puis l'vn comme l'autre, a esté attribué indifferemment à tous ceux, qui auoient quel- 2.
que commandement militaire: Puis encor par vne extention a esté pris pour vn Epithete & titre d'hõneur, 3.
signifiant vn braue guerrier. Par apres on a donné ce titre, au chef d'vne armée entiere, que nous appellons 4.
Capitaine en chef: & les Romains l'appellent *Ducem*, ou *Ducem exercitus*, apres que le mot d'Empereur, qui estoit l'ancien nom pour cêt effait, ont eu vne autre signification.

13. Cinquiesme signification de *Dux* ou Capitaine.

Et d'autant qu'aux Prouinces éloignées & belliqueuses de l'Empire Romain, on laissoit ordinairement de grosses garnisons ou petites armées, soubs la charge du gouuerneur, notamment és pays de deçà, apres que les Empereurs se furent retirez en Grece, & que les nations Septemtrionnales commencerent à s'esleuer, il aduint par succession de temps, que les capitaines & gouuerneurs de ces prouinces furent appellez Ducs, comme il se veoit dans Cassiodore, *in formula Ducatus Rhetiæ*, dont M. Brisson en son liure *de verb. signif.* en rapporte plus de vingt auctoritez. C'est

14. Ducs d'à present.

pourquoy le *Vetus Glossarium* dit *Dux*, Ἀνθύπατος ὁ σήμερον. De sorte que quand les François chasserent les Romains de la Gaule, ayans trouué les prouinces d'icelle regies par des Ducs, soubs l'auctorité des Empereurs, eux, qui ne changerent presque rien des anciennes formes du pays, laisserent ce mesme titre à ceux, qu'ils meirent en leur place.

15. *Cmoites vnde dicti*

Tout de mesme est-il aduenu des Comtes, qui sont tournez du Latin *Comites*: pour ce que les Empereurs estans contraincts faire plusieurs voyages, pour maintenir ceste grande estenduë de leur Empire, appelloient *Comites* leurs compagnons, ceux qui les accompagnoient & suiuoient. De sorte que *Comitatus* & *Comites*, estoient à eux proprement, ce que nous disons icy, la Court & les Courtisans: nom, qui en fin, soubs Constantin fut vn titre de haute dignité, attribué particulierement aux principaux officiers de l'Empire, qui estoient chefs d'office, & qui auoient d'autres menus officiers soubs eux. Et ainsi *Comes* se rapporte, quant à l'effaict, à ce que nous disons en France *Intendant*, comme *Comes domesticorum*, *Comes Palatij*, *Comes sacrarum largitionum Comes sacrarum dispositionum*, & ainsi des autres: & de verité c'estoit vn titre fort honorable, d'estre qualifié compagnon de l'Empereur.

De mesme *Comites prouinciarum* (ainsi appellez, *Inl.* 1. *C. de offic. rectoris prouin.* & *in tit. De Comit. qui prouinc. regunt. lib.* 12. *Cod.*) estoient les Intendans & gouuerneurs des prouinces, qui de la Court & suitte de l'Empereur y auoiẽt esté enuoyez pour les gouuerner. *Capitolinus in Vero. Confecto bello regna Regibus, prouincias Comitibus suis distribuit.* Et faut noter, que ces Comtes des Prouinces, n'estoient pas moindres, que les Ducs: mesme on veoit dans la Notice de l'Empire Romain, qu'aucuns des Comtes, auoient des Ducs soubs eux, aussi auoient ils les plus grandes prouinces, estant fait mention en nostre Droit *Comitum Africæ, Orientis & Macedoniæ.*

16. Comites prouinciarum.

17. Comtes des prouinces égaux aux Ducs.

Tout de mesme en France, il y auoit anciennement des gouuerneurs des plus grandes prouinces, qui s'appelloient Comtes, cõme les Comtes de Champagne, de Flandres, d'Aquitaine: Et en plusieurs autres prouinces, les gouuerneurs estoient appellez Ducs, & Comtes indifferemment, comme ceux de Bretagne, Normandie & plusieurs autres.

18. De mesme en France.

Mais il y auoit, & en l'Empire, & en ce Royaume, vne autre sorte de Comtes, appellez *Comites minores, & inferiores in l.* 1. *&* 2. *Ne Comit. & Tribuni lauac. præst. Cod. Theod.* & ceux-là estoient les Intendans & gouuerneurs, nõ des prouinces, ains des villes, comme il se collige des Epistres de Cassiodore, notamment des 22. & 23. du liure 6. & de la 13. du liure 7. où il se veoit, qu'ils estoient ensemble Iuges & Gouuerneurs des villes, pour ce qu'en ce temps-là, comme i'ay dict plusieurs fois, la justice n'estoit point separée du gouuernement: & auoient soubs eux plusieurs menus officiers, appellez *Officiales & milites*, indifferemment, tout ainsi que ceux des Proconsuls ou Presidens des prouinces, & c'est pourquoy Suidas definit le Comte, τοῦ λάου ἄρχοντα.

19. Comtes mineurs.

20. Definition du Comte.

21. Comtes des villes en Frãce. De mesme en France les Capitulaires de Charlemaigne nous font foy, que chasque ville auoit son Comte, *Vnicuique ferè ciuitati* (dit *Beat. Rhen. in lib. Rerum Germanic.*) *Comes præsidebat*. Et ce Comte estoit pareillement, & Iuge & gouuerneur de sa ville, *Ideóque & pacem & iustitiam facere dicitur, lib. 2. Capitul. art. 6. & Dicitur placitum habere, lib. 3. art. 38. & art. 60. addit. lib. 3.* Et aux loix Ripuaires il est dict, *Si quis judicem fiscalem occiderit, quem Comitem vocant.* Et au 4. liure. *Leg. Francic. Comites non se excusent à iustitia facienda, eò quòd resident in maritima custodia, sed ibi placitum teneant, & iustitiam faciant.*

22. Comtes des villes inferieurs à ceux des Prouinces. Or ces Comtes des villes n'estoient pas égaux, ains inferieurs aux Ducs & aux Comtes des Prouinces: voire, comme aucuns tiennent, subjects, tesmoin ce qui est rapporté au supplément d'Aymon, *lib. 4. cap. 61. Pipinum donasse Grifonem fratrem more Ducum duodecim Comitatibus.* & au liure 9. chapitre 1. *Ducatum forouiliensem diuisum esse in quatuor Comitatus.* Mais les Comtes des prouinces estoient égaux aux Ducs, & mesme auoiẽt quelquesfois soubz eux d'autres Comtes, comme il se trouue en vn arrest de l'an 1354. rapporté par du Tillet, que le Comte de Champagne auoit soubs luy sept Comtes, à sçauoir ceux de Ioigny, Retheil, Brienne, Portien, Grand-Pré, Roussy & Brienne.

Duc & Cõte en mesme ville. Voire mesme, il se trouue qu'il y a eu autresfois en mesme ville vn Duc & vn Comte, comme il se veoit dans Gregoire de Tours, liure 8. chap. 18. & liure 9. chap. 7. & lors il y a apparence que le gouuernement & charge des armes appartenoit au Duc, & celle de la justice au Comte.

23. Comtes des prouinces portoient par fois le nom de leur capitale ville. Il faut donc bien garder de s'équiuoquer, en confondant les Comtes des Prouinces auec ceux des villes, attendu mesmement que souuent les Comtes des Prouinces se titroient du nom de leur ville capitale, comme celuy de Chãpagne est souuent appellé Cõte de

de Troyes: celuy de Lãguedoc, Cõte de Tholose: celuy de Guyenne, Cõte de Bordeaux. Car mesme les Roys de la premiere race, portoient le nom de la principalle ville de leur Royaume, comme on voit aux Annales, les Roys de Paris, d'Orleans, de Mets, & de Soissons. 24. Ainsi que les Roys lors des Tetrarchies.

Quant aux Marquis les Romains n'en ont point cogneu le nom, qui est pur François, mais les appelloient *Duces limitaneos, vt apud Lamprid. in Alex. Seuero.* Et dans la Notice de l'Emp. Rom. ils sont appellez *Comites limitanei.* Aussi les Marquis estoient sans doute les Gouuerneurs des frontieres. *Marchiones sunt, qui fines regni tuentur, in vita Ludou. 3. Aimon. lib. 5. cap. 11. Relictis Marchionibus, qui fines regni tuentes, hostium arcerent incursus.* Nom qui est deriué, non pas de Marck, qui en bas Alleman, signifie cheual, comme Alciat a dit, (dont à la verité est deriué Mareschal) encor moins de *Mare*: comme ineptement il est dit au liure des fiefs. Mais de l'ancien mot François marche, qui signifie limite ou frontiere. *Aimon. libr. 4. cap. 118. simili modo de marcha Hispanica constitutum est, & hoc illius limitis Praefectis imperatũ: Indè foras marchã mancipiũ vendere lib. 4. leg. Franc. ca. 43. Marchas & fines regni disponere* dãs Rhegino 2. Chronic. D'où vient ce vieil mot *marchir*, qui signifie aboutir, & estre contigu, *Terre qui marchise au grand chemin*, dãs Bouteiller: *La Comté de Bloys marchit à la Duché de Touraine dans Froissart 3. vol. Entre Adam Abbé de S. Denis, & Bouchard sieur de Montmorency, sourdit cõtention pour aucunes leurs terres, qui ensemblement machi soiẽt*, dit l'Annaliste en la vie de Philippes fils de Henry. 25. Marquis. 26. Duces aut Comites limitanei. 27. Etymologie de Marquis. 28. Marche mot François signifiant frontiere. 29. Marchir, aboutir.

Or a-ce esté autresfois vne grande question, si les Marquis auoient rang deuant ou apres les Comtes, attendu que les liures des Fiefs les mettent tantost deuant, tantost apres: aussi qu'il se trouue des Marquisats auoir esté érigez en Comtez, cõme celuy de Iuilliers dans Froissart 1. vol. chap. 3. Pareillement il y a plusieurs Comtes honnorez de la qualité de Pairs de France, & nuls Marquis. 30. Si les Marquis sont plus que les Comtes.

O

Ceste question a esté traittée par Alciat au liure *De duello*, & par Bohier au traitté de l'auctorité du grãd
31. Resolution. Conseil. Pour laquelle resoudre asseurément, il faut reuenir à la distinction, que nous venons de poser, des Comtes des Prouinces, auec ceux des villes, & tenir pour certain, que les Comtes des Prouinces sont plus, que les Marquis ou Gouuerneurs des villes frõtieres: mais aussi les Marquis sont plus que les petits Comtes, ou Gouuerneurs des autres villes, pource que leur charge est plus importante: & de fair, on voit auiourd'huy, que plusieurs Gouuerneurs de frontiere font difficulté de recognoistre le Gouuerneur de la Prouince, comme font ceux des autres villes indistinctement.

32. Que maintenant Marquis est plus que Comte. Maintenant donc, qu'en France, il n'y a plus de Comtes de Prouinces, ny mesme de Ducs, qui ayent des Prouinces entieres, pource que tous ces grands Duchez & Comtez du temps passé, sont reünys à la Couronne, on tient à bon droict pour constant & resolu, que les Marquis sont plus que les Comtes.

33. Ducs, Marquis & Comtes jadis officiers en l'Empire Romain & en France. De ce que dessus il appert, que les Ducs Marquis & Comtes estoient, & en l'Empire Romain, & en ce Royaume anciennement vrays officiers, ce que tous nos escriuains modernes sans exception ont tenu: voire mesme ils estoyent reuocables à la volonté du Prince, comme il a esté dit au premier liure, que soubs les Empereurs Romains tous Gouuerneurs estoient reuocables: & en France tous offices indistinctement l'estoient auparauant l'ordõ de Loys 11. Mais particulierement pour les Ducs & Comtes Paul Emile le discourt en beaux termes, *Duces ab initio Comitésque ab Regibus præficiebantur gentibus, ciuitatibúsque & cum videretur, dimittebantur: deinde inueterauit consuetudo, vt nisi sceleris conuicti abire imperio non cogerentur. Idque postremò, vt quisque eo munere donabatur, iureiurando Regum cauebatur.*

34. Differẽce entre les Ducs & Comtes des Romains & ceux de Frãce. Il y auoit ceste difference entre les Ducs & Comtes

de l'Empire Romain & ceux de France, que ceux de l'Empire n'estoient que simples officiers, non plus que les Proconsuls & Présidens des Prouinces, & auoient pour leur entretien certains droits ou coustumes à prendre sur le peuple, dont Cassiodore fait mention és passages sus alleguez. Mais ceux de France auoient la seigneurie de leur territoire vnie à leur office, tenue neantmoins en fief à vie, de sorte qu'ils estoient, & officiers, & vassaux tout ensemble, qui est ce que nous appellons seigneurs: mais ces seigneuries n'estoient, ny hereditaires, ny patrimoniales du commencement, comme elles ont esté du depuis.

35. Comment en France les Ducz & Cõtes se sõt faits hereditaires.

Ce changemẽt cõmença soubs la fin de la premiere lignée de nos Roys, auquel tẽps leur imbecillité dõna moyen aux Ducs & aux Cõtes de se faire hereditaires: mais cela ne dura gueres pour lors, d'autãt que les premiers Roys de sa secõde lignée les rãgerent incõtinẽt à la raison, aux moins ceux qui estoient au cœur du Royaume. Car aucuns de ceux qui estoient aux Prouinces ésloignées maintindrent leur heredité malgré eux. Dont arriua plusieurs guerres, & de là vint qu'en mesmes temps aucuns des Duchez & Comtez estoiẽt hereditaires, & les autres non, comme M. Pasquier a discouru au 2. liu. de ses recherches chap. 11.

35. De mesme.

Mais sur la fin de ceste seconde lignée l'heredité s'y establit indifferemment, notamment apres que Hue Capet de Duc des Ducs, ou Duc de Frãce, qu'il estoit, se fut fait Roy & Prince souuerain, les Ducs & Comtes à son exemple se feirent seigneurs hereditaires de leurs Prouinces & villes, & de tout ensemble feirent l'hommage au nouueau Roy, comme d'vn fief hereditaire & patrimonial, s'obligeant d'assister le Roy contre tous en guerre, à la charge aussi, qu'il les maintiendroit, & leur posterité en leurs seigneuries.

Et comme l'vsurpation ayant pris racine croist tousiours & l'ambition ayant trouué vn commencement

37. Comment ils tascherent à se faire souuerains. fauorable, ne trouue point de fins, estans les Ducs & & les Comtes ainsi establis en la proprieté & seigneurie de leurs Prouinces & villes, ils tascherent, tât qu'ils peurent, d'en vsurper la souueraineté, & de fait il se trouuera, qu'ils entreprirent de iouïr de tous les six droicts ou cas de souueraineté, qui ont esté rapportez au 3. chap. de ce liure.

38. Faisoiét loix. Premierement il est certain, qu'ils s'ingeroient de faire des loix & statuts en leurs Prouinces, comme pour exemple M. Pasquier liu. 6. chapit. 48. rapporte l'ordonnance de Iean Duc de Berry, qui est plustost du bon Comte Thibaut de Bloys, à ce que la iournée de vignerons finisse à cinq heures en hyuer & en a esté à six: ce qui s'obserue encor au pays Blésoys. Et possible que c'est de là, que vient la diuersité de nos coustumes:

39. Cause de la diuersité de nos coustumes. car mesme depuis le peu de temps, qu'on a commencé à les rediger par escrit, aucunes se trouuent encor intitulées du nom des Ducs de la Prouince, comme entre autres celle du Duché de Bourgongne. Au 125. art. de laquelle, il est fait mention des ordonnances des Ducs de Bourgongne.

40. Establissoient les officiers. Quant est d'establir des Officiers, il est notoire, que non seulement les Ducs Marquis & Comtez, mais aussi tous autres seigneurs justiciers ont entrepris de mettre des officiers en leurs justices. Mesmement plusieurs Ducs & Comtes entreprenoient d'auoir pour eux de grands officiers, tels que ceux que nous appellons officiers de la couronne, comme Connestables, Chancelliers, grands Escuyers, grands Seneschaux & autres semblables, comme il se voit dans du Tillet. Quoy que ce soit, il est tout certain, qu'ils s'ingeroient de faire des Cheualiers: d'ériger des seigneuries & côceder des ennoblissemens aux personnes, & des amortissemens aux terres.

41. Entreprenoient le dernier ressort de la justice. Pareillement c'est chose asseurée, qu'ils faisoient

exercer la justice en dernier ressort, comme du Moulin, dit en l'apostile du 145. ar. de la coustume de Bourgongne sus alleguée. Mesme il est sans doute qu'ils bailloient des remissions, comme il n'y a pas encor long-temps, que les Gouuerneurs des Prouinces en bailloient.

Comme aussi il se voit dans les Annales, qu'ils faisoient la guerre de leur propre auctorité, soit contre leurs voisins, ou contre les estrangers: assembloient armées, donnoient batailles, faisoient paix & tréves sans le cõgé du Roy: duquel droit de guerre vsurpé par les Ducs & Comtes Coquille discourt pertinemment sur la coust. de Niuernoys & en son institution au ti t. du droit de Royauté. 42. Faisoient la guerre de leur auctorité.

Quant à la monnoye il se trouue souuent mention dans nos liures de la monnoye de plusieurs Ducs & Comtes, comme des sols Mancelz, sols Tournois, sols Barroys: mesme és cabinets des curieux, il se trouue force monnoye des Ducs & Comtes du temps passé, & a esté dit au 3. chap. que le Roy Louys Hutin & ses successeurs ont esté contraints racheter à purs deniers ce droit des Ducs & Comtes, à fin de le reünir à leur couronne. 43. Forgeroient monnoye.

Finalemẽt c'est bien sans doute, qu'ils faisoiẽt leuees de deniers sur leurs subjets. Ce qui estoit tellement ordinaire, qu'il y a encor auiourd'huy de petits seigneurs qui pretẽdent auoir droit de taille en quatre cas, à sçauoir de voyage d'outre-mer, de prison, de Cheualerie, & mariage de fille: duquel droit plusieurs de nos coustumes font mention. 44. Leuoient deniers sur le peuple.

Bref ie puis dire, qu'il n'y auoit aucun droit ny marque de souueraineté, qu'ils n'eussent entrepris, iusques mesme à porter couronne. Combien que la courõne ait tousiours esté tenue pour marque & enseigne, non de toute souueraineté, mais particulierement du 45. Portoient couronne.

Royaume: d'où viēt que la couronne signifie le Royaume mesme, prenant par vne Metonymie le signe pour la chose designée, & de fait quand Suetone rapporte que Caligula, eut en l'esprit de se faire Roy, *Parùm abfuit*, dit-il, *quin Diadema sumeret, & speciem Principatus in Regnum conuerteret.*

46. Courōne des Ducs, Marquis & Comtes.

Voicy ce qui s'en trouue en vn ancien liure François d'Antoine de la Salle, intitulé *la Sallade*, où descriuant particulierement la ceremonie de l'inuestiture des grandes seigneuries, il dit, que *quand le Roy fait vn Duc, il le couronne en sa meilleure ville, tout ainsi que luy mesme a esté couronné, excepté d'estre oint.* Et de fait ceste prerogatiue est demeurée aux Ducs & aux Comtes iusques à nostre temps, de porter vne couronne au tymbre de

47. Courōne des Ducz fleuronnée.

leurs armoiries. Couronne, qui aux Ducs est fleuronnée de pierreries, & est faite tout ainsi, qu'estoient jadis celles de nos Roys, auant qu'ils eussent pris la couronne close par haut en forme de chappeau, qu'on appelloit anciennement, couronne imperiale. Celle

48. Celles des Comtes perlée.

des Comtes est perlée, c'est à dire que le dessus du diademe ou bandeau est fait de perles, sans aucuns fleurons eminents. Et finalemēt celle des Marquis est meslée, c'est à dire, partie fleuronnee, & partie perlee, pource

49. N'en pourroient anciennement.

que les Marquis sont comme mettoyens entre les Ducs, & les Comtes.

Toutesfois il est à croire, que ce n'a esté, qu'aux derniers temps, qu'ils ont ainsi vsurpé de porter couronne: car il se voit en l'histoire d'Angleterre, qu'Edouart 3. inuestit son fils Edouart du Duché de Cornouaille, *Per sertum in capite, annulum in digito, & virgam auream.* Et qu'Edouart 4. feist vn de ses fils Duc de Clarence, & l'autre Duc de Lanlastre, en son Parlement *imposito capitibus eorum pellito pileo, & circulo ex auro & margaritis*, & le mesme liu. de la Sallade dit en vn autre endroit que *le Duc est inuesty par l'imposition d'vn chapeau d'or Ducal orné de perles : le Marquis auec vn anneau de Ruby : le Comte auec vn anneau de Diamant : le Viconte auec vne verge d'or: le Baron auec vn drappeau quarré : & le Banneret auec vn drappeau en escusson.*

Or c'este tradition d'anneau n'estoit pas sans myste- 51.
re. Car c'est chose notoire, que l'anneau seruoit de ca- Tradition
chet, de sorte que le Roy donnant son anneau & ca- d'anneau aux
chet au Duc, Marquis ou Comte, qui estoit la plus an- Ducs & Cõ-
cienne forme de les inuestir, les faisoit par ce moyen tes, que signi-
ses Lieutenans, & leur donnoit permission de faire fie.
toutes expeditions soubs son nom, & les seeller de son anneau & cachet : auquel seau reside l'auctorité du commandement. Ainsi lisons nous qu'apres la mort d'Alexandre le Grand, Perdicas fut recognu par ses
courtisans pour leur superieur, pource qu'Alexandre 52.
en mourant luy auoit donné son anneau, dont ils Anneau d'A-
colligerent, qu'il auoit entendu luy laisser la regen- lexandre le
ce & exercice de souueraineté, pendant le bas aage de Grand.
ses enfans. Et de fait pour reuenir aux anciens Comtes, Brisson au 3. liu. *De verb. signif.* dit que *Comites vice imperatoris iudicabant*, ce qu'il prouue par vne loy du Code Theod. qui est mal cottée.

Il est donc à presumer que le changement de 53.
l'ornement des Comtes, d'anneau en couronne, Changement
a suiuy le changement de leur puissance. Car du d'anneau en
temps qu'ils n'estoient que simples Gouuerneurs couronne.
ils portoient l'anneau : mais quand ils ont eu vsurpé les droicts de souueraineté, & sont deue-
nus Princes, ils ont voulu auoir la couronne: 54.
qu'ils ne portent pas en teste, à present qu'ils Ne portent à
ne sont plus que simples seigneurs suzerains, present la cou-
ne leur estant plus concedée lors de leur in- ronne, qu'en
uestiture : & partant ils ne l'ont plus, qu'en pein- peinture.
ture au tymbre de leur armoiries, si ce n'est, qu'ils soient Princes souuerains, auquel cas ils la por-

roient porter en teste.

Car i'ay dit au chapitre 3. qu'à present il y a trois
55. Trois degrez de Ducs & Comtes Seigneurs. degrez de Ducs & Comtes, à sçauoir ceux qui sont souuerains tout à faict, sans recognoistre superieur, comme les Ducs de Lorraine & de Sauoye : ceux qui ont les droicts de souueraineté, mais ont vn superieur, que i'ay appellé Princes subjects, comme ceux d'Allemagne: & finalemẽt ceux qui sont simples seigneurs Suzerains, comme sont ceux de France à present. A quoy il faut encor adjouster vn quatriesme & plus bas degré de ceux, qui ne sont qu'à vie comme officiers, ainsi que sont encor' à present ceux d'Angleterre.

Et faut dire en remontant, que ceux-cy ont esté les
56. Ducs & Cõtes officiers. premiers, & qu'en tous les pays ils ont esté tels du commencement, puis és Monarchies ils se sont faicts seigneurs, ayant vsurpé l'heredité & proprieté de
57. Comment ces changemens sont aduenus. leurs charges: Par apres en aucuns lieux ils ont vsurpé les droicts de souueraineté, sans secoüer tout à faict le joug d'obeissance. Bref en d'autres lieux, comme és Prouinces éloignées du souuerain, ils se sont faicts souuerains tout à faict, & n'ont plus voulu recognoistre de superieur.

Ce dernier changement des Ducs & Comtes
58. De mesme. en Princes souuerains tout à faict n'a eu lieu en France, qu'és Comtez de Flandres & de Bourgongne, qui apres auoir longuement branslé, ont esté en fin distraicts tout à faict de la Couronne, par le malheur de la prison du Roy François. Au contraire tant s'en faut, que les autres Ducs & Comtes, de Princes subjects, qu'ils estoient, se soyent faits souuerains, que mesme noz Roys ont trouué moyen accortement de les remettre aux rangs des simples seigneurs Suzerains, & leur oster la qualité de Princes.

Car

Car en consequence de ceste subjection personnelle, & jurisdiction, qui leur estoit demeurée sur eux, les Roys ont auec le temps retiré à leur souueraineté, le dernier ressort de la justice sur les Duchez & Comtez : par le moyen de ce que le Parlement estably sedentaire à Paris, conuertit finement les plaintes, qu'on faisoit de leurs jugemens en appellations, ainsi qu'il en a esté discouru au dernier chapitre du liure precedent. Lequel ressort de justice, est sans doubte le plus fort lien qui soit, pour maintenir la souueraineté.

59. Commét les Ducs & Cótes de France sont redeuenus simples seigneurs Suzerains.

Car par le moyen d'iceluy la puissance de faire loix leur a esté retranchée indirectement, en tant que le Parlement ne suiuoit ny approuuoit leurs ordonnances au jugement des procés. Leurs officiers, fors ceux qui estoient necessaires, pour l'exercice de la justice, n'estoient approuuez par le Parlement. Ceux d'entr'eux, qui faisoient ou guerre ou alliance contre la prohibition du Roy, estoient incontinent recherchez & poursuiuis au Parlement. Le cours de leurs monnoyes fut interdit par le mesme Parlement, fors des monnoyes noires, & leur fut osté la puissance de leuer deniers sur leurs subjects, fors en ces quatre cas, qui viennent d'estre rapportez. Bref il faut confesser que ç'a esté le Parlement, qui nous à sauuez en France d'estre cantonnez & desmembrez, comme en Italie & Allemagne, & qui a maintenu ce Royaume en son entier.

60. Le ressort de justice les à remis en cét estat.

61. C'est le Parlement qui a maintenu la France.

Mais d'autant qu'il estoit fort mal-aisé d'oster tout à faict aux Ducs & aux Comtes ces droicts de souueraineté, dont ils auoient long temps jouy, force estoit de leur laisser tousiours iceux en partie. En fin de peur qu'ils ne les reprissent tout à faict, noz Roys de la troisiesme lignée ont esté soigneux de reünir à leur Couronne tous ces anciens Duchez & Comtez, toutesfois & quantes, qu'il s'en est

62. En fin il a fallu reünir ces anciens Duchez & Comtez à la couronne.

presenté quelque occasion, soit par mariages, espousant, ou faisant espouser aux presumptifs heritiers de la Couronne les heritiers d'iceux : soit par droict de reuersion à faute de masles regnicoles descenduz du premier inuesty, soit par felonnie ou confiscation, dont il n'aissoit assez souuent des subjects tres-iustes. Tant y a, qu'ils ont si bien faict auec le temps, qu'ils ont retiré & reüny tous ces anciens Duchez & Comtez sans exception, fors ces deux Comtez de Flandres & de Bourgongne.

63. Commét on en a faict en Angleterre.

On en a faict tout de mesme en Angleterre, où mesmement apres auoir aboly tous les Duchez & Comtez, on n'a plus voulu auoir des Ducs: & quant aux Cõtez, on les a reduites à leur premiere origine, d'estre de simples offices ou dignitez à vie, ausquels on n'a pas annexé le domaine du territoire, ains on leur à semblablement attribué certains menus droicts, tels à peu pres, que nous venons de dire, des Comtes de l'Empire Romain, notamment le tiers des émolumens de la justice, qui est vn droict, qu'ils auoient de toute antiquité, comme i'ay appris d'vn docte liure moderne de *Guillelmus Camdenus* Anglois, intitulé *Britannia*.

64. Cõtes d'Angleterre.

65. Des nouueaux Ducs & Comtes de France.

Mais en France on ne s'est peu empescher d'ériger d'autres Ducs & Comtes. Car quand on a appané les enfans puisnez des Roys, il a esté necessaire de leur bailler des titres égaux à ceux, qu'auoient les seigneurs moindres qu'eux. Mais c'a esté tousiours selon la loy, & condition generale des appanages, sçauoir est de reuersion à la Couronne en defaut de masles, & de retention expresse, non seulement de la foy & hommage, mais aussi du ressort & souueraineté entiere : ressort dis-je, pour la justice, souueraineté pour la seigneurie.

66. Duchez & Comtez d'Apanage

67. Duchez & Comtez proprietaires.

Mesmement noz Roys se sont relaschez, à ériger encor' d'autres Duchez & Comtez, en faueur des seigneurs de leur Royaume, qu'ils ont voulu honorer de ces hauts titres: mais ces érections ont tousiours esté auec l'expression de la mesme reseruation du ressort & souueraineté, outre l'hommage ancien. Et quant à la reuersion, ils ne s'aduisoient pas du commencement de la stipuler, pour ce que ce n'estoient pas terres qu'ils baillassent de leur domaine, ains qui estoient de l'ancien patrimoine de ces seigneurs, ausquelles ils ne donnoient de nouueau, que le titre de Duché ou Comté. Mais le Roy Charles neufiesme, pour empescher la trop grande frequence de ces érections, ordonna en l'an 1566. que les Duchez & Comtez, qui seroient érigez desormais, seroient remissibles à la Couronne, en defaut de masles, ainsi que ceux des appanages. Ordonnances qui seroit fort vtile au Royaume si on n'y dérogeoit point.

Dont s'ensuit que les Duchez & Cõtez, que nous auons à present en France, sont du tout differens de ces anciens Duchez & Comtez, qui ont esté reünis à la Couronne: differens aussi de ceux qui sont maintenant en Italie & en Allemagne: & qui voudroit argumenter & tirer des consequences des vns aux autres, se tromperoit entierement. Bref les nostres d'à present, n'ont plus autre remarque ou participation de souueraineté, fors qu'ils ont retenu la Couronne au tymbre de leurs armoiries. Possible que c'est à l'imitation des enfans de France, qui au lieu d'auoir leur partage en titre de Royaume, comme ils auoient aux deux premieres races, ne l'ayant en ceste troisiesme qu'en titre de Duché & Comté, ont retenu la Couronne en leurs armoiries en memoire de leur extraction.

65. Les Duchez & Comtez d'à present different des anciennes.

69. Pourquoy ceux d'à present ont la couronne en leurs armoiries.

Dont possible est aussi venu, que noz Roys, & en deuis familiers, & en leurs lettres appellent ordinairement les Ducs Marquis, & Comtes, (aumoins les Ducs & les Marquis sans doubte) leurs

70. Pourquoy les Roys les appellent leurs cousins.

cousins, ou bien ceste coustume s'est establie du temps qu'ils estoient Princes, & participoient à la souueraineté. Car on sçait que les Roys appellent les autres Roys leurs freres, les Ducs & Comtes souuerains leurs cousins.

71. Principautez.

Il y a encor vne autre dignité feodale, qui à mon aduis, doit estre mise au rang de ces Grandes Seigneuries, sçauoir est la Principauté, en tant que c'est le titre & le nom d'vne certaine seigneurie, que du Tillet dit estre moindre, que le Comté, mais plus grande que la Baronnie & Vicomté.

72. Leur origine.

De verité ceste espece de seigneurie est extraordinaire & extrauagante, estant venuë à mon aduis, de ce que les Ducs & Comtes s'estans faits Princes par l'vsurpation des droits de souueraineté, à leur exemple les autres grands seigneurs vassaux de la couronne, qui n'auoient titres ny de Ducs, ny de Côtes, ayant pareillement vsurpé les droicts de souueraineté dans leur seigneurie & distroit, se sont par cõsequent titrez & qualifiez du nom general de Princes, n'ayans point de titre particulier de dignité, & à fin d'estre distinguez de simples seigneurs, qui n'auoient comme eux, l'exercice de la souueraineté : tout ainsi qu'il se voit aux liures des Fiefs, que *majores valuassores*, se sont faict en fin appeller *Capitaneos Regis aut Regni*, ce qui sera expliqué au chap. suiuant.

73. De mesme.

Ce qu'ayant eu cours, lors que les grãds seigneurs de France auoient les droicts de souueraineté, a continué apres qu'ils en ont esté dépoüillez : par le moyen de ce que à l'exemple de ces anciennes Principautez reünies du depuis à la Couronne, (aussi bien & encor plus facilement, que les Duchez & Comtez anciens) les Roys en ont érigé d'autres, pour gratifier leurs fauoris, qui ont affecté ce titre excellent de Princes : & de ceste sorte M. Choppin en cotte sept ou huict sur la Coustume d'Anjou, tit. *De la préuention du Prince*.

Combien qu'il y ait difference notable entre les 74. *Difference entre les Princes & les Seigneurs des Principautez.*
seigneurs des principautez, & ceux qu'à present nous
appellons Princes, qui sont ou les Princes du sang, ou
ceux qui sont issus de Princes souuerains estrangers,
& en la famille desquels la souueraineté reside encor
à present.

Car combien qu'à proprement parler, il n'y ait en
France autre Prince que le Roy, qui seul y a toute souueraineté: neantmoins pour honorer la dignité des
Roys, on a appellé ceux qui en sont issus, Princes, 75. *Princes du sang.*
pour autant mesme qu'à leur tour ils sont capables
d'estre Roys, & ceux-là sont les Princes du sang. A
l'exemple desquels on s'est estendu d'appeller pareil- 76. *Princes estrãgers.*
lement, Princes, tous ceux qui sont issus de Princes
souuerains estrangers, & qui sont capables par race de
succeder à leur Estat: ce qui sera plus amplement discouru au liure des Ordres.

Toutesfois cêt équiuoque d'entre les Princes, &
les seigneurs de principauté, ou pour mieux dire,
d'entre les Princes de race, & les Princes à cause de
leur terre érigée en principauté: est cause que plusieurs
Princes, qui craignent, qu'on reuoque en doute leur
qualité, & plusieurs grands seigneurs, qui desirẽt estre
tenus pour Princes, sont curieux de faire ériger vne de
leurs terres en Principauté: dont par apres ils baillent
volontiers le titre à leur fils aisné : à l'imitation de ce
que la pluspart des Roys de la Chrestienté font appeller leur aisné le Prince indéfiniemẽt, ainsi mesme que
faisoiẽt les premiers Empereurs de Rõme : & pour ceste cause en l'an 1253. le Roy d'Angleterre érigea la seigneurie de Galles en Principauté, & l'affecta desormais aux fils aisnez des Roys ses successeurs, ce qui se
garde encor à present.

Sommaire du sixiesme Chapitre.

1 *Grandes Seigneuries doiuent releuer du Roy.*
2 *De mesme.*
3 *Explication nouuelle du premier titre des Fiefs.*
4 Capitanei & valuassores Regni.
5 *Comment les grãds seigneurs estoient jadis appellez.*
6 *Baronnie que c'est propremẽt.*
7 *Difference entre releuer de la Couronne & releuer du Roy.*
8 *Pourquoy les grandes Seigneuries releuẽt du Roy seulement, & non de la Couronne.*
9 *Seigneuries honoraires chose notable.*
10 *Les grandes Seigneuries participẽt aux hõneurs de souueraineté.*
11 *Couronnes de plusieurs sortes.*
12 *Grandes seigneuries sont impartables.*
13 *Principautez doiuent auoir les prerogatiues des grandes seigneuries.*
14 *Fiefs jadis impartables.*
15 *Seigneuries impartables en tant qu'offices.*
16 *Souueraines du tout impartables.*
17 *Grandes partables par estimation seulement.*
18 *Mediocres & petites, partables en espece.*
19 *Les faut neantmoins laisser entieres, tant que faire ce peut.*
20 *La Seigneurie ou dignité n'est partable actuellement.*
21 *Ny la justice, ce qui est notable.*
22 *Grãds seigneurs peuuẽt soubsinfeoder & acensiuer, & non autres.*
23 *Preuue par les liures des Fiefs.*
24 *Conclusion.*
25 *Autre chose est és seigneuries d'apanage.*
26 *Que cela doit auoir lieu aux Duchez & Comtez érigez de nouuel.*
27 *Comment les moindres seigneurs peuuent infeoder & acensiuer.*
28 *Si la terre acensiuée sans le consentement du seigneur demeure feodal.*
29 *Interpretation de l'article de la Coustume de Dunoys.*
30 *Si les grands seigneurs peuuẽt créer des justices.*
31 *Difference entre faire vn fief, & vne justice.*
32 *De mesme.*
33 *Interest du peuple aux nouuelles justices.*

34 *Qu'au Roy seul appartiēt creér justices.*
35 *Droict de Ressort n'appartient qu'au Roy.*
36 *De mesme.*
37 *Droict de ressort que comprend.*
38 *Comment il s'est tant faict de justices sans le Roy.*
39 *Cautelle pour abatre les justices des seigneurs.*
40 *Les grãdes seigneuries de nouueau érigées sont reuersibles à la Couronne.*
41 *Les anciennes non.*
42 *On déroge ordinairement à l'ordonnance du domaine.*
43 *Il n'importe à present que les grandes seigneuries tombēt en quenoüille.*
44 *Anciennement les femmes faisoient l'office de Pairs de France.*
45 *A present non.*
46 *Prérogatiues des Pairs de France.*
47 *Précedent les autres grands seigneurs.*
48 *Fors les Princes du sang.*
49 *Ont séance & voix au Parlement.*

Barreau des Pairs.

50 *Sont jugez par le Parlement seul.*
51 *Les Chambres assemblées.*
52 *Et les autres Pairs conuoquez.*
53 *Cela n'a lieu qu'és causes d'hõneur ou de Pairie.*
54 *Releuent nuëment de la Couronne.*
55 *En tout & partie.*
55 *Les appellations de leurs juges ressortissent au Parlement.*
57 *Aucuns ont des grands jours.*
58 *Grands jours pourquoy dits.*
59 *Deuroient estre supprimez.*
60 *La functiõ des Pairs doit estre faicte en propre personne.*
61 *Les Comtes ne sont subjets aux Ducs.*

DES DROICTS DES GRANDES SEIGNEVRIES.

CHAP. VI.

PARLONS maintenant des droicts & prérogatiues de ces grandes seigneuries, à sçauoir des Duchez, Marquisats, Comtez, & Principautez, dont la premiere est, qu'elles ne releuent que du Roy, encor' que de leur nature elles deuroiēt releuer immediatement de la Couronne : C'est pourquoy les Feudistes les appellent *Feuda Regalia, seu Regales dignitates. tit. de feud. March. & tit. Quis dicatur Dux &c.* non tāt pour ce qu'elles participent aux honneurs des Souuerainetez, que pour autant, qu'elles sont vrays fiefs du Royaume, ne pouuāt releuer d'autre seigneurie.

1. Grandes seigneuries doiuent releuer du Roy.

2. De mesme.

Aussi les liures des Fiefs appellent-ils ceux, qui en sont inuestis *Capitaneos Regis aut Regni*, & pareillement *valuassores Regis aut regni, seu maiores valuassores, id est, valuassores primi gradus.*

3. Explication nouuelle du premier titre des fiefs.

Car ie diray en passant, que c'est vn erreur (tout commun toutesfois) de penser, qu'aux liures des Fiefs, *valuassores Regni seu, majores valuassores*, fussent ceux qui tenoient leurs fiefs *à Capitaneis Regni, nempe à Ducibus, Marchionibus & Comitibus.* Erreur qui est procedé de la mauuaise intelligence du premier titre des Fiefs, dont voicy les mots. *Marchio & Comes feudum dare possunt, qui propriè Regis aut Regni Capitanei dicuntur:*

dicuntur: sunt alij qui ab istis feuda accipiunt, qui propriè, Regis aut Regni valuassores dicuntur: sed & hodie Capitanei appellantur, qui & ipsi feuda dare possunt. Où l'on a pensé que ces mots, *ab istis*, referent *Marchionem & Comitem*, combien que c'est la verité qu'ils referent *Regem vel Regnum*, derniers nommez. Car comment pourroit-on dire, que les vassaux des Marquis & Comtes fussent appellez proprement, ainsi que dit le texte, vassaux du Roy & du Royaume? Aussi ne se trouuera-il point, par tout le liure des Fiefs, que les vassaux du Roy releuassent des Capitaines, ny qu'ils fussent arriere-vassaux du Royaume, ains le contraire paroist assez par la lecture du tit. *De nat. feudi* & de celuy *Quis dicatur Dux &c.*

Or ce qui est dit en ce passage, que les vassaux du Royaume sont autres que les Capitaines, est que du commencement il n'y auoit que les Ducs, Marquis & Comtes, qui s'appellassent Capitaines, n'y ayant aussi qu'eux, qui eussent puissance publique, & non les autres Seigneurs releuans du Royaume, qui estoient simplement appellez vassaux du Royaume, & non pas Capitaines. Mais à succession de temps ces simples vassaux immediats du Royaume vsurperent & le titre comme il dict, & la charge de Capitaines: de sorte que desormais tous les vassaux du Royaume furent appellez Capitaines. 4. *Capitanei, & valuassores Regni.*

C'estoient donc ceux-là mesme, que noz anciens liures de l'histoire de France appellent *Vassos dominicos seu Regios. Leudes & fideles Regis*: & que les anciens liures François appellent les Barons de France. Car comme dict du Tillet, & apres luy Ragueau, *Baronnie est toute seigneurie premiere, apres la souueraine du Roy, mouuant directement de sa Couronne.* Ce qu'ils disent apparoir par les articles des differens d'entre les Roys de France & d'Angleterre, arrestez au 5. Comment les grands seigneurs estoiét jadis appellez. 6. Baronie que c'est proprement.

Parlement en l'an 1281. & l'arrest du Comté de Sancerre, de l'an 1259. qui est en fin la primitiue & originaire signification du mot de Baronnie.

7. Difference entre releuer de la Courõne, & releuer du Roy.

Quand ie dy releuer directement de la Couronne, ie n'enten pas releuer simplement du Roy, à cause de quelque Duché ou Comté reuny à la Couronne, mais i'enten, qu'il faudroit en bonne Iurisprudence, que les grandes seigneuries releuassent du Roy, & à cause de sa Couronne. En quoy il y a notable difference. Car les vassaux de la Couronne ne peuuẽt rendre leurs hommages & adueux, qu'en la Chambre des Comptes de Paris, qui est le vray thresor des Chartres de la Couronne : mais les hommages & adueux des seigneuries releuantes du Roy, à cause de ses Duchez ou Comtez, peuuent estre rendus pardeuant les officiers des lieux, dont elles releuent.

8. Pourquoy les grandes seigneuries releuent du Roy seulement, & non de Couronne.

Mais on me dira (comme il est vray) qu'il y a la pluspart des Duchez & Comtez d'à present, qui ne releuent, que des anciens vnys maintenant à la Couronne. A quoy ie respon, qu'ils ont esté érigez par le Roy, la plus part depuis la reünion de ces anciens & primitifs, qui tous releuoient nuëment de la Couronne, & *adinstar* d'iceux, & pour iouyr des mesmes dignitez, prééminences & prérogatiues qu iceux, fors seulement les droicts de souueraineté, qui lors d'icelles érections ont tousiours esté reseruez par expres: qui est vn point fort à noter. Que s'ils'en trouue d'érigez auparauant, & par autre que le Roy, ç'a esté du temps que les Ducs & Comtes auoyent vsurpé les droicts de souueraineté.

9. Seigneurs honoraires, chose notable.

Dont s'ensuit, qu'en tout cas vne grande seigneurie ne peut releuer d'autre que du Roy. Que si quelquesfois il aduient que le Roy érige en titres de Comtez Marquisats, ou Principautez, des terres, qui releuent d'vn autre seigneur, telles érections sons nulles de soy: & neantmoins pource qu'on ne peut imposer loy à la volonté du souuerain, on les tolere pour simples titres honoraires seulement: ainsi le Comté de Lude a esté declaré simple Comté honoraire, pource qu'il releue du Duché de Beaumont, par arrest du 6. Aoust. & 5. Decembre 1546. rapportez par M. Choppin sur la Coustume d'Anjou: & au liure *de Domanio*, il rapporte vn autre Arrest de l'an 1565. par lequel vn Comté releuant d'vne Baronnie fut declaré simplement honoraire. Ainsi par arrest du vingtiesme Aoust 1570. la Baronnie de Lucé fut declarée simple titre honoraire, pource qu'elle releue de la seigneurie de Chasteau-du-Loir. Ce qui importe, qu'alors les dignitez honoraires, n'ont autres droicts, que ceux qui consistent en l'honneur: comme ie diray au liure *Des Ordres*, où ie traitteray en chapitre exprés des Dignitez honoraires.

10. Les grandes seigneuries participent aux honneurs de souueraineté.

La seconde prérogatiue de ces grandes seigneuries est, qu'elles participent aux honneurs des seigneuries souueraines, voire mesme on peut dire, que ce sont comme des souuerainetez honoraires. Car en premier lieu, elles ont vn titre de dignité capable de Souueraineté, & qui leur est commun auec plusieurs Princes souuerains: Item, comme il vient d'estre dit, ceux qui en sont inuestis portent leurs armoiries couronnées au tymbre, à sçauoir les Ducs d'vne couronne fleuronnée: Les Comtes d'vne couronne perlée: Les Marquis d'vne couronne meslée, & les seigneurs de Principauté d'vn simple diadême, ou cercle d'or sans aucun dessus, qui estoit l'ancienne forme des couronnes, qui depuis ont esté rayonnees par dessus, puis fleuronnees ou perlées, & en fin couuertes comme i'ay dit au troisiesme chapitre. Finalement les Roys, en consequence de ceste participation aux honneurs de la souueraineté, les appellent leurs parés & cousins.

11. Couronnes de plusieurs sortes.

12. Grandes seigneuries sont impartables. La troisiesme prérogatiue, qui prouuient de la mesme consideration, est, qu'elles sont impartables & indiuisibles, tout ainsi que les souuerainetez, & aussi comme les offices. *Ducatus, Marchia aut Comitatus de cætero non diuidantur: aliud autem feudum, si consortes voluerint, diuidatur.* dit le titre *De prohib. feud. alien.* Ce que l'antique Poëte Guntherus a enoncé en ces vers

Marchia veu Comitis possessio, siue Ducatus
Integra permaneant: feudalia cætera multis
Participanda patent, Domino dum quisque fidele
Spondeat obsequium, iurandáque fœdera præstet.

13. Principautez doiuēt auoir les prérogatiues des grādes seigneuries. Ou il ne se faut estonner, qu'il ne soit fait mention des Principautez, pource que c'est vne seigneurie extrauagante, qui n'estoit lors cognue, mais puis qu'elles releuent immediatement de la couronne, i'estime qu'elles doiuent iouïr en tout & par tout des priuileges des grandes seigneuries.

14. Fiefs jadis impartables. Or c'est bien sans doute, que toutes les seigneuries estoient anciennement impartables, ainsi que les offices, mesmes les simples fiefs estoient indiuisibles par leur ancien droict, & l'ont esté longtemps en France, depuis qu en Lombardie on en a permis la diuision, tesmoin nos anciennes coustumes prohibitiues du despié & esclichement de fief. Mais depuis que les fiefs ont esté faits patrimoniaux tout à fait, on a toleré la diuision aux simples fiefs, de laquelle neantmoins prouiennent plusieurs inuolutions en nostre vsage.

15. Seigneuries impartables entant qu'offices. Et quant aux seigneuries qui ont office annexé, c'est chose remarquable, que plus ou moins elles retiennent de la nature de l'office, plus ou moins aussi sont-elles indiuisibles.

16. Souueraines Car en premier lieu les seigneuries souueraines, qui

participent plus de l'office que du fief sont demeurees indiuisibles, tant en soy, que par recompense ou estimation, ainsi que les offices non venaux, au moins aux Estats bien reglez, & a-on veu pendant la premiere lignée de nos Roys, quels troubles sont aduenuz pour auoir diuisé le Royaume.

de tout impartables.

Les grandes seigneuries par apres sont aussi par semblable raison indiuisibles en leurs corps: mais comme les offices venaux sont indiuisibles par estimation, cõbien qu'ils soient indiuisibles en leur propre espece tout de mesme ces grandes seigneuries, qui tombent pareillement en commerce & estimation (ce que ne font pas les souueraines) sont jugees en France diuisibles & partables, par estimation & recompence seulement: c'est à dire qu'en succession l'aisné masle prend le Duché, Marquisat, ou Comté tout entier, mais est tenu bailler aux puisnez en autres corps hereditaires l'estimation ou recompence de leur portion, telle qu'ils l'auroient en espece aux simples fiefs.

17. Grandes partables par estimation seulement.

Et finalement les autres moindres seigneuries, qui participent moins de la matiere des offices sont partageables en leur propre corps & espece, comme il fut jugé par arrest solemnel de la Pentecoste 1519. touchãt la seigneurie de Montmorency à present Duché & Pairie, & lors simple Barõnie, qu'on disoit estre la premiere Baronnie de France. Et toutesfois pource que ces diuisions sont tousiours incommodes, les commissaires appellez à faire les partages des grandes maisons, doiuent les euiter, tant qu'ils peuuent, à fin de ne tomber au prouerbe Συκαμείζειν.

18. Mediocres & petites partables en espece.

19. Les faut neãtmoins laisser entieres tant que faire ce peut.

Encor faut-il remarquer en ces moindres seigneuries, que combien que le domaine, & mesme les droicts Feodaux d'icelles puissent estre partagez actuellement, & par diuis: neantmoins la dignité du seigneur n'est partable par diuis: en sorte que d'vne

20. La seigneurie ou dignité n'est partable actuellemẽt.

Baronnie ou Chastellenie, on n'en puisse faire deux, ou plusieurs: & pareillement la justice, en laquelle princi-
21. Ni la justice, ce qui est notable. palement consiste la seigneurie, ne peut estre partagée, que par indiuis, & pour en iouyr successiuement l'vn apres l'autre par certain temps, ou bien s'accordant d'vn mesme juge, & partageant les émolumens & obuentions de la justice, comme il est porté par l'article 25. de l'ordonnance de Roussillon. Et non pas en faisant plusieurs justices separees au lieu d'vne. *Non est enim admittenda multiplicatio tribunalium: sed quæque iurisdictio debet remanere & exerceri præcisè in illa forma, & in illis terminis, in quibus fuit concessa à superiore*, dit du Moulin, sur le dixiesme article de la coustume. Ce que i'ay discouru au liuret *des justices de village*.

22. Grands seigneurs peuuēt soubs-infeoder & acensiner, & non autre. La quatriesme prerogatiue des grandes seigneuries, qui est d'vne notable importance, & toutesfois mal maintenue en nostre vsage est, que ceux, qui les ont (& non autres) peuuent creer des fiefs & des censiues, c'est à dire qu'ils peuuent conceder vne partie de leur domaine, à titre de fief ou de cens au preiudice du Roy, attendu qu'il a esté dit tout au commencement du liure des fiefs, qu'il n'y a que les vassaux du Roy, qui *feuda dare possint*: ce qu'il faut entendre, qu'il n'y a que eux qui les puissent conceder de leur propre auctorité, & sans permission du souuerain, & en telle sorte, qu'ils soient distraits de sa teneure immediate, & soient faits arriere-Fiefs, ou cens infeodez.

33. Preuue par les liures des fiefs. Car combien que les arriere-vassaux du Prince (qui en ce liure des fiefs sont appellez *minores valuassores*, & selon aucuns *valuassores*, simplement) peussent rebailler en fief vne partie de leur domaine, à ceux qui sont appellez *valuassini*: si est ce que *eiusmodi valuassini consuetudinem feudi nullam habebant antiquo*

iure feudorum, dit le titre *Quis dicatur Dux, &c.* & partant *amoueri semper poterant etiam sine culpa*, comme leur concession, n'estant pas vallable ny obligatoire, ainsi qu'il est dit au titre *De nat. feudi*, & au titre. *De feud. datis à minor. valuass.* voire mesme lors que les fiefs n'estoient transmissibles aux collateraux, aduenant que celuy, qui les auoit concedez, mourust sans enfans, ils retournoient, ainsi que son fief, au seigneur superieur, tit. *Qualiter olim feudum pot. alien. & tit. De L. Conrardi. §. simili modo*, suiuant la reigle de la loy. *Lex vectigali. D. de pignor.* Mais celuy, auquel le fief a esté concedé par le vassal immediat du Prince, le possede *optima lege feudi*, & n'en peut estre depossedé sans son fait, mesme aduenant l'expiration du fief, duquel il releue, le sien ne finit point, comme il est dit en ces mesmes passages.

Ie dy donque, qu'en France, où les fiefs sont patrimoniaux, les vassaux immediats de la Couronne peuuent à plus forte raison, qu'au droict des Lombards, soubs-infeoder & acensiuer partie de leur domaine : ce que i'enten à l'égard du Roy mesme, & à son preiudice, sans qu'auenant ouuerture de leur fief, le Roy puisse comprendre en la saisie d'iceluy, les terres ainsi soubs-infeodees ou acensiuees : ny pareillement en la taxe de son relief, bref sans que le vassal du Roy soit tenu les racheter en domaine. Ce qui prouient, de ce qui a esté dit cy deuant au premier chapitre que tout au commencement, que ceste Monarchie fut establie, on distribua les territoires tous entiers aux capitaines du Royaume, à la charge expresse, d'en faire part à leurs soldats à titre de fief, & d'en laisser quelque partie aux naturels du pays, à titre de cens. 24. Conclusion.

25. Autre chose est és seigneuries d'apanage.

Neantmoins i'estime, que, quand les Duchez & Comtez d'Apanage retournent à la couronne, les soubs-infeodations & acensiuemens faits depuis la concession de l'Apanage doiuent estre aneantis par la regle de ceste loy *Lex vectigali. De pignor.* pource que la raison de la decision generale cesse en ce cas, n'ayant les apanages esté concedez aux enfans de France, pour en faire part à leurs soldats & à leur peuple : aussi que le Roy mesme s'estant par l'ordonnance du domaine osté le pouuoir d'infeoder ou acēsiuer les terres du domaine: à plus forte raison ses apanagez ne le doiuent auoir. Mais au contraire i'estime, que les Ducs Marquis & Comtes de nouuel érigez, ores qu'ils ne releuent que du Roy, & non de la couronne, doiuent iouïr de ceste faculté de soubs-infeoder & acensiuer, pource que ceste raison particuliere, qui concerne seulement le domaine de la couronne, n'a lieu à leur égard. Et combien que leur érection n'ait esté faite à ceste condition expresse de pouuoir soubs-infeoder & acensiuer: si est ce qu'elle y est soubs-entendue, en ce qu'elle est faite, pour en ioüyr auec les droicts & prerogatiues des anciens Ducs & Comtes : dont ceste-cy est l'vne des principales.

26. Que cela doit auoir lieu aux Duchez & Comtez érigees de nouuel.

27. Comment les moindres seigneurs peuuēt infeoder & acensiuer.

Mais c'est sans doute, que les autres moindres seigneurs, soit qu'ils releuent du Roy ou d'autres ne peuuent soubs-infeoder ny acensiuer au preiudice du seigneur, dont ils releuent. Et encor' que telle soubs-infeodation ou acensiuement tienne à l'égard de ceux qui l'ont fait, & qui partant ne peuuent venir contre leur propre fait: neantmoins il est nul à l'égard des seigneurs superieurs, qui peuuent, aduenant ouuerture du fief de leur vassal, comprendre en leur saisie feodale, & en la liquidation de leur rachapt, le domaine ainsi soubs-infeodé ou acensiué.

Voire

Voire mesme aucuns tiennent, que la terre ainsi acensiuée sans le consentement du seigneur de fief, demeure tousiours en sa pristine nature de fief, de sorte qu'elle doit estre partagee feodalement, & est tousiours subjete aux francs fiefs & nouueaux acquests, pource qu'au titre du liure des fiefs, il est dit que *tale beneficium iure feudi non censetur*. Et c'est ainsi qu'il faut entendre, ce semble, la coustume de Dunoys, article trente quatre, contenant qu'aucun ne peut créer cens, s'il n'est Chastellain : qu'on a toutesfois destourné à autre sens bien different. Neantmoins és autres coustumes mon aduis est, qu'à cause de la reigle generale de nos coustumes, que le vassal se peut iouër de partie de son fief sans demission de foy, & sans faire préiudice à son seigneur, que la terre ainsi acensiuée, deuient roturiere *quo ad omnes, excepto patrono* : & principalement qu'au partage d'icelle, il faut considerer la condition, selon laquelle elle appartient à la succession, autrement les pauures villageois, qui font acensiuer les terres, qu'ils acquierent des gentils-hommes, pour garder égalité entre leurs enfans, seroient bien trompez de leur prétension, & l'ay tousiours veu pratiquer ainsi, sans en faire difficulté.

28. Si la terre acẽsiuée sans le consentemẽt du seigneur demeure feodale.

29. Interpretatiõ de l'art. 34. de coust. de Dunoys.

Mais c'est vne tres grande question de sçauoir, si comme les grands seigneurs peuuent créer des arriere-fiefs en desmembrant leur fief, aussi ils peuuẽt créer des justices inferieures, en diuisant la leur, sans permission du Roy. Qui en doute dira quelqu'vn ? veu que c'est chose toute notoire en l'vsage que mesme les Chastellains, voire encor les simples hauts justiciers en érigent tous les iours : & qu'il y a plusieurs coustumes, qui donnent ce pouuoir aux simples Chastellains.

30. Si les grands seigneurs peuuent créer des justices.

Neantmoins le contraire est tres-veritable en bonne jurisprudence, comme i'ay desia prouué au quatriesme chapitre, qu'il faut ioindre auec cestuy cy. Car il y

31. Differẽce entre faire vn fief & vne justice.

a bien de la difference entre la concession d'vn simple fief, qui n'importe que la seigneurie particuliere affectant les heritages seuls, & l'erectiõ nouuelle d'vne justice, qui importe puissance publique sur les personnes, voire la proprieté du commandement, & la puissance perpetuelle d'establir des Magistrats, & mesme la suiection de tout vn peuple: comme aussi ériger vne seigneurie, est appellé par les feudistes *de plebe inuestire*, qui est sans doute vn droict & dépendance de la souueraineté, ainsi qu'il a esté dit, au chapitre troisiesme.

32. De mesme. Aussi est-il notoire, que la raison, pour laquelle les vassaux immediats de la couronne peuuent conceder des fiefs, n'a pas lieu en l'érection des justices, à sçauoir que du commencement le territoire entier leur fut concedé pour en faire part à leurs soldats, n'y ayant apparence de dire que la puissance publique leur fut attribuée, pour en faire part à d'autres, sinon à la verité pour commettre Lieutenans & autres Officiers ou ministres necessaires à l'administration de leur charge, sans la pouuoir diuiser. D'ailleurs le seigneur suzerain ne peut pas estre rendu indemne en la création d'vne justice, comme il est en la création d'vn fief, qui n'a point d'effait à son égard comme il vient d'estre dit.

33. Interest du peuple aux nouuelles justices. Finalement le peuple reçoit vn tres-notable préiudice en l'érection de ces nouuelles justices, estant au moyen d'icelles, surchargé de plusieurs degrez de iurisdiction, qui luy font consommer, & son repos, & son temps, & son bien en tant de justices, auant qu'auoir justice. Ce que i'ay plus amplement discouru en mon liuret *Des iustices de village*. Où i'ay rapporté ce qui est

34. Qu'au Roy seul appartiét créer justices. dit au grand Coustumier, liure 1. chap. 3. *qu'au Roy seul & pour le tout appartient de donner, & créer nouuelles iurisdictions par tout son Royaume, & nul autre ne le peut faire sans son congé*. Et au liure 4. chap. 5. *Il ne suffit pas*, dit-il, *de dire, i'ay toute iustice, & par ce, i'ay ressort. Car la consequence*

n'est pas vraye: il faut auoir titre du ressort. Et si sans titre, vn seigneur vse de ressort, & de souueraineté en cas d'appel, entreprenant contre la souueraineté du Roy, il vsurpe le droict du Roy & abbuse de sa iustice, & doit estre forfaite & confisquée. 35. Droit de ressort n'appartient qu'au Roy.

Pareillement du Tillet au chapit. *du Connestable de France*, dit ces mots, *Le Procureur General du Roy, a tousiours maintenu, que les grands officiers de France, ny autre suiet du Roy, de quelque auctorité qu'il soit, n'a ressort (qui est droict de souueraineté) s'il n'a titre du Roy: comme ont les Roynes, Messeigneurs fils, & les Pairs lays de France en leur douaires, appanages & Pairies, ou autres à qui il plaist au Roy le bailler par titre exprez, &c.* 36. De mesme.

Or ce droit de ressort, qui dépend tellement de la souueraineté, que mesme en ces passages il est appellé, droict de souueraineté, comprend tout droict de cognoistre des causes d'appel, & par consequent, tant d'auoir à soy vn second degré de jurisdiction, que d'en donner à ses vassaux: que s'il n'est pas permis aux grands seigneurs, d'auoir à soy des justices inferieures, à plus forte raison ne leur est-il loisible d'en donner à d'autres, pource qu'il n'y a nulle apparence de pouuoir donner, ce qu'on ne peut auoir pour soy-mesme. 37. Droict de ressort que comprend.

Mais on me dira, que si ainsi estoit, que le Roy seul peust ériger des seigneuries, il n'y en auroit par consequent qu'vn seul degré, à sçauoir celles des vassaux du Roy. A cela ie respond, que d'ancienneté lors que les grands seigneurs ayant vsurpé la souueraineté, toutes les seigneuries estoient en desordre & confusion, chacun en prenant par où il pouuoit, les deux autres degrez de seigneuries se sont establis par vsurpation, ainsi qu'il sera nettement & particulierement expliqué aux chapitres suiuants. Mais qu'à present que nostre Monarchie est establie en plus bel ordre, qu'elle ait iamais esté, il ne se doit plus ériger de nouuelles seigneuries, 38. Comment il s'est tant fait de justices sans le Roy.

sans auoir outre la concession du seigneur immediat, l'expresse permission du Roy, voire encor de tous les seigneurs intermediatz: qui sont tous interessez en la

39. Cautele pour abbatre les justices des seigneurs.

concession des nouuelles justices, sans qu'il y ait moyen de les indemniser, comme encor il y a en la concession des nouueaux fiefs. Bonne cautele en passant pour les seigneurs, qui veulent empescher les nouuelles justices, concedées par leurs prédecesseurs, ou passées dans les adueux par eux receus, de faire interuenir le Procureur du Roy, ou le seigneur superieur, qui sont tousiours bien fondez à empescher les justices subalternes, si on ne montre leur permission, ou du moins qu'elles soient passees par eux dans les adueux de leurs vassaux.

42. Les grandes seigneuries de nouueau érigees sont reuersibles à la couronne.

Il y a encor' vn autre droict particulier des grandes seigneuries, à sçauoir que par l'ordon. de l'an 1566. appellée l'ordonnance du domaine, les Duchez, Marquisats, & Comtez érigez depuis icelle, sont declarez reuersibles à la couronne, en defaut d'hoir masle descendant de celuy, pour qui l'érection est faite. Ce qui estoit general par le droit des Lombards en tous fiefs, iceux n'estans transmissibles, ny aux filles, ny aux collateraux du premier vassal, sinon que la premiere inuestiture le permist expressement tit. *De success. feudi*, §. *filia*. Et s'obserue encor' en plusieurs pais, où tous fiefs sont reputez masculins de droit commun.

41. Les anciennes non.

Mais en France, où les fiefs sont patrimoniaux, cela n'a lieu, qu'aux apanages des fils du Roy, qui sont reuersibles à la couronne en defaut de posterité masculine: mais les autres Duchez, Marquisats & Comtez, érigez auparauant ceste ordonnance, sont transmissibles & aux filles, & aux héritiers collateraux du premier vassal, comme les autres fiefs, sans auoir égard, ny au sexe, ny à la distinction du droict Lombard, d'entre le fief ancien & le nouueau : si ce n'est, que la concession fust par expres limitée aux descendans masles, ou qu'en defaut d'iceux la reuersion fust stipulée: comme j'en sçay quelques vns, qu'il n'est besoin nommer icy.

Et quant aux Duchez, Marquisats & Comtez érigez depuis ceste ordonnance, c'est chose notoire, qu'ordinairement par leur érection on n'oublie gueres, de déroger à ceste ordonnance du domaine, & combien qu'elle porte, qu'il n'y pourra estre dérogé, neantmoins il est certain, que la puissance souueraine ne peut estre bornée: C'est pourquoy quand on y déroge, on adjouste pareillement la clause dérogatoire au dérogatoire d'icelle: & si on y adjouste encor, que sans ces clauses l'impetrant n'eust accepté l'érection. C'est pourquoy il n'y a nulle apparence, qu'aduenant le defaut de masles, il perde sa seigneurie: vray est qu'il y a apparence, que la qualité de Duché, Marquisat, ou Comté, doit estre esteinte en ce cas: ce que mesme souuent le Parlement ordonne en verifiant telles érections. 42. On déroge ordinairemét à l'ord. du domaine.

Aussi à vray dire, il n'y a pas grand inconuenient de present, que les Duchez, Marquisats & Comtez tombent en quenoüille, attendu qu'ils n'ont plus aucun exercice personnel, ny function d'office publicq', non plus que les autres moindres seigneuries. 43. Il n'importe à present, que les grandes seigneuries tombent en quenoüille.

Mais la difficulté est bien plus grande à l'égard des Pairies de France, qui ont encor' vn office & function personnelle annexée, qui mesme ne peut estre deleguée à personnes tierces: de sorte qu'anciennement, quand les Pairies estoient déuoluës aux femmes non mariées, on les voyoit seoir au Parlement, mesme opiner, ou estre appellées solemnellement, pour assister aux procez criminels des Pairs de France, dont du Tillet rapporte plusieurs exemples: tout ainsi qu'és justices, on les voyoit de ce temps-là, tenir l'audience, & juger les procez. Chose ridicule, & qui ne peut plus aduenir, pour ce qu'à present les seigneurs, 44. Anciénemét les femmes faisoiét l'office de Pairs de France.

ores que masles, & capables d'exercer offices de judicature, ne seroient admis à exercer leurs justices, attendu qu'ils ne sont receuz comme officiers, & n'ont serment à justice en ceste qualité.

45. A present nó. Ie dy donc par mesme raison, qu'auiourd'huy qu'on tient vn plus bel ordre en la justice que le temps passé, les femmes ayant Pairie, ne doyuent estre appellées, ny admises au Parlement, pour y auoir voix ny seance, attendu qu'elles n'y font pas le serment, comme font les Pairs de France, auant qu'y pouuoir estre admis: aussi que c'est vn office viel, s'il y en a au monde. Et n'y a aucun inconuenient de priuer les femmes de cêt exercice, ainsi qu'on en priue les masles, qui sont mineurs, consideré que la justice n'en demeure pas pourtant.

46. Prérogatiues des Pairs de France. Ce qui nous met au train de reciter en suitte les prérogatiues particuliers des Pairs de France: dont la premiere est, qu'ils ont préeminence & préseance par dessus tous autres Ducs, Marquis & Comtes:

47. Président les autres grands seigneurs. mesme les Comtes Pairs precedent les Ducs non Pairs, voire les Ducs & Pairs de plus moderne érection, pource qu'entre Pairs on regarde l'antiquité de la Pairie, & non pas le titre de la Seigneurie.

48. Fors les Princes du sang. Les seuls Princes du sang sont exceptez, soit qu'ils soient Pairs ou non, qui à present marchent tousiours deuant les Pairs non Princes, à cause de la dignité du sang de France, & qu'ils sont capables de regner sur tous les Pairs. Encor' aucuns tiennent qu'au Sacre & Couronnement du Roy, & en la seance du Parlement, qui sont ses functions particulieres des Pairs, ils doiuent préceder les Princes du sang non Pairs. Car quant à ceux qui sont Pairs, ores que plus nouueaux, ils précedent tousiours sans exception, tous les autres Pairs non Princes du sang, & marchent entr'eux selon le degré de consanguinité, dont

ils attouchét au Roy, comme il est porté par l'Ordonnance de ce faicte expres, en l'an mil cinq cens septante six.

49. Ont seance & voix au Parlement.

Autre prérogatiue des Pairs, est, qu'ils ont seance & voix deliberatiue au Parlement de Paris, qui est la Cour des Pairs, tant à l'audience, qu'au Conseil, & ce apres qu'ils ont attaint l'aage de vingt ans, qui est reputé maiorité aux grands seigneurs, *In quibus eximia indoles progressum annorum supplet*, & apres qu'ils ont presté le serment en iceluy, comme en estans les premiers Conseillers. En l'audience duquel l'Aduocat, qui plaide leurs causes, soit qu'ils soient demandeurs ou defendeurs, appellans ou inthimez, plaide tousiours au plus honorable barreau, qui est celuy pres la cheminée de la Chambre dorée, qui pour ceste cause est appellée le barreau des Pairs.

Barreau des Pairs.

50. Sont jugez par le Parlement seul.

En consequence de ceste prérogatiue, que les Pairs de France, ont d'estre Conseillers du Parlement, *& quia quis Senator non est, de Senatore sententiam ferre non debet*, comme ordonna Alexandre Seuere dans Lampride : & aussi que par la loy commune des Fiefs, les Pairs de fief sont juges les vns des autres,

Les Pairs de France ont ce priuilege que les causes qui touchent, ou l'honneur de leurs personnes, ou l'Estat de leurs Pairies, doyuent estre traictées au Parlement de Paris, en premiere instance, priuatiuement à tous Parlements, & autres Iurisdictions du Royaume, instruictes & jugées toutes les Chambres d'iceluy assemblées : ce qui est commun à tous les Conseillers du Parlement, & encor' (ce qui est particulier aux Pairs de France) tous les autres Pairs estans lors à Paris, appellez, comme il est bien prouué par le sieur du Tillet, qui

51. Les Châbres assemblées.

52. Et les autres Pairs conuoquez.

discourt aussi de la forme & solemnité ancienne d'adjourner les Pairs de France. Ce qui se faisoit en vertu de commission du grand seau seulement, & non par le ministere d'vn sergent, ains de deux gentils-hommes, ou d'vn juge de Prouince. Ce n'a lieu

53. Cela n'a lieu qu'és causes d'honneur & de Pairie.

qu'és causes où il va de leur honneur, ou de l'Estat de leur Pairie: car és autres causes, la plus commune opinion est, qu'ils plaident deuant les Baillifs ou Seneschaux, ou bien aux Requestes du Palais, où ils ont leurs causes commises, comme Conseillers du Parlement.

54. Releuent nuëment de la Couronne.

Ils ont encor' cela de particulier, que leurs Pairies releuent non pas simplement du Roy, comme il vient d'estre dict des Duchez, Marquisats & Comtez, mais directement de la Couronne, & non d'aucune des pieces d'icelle, ou terres du domaine, & partant sont tenuz faire l'hommage, & rendre leur adueu en la Chambre des Comptes de Paris, non par deuant les Baillifs & Seneschaux des Prouinces, ou autres Chambres des Comptes: mesme

55. En tout, & partie.

lors qu'vne terre tenuë de quelque Bailliage Royal, ou de quelque autre seigneur, en tout, ou en partie, est érigee en Pairie, ou adjoincte à vne Pairie, elle est sans doute, dés l'instant, distraicte & démembrée pour l'aduenir de son anciẽne tenure, sauf l'indemnité du seigneur subalterne, & est faicte fief immediat de la Couronne.

56. Les appellations de leurs juges ressortissent au Parlement.

Dont resulte vne autre prerogatiue, à sçauoir que les appellations des justices des Pairs, ressortissent nuëment en la Cour, sans passer par les Baillifs & Seneschaux des Prouinces. Car encor' que fief & justice, puissent estre separez, si est-ce qu'ordinairement la justice des seigneurs ressortit au lieu dont elle releue, & tient en fief. Et sur tout, il n'y a gueres de fief de la Couronne, qui ne ressortisse directement en la Cour,

Cour, & dict-on, lors que ces fiefs tiennent en Pairie.

Il y a encor vn autre priuilege, qu'ont les Pairies layes seulement, qui leur estoit commun anciennement auec les appanages, dots & doüaires de France, d'auoir outre leur justice ordinaire, encor' vne autre justice superieure, où l'ordinaire ressortit par appel. Ce qui s'appelle proprement droict de ressort, comme il appert au passage de du Tillet cy-dessus rapporté. Encor' dit-il, que ny les Pairs, ny les appanagez de France n'ont pas ce droit de ressort de droict commun, ains seulement par concession speciale. 57. Aucuns ont des Grands-jours.

Ceste justice superieure, qu'ils ont en consequence de ce droict de ressort, est appellée Grands-jours, non pas, comme aucuns pensent, pour ce que volontiers elle est exercée en temps d'Esté : mais à la difference des jours ordinaires, qui sont les plaids des justices ordinaires : estant chose notoire, que *dies* en Latin, & jour en François, est pris quelquefois pour la plaidoirie. Doncques les Grands jours des Pairs est leur justice extraordinaire & superieure, qui ne tient qu'vne ou deux fois l'an : comme aussi les Grands-jours du Parlement sont les seances extraordinaires d'vn nombre des juges du Parlement, faictes par commission du Roy, en vne Prouince esloignée de la residence d'iceluy. 58. Grands jours pourquoy dicts.

De ces grands-jours des Pairs, est faict mention en l'Edict de Philippe le Bel, de l'an mil trois cens deux, en la Coustume d'Auuergne chapitre 30. dans *Ioh. Galli decis.* 250. & dans le vieil styl du Parlement, chapitre 23. où du Moulin a annoté, qu'anciennement on n'y plaidoit sinon *inter volentes*, & qu'il seroit expedient de les supprimer : ainsi que de son temps auroient esté abolys ceux d'Anjou. Et de verité il semble qu'ils 59. Deuroient estre supprimez.

sont compris en l'Ordonnance de Roussillon, article 24. qui a interdit aux seigneurs de France d'auoir deux degrez de jurisdiction : laquelle neantmoins n'a point esté executée à l'égard des Grands-jours des Pairs, au moins de la pluspart d'iceux, comme nous tesmoigne Choppin sur le quarante sixiesme article de la Coustume d'Anjou: combien que Coquille sur le quinziesme article de celle de Neuers, titre *Des successions*, nous rapporte, que les Grands-jours de Niuernois, qui souloient estre appellez, la justice des Auditeurs des causes d'appel en Niuernois, furent abolis en vertu de ceste Ordonnance : quoy que ce soit, elle a operé en celà, qu'on n'a point dôné ce droit d'auoir des Grands-jours aux Pairs, qui ont esté erigez depuis icelle.

60. La function des Pairs doit estre faicte en propre personne.

Finalement les Pairs de France ont cela de particulier, entre tous les Offices hereditaires, tant feodaux que domaniaux, que leur function ne peut estre exercée par commis, fermier ou autre tierce personne, ains doit estre exercée en propre personne, & ce à cause de l'importance & excellence de leur charge: Ce que j'enten, pour ce qui est de juger & opiner au Parlement. Car au Sacre des Roys on prend ordinairement des Princes, ou des nouueaux Pairs, pour representer les six Pairs lays premiers erigez, dont les Pairies sont toutes à present reünies à la Couronne.

61. Les Comtes sont subjects aux Ducs.

Quant aux autres grandes Seigneuries, comme Duchez, Marquisats, Comtez & Principautez, elles n'ont aucune prerogatiue particuliere les vnes plus que les autres, fors la seule preseance: Car combien qu'anciennement les Ducs fussent superieurs des petis Comtes des villes, selon l'opinion d'aucuns, ainsi que les Gouuerneurs des Prouinces sont par dessus ceux des villes : si est-ce que pourtant ces Comtes n'estoient pas vassaux des Ducs, ainsi que les Gouuerneurs des villes ne tiennent pas leurs charges de ceux des Prouinces, ains du Roy : & mesme il y a grande apparence, que la iustice des Comtes ne ressortissoit point en celles des Ducs: ains qu'elle suiuoit la feodalité, attendu mesme, qu'en l'ancienne pratique de France, on ne sçauoit quasi que c'estoit d'appeller, principalement pardeuers autre que le Roy, comme il sera dit au chapitre huictiesme.

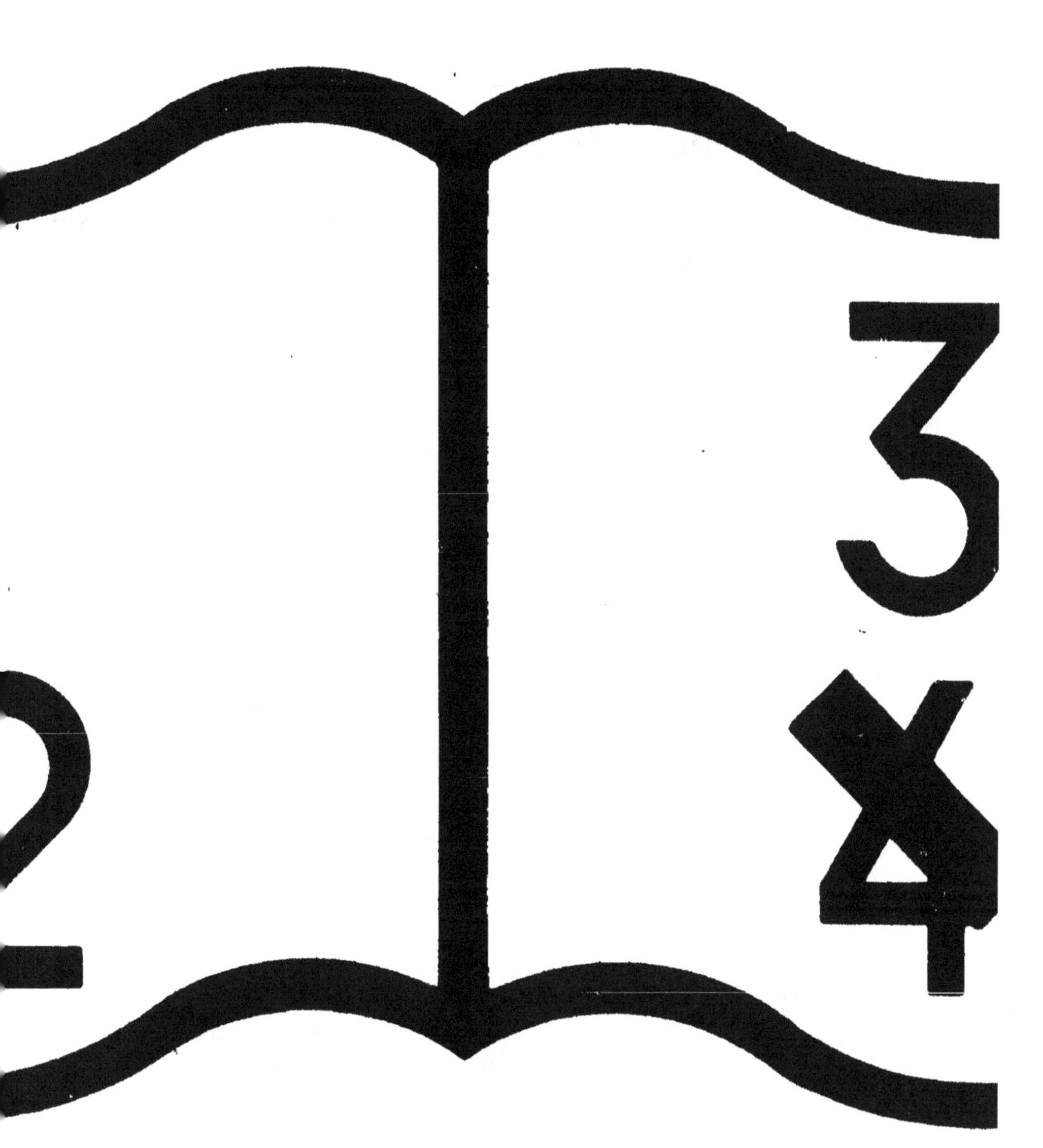

Pagination incorrecte — date incorrecte

Sommaire du septiesme Chapitre.

1 Mediocres & petites Seigneuries ne sont cognues aux liures des Fiefs.
2 Le mesme auoit lieu iadis en France.
3 Les Comtes mettoient Lieutenans en leurs places.
4 Origine des Vicomtes, Preuosts Viguiers & Chastellains.
5 Vicõtes, plus que les autres Lieutenans.
6 Vicomtes establis par les Roys.
7 Puissance des Vicomtes establis par les Comtes.
8 De mesme.
9 Vicomtes n'auoient iadis que la moyenne iustice.
10 Estoient simples Officiers.
11 Vicomtes de Normandie.
12 Iustice des Comtes & des Vicomtes n'estoit qu'vne.
13 Mais auoit deux seances diuerses.
14 Plaids ordinaires.
15 Assises ou grands plaids.
16 Mallum.
17 Vicomtes faicts seigneurs, comme aussi les Chastellains des villages.
18 Preuosts, Viguiers & Chastellains des villes sont demeurez Officiers, & pourquoy.
19 Vicomtes, demy-Seigneurs.
20 Vicomtes Officiers.
21 Vicomtes Seigneurs de quatre sortes.
22 Vicomtes releuans de la Corõne.
23 Vicomtes releuans du Roy.
24 Vicomtes releuans des Comtes.
25 Vicomtes Seigneurs Vicontiers, moyens iusticiers.
26 Vidames.
27 Domnus.
28 Vidames releuent des Euesques.
29 Vidames ont pris le nom des villes Episcopales.
30 N'y a qu'vn Vidame en vn Eueschė.
31 Vidames sont plus que les Vicõtes
32 Baron a deux significations.
33 Baron, grand Seigneur.
34 Baron, Seigneur de Baronnie.
35 Origine des Baronnies anciẽnes.
36 Barons estoient anciennement grands Seigneurs, & releuoient de la Coronne.
37 N'y a plus de ces Baronnies.
38 Origine des Barons d'à present.
39 Sires & Sireries.
40 Hauts iusticiers sont aucunesfois dits Barons.
41 Baron par fois signifie tout Seigneur honoraire.
42 Baron mary.
43 Baron, le fils du Seigneur du village.
44 Baron, bourgeois de ville.
45 Haut-ber.
46 Ber.
47 Hauber pour celuy qui doit seruir

le Roy auec armes pleines.
48 Haubergeon,*cotte de maille.*
49 *Erreur.*
50 *Baron a toute iustice.*
51 *Etymologie de Chastellain.*
52 *C'estoient Offices du commencement.*
53 Castellum,*signifie Bourg.*
54 Castellani, *gardes des bourgs ou forts d'iceux.*
55 *Chastellains de* Sicile.
56 *De Pologne.*
57 *De Castille.*
58 *Chastellains iadis simples Officiers.*
59 *Chastellains appellez* Iudices foranei.
60 *Chastellains de Forests, Dauphiné & Anjou, iustice que iusqu'à 60. sols.*
61 *Chastellains des villes.*
62 *Chastellains se sont presque par tout faits* Seigneurs.
63 *Chastellenie, que c'est.*
64 *Comment les Chastellains ont vsurpé la haute iustice.*
65 *Chastellenie signifie toute pleine iustice.*
66 Castrum,curtis.
67 *Rang des mediocres* Seigneurs.
68 V*idames precedẽt les* V*icomtes.*
69 V*icomtes precedent les Barons.*
70 *Posé qu'ils releuent de seigneurie egale.*
71 *Barons precedẽt les* C*hastellains.*
72 *Barons ont deux prerogatiues pardessus les* C*hastellains.*
73 *Barons ont droict de ville close.*
74 *Barons ont la garde des clefs des portes de leur ville.*

DES MEDIOCRES SEIGNEVRIES SCAVOIR est Vicontez, Vidamez, Baronies & Chastellenies.

CHAP. 7.

C'Est la verité que les liures des Fiefs, selon leur naïfue intelligence, ne cognoissent, ny les mediocres, ni les petites Seigneuries: ains recognoissẽt seulement les grandes, releuantes directement du Prince, lesquelles ils appellent tantost fiefz Royaux, tantost fiefz de Dignité, ou tãtost Capitaineries. Et quant aux fiefz qui releuent de ces Capitaineries, ils les appellent simples fiefz, & non pas dignitez ny Capitaineries, n'admettant point, qu'autre, que le Prince, puisse creer des dignitez, ny conferer des Capitaineries, qui importent puissance publique, finalement quant aux terres, qui releuent des simples fiefs, ils disent, que ce ne sont pas vrays fiefz, & que *consuetudinem feudi nullam habent*, ne permettant poinct qu'vn simple fief puisse auoir soubz soy vn autre fief, qui soit vray fief: comme i'ay dict au chapitre precedent. 1 Mediocres, & petites Seigneuries ne sont cognuës aux liures des Fiefs.

Comme tout cela est plein de raison, aussi estoit il obserué en France aux premiers temps, & auparauant que l'vsurpation des grands Seigneurs eust réuersé le bel ordre & discipline primitiue des fiefs: & voicy comment cela est aduenu. 2 Le mesme auoit lieu jadis en France.

C'est chose qui de toute antiquité à esté obseruée, & à Rome & en Frãce, que les principaux Magistrats 3 Les Comtes mettoient Lieutenans en leurs places.

ayans tout ensemble la charge des armes & de la Iustice (comme i'ay prouué ailleurs) & neantmoins estans plus gens d'espée, que de lettres, se dechargeoyent des menus affaires de la Iustice, sur des Lieutenãs, qui en Frãce, estoiẽt appellez tantost Vicomtes, *quasi Comitum vicem gerentes*, tantost Preuosts, *quasi Præpositi iuri dicundo*, tantost Viguiers, *quasi Vicarij*, & tantost Chastellains, *quasi castrorum custodes*.

4 Origine des Vicomtes Preuosts, viguiers & Chastellains.

Notamment il y a grand' apparence, que ceux-là estoyent appellez Vicomtes, qui estoyent mis dans les villes au lieu des Comtes, soit que ces villes n'eussent point de Comtes, soit que les Comtes n'y feissent leur demeurãce ordinaire. Et ceux-là partãt tenoient rang de Comtes, & estoient plus que simples Vicaires ou Lieutenans, comme les vice-Roys sont plus que les Lieutenans de Roy.

5 Vicomtes plus que les autres Lieutenans.

Ie dy, mis dans les Villes, au lieu des Comtes, soit qu'ils y fussent mis par les Ducs ou Comtes de la Prouince, comme en toutes les villes de Normandie, il y eut des Vicomtes establis par les Ducs : soit qu'ils y fussent mis par le Roy mesme, comme gardiens des Comtez, en attendant qu'il y eust mis des Comtes en titre, tout ainsi que les Empereurs Romains enuoyoient quelques-fois és Prouinces des Commissaires, *qui vicem gerebant Iudicis vel Præsidis*. desquels, & non des Lieutenans commis par les Presidens de Prouince, Cujas dit, qu'il faut entendre le titre du Code, *De officio eius, qui vicem alicuius Iudicis vel Præsidis obtinet*.

6 Vicomtes establis par les Rois.

Donques ces Vicontes, comme aussi les autres Lieutenans des Ducs & Comtes, estoient tout ainsi, que *Legati Proconsulum, quibus Proconsules mandare solebant iurisdictionem* c'est àdire, l'administratiõ de leur Iustice ordinaire, laquelle administration cõsistoit en la cognoissance des causes ciuiles, & encor comme aucuns pensent, en l'instruction des criminelles, mais non en la decision d'icelles, pource qu'elle

7 Puissance des Vicomtes establis par les Comtes.

dépend du *merum Imperium*, qui ne peut estre delegué, dit la Loy.1. *de offic.eius cui mand.est iurisd.*

C'est pourquoy l'autheur du Specule definit le
Vicomte, *cui Dominus temporalis commisit exercitium iu-* 8
risdictionis suæ. Et par apres rapportant tout du long De mesme.
le formulaire des lettres de prouision du Vicomte,
il y met, que le Comte le fait son Lieutenant General, tant au fait du gouuernement, que de la Iustice
reseruant toutesfois à soy la sentence definitiue des
causes capitales.

Dont s'ensuit que les Vicomtes, & tous ces autres 9
Lieutenans, n'auoyent de leur premiere origine, Vicomtes n'auoient jadis
quãt au faict de la Iustice, que le *mixtum Imperiũ*, tout que la moyenne
au plus, que nous auõs du cõmencemẽt appellé icy ne iustice.
la moyenne Iustice : mais non la haute Iustice,
que nous auons prise pour le *merum Imperium* du
droit Romain. Et de fait presque toutes les coustumes de la Gaule Belgique, comme d'Amyens, Mõ-
trueil, l'Isle, Hedin & autres appellent la moyenne
Iustice, Iustice Vicomtiere & droict de Viconté, &
l'autheur de la Sõme rurale, qui estoit de ce pays-là,
definit les Vicõtiers, ceux qui ont moyẽne Iustice.

Quoy que ce soit il est bien certain, que les Vicõ- 10 Estoient sim-
tes estoient de leur premiere origine simples Of- ples officiers.
ficiers, mesme encor à present en Normandie les 11
Iuges des Villes sont appellez Vicomtes, & ces Vi- Vicomtes de
comtes de Normandie ont toute la mesme charge, Normandie.
que ceux, qui au cœur de la France sont appellez
Preuosts, en Lãguedoc Viguiers, & Chastellains en
Poitou: encor trouuons nous quelques remarques,
qu'au cœur de la France, ils estoyent jadis appellez
indifferemmẽt Preuosts & Vicomtes: tesmoin qu'on
dict encor la Preuosté & Vicomté de Paris, qui est
tout vn, quoy que l'Autheur du grand coustumier
tasché de les distinguer. 12

Puis donc que les Vicomtes estoyent les Lieute- Iustice des
nãs des Comtes, il s'ensuit que la Iustice des Comtes Comtes, & des Vicomtes n'estoit qu'vne.

& celle des Vicomtes n'estoit en effect qu'vne mesme Iustice, que le Comte pouuoit excercer en personne, quand il luy plaisoit, & que le Vicomte exer-
13 Mais auoit deux seances diuerses. çoit au nom du Comte, comme auiourd'huy les Lieutenans au nom du Bailly. Et toutesfois il y auoit deux seances diuerses, à sçauoir celle qui estoit ordinairement tenuë par le Vicomte, ou Preuost,
14 Plaids ordinaires. qu'on appelloit plaids ou iours ordinaires, pource qu'elle tenoit iournellement & ordinairement, & aussi que les causes ordinaires s'y vuidoyent.

15 Assises ou grands plaids. Et celle qui ne pouuoit estre tenuë que par les Contes, ou commis par eux, autre que le Vicomte ou Preuost, qui s'appelloit Assises ou grands plaids: & estoit vne assemblée solennelle des principaux vassaux & plus notables personnes du distroit, qui trois ou quatre foys l'an, estoit conuoquée par le Comte, pour vuider les grãdes causes, ainsi qu'il sera amplement discouru au chapitre suiuant: Et ceste
16 *Mallum.* assemblée des Assises estoit anciẽnement appellée *mallum* comme il se veoit dans les Capitulaires, que Maistre P. Pithou en son docte glossaire sur iceux definit *maius placitum, siue de maioribus causis, vbi vocatos adesse oportuit*: ce qu'il prouue par plusieurs authoritez.

17 Vicomtes faits Seigneurs, comme aussi les Chastellains des villages. Or il est à presumer, qu'au mesme temps que Hue Capet de Maire du Palais, ou Duc des Ducs qu'il estoit, se feist Roy de France, & qu'au pareil les Ducs & les Comtes vsurperẽt la proprieté de leurs charges: à leur exemple aucuns de leurs Lieutenans en feirent de mesme, notamment la plus part des Vicomtes & des Chastellains des villages, pource que ceux-là n'auoyent pas leur superieur auec eux, & aussi qu'ils auoyent la charge tant des armes, que de
18 Preuosts, Viguiers, & Chastellains des villes sont demeurez offi- la Iustice: mais les Preuosts Viguiers & Chastellains des Villes n'en peurent faire autant, ains sont tousiours demeurez simples Officiers, pource qu'ils auoyent leurs chefz presens, & n'auoyent possi-

ble la charge des armes. ciers, & pourquoy.

Toutesfoys il y eut quelques vns des Vicomtes, qui ne se peurent non plus faire Seigneurs, ains sont aussi demeurez simples Officiers, comme entre autres ceux de Normandie : d'autres aussi, combien qu'ils ayent chãgé leur office en fief, n'õt peu pourtant vsurper la proprieté de la Iustice, ains seulemẽt certaine part des amendes, & autres profits casuelz d'icelle, ainsi qu'il se veoit au procez verbal de la coustume de Berry sur le 8. art du 2. chap. que les Vicomtes de Bourges, de Cologne, de Villemenart, de S. Georges & de Fussy pretendent le tiers des profits de la Iustice Royalle, qui est la part que les Vicomtes estans Officiers auoyent accoustumé de prendre en la Iustice des Contes, cõme à prouué *Guillelmus Camdenus* en sa Bretaigne *cap. de Ordinibus Angliæ*, & comme auiourd'huy les Baillys sont ordinairement reglez auec leurs Lieutenans des deux tiers au tiers des espices des procez.

19 Vicomtes demy Seigneurs.

20 Vicomtes officiers.

Et des Vicomtes, qui se sont faicts Seigneurs, encor y en a il de trois ou quatre sortes, sçauoir en premier lieu ceux qui releuent de la Corõne, soit pour auoir esté establys par les Roys au lieu de Comtes, comme il vient d'estre dict, ainsi qu'on dict du Vicomté de Turrenne, soit que les Vicomtes ayãs esté establis par les Comtes des Villes, les ayent par apres chassez, comme il me souuient d'auoir leu, que les Vicomtes de Milan vsurperent la Seigneurie, sur les Archeuesques, qui en estoyent Comtes : soit finalement qu'ayans esté establys par les Ducs ou Comtes de villes, ils ayẽt apres leur vsurpation, secoué le ioug de leur obeissance, ne voulans recognoistre, que le Roy : & tous ces Vicomtez doiuent sans doute estre mis au rang des grandes Seigneuries, puis qu'ils sont fiefz Immediatz de la Couronne.

21 Vicomtes Seigneurs de quatre sortes.

22 Vicomtes releuans de la couronne.

Secondemẽt il y a d'autres Vicomtez qui releuẽt

23 Vicomtes releuãs du Roy.

du Roy, à cause des Comtez, de present reünys à la Courõne, qui est l'espece la plus commune de toutes: & en troisiesme lieu, il y en a qui releuent des Comtez non Royaux, lesquelles deux dernieres especes sont du rãg des mediocres Seigneuries, estãs arriere-fiefs de la Couronne: & d'autant qu'il y en a beaucoup plus de ces deux especes, que de la premiere, i'ay mis les Vicõtez indefiniement en ce rang *quia à maiori parte denominatur totum*.

24 Vicomtes releuans des Comtes.

25 [C]omtes Seigneurs Vicomtiers, moyens Iusticiers.

Vray est, qu'il y en a encor vne quatriesme espece, moindre que les trois precedẽtes, à sçauoir de ceux qui n'ont peu vsurper la haute Iustice, ains sont demeurez simplement moyens iusticiers, comme il vient d'estre dit de ceux de Picardie & pays de Flãdres, qui pourtant ne sont pas auiourd'huy qualifiez Vicomtes, ains, à la difference des autres, sont seulement appellez Seigneurs Vicomtiers.

26 Vidames.

27 Domnus.

Voylà pour les Vicõtes, & quant aux Vidames il faut tenir en vn mot, que ce qu'est le Vicõte au Cõte: le Vidame l'est à l'Euesque, *qui Dominus vel Domnus per excellentiam dicitur in sua Ecclesia, vt cum ei occinitur, Iube Domne benedicere*: car Dame & dom signifie en vieil Françoys, Monsieur, cõme il se veoit aux vieils Romans, & és monasteres, & l'a bien prouué Pasquier liu. 6. chap. 3. De sorte que le Vidame (qui est mieux sonnant que Vidom) est celuy qui represente, & tient la place de l'Euesque, en tant que Seigneur temporel, *can. Volumus. & can. seq 89. dist. & can. Saluator 1. quæst* 3. & le mesme Pasquier prouue par plusieurs auctoritez anciennes, que la charge des Vidames estoit d'excercer la Iustice temporelle des Euesques.

28 Vidames releuent des Euesques.

Comme donc les Vicõtes d'Officiers se sont faicts Seigneurs, aussi ont faict les Vidames, changeans leur Office en fief releuant de leurs Euesques: & de faict il n'y a point, que ie sçache, de Vidames en Frãce, qui ne releue d'vn Euesque, ou bien qui ne soit

annexé

annexé & reüny au temporel d'vn Eueſché, comme eſt le Vidamé de Beauuais, appellé maintenant le Vidamé de Gerberoy, qui a eſté reüny à l'Eueſché de Beauuais. Meſmemẽt eſt notable, que comme les Vicomtes, auſſi les Vidames ont pris le nom des villes des Comtes ou des Eueſques, combien que leurs Seigneuries en ſoient quelques fois fort éloignees: comme nous voyons des Vidames de Reims, d'Amiens, du Mans, de Chartres, & autres ſemblables, dont eſt aiſé à conclurre, qu'il ne peut y auoir qu'vn Vidame en vn Eueſché ayant l'intendance de toute ſa Iuſtice temporelle, combien qu'il puiſſe bien y auoir pluſieurs Vicõtes ſoubz vn Duc ou Comte eſtablys en diuerſes villes, ainſi qu'il ſe voit en Normandie. Et partant s'enſuit, que les Vidames ont les meſmes droicts, que les Vicomtes, ſinon qu'ils ont la haute Iuſtice, à plus iuſte titre que les Vicõtes, qui ne l'ont euë que par vſurpation, au lieu que les Vidames l'ont euë du propre droict de leur office, pource que les Eueſques ne la pouuans excercer en propre perſone, à cauſe de leur clericature, eſtoyent forcez la commettre aux Vidames: dont s'enſuit auſsi, que les Vidames ſont du rang des mediocres Seigneuries, puiſqu'ils releuent des Eueſques, qui au.1.chap. des Fiefz, ſont mis entre les vaſſaux immediats de la Courõne, auſſi preſtent ils le ſerment de fidelité au Roy en ſa chambre des Comptes, à cauſe de leur temporel.

29 Vidames ont pris le nom des villes Epiſcopales.

30. N'y a qu'vn Vidame, en vn Eueſché.

31 Vidames ſont plus que les Vicomtes.

Quant aux Barons, leur nom eſt equiuoque. Car comme il a eſté dit au chap. 5. qu'il y a deux acceptions du nom de Prince, à ſçauoir la generale & comme adiectiue, pour ſignifier tous ceux qui ſont Princes, de quelque ſorte que ce ſoit, & la particuliere & ſubſtantiue, pour ſignifier ceux qui ſont Seigneurs des terres erigees en titre de Principauté: Auſsi il y a deux ſignificatiõs de Baron, l'vne generale, comme quand on dit les Barons de France,

32 Baron a deux ſignifications.

33 Baron grand Seigneur.

qui signifie les vassaux immediats de la Couronne, ou n'ayant les droicts de Souueraineté, soyẽt Ducs Marquis, Cõtes ou Seigneurs de Principauté: l'autre particuliere, pour signifier particulierement les Seigneurs des terres erigees en titre de Baronnie.

34 Baron Seigneur de Baronnie.

Et y a ceste difference entre les Princes, & les Barons pris en la generale signification, que les vassaulx de la Couronne, qui ont les droicts de Souueraineté sont qualifiez Princes, & ceux qui ne les ont, sont seulement qualifiez Barons. Donques cõme il à esté dict au chap. precedent, que les Ducs Marquis & Comtes (qui anciennement n'estoyent que Barons, c'est à dire vassaux du Roy sans Souueraineté) ayant empieté les droicts de Souueraineté & de simples Barons s'estant faicts Princes, les autres vassaulx immediats de la Couronne, qui n'auoyent ces titres de Ducs, Marquis ou Cõtes, & auoyent aussi empieté les droicts de Souueraineté, se qualifierẽt Princes particulierement, prenant l'epithete cõmun pour vn titre particulier: aussi du temps que tous les vassaulx du Royaume n'estoyẽt que Barons sans Souueraineté, ceux d'entr'eux, qui n'auoyent point de titre de Duc, Marquis ou Comte, se seruirent de l'epithete general de Baron, qui partant en sa seconde signification, qui est la plus vsitee à present, est pris pour vn titre particulier de certaines Seigneuries releuantes du Roy, qui n'en ont point d'autre.

35 Origine des baronnies anciennes.

36 Barõs estoyẽt anciennemẽt grands seigneurs & releuoyent de la couronne.

Encor est il vray, que proprement & originairement, les Barõnyes releuoyent de la couronne, & non pas simplement du Roy à cause des Duchez & Comtez reünys, & que les Barons releuants des Duchez & Cõtez reünis, ne sont pas vrays Barons Primitifs du Royaume, *nec dici possunt Capitanei regni*.

C'est pourquoy l'Autheur du grand Coustumier liure. 2. chap. 27 dict, que de son temps, il n'y auoit en France, que trois Barõnies, Bourbon, Coucy, & Beaujeu, & autant en dict l'Autheur du Guidon des praticiens au tit. des Fiefz. Car tous les anciens Barons releuans nüement de la Couronne, ou se sont laissé assuiettir aux Ducs & aux Comtes, n'estãs bastãs de se maintenir d'eux-mesme au tẽps de l'vsurpation, comme mesmement la plus part des Comtes des villes furent assuiettis par les Ducs & Comtes des Prouinces: ou bien les anciens Barons, qui se sont maintenus, & mesme les trois que ie vien de nommer, ont esté erigez à succession de temps en Duchez, Marquisats ou Comtez, de sorte qu'à present ie ne cognoy vn seul de ces anciens Barons de la premiere note.

37. N'y a plus de ces Baronies.

38 Origine des Barons d'a present.

Mais lors que les Ducs & Comtes eurent empieté les droicts de Souueraineté, ils se licentierent d'ériger d'autres Baronnies soubz eux, voulans auoir leurs Barons, ainsi que le Roy: tesmoin nos anciennes histoires, qui font tant de fois mention des Barons de Champagne, de Bourgongne, de Bretaigne & autres semblables.

39 Sires Sireries.

Donques à present, que tous ces anciens Duchez & Comtez sont reünis à la Couronne, ces mesmes Barons, qui maintenant releuent du Roy, ont encor plus de suiet de se qualifier Barons, & n'y en a gueres d'autres en France: car deslors que les vassaux des Ducs & des Comtes prinrent le titre de Barons, les Barons de France, qui restoyent pour se distinguer d'eux, prirent vn autre titre, & se qualifierent Sires, comme les Sieurs de Bourbon, Beaujeu, Coucy, Montmorency & autres, possible taschants par ceste appellatiõ de participer aux droicts de Souueraineté. Et toutesfoys entre les grãds Seigneurs ie n'ay poinct compté ces Sires, pource que ie n'en cognoy plus à present, ausquels ceste qualité appartienne vrayement.

40 Hauts iusticiers sont aucunefois dits Barons.

Bref parmy la confusion qu'apporta l'ambition & vsurpation des Seigneurs de France, le titre de Barõ fut rendu si cõmun, que tous les hauts Iusticiers se sont autresfoys appellez Barons, principalement ceux, qui auoyent vsurpé le droit de ressort: tesmoin ce qu'adiouste le grand Coustumier au passage sus allegué. Aucuns, dit il, veulent dire que tout homme qui a haute Iustice & Ressort en icelle, se peut nommer Baron. D'où vient la définition que Balde donne du Baron, *Quicumque habet merũ mixtumque Imperium concessione Principis*, & ce que Mathæus Paris dict, qu'en Angleterre du temps de Henry. 3. fut trouué cent cinquante Baronnies.

41 *Baron parfoys signifie tout seigneur honoraire.*

Voire mesme en fin l'vsage de ce nom a passé si auant, qu'on l'a pris pour signifier toute espece de Seigneuries honoraires: cõme en l'ancienne chronique de Flandres, & en plusieurs coustumes de Picardie, il est dit, *que la femme ha son mary à Baron*, c'est à dire, *est in manu potestateque viri*, d'où

42 *Baron mary.*

vient qu'encor auiourd'huy les femmes de Picardie appellent les marys leurs Barons, ce qui est conforme à l'interpretation de Suidas disant que βάρος ἐστὶ ἀνήρ: Et en plusieurs Prouinces de Fran-

43 *Baron le fils du Seigneur du village.*

ce, le fils aisné du Seigneur du village est appellé le Baron: voire mesme il y a quelques villes priuilegiees, comme Bourges entr'autres, dont les Bour-

44 *Baron bourgeois de ville.*

geoys se qualifient Barons, ainsi que Camdenus a remarqué, qu'en Angleterre ceux de Lõdres, Varuic & autres villes auoient ce droict, de se qualifier Barons.

Possible que de là est venu, que les Seigneurs des

45 *Haut-ber.*

Baronnies, à la distinction soit des hauts Iusticiers, soit des autres encor moindres, qui se qualifioyent Barons, se sont appellez hauts Barons, ou hauts Bers: car il est bien certain, que dans tous les vieils liures de practique, & notamment en la Somme ru-

46 *Ber.*

rale, Ber & Baron est mesme chose, mesme au liure intitulé, l'*Establissement du Roy pour les plaids de Paris, & d'Orleans & de Baronie &c. Haut-Ber, &*

Haut-Baron, ſont confondus comme ſynonimes, & de là ſans doute originairement a eſté dit le Fief de *Haut-Bert*, dont le Seigneur *inueſtitus eſt à Principe, de plebe vel plebis parte*, comme parle le tilt. *Quis dicatur Dux &c.*

47 Hauber pour celuy qui doit ſeruir le Roy auec armes pleines.

Mais pource que le haut-Ber ou Seigneur du Fief de Haubert eſtoit tenu ſeruir le Roy en guerre auec armes pleines, dit la vieille couſtume de Normandie chap. 85. c'eſt à dire armé de toutes pieces, & conſequemment auec l'arme du corps, qui eſtoit lors la cotte de mailles, de là eſt venu que ceſte arme à eſté appellee Hauber ou Haubergeon: dont à ſucceſſion de temps eſt aduenu, que le Fief de Hauber a eſté pris pour toute eſpece de Fief, dont le Seigneur eſt tenu ſeruir le Roy auec le hauber ou haubergeon: & partant on a penſé qu'il fuſt ainſi appellé à cauſe du haubergeon, qui eſt ce que dit Cuias ſur le tilt. 9. du.1. liu. des Fiefs que le Fief de Haut-Ber eſt dit *ab armorũ genere, quo poſſeſſor Regi ſeruire debet*, combien que la verité ſoit, que au rebours haubergeon vient de Hau-Ber, & eſtoit l'arme du Hau-Ber, & ceſt erreur eſt cauſe qu'auiourd'huy en la couſt. reformee de Normandie Fief de Hau-Ber eſt moins que Baronnie, eſtant par les art. 155. & 156. d'icelle le relief de la Baronnie taxé à cent liures, & celuy du Fief de Hau-ber entier à quinze liures ſeulement.

48 Haubergeon cote de maille

49 Erreur.

Quoy qu'il en ſoit, comme les anciens Barons de France releuans immediatement de la Couronne, auoient de la propre nature & primitiue inſtitution de leurs Seigneuries toute iuſtice, voire meſme tout commandement tant au fait de la iuſtice, que des armes, comme eſtans les vrais & naturels capitaines du Royaume: auſſi les Barons érigez à leur modelle par les Ducs & Comtes, lors qu'ils iouïſſoient des droicts de ſouueraineté, qui ſont ceux dõt nous traittons, eurent deſlors de leur inſtitution toute iu-

50 Baron ha toute Iuſtice.

ſtice, plein territoire & tout commandement, comme repreſentans ceux, qui és liures des fiefs ſont appellez capitaines ſimplement, que la commune des interpretes eſtime auoir eſté ceux, qui releuoiẽt des vaſſaulx immediats de la couronne.

51 Etymologie de Chaſtellain. Finalement pour le regard des Chaſtellains, ſans m'amuſer à rapporter les autres etymologies, qu'on leur donne, il me ſemble qu'il y a grande apparence en l'opinion du moderne Gregoire liu. 6. Sintag. cap. 3. que les Chaſtellenies ſoient celles, qui aux liures des Fiefs ſont appellees *feuda Caſtaldiæ vel guardiæ*, qui ſont Fiefs impropres, & pluſtoſt offices, que fiefs, dit Cuias. Auſſi en quelques pays nos

52 Ceſtoyẽr Offices du commencement. Chaſtellenies ſont appellees *Chaſtellenies & gardes* : voire c'eſt la verité, que nos Chaſtellains ſont demeurez ſimples officiers long-temps apres que les autres Seigneuries ont eſté conuerties en offices, meſme y a encor pluſieurs Chaſtellains qui ne ſont qu'officiers.

53 *Caſtellum* ſignifie bourg. Or c'eſt choſe notoire, que *Caſtella*, ſont les bourgs ou gros villages, où il y a chaſteau, fortereſſe, ou retranchement, d'où vient, que *ciuitates & Caſtella* ſont aſſemblez en la loy 2. §. *Interea C. de offic Præf. Præt. Afr.* & en la conſtit. de Federic *De pace tenenda*. §. *Illicitas* & meſme en plus de ſix endroits des Euangiles. *Vici*, dit Iſidore *Caſtella & pagi ſunt, qui nulla dignitate ciuitatis ornantur, ſed vulgari hominum conuentu incoluntur, & propter paucitatem ſui, maioribus*

54 *Caſtellani*, gardes des bourgs ou forts d'iceux. *ciuitatibus attribuuntur*. Et de là vient, que dans T. Liue, & dans Saluſte *in Iugurta*, les habitans de ces bourgs ſont appellez *Caſtellani* : combien que proprement *Caſtellani* ſont ceux qui ont la garde de ces bourgs, ou des chaſteaux & fortereſſes d'iceux, & quant & quant, y rẽdoyent jadis la Iuſtice, pour ce que comme il à eſté dit tant de foys la Iuſtice ſuiuoit jadis le Gouuernement. Ce que *Petrus Vinea*

55 Chaſtellains de Sicile. lib. 3. *epi. Cap.* 88. nous apprend auoir lieu en Sicile,

ainsi qu'en France. Et pour ceste cause en Pologne,
ou il y a peu de villes closes, les principaux Sei- 46 De Pologne.
gneurs du Royaume sont appellez Chastellains, cõ-
me Choppin rapporte sur la coust. d'Anjou. Pareillement les Annales de Castille nous enseignent, 57 De Castille.
que le pays de Castille, fut ainsi appellé à *Castellorum Præfectis*, qui en auoient le souuerain Gouuernement, au parauant qu'il fust occupé par les Comtes,
qui depuis se nommerent Roys.

Mais pour reuenir à nostre France, il est aisé à en- 58 Chastelains
tendre, que les Ducs & Comtes, ayans ample terri- iadis simples
toire, estoient contraints mettre des Chastellains Officiers.
és principales & plus esloignees bourgades d'iceluy, & pour les maintenir en leur obeyssance, &
pour y rendre la iustice sur le lieu, lesquels Chastellains estoient aussi de leur origine simples officiers,
& sont appellez *Iudices foranei* par l'antique Faber 59 Chastellains appellez *iudices foranei.*
sur le tit. *De vulg. substit.* aux Instit. & n'auoient
d'ordinaire, que la basse iustice: & de fait encor auiourd'huy il y a des iuges au pays de Forests appellez Chastellains, qui n'ont iustice, que iusques à
soixante sols, comme il se voit dans les arrests de 60 Chastellains
Papon tit. *De la iurisdiction des Chastellains de Forest* de Forests
Ce que rapporte aussi Guy. Pape en sa decis. Dauphiné
285. & 626. des Chastellains de Dauphiné, & est ex- & Anjou n'õt
prez au chap. 1. des statuts de Dauphiné tit. *De pot-* Iustice, que
test. Castell. & és coustumes d'Anjou, le Mayne & iusqu'à .60.
Bloys il est dit, que les Iuges de la Iustice ordinaire sols.
des Seigneurs Chastellains, n'ont que basse Iustice.

Vray est qu'en quelques contrees, les Iuges esta- 61 Chastellains
blis par les grands Seigneurs en leur ville capitalle des villes.
furent appellez Chastellains, soit pource qu'ils e-
stoyent capitaines des chasteaux, qu'ils y auoyent
ou pour ce qu'ils rendoyent la Iustice à la porte ou
en la bassecourt d'iceux chasteaux: & ces Chastellains des villes estoyent les Iuges ordinaires d'i-
celles, ainsi que ceux, qui es autres villes s'appel-

loient Vicomtes, Preuosts ou Viguiers, & auoient moyenne Iustice.

26 Chastellains se sont presque par tout faits seigneurs

Or fut il bien aisé aux Chastellains des villages ayans la force en main, & estans loin de leur Seigneur, d'vsurper la proprieté de leur charge, & la Seigneurie de leur distroit: de sorte qu'à present presque par tout, le terme de Chastellain est vn nō de Seigneurie & non pas d'Office: fors qu'aux pays d'Auuergne, de Poitou, & de Dauphiné, où les Chastellains des villes sont encor simples Officiers.

63 Chastellenie que c'est.

Chastellenie donc est proprement vne espece de Seigneurie releuant d'autre que du Roy, quoy que ce soit, qui ne releue pas directemēt de la Couronne, ayant iustice annexee: laquelle iustice de son origine n'estoit que basse Iustice és villages, & moyenne és villes: neantmoins les Chastellains

64 Comment les Chastellains ont vsurpé la haute iustice.

apres s'estre faicts Seigneurs, n'ont gueres tardé en plusieurs endroicts, d'vsurper la haute iustice de leur territoire, pour la grande difficulté qu'il y a de discerner la moyenne d'auec la haute Iustice: & aussi à cause de la maxime de droict, que *inter consentientes & de re maiore apud Magistratus municipales agitur. l. Inter consentientes D. ad municip.* voire mesme ilz ont vsurpé en fin double degré de iurisdiction, ainsi que les plus grands Seigneurs, comme il sera dit en son lieu.

65 Chastellenie signifie toute pleine iustice

Laquelle vsurpation de la haute iustice faite par les Chastellains, s'est tellement establye en commun vsage, que mesme Chastellenie, ou Chastellerie en nos anciens liures de pratique, signifie souuent l'enclaue & distroit de toute pleine & entiere iustice voire la haute Iustice mesme, fust elle appartenāt à vn Duc ou à vn Comte, comme il se veoit infinies fois dans le liure intitulé Des estatuts dou Reaulme de France, & en celui intitulé Des vsages de Paris, Orleans & de Baronie: & c'est pourquoy les anciēs contracts passez, mesme és villes des Ducs ou des Comtes

Comtes commencent ordinairement par ces mots *En la Cour de la Chastellenie de Bloys, de Tours, de Chartres &c.* ce qui abuse plusieurs personnes, qui colligent de là, que plusieurs Duchez, Comtez & Baronnies n'ayent autresfoys esté que simples Chastellenies: & c'est aussi pourquoy les justices ordinaires de Paris, 66 *Castrum, curtis.*
Orleans & Meleun sont appellees Chastelets: ne plus ne moins que parmy nos docteurs *Castrum* est pris pour toute seigneurie, fut ce vn Duché ou vn Cõté: & dans les liures des Fiefs *Curia* ou *curtis* signifie l'enclaue & territoire du capitaine ou seigneur ayãt justice: de sorte que *feudum extra curtem* est celuy, qui est situé hors l'enclaue & territoire du seigneur dominant, comme *Baro* l'a fort bien interpreté, contre la commune explication en son liure *de Benef.*

Voylà l'origine & le progrez aussi iusqu'a present 67 Rang des mediocres Seigneuries.
des quatre sortes de seigneuries mediocres: disõs maintenant quel rang elles ont ensemble. I'estime en premier lieu que les Vidames doiuent préceder 68 Vidames précedent les Vicomtes.
les Vicomtes, d'autant que ceux-cy representent les Comtes, & ceux là les Euesques, qui sont plus que les Comtes, comme je diray au liure des ordres. Ioinct que les Vicomtes de leur premiere institution, n'estoyent que moyens justiciers, & les Vidames ont tousiours excercé la haute justice des Euesques.

Mais il semble y auoir plus de difficulté entre les 11 Vicomtes precedent les Barons.
Vicomtes & les Barons, attendu que l'inscription du chapitre. *Grandi. De suppl. negl. Prælat. apud* Bonifac. nomme les Barons, auant les Comtes mesme. Mais il faut prendre garde qu'en c'est endroit les Barons sont mis en leur generale signification, pour signifier les vassaux de la Couronne, & non en la particuliere, pour signifier les seigneurs des terres erigees en titre de Baronnie. Aussi faut il tenir auec du Tillet, que le Vicomte précede le Baron releuant de

ſeigneurie égale: & la raiſon eſt, que le Vicomte eſt le Lieutenant, & la ſeconde perſonne apres le Cõte, & partant preferable à tous les Barons releuans

70 Poſé qu'ils releuent de Seigneurie égale.

de luy. C'eſt pourquoy je ſuppoſe notamment, que le Vicomte & le Baron contendans la préſeance releuent d'vne ſeigneurie égale. Car s'il ſe trouuoit vne Barõnie releuant de la Couronne, comme il y en auoit jadis, elle ſeroit ſans doute du nombre des grandes Seigneuries, & partant préſeable à toutes les mediocres Seigneuries: pareillemẽt je tien pour certain, que celle qui releueroit d'vn Comté Royal, ſeroit plus honorable, que la Vicomté releuant d'vn Comté non Royal. Car en fin c'eſt vne regle infaillible en matiere de ſeigneuries, que plus elles approchent pres du Roy, duquel tout honneur procede, plus elles ſont honorables, comme j'ay dict au quatrieſme chapitre.

71 Barons precedent les Chaſtellains.

Finalement pour le regard des Chaſtellains, il n'y a nulle doute, qu'ils ne ſoient moindres, que les Barons, veu qu'il y a des Chaſtellains, qui releuent des Barõs, ſoit à tort ou à droict, & qu'en pluſieurs pays les Barons ſont appellez grands Chaſtellains, comme Balde nous apprend ſur le chap. 1. *Qui feuda dare poſſ. In feud.* & ſur le chap. *Vno delegatorum* Ext. *De ſuppl. neglig. Prælat.*

72 Barons ont deux prérogatiues pardeſſus les Chaſtellains.

Auſſi eſt ce la verité, que les Barons ont deux prérogatiues notables pardeſſus les Chaſtellains: l'vne que les Preuoſts & Iuges de la juſtice ordinaire des Barõs ont ſans difficulté haute Iuſtice, pource que les Seigneurs Barons ont eſté erigez au modelle des anciens Barons de France, qui en eſtoiẽt Magiſtrats ordinaires: au lieu que ceux des Chaſtellains ne deuroient auoir que baſſe Iuſtice: qui eſtoit celle, qui leur fut attribuee dés leur premiere inſtitution: comme il eſt decidé és couſtumes de Bloys, Anjou, le Maine, & a eſté dict cy deſſus des Chaſtellains de Dauphiné & de Foreſts.

L'autre est que les Barons ont droict de ville close, cõme plusieurs coustumes ont decidé, voire mesme quelles rapportent le droict de ville close, pour la principale marque de la Baronie, ainsi qu'il a esté dit cy deuant. C'est pourquoy du Moulin sur le 54. art. de la coustume du Mayne, tient que le Barõ peut faire clorre le principal village de sa Baronnie, & le munir de tours & ponts leuis, sans autre nouuelle impetration du Prince: neãtmoins pour les diuerses opiniõs, qu'il y a en ce poinct, j'estime auec Choppin sur la coustume d'Anjou, que c'est le plus seur d'obtenir lettres du Roy, quand ce ne seroit, que pour la leuee des deniers, qui sans doute ne peut estre faicte sans sa speciale permission.

73. Barons ont droict de ville close.

Et faut noter en passant, qu'en cõsequence de ce droict les Barõs, ou leurs Officiers en leurs absẽces, ont la garde des clefs des portes de leurs villes priuatiuement aux Escheuins d'icelles, & ont droict d'installer en leurs dictes villes vn Capitaine en tẽps perilleux seulement, du consentemẽt toutesfois des habitans: & ont encor ce droict, que lesdicts habitãs de leur ville ne peuuent faire assemblee sans leur congé, ou du Roy à leur refus, s'ils n'ont droict d'Escheuinage, c'est à dire, corps & communauté de ville, comme le tout est expressẽment porté en l'arrest du Dorat rapporté par le mesme Choppin sur le 46. art. de la coustume d'Anjou.

74 Barons ont la garde des clefz des portes de leur ville.

Mais les Chastellains n'ont pas ce droict de ville close, ains seulement ont droict de chasteau ou maison forte, duquel droict sera discouru au chapitre suiuant, & semble que ce soit la principale & plus remarquable difference des Barons & Chastellains, que ceux-la sont les Seigneurs des villes closes, & ceux cy des villages.

75 Chastellains ont seulemẽt droict de chasteau & non de ville close.

Sommaire du huictiesme chapitre.

1 *Les droicts cy apres sont communs à toutes seigneuries mediocres.*
2 *Sauf aux Vidamez.*
3 *Armoiries en quarré.*
4 *Armoiries en escusson.*
5 *Bannieres jadis quarrees.*
6 *Cheualiers Bannerets.*
7 *Pennons, pourquoy adioustez aux bannieres des Barons.*
8 *Toutes armoiries maintenant en escusson.*
9 *Armoirie des dames en lozenge.*
10 *Armoiries timbrees de heaume d'or, & ouuert.*
11 *Mediocres seigneurs sont capitaines,*
12 *Et cheualiers.*
13 *Mediocres seigneuries affectees aux nobles.*
14 *Fiefs jadis affectez aux Francs ou François.*
15 *Cause du subside des Francs fiefs.*
16 *Examen d'icelluy.*
17 *La noblesse vient en France de trois sources.*
18 *Seigneuries mediocres doiuent estre laissees aux nobles.*
19 *Prétendent seuls les hautes justices.*
20 *Fiefs nobles des Lombards.*
21 *Seigneuries mediocres comment doiuent estre érigees.*
22 *Fiefs de dignité comment ennoblissent en France.*
23 *De mesme.*
24 *Exception.*
25 *Difference entre les fiefs, & offices ennoblissans.*
26 *Roturier doit vuider ses mains du fief de dignité.*
27 *Droict de Bailliage.*
28 *Droict de Chastellenie.*
29 *Baillsage que signifie.*
30 *Comment les Bailliages ont esté establs.*
31 *Jadis la justice ordinaire, & le Bailliage n'estoit qu'vne mesme justice.*
32 *Comment les seigneurs mediocres ont vsurpé le droict de Bailliage.*
33 *De mesme.*
34 *Aucuns n'ont vsurpé que droict d'assises.*
35 *Bailliages superieurs & inferieurs*
36 *Baillis des Prouinces.*
37 *Bailliage signifiant Prouince.*
38 *Baillis de France.*
39 Missi Dominici.
40 *Abolis, & comment.*
41 *Origine des Baillis de France.*
42 *Ceux qui ont droit de tenir Assises.*
43 *Juges des hauts justiciers ne doiuent se nommer Baillis.*
44 *Causes traittees aux Assises.*

45 *Reglement des Baillis, & Preuosts Royaux, ensemble des Chastellains, & simples justiciers.*

46 *Crimes capitaux jugez aux Assises, & pourquoy.*

47 *Instruction d'iceux se faisoit par les iuges ordinaires.*

48 *Comment on en vse à present en Angleterre*

49 *Qu'on en vsoit jadis ainsi en France.*

50 *Changement apres que la justice des Baillis à esté renduë continuelle.*

51 *Pourquoy l'appel des sentences capitalles va droict au Parlemẽt.*

52 *Reglement d'entre les Baillis des seigneurs Chastellains, & les juges des hauts justiciers pour la cognoissance des crimes.*

53 *L'imitation ordinaire des hautes justices.*

54 *Causes de ceux qui sont en garde reseruees aux Baillis.*

55 *Du domaine.*

56 *Des grands chemins.*

57 *Des nobles.*

58 *Pourquoy les Baillis Royaux cognoissent des nobles à l'exclusion des Preuosts.*

59 *Qu'ils n'en cognoissent à l'exclusion des seigneurs ayant droit de Bailliage.*

60 *Baillis sont les vrais juges des nobles.*

61 *Interpretation de la declaration de Compiegne sur l'Edict de Cremieu.*

62 *Plaintes contre les officiers se vuidoient aux Assises.*

63 *Plaintes anciennes contre les juges.*

64 *Changees en appellations.*

65 *Comment les seigneurs mediocres ont vsurpé le droict de ressort.*

66 *A qui il appartenoit anciennement.*

67 *Grands jours, estoient proprement la justice de ressort.*

68 *Causes appartenantes aux Baillis en premiere instance.*

69 *L'entreprise au contraire doit estre retranchee.*

70 *Restriction des causes de guide.*

71 *Si le seigneur chastellain a seul la justice sur les nobles.*

72 *Que les crimes des grands chemins luy appartiennent.*

73 *Response aux arrests attribuans au Roy seul les grands crimes & ceux des grands chemins.*

74 *Causes de nobles appartiennent aux seigneurs mediocres sans difficulté.*

75 *Causes d'appel n'appartiennent qu'aux Baillis.*

76 *Les seigneurs mediocres ont vsurpé les deux parties du droict de ressort.*

77 *Ord. de Rossillon.*

78 *Accommodation des temps.*

79 *Interpretation du 24. art. de l'ord. de Rossillon.*

80 *Les seigneurs mediocres ont encor*

DES DROICTS DES SEIGNEVRIES *Mediocres.*

CHAPITRE. 8.

Omme j'ay faict vn chapitre des droicts des Souuerains, & vn autre des grandes Seigneuries: aussi cestuy-cy est destiné, pour expliquer ceux des mediocres, c'est à dire, qui sont communs à toutes les mediocres Seigneuries: sauf toutes-fois que ie ne voudroy asseurer, que tous les droicts cy apres deduits appartinssent aux Vidamez, attendu que ce sont Seigneuries extrauagantes, & hors le rang des autres: pour auant qu'elles releuent de l'Eglise, & que leur teneure feodale est amortie. Mais quant aux Vicomtes, Barons & Chastellains, je les estime égaux en droicts & prérogatiues, hors la simple préseance dõt je vien de traiter: Car combien que les Chastellains ne deussent auoir les prérogatiues des Barons, si est-ce qu'ils les ont vsurpees, par le moyen de la grande conformité & affinité qu'il y a entre les vns & les autres.

1. Les droicts cy apres sõt cõmuns à toutes Seigneuries mediocres.

2. Sauf aux Vidamez.

Donq comme les grands Seigneurs ont droict de porter Courõne au tymbre de leurs armoiries: aussi aucuns attribuent aux Seigneurs mediocres, pour leur premiere prérogatiue, le droict de porter leurs armoiries en quarré, à la distinction des moindres qu'eux, qui les portent en escusson. Ce qui prouient de ce, que comme les Escuyers ou simples gentils-hommes font peindre les deuises de leur famille, (que no^9 appellons armoiries) sur leurs escus ou bouclicrs & partãt les portent en escusson: aussi les Capitaines font peindre les leur en leurs bannieres, ou en-

3. Armoiries en quarré.

4. Armories en escusson.

seignes de leur compagnie, laquelle estoit ancien-
5 Banniers ia-dis quarrees. nement quarree, comme sont encor nos bannieres d'Eglise, tesmoin ce que rapporte Ragueau sur le mot *Banneret*, du Cheualier au drappeau quarré & tout cecy se justifie assez bien par le 1. art de la coustume de Poitou, fors qu'elle exclud les chastellains de ce droict *Le Comte*, dit elle, *Vicomte ou Baron peut porter banniere, qui est à dire qu'il peut en guerre, & en armoiries, porter ses armes en quarré: ce que ne peut le seigneur chastellain, qui seulement les peut porter en forme d'escusson.*

6 Cheualiers Banneretz. Et toutes-fois ce droict appartient ausi aux Cheualiers Bannerets, qui estoyēt ceux, ausquels le Roy auoit donné pouuoir de leuer banniere, ores qu'ils ne fussent Vicomtes, Barons ny Chastellains, ains possesseurs de fiefs sans dignité, pourueu seulement qu'ils eussent dix Vassaux, & des moyens a suffire, pour maintenir vne trouppe de gens de cheual: desquels cheualiers je parleray au liure des ordres.
7 Pennons. pourquoy adioustez aux Bannieres des Barons. Partant les Barõs, pour distinguer leurs bannieres d'auec celles des Bannerets adjousterēt des penõns & vne queuë aux leur, dit Ragueau, qui est a present la forme ordinaire des Cornettes de caualerie.

8 Toutes armories maintenant en escusson. Mais pour reuenir aux armoiries, je ne voy point, que les seigneurs, quelque grands qu'ils soyent, les portent auiourd'huy autrement, qu'en escusson. Et partant l'vsage de porter les armoiries en quarré n'a plus lieu, qu'en celles de leurs femmes, qui au moins
9 Armoiries des dames en Lozenge. les portent en lozenge, n'ayant autre remarque de leur qualité en leurs armoiries, que celle là, au moins quant aux femmes des Vicomtes Barons & chastellains.

Mais la remarque particuliere, qu'ont leurs ma-
10 Armoiries tymbres de heaume doré & ouuert. rys, est, que comme les Ducs, Marquis, Comtes & Princes ont vne Couronne en leur tymbre, aussi les Vicomtes, Barons & Chastellains ont au leur vn heaume doré & ouuert. Doré dis-ie comme

Cheualier

cheualiers, auſquels appartient de porter harnoys doré, & ouuert comme capitaines, qui doibuent auoir la viſiere leuee, pour auoir l'œil ſur leurs gendarmes.

11 Mediocres Seigueurs sõt Capitaines

Car je tien, qu'ils ſont & capitaines & cheualiers nais : Ie dy capitaines, tout ainſi que ſelon la commune interpretation des liures des Fiefz, les vaſſaux du ſecond rang, ſont appellez capitaines ſimplement, & ceux du premier capitaines du Roy & du Royaume : auſſi qu'en France, du temps, que noſtre milice eſtoit ordonnee ſelon les fiefz, ils eſtoient les capitaines ordinaires, & menoient leurs vaſſaux en guerre.

12 Et Cheualiers

Ie dy auſſi Cheualiers nais, ceſt à dire cheualiers honoraires & ſans Ordre. Car nul n'eſt cheualier de l'Ordre, fuſt il fils du Roy, ſi l'Ordre ne luy a eſté conferé : Mais comme, ſoubs les Empereurs de Conſtantinople, on attribua le nom de Comte à ceux, qui n'auoient ny Comté ny office de Comte, de ſorte que c'eſtoit vn ſimple titre d'honneur: auſſi en France le titre de cheualier eſt ſouuent vn ſimple titre d'honneur, qui eſt attribué aux grands officiers, ſoit de courte, ou longue robbe, & auſsi aux ſeigneurs des grandes, & des mediocres ſeigneuries, qui tous ſe peuuent qualifier cheualiers, ainſi que les ſimples gentils-hommes ſe qualifient eſcuyers, comme je diray plus amplement au liu. *des Ordres*, Ce que je mets pour la deuzieſme prérogatiue des mediocres ſeigneuries.

13 Mediocres ſeigneuries affectees aux nobles.

Dont dépend encor la troiſieſme, aſçauoir qu'elles ſont particulierement affectees aux nobles. Ce qu'aucuns veulent dire de tous fiefs, ſoubs prétexte du partage des terres, qui fut fait lors du premier eſtabliſſement de ceſte Monarchie, dont j'ay parlé au 1. chap. auquel partage les Fiefs ne furent concedez qu'aux francs hommes, c'eſt é dire à ceux, qui de France ou Franconie eſtoient venus conqueſter

14 Fiefs des affectez aux Francs ou Françoys.

les Gaules, qui furẽt lors appellez Gentils où Gentils-hommes, par les Gaulois ja Chrestiens; Et c'est pourquoy les fiefs sont appellez francs par vn epithete perpetuel, & vn franc homme signifie vn vas-

15 Cause du subside des frãcs fiefs. sal, où homme de foy. Et sur ceste consideration est fondé l'impost des francs-fiefs, qui est vn subside, que le Roy prend sur les ignobles, pour leur permettre de tenir fiefs.

16 Examen d'iceluy. Combien que, pour en parler librement, la difference des Francoys & des Gaulois est de long temps abolie, dont la remarque seroit maintenant impossible, veu que les Iuifs mesme ne recognoissent plus leurs lignees, nonobstant la peine qu'ils ont tousiours prise, pour les discerner. Et certes la remarque differente des francs & des Gaulois eust esté aussi pernicieuse à cét Estat, qu'à Rome celle des Ro-

17 La noblesse viẽt en Frãce de trois sources. mains & des Sabins. Partant c'est vn abus de penser, que la Noblesse de maintenant soit fondee sur la descente des Francs Allemans; ains c'est la verité qu'elle prouiẽt de trois autres sources, sçauoir est de la concesion des Roys, des offices annoblissans continuez en deux races consecutiues, & de la possession immemoriale. Et d'autre part la force de nostre milice consiste à present aux soldats soudoyez, soyent nobles ou roturiers, sans distinction, & non aux hommes de fief, dont le ban & arriere ban est conuerty en vn leger impost, que payent ausi biẽ les roturiers que les nobles, s'ils ne vont en personne à la guerre. C'est pourquoy il y a plus de coustume que de raison, au subside des francs fiefs.

18 Seigneuries mediocres doiuent estre laissees aux nobles. Mais si faut-il confesser, qu'il est bien raisonnable de laisser a nostre Noblesse (qui à choisi bien à propos la demeure des champs, pour vacquer aux excercices, qui la fortifient aux armes) les seigneuries & fiefs de dignité, par le moyen desquels elle se maintienne en l'honneur, & en la grandeur de courage, que sa possesion requiert.

C'est pourquoy aux Estats de Bloys elle demanda au Roy, que les hautes justices & fiefs de haubert luy fussent tous laissez comme Choppin a rapporté sur la coustume d'Anjou. Que si on veut laisser aux roturiers les simples justices, que j'appelle petites seigneuries, au moins est il, ce me semble, biẽ raisonnable, de laisser les grandes aux grands seigneurs, & les mediocres aux gentils-hommes: estãt chose incõpatible, qu'vn roturier se qualifie cheualier, attendu que la cheualerie est vn degré de dignité, pardessus la simple noblesse. 19 Pretendent souls les hautes iustices.

Ainsi voit on, qu'aux liures des fiefs, il y a certains fiefs, qui sont appellez nobles, & ceux-là sont non seulemẽt les fiefz, qui ont titre de dignité, ainsencor les fiefs mouuans des fiefs immediats du Royaume, pourueu que ce soyent anciens fiefs dit le tit. *Quis dicatur dux &c.* Or nos seigneuries mediocres, outre quelles ont titre de dignité, releuent toutes des fiefz immediats de la Couronne, & si faut, que ce soyent anciens fiefs érigez de temps immemorial, à ce qu'elles soyent présumees auoir esté érigées, pendant que l'vsurpation duroit. Car si de nouueau des Ducs ou Comtes vouloyent ériger des Vicomtez, Baronnies ou Chastellenies, Ils ne le pourroyent sans speciale permission ou confirmation du Roy, estant, sans doute, des dépendances de la Souueraineté, d'ériger des fiefs de dignité, cõme il a esté dit au 3. chapitre de ce liure. 20 fiefs nobles des Lombards. 21 Seigneuries medocres comment doiuent estre érigees.

Mais il faut prendre garde, que les fiefs nobles des Lombards ennoblissent la personne, dit ce mesme tit. *Quis dicatur dux.* Ce qui n'est pas en France, sinon que l'inuestiture en ait sciemment esté faicte par le Roy à vn roturier: auquel cas il semble que le Roy habilite à tenir le fief de dignité celuy, lequel il inuestit, attendu que les bien-faits du Prince doiuent estre benignement interpretez, & estendus tant, que faire ce peut. Et croy qu'il faut ainsi 22 fiefs de dignité comment ennoblissent en France.

entendre le dire de Monsieur le Maistre au traicté des Amortissemens chap. 5. qu'vne Barõnie & tout autre fief de dignité ennoblit le roturier: combien qu'en effaict ce n'est pas le fief, qui l'ennoblit, mais l'inuestiture du Roy, qui seul en France peut cõceder la Noblesse, & rẽdre le roturier capable des priuiléges, qu'il à donnez aux nobles.

23 De mesme. C'est pourquoy, si le roturier est inuesty d'vn fief noble par autre que par le Roy, quand mesme ce seroit par sa chambre des Comptes, il n'est pourtant ennobly: comme apres plusieurs allegations resout Tiraqueau au traité de la Noblesse chap. 7. nombre, 19. Enquoy toutesfois il semble, qu'il y ait vne exce-

24 Exception. ption, que si pendant deux generations vn fief de dignité auoit esté en vne famille, alors puisqu'on tient, que la Noblesse se préscrit ayãt esté possedee publiquement *à patre & auo*, il y a apparẽce de dire, que les descẽdants sont présumez Nobles, posé mesme qu'il apparust d'ailleurs, que leurs predecesseurs fussent ignobles: & ce à l'exemple des offices ennoblissans, que cõbien qu'ils ne produisent qu'vne noblesse personelle, qui ne passe aux heritiers, neantmoins quand le Pere & l'ayeul en ont esté honorez, leur posterité deuient desormais noble à perpetuité.

Il y a toutes-fois ceste difference entre les offices

25 Differẽce entre les fiefs & offices ennoblissans. ennoblissans & les fiefz de dignité, que les roturiers sont capables de ces offices, & les ayans, ils sont ennoblis par iceux, tandis qu'ils viuent, pource qu'ils ne peuuent estre conferez par autre que celuy, qui ha puissance d'ennoblir, qui est le Roy; Au contraire les fiefs de Dignité conferez par autre, que le Roy, ne peuuent ennoblir, & par consequent estant chose incompatible, qu'vn homme soit roturier, & soit seigneur d'vn fief de dignité, qui importe cheualerie

26 Roturier doit vuider ses mains du fief de dignité. & haute noblesse, il faut à mon aduis, s'il en est poursuiuy, qu'il en vuide ses mains: & tien, qu'il en peut estre poursuiuy & par son seigneur de fief, au para-

uant qu'il l'ayt inuesty & receu en foy, & par ses propres vassaux, (qui ont interest, celui cy d'auoir vn vassal, & ceux-cy vn seigneur noble puis que la dignité de son fief y est disposee) & encor principalement par le procureur du Roy, qui est conseruateur de l'interest public.

Item pour vne quatriesme prerogatiue, qui en cō-prend beaucoup d'autres, les seigneurs des mediocres seigneuries ont droict de Bailliage, c'est à dire d'auoir vne justice, ou, pour mieux dire, vne seance superieure, a laquelle sont reseruées certaines grandes causes, qui n'appartiennent pas regulierement aux justices ordinaires: & de ce droict de Bailliage est faict expresse mention en la coustume de Meaux art. 42. & 43. ou ce droict est encor appellé droict de Chastellenie, d'autant qu'il appartient aux chastelains, & par consequent à tous autres plus grands seigneurs, mais non pas aux moindres: Car c'est vne reigle en matiere de seigneuries, que les droicts, qui appartiennent aux moindres, appartiennent aussi à plus forte raison aux plus grandes. 28 Droict de Bailliage.

Ce droict de Bailliage ou Chastellenie est encor plus clairement specifié en la coustume de Niuernoys chap. 1. art. 24. *Aucun en sa justice n'ha droit d'auoir Baily, tenir assises cognoistre, & decider des causes d'appel s'il n'ha droit de Chastellenie, ou qu'il ayt jouy dudit droit par tēps & moyens suffisans à acquerir iceluy droit: mais seulemēt ha juge & garde de justice.* Ce qui merite bien d'estre explíqué à loisir, ne l'ayant iamais esté.

Bailliage ou Baillie, comme l'appelle Bouteiller, & l'ancienne coustume de Normandie, ne signifie pas simple justice, ains justice de protection. Car Baillie est vn vieil mot François, qui signifie protection. Or voicy comme ces Bailliages ou justices de protection ont esté establis. Il se faut resouuenir de ce qui à esté dict au chap. precedent que les Ducs & Comtes auoyent deux seances en leur justice, à sça- 29 Bailliage que signifie.

uoir l'ordinaire que tenoyẽt leurs juges : & celle des
30 Comment les Bailliages ont esté establys. assises, qu'ils tenoient du commencement eux mesmes, & a laquelle estoyent reseruees certaines causes d'importãce, & notammẽt les causes de ceux, que les Ducs & Comtes auoyent pris en leur garde: & aussi à esté dict, que les Ducs & Comtes, ne se voulãs plus assujettir à tenir leurs Asises en personne meirent en leur place des officiers, qu'ils appellerẽt Baillifs, soit pource qu'ils leur bailloyẽt ceste seance en garde, & commission, ou qu'ils les establissoyent gardiens & protecteurs de leurs sujetz, & notamment de ceux, qu'ils auoyẽt ainsi pris en leur Baillie & sauuegarde, pour les exempter de l'oppression des juges ordinaires, comme il est aisé à colliger, de ce qui sera dit cy apres.

Dont s'ensuit que la seance ordinaire, & celle des Asises n'estoit du commencement qu'vne mesme
31 Iadis la iustice ordinaire & le Bailliage n'estoit qu vne mesme iustice. justice, appartenant à mesme seigneur, tenue neantmoins en diuerse forme, & par diuerses persõnes : & c'est pourquoy encor auiourd'huy combien que la justice ordinaire, & celle des Baillifs, qui tiennẽt les assises, soit du tout separée, toutes-fois pendant que les assises tiennent, la justice ordinaire du lieu doit cesser, & les causes d'icelle, qui alors se trouuent en estat de juger, peuuent estre jugees par le Baillif.

Pour donc entendre comment les Vicomtes, Barons & Chastellains, ont vsurpé ce droict de Bailliage, il se faut encor resouuenir de ce, qui à aussi esté
32 Commẽt les seigneuries mediocres ont vsurpé le droit de Bailliage. touché en ce chap. précedent, que les Ducs & Cõtes, dessors mesme qu'ils estoyent encor officiers à vie, se deschargerent de l'exercice de la justice ordinaire sur les Vicomtes, Preuosts, Viguiers & Chastellains, reseruant seulement à eux la seance des Assises : Laquelle encor, apres qu'ils se furent faits seigneurs hereditaires, ils ne se vouloyẽt plus assujettir de tenir en personne, ains la feirent tenir par des Baillifs, qui en-fin trouuerent moyen d'en faire vne

justice continuelle, ayant faict venir en icelle les appellations des Vicomtes, Preuosts, Viguiers & Chastellains.

De mesme aussi les Vicomtes & chastellains s'estãs faicts seigneurs, es lieux ou les Ducs & Comtes ne faisoyent leur residence, voyant qu'iceux Ducs & Comtes auoyẽt deux degrez de jurisdiction en leurs villes, asçauoir le Bailliage & la Preuosté, en voulurent auoir autant en leurs places: ce qu'ils empieterẽt de mesme sorte, & par mesmes degrez d'vsurpation: ayans en premier lieu mis des Preuosts, pour exercer leur ancienne justice, qu'ils auoyent vsurpee, & neantmoins, comme pour auoir l'œil sur eux, y venoyẽt presider eux mesme quelquefois, & à ce tẽps-là reseruoyent certaines causes: & ainsi ils empieterent le droict de tenir assises, tout ainsi que les Ducs & Comtes, & puis meirent comme eux des Baillifs pour les tenir, qui entreprirent pareillement de cognoistre des appellations de leurs Preuosts, & mesme la plus part d'iceux rendirent leur justice continuelle, vsurpant par mesme moyen la moyenne & la haute justice, qu'ils n'auoyent pas de leur premiere institution, Et toutesfois il y en a eu quelques vns, qui n'ont iamais peu gaigner ce poinct, de rendre leur justice cõtinuelle, ains n'ont oncques eu autre justice ne seance superieure, que de tenir leurs assises quatrefois l'an, comme il se veoit en la coustume d'Anjou art. 64. & celle de Bloys art. 13.

33 De mesme.

34 Aucuns n'ont vsurpé que droict d'assises

Somme que les Vicomtes, Barons, & Chastellains ayant vsurpé ce droict d'auoir des Baillifs, il est aduenu qu'en plusieurs endroicts, il y à deux Bailliages l'vn soubz l'autre, asçauoir celui de Vicomte, Baron ou Chastelain, ressortissant en celuy du Duc ou Cõte. C'est pourquoy es anciẽnes ordõnances, & notãmẽt en celles, qui sont rapportees au vieil styl du Parlemẽt tit. *De officio Baillinorum*, il est souuẽt faict mention des Baillifs *vtriusque Baillivia*, & des Bailliages

35 Bailliages superieurs & inferieurs.

superieurs & inferieurs, mesme est dict en l'art. 6. que *Bailliui in Venditionibus Bailliuiarum vel redituum Regis partem non habebunt*: car ces Bailliages inferieurs se bailloyent à ferme, ainsi que les Preuostez, cõme il à esté dit, au 4. liu. des offices, & en l'art suiuant il est dit que *Bailliui superioris Bailliuiæ, Bailliuos improbos in suo non sustinebunt errore*: ce qui m'a autre-fois fait beaucoup de peine à entendre, & est clairemẽt expliqué, en l'ancien coustumier de Normandie, chapitre. 4.

36 Baillys des prouinces. C'est donc à la difference de ces petits Baillys, que les grãds sõt appellez Baillys des prouinces, & qu'on prẽd en matiere de justice le mot de Bailliage, pour signifier prouince: ce que le judicieux Coquille reprend mal à propos, a mon aduis, en la préface de ses coustumes: parmy vn beau discours, qu'il faict des anciens Baillys de Frãce, qui estoyent les juges des exempts & cas Royaux, qui est encor vne autre & troisiesme espece de Baillys, qui meritent bien d'estre expliquée icy, afin de ne rien omettre.

27 Bailliage signifiant prouince.

38 Baillys de france. Car deslors de la seconde lignee de nos Roys, lors que les Ducs & Comtes cõmencerent à s'émanciper & esleuer par trop, les Roys, afin de les tenir en bride, & empescher, qu'ils n'vsurpassent la souueraineté, enuoyent par les prouinces des Cõmissaires, pour esclairer de pres leurs actions, & receuoir les plaintes de ceux, qui se sentiroyent auoir esté greuez par eux, ou leurs lieutenans & officiers, & vuider sommairement ces plaintes, si faire se pouuoit, sinon les renuoyer aux grandes assises du Roy, qui estoit le Parlement appellé aux capituiaires de Charlemagne, & dans les anciens liures de ce temps là, *Mallum Imperatoris*: & ces cõmissaires ainsi enuoyez, estoyẽt àlors appellez *Missi* ou *Missi Dominici*.

39 *Missi dominici.*

40 Abolys, & comment. Du depuis au commencement de la troisiesme race de nos Roys, les Ducs & les Comtes s'estans rendus seigneurs hereditaires, & ayant faict leurs justices patrimoniales, ils obtindrent ce priuilége des

des Roys, qu'ils n'ẽnuoyeroiẽt plus de Commissaires ny d'officiers dans leurs terres, dont y a plusieurs ordonnances, notamment vne de Philippe le Bel, & d'autant qu'il eschet plusieurs cas dans les terres des seigneurs, esquels le Roy ha interest, & qui 14. Origine des ballys de France. par consequent doiuent estre vuidez en sa justice (n'estant raisonnable, que le Roy demande justice a ses subiects & vassaux) la cognoissance & jurisdictiõ de ces cas, qu'on appelle les cas Royaux, fut attribuée aux plus prochains Baillys Royaux, qui lors estoient en France, és villes que le Roy auoit ja reünies à son domaine, qui n'estoient que quatre, lors de ce premier establissement, à sçauoir les Baillys de Vermendoys, de Sens, de Mascon & de S. Pierre le Moustier: toutes les autres villes & Bailliages de France appartenans alors aux Ducs & aux Comtes: c'est pourquoy on appelle ces quatre icy, les quatre anciens Baillys de France, c'est à dire les premiers gardiens des droicts du Roy & de la Couronne.

Reuenant donc aux Baillys des seigneurs, leur 42. Ceux qui ont droict de tenir assises. premiere & originaire charge n'estant autre que de tenir les assises, voire mesmes eux n'ayãs de leur premiere institution autre justice ne seance, que celle des assises, il est aisé à entendre, que la premiere & principale dependãce du droict de Baillage, est de pouuoir tenir assises. Aussi se prattique-il notoirement presque par tout, que les juges des simples, hauts justiciers non Chastellains, ne tiennent point d'assises.

Et en effait les simples hauts justiciers n'ayant 43. Juges des hauts justiciers ne doiuent se nommer Ballys. droict de Bailliage, ne doiuent nommer leurs juges Baillys, ains comme les seigneurs des simples justiciers n'ont aucũ tiltre de dignité, ny n'ont autre nom que de seigneurs justiciers, aussi leurs juges ne deuroient auoir autre nom, que de juges, ou gardes de justice, estant le Bailliage vn degré de jurisdiction greigneur, dict la coustume de Normandie, & autres vieils liures, c'est à dire plus haute & honorable, que la simple Iustice : comme il est porté en ce 24. article du 1. chapitre de la coustume de Niuernois sus allegué: & au grand coustumier liure 4. cha. 5. en ces mots, *Celuy, qui ha toute iustice s'il se nõme Bailly, ce n'est qu'vn nõ trouue contre raison, & ne peut pas, pour ce tenir assises ni y auoir ressort: car il n'est, que iuge premier pour ordonner en premiere iurisdiction & premiere cour. &c.*

44. Causes traitées aux assises.

Or voicy les causes, qui estoyent traittees en ces assises & qui par consequent ont tousiours depuis appartenu aux Baillifs, a l'exclusion des Preuosts, & autres juges ordinaires. Discours qui est notable,

45. Reiglement des Baillys & Preuosts Royaux: ensemble des chastellains & simples iusticiers.

pour ce que c'est le fondement des reiglemens d'entre les Baillifs & Preuosts, Royaux, & aussi d'entre les juges des chastellains & des hauts justiciers ressortissans en chastellenie : pource que les causes, qui jadis se traittoyent aux assises, doiuent maintenant appartenir, & aux Baillys Royaux à l'exclusion des Preuosts, & aux chastellains à l'exclusion des simples justiciers. Premierement donc se jugeoyent

46 Crimes capitaux iugez aux assises, & pourquoy.

aux assises les crimes capitaux dont la raison est, que selon le droict Romain, le *merum imperium seu ius gladij* ne pouuoit estre délegué : Or est il que les Preuosts & autres qui sõt à present les juges ordinaires, n'estoyẽt du cõmencement, que les lieutenans & juges commis & deleguez par les Ducs & les Comtes, qui estoyent les Magistrats, comme il a esté prouué cy deuant, & le sera encor cy apres.

47 Instruction d'iceux se faisoit par les juges ordinaires.

Vray est que comme il se trouue en la loy *solent: de officio Procons. & leg.* l'instruction des procez criminels pouuoit estre déleguée par le Proconsul à son lieutenant, mais non la decision: qui est ce qui se garde encor auiourd'huy en Angleterre, où les juges or-

48 Comment on en vse en Angleterre.

dinaires des lieux n'ont que l'instruction des cas capitaux, & en laissent la definitiue au chef de justice, qui va à certain temps de l'année tenir ses assises de ville en ville, ou ayant vuidé les causes ciuiles, qui luy sont reseruees, il vuide par apres les criminelles, auec douze hommes du pays, qu'il assemble pour cest effect: puis commet l'execution de sa sentence au juge ordinaire, qui attend à l'executer, que le chef de justice soit hors de son territoire.

Et est bien à présumer qu'on en faisoit ainsi en France, estant tres-certain, que les Anglois ont appris toutes leurs formes judiciaires, & presque tout leur droict de nous, lors que les François les conquesterent, comme encor leurs principaux termes de prattique, & mesme leurs anciennes loix, sont conceuës en langage François. Aussi falloit il bien, que les procés criminels, qui meritent estre instruicts en toute diligence lors que les preuues sont recentes, fussent instruicts par les juges ordinaires, & non par les Baillys, alors qu'ils ne tenoient leurs assises, que quatre ou six fois l'an au plus, & n'y auoit aucun inconuenient d'en vser ainsi pour ce que la seance des Assises & l'ordinaire, n'estoient lors qu'vne mesme justice, comme il vient d'estre dict. Mais depuis que la justice des Baillys fut rēduë continuelle, & fut du tout separee de celle des Preuosts, on trouua estrāge que l'instructiō des causes capitales fut faicte par les Preuosts, & que le jugemēt fut rēdu par les Baillys leurs superieurs, & juges de ressort. Ce qui fut cause (joint que souuēt il est mal aisé de discerner sur l'instruction, si vn cas est capital ou non) que les Preuosts Royaux ne voulans renuoyer aux Baillys les procés criminels qu'ils auoiēt instruicts, vsurperent la cognoissance de toutes les causes criminelles indifferemment: surquoy aucuns des Baillys s'oppiniastrans contre eux en ont de leur costé entrepris la préuention. Mais quoy que ce soit la Cour de Parlement n'a point voulu perdre son droict de ressort immediat, quelle auoit en ces causes capitales ou importantes mutilation de membre

49. Qu'on en vsoit iadis ainsi en France.

50. Changement apres que la justice des Baillyfs à esté renduë continuelle.

51. Pourquoy l'appel des sentēces capitales va droit au Parlement.

ou infamie lors que les Baillys les jugeoient seuls definitiuement, ains a voulu que les appellations en fussent directement releuees par deuers elle, ores que les sentences fussent renduës par les Preuosts ou autres juges subalternes. Qui est la vraye raison de l'ordonnance. Car d'ailleurs le petit criminel, qui doit estre vuidé plus sommairement deuroit aussi tost ressortir au Parlement que le grand criminel, si n'estoit ceste raison.

52. Reiglement d'entre les Baillys des seigneurs chastellains & les juges des hauts justiciers pour la cognoissance des crimes.

Mais entre les Baillys non Royaux, & les Preuosts ou autres juges primitifs des hauts justiciers, cela s'est accommodé d'autre façon. Car ces juges primitifs ont vsurpé de cognoistre de tous crimes ordinaires, mais non des grands crimes comme meurtres, incendie, rapt, encis & autres semblables, dont les Baillys des seigneurs Chastellains ont retenu l'entiere cognoissance. Et de faict il est porté en l'art. 44. de la coust. d'Anjou & au 51. de celle du Mayne, & plusieurs autres, qu'il n'y a que les seigneurs Chastellains, qui en ayent cognoissance: encor y a-il des coustumes, qui ne les attribuent qu'au Baron, comme celle de Tours, art. 96. & la somme Rurale au titre. *Des droicts du Baron*, & l'ancien liure intitulé *De justice & du droit &c.* chap. *du Baron.*

53. L'inuention ordinaire des hautes justices.

Et de faict les anciennes chartres de concession des hautes justices, portoient tousiours ceste clause *excepto meurtro, raptu, incendio &c.* comme il se veoit en toutes celles, qui sont rapportees par Choppin & par Bacquet, & moy mesme en ay veu plusieurs de ceste sorte. Et de verité, quelle apparence y a-il de laisser la cognoissance des cas de telle importance a des juges guestres de village jugeans soubs l'orme, ignorans & meschans pour la plus part, & sur tout mercenaires & dependans de leur seigneur; veu qu'en l'estat de Rome il n'y auoit que les Proconsuls, qui eussent puissance de condamner à mort, & encor ne l'auoient ils que par concession speciale, & mesme

dans Rome les principaux Magiſtrats ne l'auoient
pas,ſur les cytoyens Romains en l'eſtat populaire. 54.
Secondement les Baillys, comme eſtant les juges Cauſes de
de protection; cognoiſſent en premiere inſtãce des ceux qui
cauſes de ceux, qui eſtoient en la garde ſpeciale du ſont en garde reſeruees aux
ſeigneur comme de ſes domeſtiques, & ceux auſ- Baillys.
quels il vouloit bailler ſes lettres de garde: à plus 55
forte raiſon cognoiſſoient ils des cauſes de ſon do- Du domaine.
maine,& de toutes celles ou il auoit intereſt comme 59.
auſſi les Baillys pretendans auoir la garde des grands Des grands
chemins cognoiſſoient ſeuls des crimes qui y eſtoiẽt chemins.
commis,en fin les gentils-hommes pretendirẽt eſtre 57.
tous en la garde de leur ſeigneur, ſoutenants meſ- Des nobles.
me auoir cét ancien priuilege des le premier eſtabliſſement de ceſte monarchie, de ne pouuoir eſtre jugez,qu'en l'aſſemblee des Pairs de fief, ou francs hõmes, c'eſt à dire vaſſaux & gentils-hommes, ainſi
qu'eux,qui eſtoit l'aſſemblee des aſſiſes:ce qui ſe pratique encor au Duché de Lorraine.

C'eſt pourquoy il ſe veoit que les Baillys Royaux 58.
cognoiſſent des cauſes des nobles, priuatiuement Pourquoy les
aux Preuoſts & Chaſtellains Royaux, par l'Edict de Baillifs Royaux cognoiſ-
Cremieu : & le meſme auoit lieu entre Baillys & ſent des no-
Preuoſts des ſeigneurs lors qu'ils auoient double bles à l'exclu-
degré de juriſdiction, mais ce n'eſt pas à dire que ja- ſion des Preuoſts.
dis les juges Royaux ayent pretendu d'en cognoi-
ſtre, au preiudice des ſeigneurs ayans aſſiſes & Bail- 59.
liage : car ce que les Baillys Royaux en cognoiſſent Qu'ils n'en
par deſſus les Preuoſts, eſt entãt qu'ils ſont juges d'aſ cognoiſſent
ſiſes, ou les nobles ont touſiours pretendu que leurs à l'excluſion
cauſes deuoient eſtre vuidées. Ce qui eſt contenu des ſeigneurs
expreſſement en l'art. cent quarante trois de la cou- ayant droict de Bailliager.
ſtume de Meaux. *Si le haut juſticier ha chaſtellente, &* 60.
Bailliage en ce cas les nobles peuuent eſtre adiournez par de- Baillyfs ſont
uant le Bailly dudict ſeigneur Chaſtellain, & non pardeuant les vrays ju-
le Preuoſt. Car tous Preuoſts ſoient Royaux, ou autres, n'ont ges des nobles.
point de cognoiſſance deſdicts gens nobles, ſi ce n'eſt de leur

gré & consentement. Ainsi faut il entendre le coustumier de Chaalons article 6. celles de Vitry & Laon article 2. celle de Bar article 43. & celle d'Anjou article 43.

60. Interpretation de la declaration de Compiegne sur l'edict de Cremieu.

Aussi y eut-il opposition formee par les seigneurs de France à cét Edict de Crémieu, qui retarda pres d'vn an la verification d'iceluy au Parlemēt: laquelle ne fut faicte, que ceste oppositiō n'eust esté leuee par la declaratiō de Compiegne, par laquelle le Roy declare, que par son Edict de Cremieu il a seulement entendu reigler ses Baillys auec ses Preuosts, & non pas diminuer les iustices des seigneurs de France, qui leur sont patrimoniales: & partan* ordonne que nonobstant iceluy Edict, lesdicts seigneurs de Frãce auront iustice sur les nobles residans en leurs territoires, ainsi qu'ils auoient auparauãt. Ou ces mots *ainsi qu'ils auoient, au parauant* nous monstrent, que tous seigneurs ne l'auoient pas, à sçauoir ceux, qui n'auoient pas droict de Chastellenie ou Bailliage.

62. Plaintes contre les officiers se vuidoyent aux assises.

Finalement aux assises se vuidoient les plaintes faites contre les officiers de la iustice ordinaire, comme encor à present on y vuide les plaintes faictes contre les sergents: mais anciennement c'estoient principalement les plaintes faictes contre les juges, qu'on y vuidoit qui estoit la principale cause pourquoy les assises ne pouuoient estre tenues par les iuges ordinaires: lesquelles plaintes plus souuent estoiēt fondees sur l'iniquité de leurs sentēces, qu'on présumoit proceder de leur faute entendant mal ce tiltre, *De pœna iudicis qui malè iudicauit*. C'est pourquoy jadis en France quand on se vouloit plaindre d'vne sentence, on s'attaquoit directement contre le juge, & non pas contre la partie, comme j'ay amplement discouru au dernier chapitre du premier liure des offices, ce qui se prattiquoit principalement aux iustices des seigneurs, qui n'ayans ce droict de ressort, & de cognoistre des causes d'appel l'entrepre-

63. Plaintes anciennes contre les iuges.

noyent indirectement par le moyen de ces plaintes, qui se faisoyent contre les juges en leurs assises par-deuant eux mesmes, ou leurs Ballys, qui en leur absence tenoient leurs grands plaids qui estoyent lors non pas vne justice de ressort, mais de Bailliage & protection seulement.

64 Changees en appellations

Or la rudesse de ceste prattique de s'addresser ainsi contre le juge, ayant esté changée, par le moyen de ce que la justice a esté delaissée tout à fait aux gens de lettres, qui ont incõtinent comprins l'iniquité & absurdité de ceste vieille routine, & partãt ont commué accortement ces plaintes en vrayes appellations, à la mode du droict Romain : les Baillifs, qui auoyent accoustumé de cognoistre des plaintes des Preuosts & autres juges inferieurs, ont par consequent cogneu des appellations interjettées de leurs sentences. Et ainsi non seulement les Ducs & les Comtes, mais aussi les Vicomtes, Barons, & chastellains ayant droict de Bailliage, ont par ce moyen vsurpé le droit de ressort & souueraineté en cas d'appel, droict qui anciennement estoit si rare & precieux qu'il ny auoit que les Roynes, enfans, & Pairs de France, qui le peussent auoir en leurs douaires, appanages ou pairies, encor ne l'auoyent ils pas de leur propre droict, mais seulement par concession speciale du Roy, comme il est contenu au passage de du Tillet cy deuant allegué. Et pour exercer ce droict de ressort, ils auoyent vne justice superieure, qui n'a iamais esté attribuee à autres qu'a eux, à sçauoir la justice des grãds iours: bien differente du cõmencement de celle des assises, qu'ont tous les seigneurs des grandes & mediocres seigneuries, pource que celle des grands jours à tousiours cogneu proprement des appellations interjettées des juges ordinaires, mesme des Baillys & celles des assises tenuë par les Baillys ne cognoissoit de sa premiere institution, que des plaintes des officiers de la justice

65 Comment les seigneurs mediocres ont vsurpé le droict de ressort.

66 A qui il appartenoit anciennement.

67 Grands iours estoit proprement la iustice de resort.

ordinaire & partant n'importoit point droit de ressort, & de faict auparauant ledict de Roussillon qui a aboly le double degré de jurisdiction des seigneurs ceux qui auoient grands jours auoient trois degrez de jurisdiction, à sçauoir la preuosté le bailliage & les grands jours.

68. Causes appartenantes aux Baillys en premiere instance. Voyla donc en somme les causes qui appartiennent aux Baillys Royaux, & non Royaux en premiere instance à l'exclusion tant des Preuosts que seigneurs hauts justiciers non ayant droit de chastellenie & bailliage pour ce que tout temps elles estoient reseruees aux assises des Baillys à sçauoir les grands crimes : les causes de ceux qui sont en la garde du seigneur, & ausquelles il ha interest) soubs lesquelles aucuns comprennent celles des nobles & des grands chemins) & finalement les causes d'appel. Et de fait la plus part des coustumes & des anciens praticiens tiennent que les simples hauts justiciers n'ont droict de cognoistre de toutes ces causes

69 L'entreprise au contraire doit estre retranchee. & s'ils en cognoissent en quelques endroicts c'est par entreprise qui leur est bien aisée, pour ce que leur superieur n'ha aucuns officiers en leur territoire qui y prennent garde ce qui neantmoins ne deuroit estre toleré, ny tiré a consequence : car le public ha grand interest, que les justices des villages (qui sont du tout abusiues) soient, sinon abolies du tout, au moins retranchées le plus qu'il sera possible, pour les grandes fautes qui s'y font ordinairement.

70. Restriction des causes de garde. Toutesfois touchant les causes reseruees à la garde du seigneur faut considerer que quand vn seigneur ha deux degrez de jurisdiction appartenans à luy mesme, il peut mettre en sa garde telle personne qu'il luy plaist, & par consequent reseruer leurs causes à son Bailly : Mais ayant vne fois concedé toute justice à son vassal, ceste justice luy appartenant desormais, comme propre & patrimoniale, il ne peut plus conceder de garde ny reseruer de cau

ses

les à son preiudice, si lors de la concession, il ne les auoit exceptees, qui est la cōsideration, sur laquelle est fondee sa declaration faicte par le Roy sur l'edict de Cremieu: ou bien que ce fussent causes, esquelles luy mesme eust interest, d'autant que le seigneur n'est jamais tenu demander justice a son vassal, & paroistre deuant le juge d'iceluy en habit de suppliant qui est la raison sur laquelle sont fondez les cas Royaux.

Partant aucuns tiennent que le seigneur chastellain n'a pas la jurisdiction primitiue des nobles 71 residans ès terres de ses vassaux, ausquels il a donné toute justice haute moyenne & basse: pource que ces mots de toute justice semblent deuoir comprendre la justice sur toutes sortes de personnes, & de terres, & ainsi se prattique communement à present, combien qu'anciennement on tinst le contraire, tesmoing le passage d'vn antique praticien rapporté par M. Choppin sur la coustume d'Anjou liure premier, tiltre premier, nombre dix. *Vn haut justicier n'a pas cognoissance des nobles, fors en cas reel, s'il n'en est en saisine. Car de tous cas personnels le noble en est exempt, combien qu'il en eust la confiscation.* Mais quant aux crimes commis dans les grands chemins dont les seuls seigneurs chastellains ont la police, & garde 72 comme il sera dit au chapitre suiuant j'estime que la justice leur en doit estre reseruee, sans que les hauts justiciers non chastellains en puissent prendre cognoissance, non plus que des grands crimes: *quia licet habeant territorum, non tamen habent plenum & perfectum, & licet habeant omnimodam jurisdictionem, non tamen habent omne Imperium*, comme il sera prouué incontinent: or est il que ces cas excedent le pouuoir 73 de la justice ordinaire, & *magis sunt Imperii quam jurisdictionis.*

Si le seigneur chastellain à seul la iustice sur les nobles

Que les crimes des grāds chemins luy appartiennēt.

Respon ce aux arrests attribuans au Roy seul les grāds crimes & aux des grands chemins.

Voire mesme pour ce qu'il se trouue des arrests, par lesquels les simples hauts iusticiers estans au dedans des Bailliages Royaux (comme ils sont ordinairement) ont esté exclus de cognoistre des grands crimes, & des cas aduenus dans les grands chemins, plusieurs praticiens ignorans la raison que ie viens de dire, ont colligé de là que ce sont cas Royaux, & que la cõnoissance des grãds crimes & cas des grãds chemins n'appartiẽt qu'aux juges Royaux. Enquoy toutesfois il n'y a aucune apparence ny coherence, attendu que les cas Royaux sont ceux ausquels le Roy, comme Roy, a quelque interest, ainsi qu'il sera dict cy apres au chap. 13. Aussi veoit on que toutes les coustumes sans exception qui ont traitté des droicts des seigneuries & justices, portent le contraire.

74 Causes de nobles appartiennent aux seigneurs mediocres sans difficulté.

Et quant aux causes des nobles, les seigneurs de France voyans que soubs pretexte de l'edict de Cremieu, les Baillys Royaux en vouloiẽt priuer leurs juges, obtindrẽt la declaratiõ cy dessus recitee, qui oste toute difficulté. Et s'il se trouue quelques arrests au contraire, ce que ie n'estime pas, il faut que ce soit contre les simples hauts justiciers enclauez dans le Bailliage Royal, en consequence de l'ancienne prétention qu'auoient les Baillys sur les moindres juges pour raison des causes des nobles.

75 Causes d'appel n'appartiennent que aux Baillys.

Finalement à l'égard des causes d'appel, ie tien que les hauts justiciers non chastellains n'en doiuent aucunement cognoistre, ne pouuãt quelque justice que ce soit, & fust-ce vne basse justice, ressortir ailleurs qu'en vn vray Bailliage, & non en vne simple justice ordinaire, comme il est expressément dict au grand coustumier tit. 5. du liu. 4.

76 Les seigneurs mediocres õt vsurpé les deux parties du droit de ressort.

Comme donc ainsi soit que le droict de ressort a deux parties, l'vne d'auoir à soy deux degrez de jurisdiction, & l'autre de pouuoir conceder à autruy des justices inferieures, à la charge qu'elles ressortiront au bailliage du seigneur qui les cõcede, il est notoire que tous les seigneurs des seigneurs mediocres ont vsurpé l'vne & l'autre partie. Car quant à la prémiere uoir à soy deux degrez de iurisdiction, à sçauoir Bailliage & Preuosté, c'est chose bien certaine qu'ils auoyent tous l'vn & l'autre en l'an 1573. quand l'ordonnance de Roussillon fut faicte, (ainsi est vulgairement appellée l'ordonnance faicte à Paris en l'an 1573. & confirmée & modifiée à Roussillon l'annee ensuiuante) par le 24. article de laquelle est ordonné, qu'il n'y aura qu'vn degré de iurisdiction en mesme lieu, ce qui a esté exactement executé par toute la France, à l'esgard des justices non Royalles, fors seulement aucunes de celles des grands iours des Pairs de France, qui aussi n'auoyent pas eu le ressort par vsurpation, mais par concession.

77 Ord. de Roussillon.

78 Accommodation des temps.

De sorte qu'auiourd'huy les autres seigneurs de France sont presque reduits aux mesmes termes qu'ils estoyent au parauant qu'ils eussent vsurpé ce double degré de iurisdiction, n'ayant qu'vne justice, qui neantmoins a deux diuerses seances, à sçauoir, l'ordinaire & celle des assises, vray est que l'vne & l'autre estãt tenuë par mesme juge, & presque en mesme forme, la diuersité n'y est pas si remarquable, cõme quand il y auoit vn Bailly expres enuoyé, qui n'auoit autre charge, que de tenir ses assises, estant en icelles assisté des principaux vassaux & suiets du seigneur.

79 Interpretation du 24. art. de l'ordonnance de Roussillon.

Or par ceste ordonnance de Roussillon, du Moulin estimoit que toutes les justices inferieures cõcedées par les Chastellains, & autres plus grands seigneurs deussent estre abolies, comme il a noté plusieurs fois en ses apostilles des coustumes, qu'il fist imprimer vn an ou deux apres ceste ord. qui est tout le dernier de ses liures, à sçauoir sur l'article 72. de la coustume de Tours: sur le 62. de celle d'Anjou. sur le 71. de celle du Mayne, & sur le 1. article de celle du Perche. Et toutes-fois encor que c'eust esté aussi tost fait, & mesme il eust esté encor plus iuste, d'abolir les iustices concedees par les seigneurs sans permission du Roy, que de leur oster leur second degré de iurisdiction, si est-ce la verité, que ceste ordonnance ne s'estend pas si auant, tant pource qu'elle ne reünit que les iustices estans en mesme lieu, que pource qu'elle reserue l'option aux seigneurs, laquelle option ne peut estre, si les deux iustices ne sont à vn mesme.

80 Les seigneuries mediocres ont encor à present droict de cognoistre des causes d'appel.

C'est pourquoy les seigneurs des mediocres seigneuries retiénent encor presque tous ceste seconde partie du droict de ressort, qui est d'auoir des iustices d'autruy ressortissantes en la leur, que ie mets pour leur cinquiesme droict & prerogatiue: non pourtant que ie vueille dire qu'ils puissent conceder des iustices inferieures sans permission du Roy: car i'ay cy deuant prouué non seulement qu'ils ne le peuuent faire: mais mesme que le Roy peut, par droicte iustice & puissance reglée, abolir toutes ces iustices érigees sans sa permission, de quelque laps de temps que ce soit: mais tant y a que pendant, qu'il plaist au Roy les tollerer, ils iouissent en effect du droict de ressort, mesmement ils ont vne aptitude de l'auoir incommutablement, àsçauoir si le Roy auctorise vne fois les concessions de iustices par eux faites. Ce qui n'est és petites seigneuries & simples justices, où ie tien, que ce droict de ressort est du tout abusif, & ne doit estre aucunemét toleré, comme i'ay prouué au 6. chapitre.

81 Les seigneurs mediocres ont le commandement & la iurisdiction.

Pour sixiesme septiesme & huictiesme prérogatiue des mediocres seigneurs, ie mets le notariat, la police, & les Bans ou proclamations publiques, qui prouiennent toutes trois de mesme source, à sçauoir de ce que ces mediocres seigneurs ont non seulement ce qui gist en la iurisdiction: mais aussi ce qui concerne le commandement & l'auctorité du Magistrat: qui sont les deux fonctions des iuges fort

82 *Imperium & iurisdictio.*

à propos distinguees au droict Romain : car encor que la iurisdiction ne puisse estre sans quelque commandement, ny le commandement sans quelque iurisdiction & cognoissance de cause, si est ce qu'il faut confesser, qu'il y a certains actes de justice, qui consistent plus en cognoissance de cause, qu'en auctorité & puissance, & au rebours d'autres, qui gisent plus en l'auctorité du Magistrat, qu'en la notion du juge, lesquels actes sont specifiez en la loy. *ea quæ. D. Ad municip.* en la loy 4. *D. De iurisd.* & quelques autres.

83 Comment le *mixtum imperium* appartiẽt aux officiers.

Or comme il a esté dit au premier liure des offices qu'au droict Romain les mandataires de iurisdiction auoyent bien ceste partie du *mixtum Imperium*, qui ressent plus la Iurisdiction que le commandement, mais non pas ceste autre qui ressent plus le commandement : aussi faut-il resoudre en France le mesme à l'esgard des officiers, ausquels les Ducs & les Comtes, qui estoyent iadis les vrays Magistrats, ont concedé toute iustice, qu'il faut comparer en tout & par tout aux mandataires generaux de iurisdiction du droict Romain, fors qu'ils ont vsurpé la iurisdiction des crimes communs, qui à la verité gist fort en cognoissance de cause, & outre ont vsurpé presque tous les actes du *mixtum imperium*, à cause que le plus souuent en iceux. Il est besoin d'vne prõpte expedition, qu'il seroit par trop incommode, d'enuoyer le peuple cercher bien loing, qui est la raison que rapporte sur ce subiect le Iurisconsulte en la loy 1. & 4. *De damno infecto*. Somme que comme du *merum Imperium* il n'est resté autre chose aux seigneurs chastellains, que la cognoissance des grands crimes, aussi du *mixtum Imperiũ* il ne leur est demeuré, à l'exclusion des simples justiciers que trois actes à sçauoir le notariat, la police & les proclamations.

84 Quel commandement est demeuré aux seigneurs mediocres.

85 notariat n'appartient que aux chastellains.

Car pour le regard du notariat, ou seel authentique à contracts, c'est chose certaine qu'il n'appartiẽt qu'aux ſeigneurs chaſtellains, & autres plus grands ſeigneurs, & non aux ſimples hauts juſticiers, s'ils n'y ſont fondez en titre exprez, poſſeſſion immemoriale ou couſtume locale: comme Bacquet à prouué amplement au 25. chap. de ſon 3. liure.

86 Raiſon. Choſe qui pourtant ſemble fort eſtrange de prime face, que ceux qui ont la iuriſdiction contentieuſe, n'ayent pas la volontaire: mais il faut s'arreſter à ceſte raiſon, que l'autorité des contracts *magis eſt Imperij, quam juriſdictionis*: ainſi que la loy 2. *&* 3. *De off. Proconſ. & leg.* diſant que le lieutenant du Proconſul ne peut receuoir de manumiſſions ny adoptions, combien qu'il exerçaſt l'entiere iuriſdiction du Proconſul, *quia* dit la loy, *non habet juriſdictionem talem, & omninò apud eũ non eſt legis actio*, voire meſme du Moulin ſur la couſtume de Paris, article 1. gl. 5. nombr. 55. dit que *poteſtas creandi Notarios publicos ad ſolum Regem ſpectat, eſt que de regalibus*, ce qui eſt vray en bonne iuriſpendence, & a lieu és pays, où l'entiere ſeigneurie publique appartient au Prince ſouuerain, & où les particuliers n'ont point vſurpé la juſtice, mais en France, où ceſte vſurpation eſt eſtablie de longue main, l'vſage eſt notoirement au contraire: voire

87 Le Roy ne peut mettre des notaires és terres des chaſtellains. meſme nous pratiquons, que le Roy ne peut mettre des notaires Royaux dans les terres des ſeigneurs chaſtellains, & autres ayans ce droict de notariat ou tabelliõage, comme il a eſté iugé par pluſieurs arreſts rapportez par Baquet au meſme lieu: arreſts qu'il faut limiter à mon aduis aux ſeuls ſeigneurs chaſtellains, ou autres plus grands ſeigneurs, auſquels le

88. Mais bien en celles des hauts juſticiers ayans droit de notariat. droict de tabellionage appartient du propre droit de leur ſeigneurie, & non pas les eſtendre aux ſimples hauts iuſticiers, qui ont preſcript contre le Roy de mettre des Notaires en leurs terres: car par telle preſcription le Roy n'a pas perdu la faculté ~~du Roy~~ d'y en pouuoir auſſi mettre de ſa part, eſtant vne regle certaine des preſcriptions, que *tantùm*

præscriptum, quantum possessum: & que *ea quæ sunt meræ, facultatis, non præscribuntur, nisi saltèm à die contradictionis* c'est pourquoy on voit des notaires Royaux en la pl° part des hautes iustices des seigneurs, & en aucunes s'y veoit des Notaires Royaux, & des subalternes tout ensemble : auquel car les Royaux emportent tout, à cause de l'execution parée, qu'ont indistinctement tous leurs contracts. Mais es terres des seigneurs chastellains, ou autres plus grands seigneurs, il ne se voit gueres de Notaires Royaux.

89 Notaires Royaux ruinent les subalternes.

Le second acte de commandement que les seigneurs ont conserué à l'exclusion des hauts iusticiers, est le droit de police, qui consiste propremẽt à faire des reglemens, concernans le repos & commodité du peuple, qui est certes vn degré de puissance par dessus l'administration ordinaire de la justice : mais d'autant que l'explication de ce droit de police est de long discours, à cause des dependances, qu'il a, j'en feray vn chap. à part.

90 Du droict de police remissiue.

De ce sécond acte de commandement depend aucunement le troisiesme, qui est le droict, de faire des bans ou proclamations publiques. Droit, qui est expressement attribué aux Barõs & chastellains par les coustu. d'Anjou, Touraine & celle du Mayne, qui est celle d'entre toutes (dit le grand coustumier) liu. 4. chap. 5. qui mieux que nulle autre traitte la matiere des droits des iustices & seigneuries. Et dõt y a aussi vne belle remarque en l'art. 65. de la coust. de Paris, où il est dit que les Barons & chastelains peuuẽt faire publier leurs hommages à son de trompe, & les autres moindres seigneurs au prosne de la paroisse, ou par signification particuliere seulement.

91 Du droit de Bans ou proclamations.

92 Qu'il appartiẽt aux seign. mediocres à l'exclusiõ des hauts iusticiers.

Vray est qu'il y a de deux sortes de publications, l'vne qui se fait à son de trompe & cry public *nimirum voce Præconis*, l'autre par affiches appellees en

93 Deux sortes ou publications, à sçauoir les proclamations & les affiches.

Grec προγράμματα, en latin *Edicta* qui sont appertement distinguées en la Nou. 112. chap. 3. qui contient vne tres-belle distinction en ceste matiere. Car elle dit, que les magistrats ordinaires peuuent faire leurs publications indifferemment καὶ τῶν κηρύκων φωναῖς, καὶ ἐδίκτοις προτιθεμένοις mais que les autres juges

94 Mediocres seigneurs font proclamations.

fussent-ils commis par l'Empereur) ne peuuent vser que d'edicts ou affiches, & non pas de proclamations publiques : dont il faut conclurre que les chastellains & autres plus grands seigneurs, qui sont comme les magistrats ordinaires, ayans plein territoire & commandement entier, peuuent seuls vser de cry public (Aussi gardons nous qu'ils peuuent seuls auoir vn trompette, ou crieur iuré, comme il sera dit au chap. suiuant) mais les

95 Hauts justiciers n'vsent que d'affiches sinon par emprunt.

simples iusticiers, qui de leur origine estoyent comme les mandataires de jurisdiction, ne peuuent vser que d'affiches. Que si en quelques expeditions pendantes deuant eux, ils ont besoin de faire des adiournemens, ou autres publications a son de trompe, ils en doiuent demander la permission a leur superieur ayant puissance, & encor les faire faire, sous le nom & auctorité d'iceluy, & par son crieur ou trompette.

96 Bans.

Et d'autant que les publications à son de trompe s'appellent en François proprement Bans, comme M. Pasquier a bien prouué liu. 6. chap. 35. de là vient qu'il y a quelques coustumes qui ne permettent pas au haut justicier de bannir hors sa justice, ores qu'elles luy permettent la punition capitale, remettant au chap. suiuant ce qui reste à dire touchant ce droit de Ban.

97 Decrets doyuent estre interdits aux hauts iusticiers.

Seulement ie diray icy qu'à l'exemple des Bans & proclamations publiques, les adiudications par decret deuroyent estre interdites aux simples hauts justiciers, ou iuges de village, comme de fait il est porté en plusieurs arrests, & en quelques coustumes : aussi

aussi qu'il n'y a rien, en quoy consiste plus apparemment l'auctorité & commandement du magistrat, qu'à prononcer ces trois mots solemnels *Do, dico & addico*. Et ne peut-on dire, que les adiudicatiõs par decret soyẽt permises aux juges de village, pour autant qu'elles requerent celerité, & pour espargner les pas du peuple, qui est le seul sujet, à cause duquel on leur a laissé les actes, qui sont plus de commandement, que de jurisdiction, suiuant la loy 1. & 4. *de damno infecto*. Car il n'y a rien, où la longueur soit tant tolerable qu'en vn decret: ni d'ailleurs rien, qui soit plus necessaire d'estre fait en ville ou bourg, où y ait marché, & affluence de peuple, afin d'estre notoire à chascun. Mais vn decret estant fait en vne justice borgne, où il n'y a que trois praticiens présens qui se renuoyent l'esteuf l'vn à l'autre, Dieu sçait les fraudes, & les fautes qui s'y font: & outre cela il n'y a celuy, qui ne se trouue frustré à son desceu de son hypoteque, rente fonciere, ou droit de proprieté. C'est pourquoy si jamais il se fait quelque reformation, ou reglemẽt en la justice, j'estime que ce poinct icy ne doit estre oublié.

La huictiesme prérogatiue des Chastelains, & autres seigneurs des mediocres seigneuries, est que cõme leur nom porte, ils ont droit d'auoir Chasteau, ou maison forte, c'est à dire munie de fossez, pontsleuis, tours & autres semblables fortifications: pour raison dequoy, ils n'ont besoin de lettres du Roy. Droit que les moindres seigneurs n'ont pas, & mesmes les chastelains, ne peuuent pas bailler à leurs vassaux permission d'en edifier en leur distroit, sans lettres du Roy: non plus que d'eux mesmes ils ne peuuent pas faire leurs vassaux chastelains. C'est pourquoy à plus forte raison, ils ont droit d'empescher, qu'aucun ne bastisse maison forte en leur territoire, encor mesme qu'il en ait permission du Roy, qui tous

98 droit de chasteau appartient aux seigneurs mediocres.

99 Ils ne peuuent bailler ce droit à leurs vassaux sans letres du Roy, ni le Roy sans leur permission.

100. Maisons fortes prohibées. iours est entendu, sauf le droit d'autruy, ce qui a mesme esté iugé, pour les simples hauts iusticiers, comme traite Choppin sur la coust. d'Anjou pag. 135. Et certes il seroit à desirer, qu'il n'y eust aucune maison forte en France, pour les rebellions, & autres inconueniens, qui en arriuent: qui fut vne des requestes, que fist le peuple aux Estats de Bloys: toutesfois ceste prohibition doit estre faite en temps opportun, comme discourt le mesme Choppin au lieu sus allegué.

101 [Vil]lage se peut [f]ermer par permission du Roy seul. Mais ni le haut iusticier, ni autre plus grand seigneur ne peuuent empescher, qu'vn village se ferme par permission du Roy, sinon qu'ils y contassent quelque iuste interest en leur particulier, comme tout ce que dessus est doctement discouru par monsieur Choppin sur le 42. art. de la coust. d'Anjou.

102 Droit de marché appartient aux seigneurs medioeres. Aussi plusieurs coustumes, & liures anciens de pratique portent, que le seigneur chastelain, & par consequent les Barons & Vicomtes, ont droit d'auoir marché en leur village, qui est leur neufiesme & derniere prerogatiue, mesmement ils ont droit d'empescher, non seulement ceux de leur distroit, mais aussi leurs voisins, d'en establir vn nouueau à trois ou quatre lieues du leur, ores mesme qu'ils en eussent permission du Roy. Car les lettres de concession de marchez portent, selon l'ancien style de Chancelerie, la clause, *pourueu qu'à trois ou quatre lieues pres il n'y ait autre marché*, & si elle n'y est, elle y doit estre sous entenduë.

103 Si des seigneurs medio cres ont droit de foire. Aucuns adioustent droict de foire vne ou deux fois l'an. Ce que je n'estime pas, si le seigneur chastellain n'en a titre particulier, ou prescription: attendu l'ancien arrest de la Pentecoste 1269. contre le Comte de Chasteau-Roux en Berry, & vn autre

contre l'Euesque de Clermont portant. *Quod nullus in regno potest facere feriam sine permisso domini Regis.* Il y en a aussi vn arrest de Bretagne au liu. de monsieur du Fail, ce qui est conforme à la loy *Nundinas D. de Nundinis.*

SOMMAIRE DV IX. CHAP.

1 *Ethymologie de police.*
2 *Pourquoy les Chastellains ont la police.*
3 *Police en quoy consiste*
4 *Ethymologie d'edict*
5 *Adiournemens a trois briefs iours,*
6 *Trois significations d'edict*
7 *Difference entre les réglemens, la police & les loys*
8 *Le parlement faict seul les réglemens de la justice,*
9 *Reglemens de stile appartienent a chasque juge de Chastelain.*
10 *Si la police appartient aux seuls juges Royaux*
11 *Que non.*
12 *Qu'elle appartient mieux aux seigneurs qu'aux juges Royaux,*
13 *Inconuenient de l'opinion concontraire*
14 *L'ordonnance laisse la police,*
15 *Exception*
16 *Police consiste en trois poincts*
17 *De la police des denrées*
18 *Poids & mesures.*
19 *Si les poids & mesures appartiennent au Roy seul*
20 *Inconuenient aduenu pour auoir attribué les mesures aux seigneurs.*
21 *Pourquoy la varieté n'a esté si grande aux poids qu'aux mesures,*
22 *Roys des merciers*
23 *Response aux raisons précedētes,*
24 *Eschevins auoyent à Rome la cognoissance des poids & mesures,*
25 *Estalons des poids & mesures par qui gardez*
26 *Que ces estallons ont tousiours appartenu aux Ducs & Comtes*
27 *Que le Roy n'auoit jadis aucun droict dans les terres des seigneurs,*
28 *Que les deniers qu'il y leue maintenant sont droicts extraordinaires.*
29 *Les coustumes attribuent les poids & mesures aux seigneurs*
30 *Des Roys des merciers*
31 *Supprimez.*
32 *Le Roy a la superintendance sur tous poids & mesures*
33 *Ordonnance pour les reduire toutes a celles du Roy.*
34 *Ces ordonnances ont reserué le droict des seigneurs*

35 *Distinction inuentée de nostre temps.*
36 *Establissement des jaugeurs faict par le Roy*
37 *Interpretation d'vn arrest*
38 *Iaugeagj*
39 *En quoy consiste le droict de grands poids*
40 *Arpenteurs par qui instituez.*
41 *Explication de l'ordonnance. 1575.*
42 *Droict des petits poids & mesures.*
43 *Punition des contrauentions aux poids & mesures est acte de justice non de police.*
44 *Conciliation des coustumes.*
45 *Faut distinguer les réglemens d'auec l'execution d'iceux.*
46 *La police deuroit appartenir aux Baillys.*
47 *De la police des mestiers.*
48 *Villes iurées.*
49 *En quoy consiste la police des mestiers.*
50 *Faire statutz de mestier à qui appartient.*
51 *De la police des chemins.*
52 Viocuri.
53 *La charge du Voyer de Paris est differente de celles des commissaires du chastellet.*
54 *Pourquoy il n'y a voyer qu'a Paris en titre d'office.*
55 *Le Roy est seul voyer à Paris.*
56 *Qui est voyer aux autres villes.*
57 *Grand voyer de France.*
58 *Voyer es coustumes que signifie.*
50 *Gros voyer, petit voyer*
60 *Iuges soubz l'orme.*
61 *Voirie prétendue par le Roy es terres des seigneurs.*
62 *Au moins es chemins Royaux.*
63 Viarum distinctio.
64 Viæ Regales
65 Viæ vicinales.
66 Publicæ viæ.
67 Priuatæ agrariæ.
68 *Distinction des chemins de France.*
69 *Trauerse.*
70 *Chemin Royal.*
71 *Chemins peageaux*
72 *Pretension des officiers Royaux touchant les chemins.*
73 *Raisons contraires*
74 *Les chemins Royaux n'appartiennent pas au Roy.*
75 *De mesme.*
76 *Resolution que la justice des chemins Royaux appartient aux seigneurs.*
77 *Et la superitendance au Roy.*
78 *Qu'il n'est expedient d'en oster la justice aux seigneurs.*
79 *Ni aussi la cognoissance*

des crimes commis en iceux.

80 Du peage
81 Diuers noms du Peage
82 Barrage
83 Pontenage
84 Billette
85 Branchiere
86 Coustume
87 Preuosté
88 Trauers
89 Trauers que signifie proprement
90 Difference du peage & trauers
91 Leuage
92 Origine du trauers
93 Trauers est droict de souueraineté.
94 Occasions des peages
95 Pour l'entretien des chemins
96 Pour la seureté des chemins.
97 Que d'anciëneté le seigneur Peager doit respondre du vol faict en son chemin
98 Incommodité des peages
99 Que le peage n'est deu de droict commun
100 Abolition des peages.

DV DROICT DE POLICE.

CHAPITRE. 9.

Omme πόλις signifie la Cité, aussi πολιτεία, que nous disons Police, signifie le réglement de la Cité. Partāt il semble, que le droit de Police ne deuroit proprement appartenir qu'au Barō qui a droit de ville close, & non au Chastellain, qui n'a droit que de Chasteau. Toutesfois la grande conformité qu'il y a entre les Barons, qui sont appellez grands Chastellains, & les simples Chastellains (conformité qui faict que toutes les justices ayans plain territoire & entier commandemēt sont appellees chastellenies) à esté cause, que comme les chastellains ont vsurpé les autres droits des Barons, aussi ont-ils empieté le droit de Police, qui aussi n'est pas le reglement d'vne ville τῆς ἄστεως ains d'vne cité τῆς πόλεως, c'est à dire, d'vne communauté d'habitans viuans sous mesmes Magistrats & sous mesmes réglemens, ores qu'ils ne soyent enclos de murailles, *non enim est in parietibus ciuitas* disoit vn Romain : ce que Bodin discourt doctement au 6. chap. de son 1. liu.

1 Ethymologie de Police.

2 Pourquoy les Chastellains ont la Police.

Dont s'ensuit, que le droit de police consiste proprement à pouuoir faire des réglemens particuliers, pour tous les citoyens de son distroit & territoire: ce qui excede la puissance d'vn simple iuge, qui n'à pouuoir, que de prononcer entre le demandeur & defendeur : & non pas de faire des réglemens, sans postulation d'aucun demandeur, ni audition d'aucū defendeur, & qui concernent & lient tout vn peuple, pouuoir qui approche & participe dauentage

3 Police en quoy consiste

de la puissance du Prince, que non pas celuy du juge, attendu que ces réglemens sont comme loix, & ordonnances particulieres, qui aussi sont appellées proprement Edicts, comme il a esté dit cy deuant au 3. chap.

4 Ethymologie d'Edict.

L'ethymologie de ce mot, Edict, vient *ab edicendo. Edicere autem est quasi extra dicere*, disent nos Grammairiens, c'est à dire proclamer & publier. Aussi ni les edits des magistrats, ni les loix du Prince, n'ont-ils leur force, que par la publication, dit Ciceron 3. *De legib.* voire mesme la signification primitiue du mot d'edit, estoit de signifier la publication, comme i'ay dit au chap. precedent. *Sic tribus edictis euocari absentes dicuntur. l. 2. §. Senatus & l. 42. §. vlt. D. de ju. fisci. l. 20. §. Præter hæc. De petit. hæred.* qui est ce que nous appellons adiournemés à trois briefs iours à son de trompe, appellez en la Nou. 134. chap. 5. νόμιμα κηρύγματα. vray est, qu'ils se faisoyent quelquesfois *per libellj in ædibus appositionem. l. 4. §. 6. de damno infecto*, que la Nou. 112. dit διὰ τῶν ἐδίκτων προτιθεμένων. Il y a donc trois significations du mot d'edict, *aut pro programmatis* expliquez au chap. précedent, *aut pro magistratuum iussis*, qu'il faut expliquer icy, *aut pro constitutionibus Principum*, que j'ay expliquees cy deuant au 3. chap. Et de là vient, que comme en France il n'y a que les chastellains, ou autres plus grands seigneurs, qui puissent faire des réglemens de police, ausi n'y a-il qu'eux, qui puissent faire des proclamations publiques.

5 Adiournemés à trois briefs iours.

6 Trois significations d'Edict.

7 difference entre les réglemens, la Police & les loix

Donques la police consiste proprement à faire des réglemens particuliers, que les Romains appelloyent proprement Edicts, à la distinction soit des loix du peuple, ou des constitutions des Empereurs. Car comme le seigneur souuerain peut faire des loix generales: ausi le seigneur suzerain & subalterne ayant l'entier commandement, peut faire des réglemens particuliers pour ses justiciables. Mais ausi

comme

comme le seigneur subalterne doit luy mesme obeir aux loix de son souuerain, aussi en prémier lieu ses réglemens particuliers doyuent estre accordans, quoy que ce soit non repugnans, aux loix du prince. Secondement ils doyuent estre fondez sur quelque consideration, qui soit particuliere, au lieu, ou ils se font, pource qu'autrement c'est au prince souuerain de pouruecoir par loix generales aux necessitez communes de son estat, tant à l'occasion que cela depend de son auctorité, qu'à cause que ce seroit vn desordre, & discordance en vn Royaume, si chascune ville auoit diuerses obseruances.

C'est pourquoy le Parlemẽt ne veut pas, que les juges des lieux entreprennẽt de faire en leurs sieges des réglemens particuliers, sur le faict de la justice, *quia æquitas non clauditur loco*, & qu'il n'y peut gueres escheoir de particuliere consideration, & partant on dit que les matieres de réglement luy appartiennent en prémiere instance, ce qui est vray pour le régard des réglemens generaux, c'est à dire és matieres, qui peuuent & doiuent estre réglées d'vne mesme façon en tout le Parlement, & où la diuersité de chascun lieu n'apporte rien de particulier. 8 Le Parlement faict seul les réglemens de la iustice.

Mais pource qui est du styl & forme de proceder particuliere de chascun siege, comme d'ordonner à quels jours de la semaine on plaidera, à quelle heure on entrera & sortira de l'audience & chambre du conseil, du temps des vacations, des jours non litigables, des taxes des Greffiers, Notaires, Sergẽs, des formalitez des menües procedures & instructiõ des causes, il semble que le parlement ne doit trouuer mauuais, que chasque juge en face des réglemens en son siege, pourueu qu'ils ne repugnent en rien aux ordõnances du Roy, ni à ses arrests: n'estant possible que le Parlement puisse régler si commodement ces petites pontilles, que fera le juge du lieu. 9 réglemens de style appartiennent à chasque juge de chastellain

Voilà pour les réglemẽs de justice, & quant à ceux

10 de Police, c'est à dire qui concernent le mesnagemēt commun de la cité, les juges Royaux se sont autresfois voulu faire accroire, qu'ils n'appartenoiēt qu'au Roy *quia lex salutem Reipublicæ tueri, nulli magis credidit conuenire, nec alium sufficere ei rei quam Cæsarem. l. Nam salutem. D. de offic. Præf. Vigil.*

Si la police appartiēt aux seuls juges Royaux.

11 Toutesfois je ne voy point comment on pourroit soustenir, que le droit de police fust purement Royal, c'est à dire inseparable de la personne du souuerain ainsi que de faire les loix generalles. Que si ainsi estoit, il ne seroit non plus communicable aux juges Royaux des prouinces, qui n'ont pas l'exercice des droits purement Royaux. Que si au contraire il leur est communicable, comme notoirement ils en vsent en leur justice, il est infaillible, qu'il a aussi appartenu aux Ducs & aux Comtes, qui ont esté les prémiers magistrats & officiers, auparauant la reünion à la couronne, des villes, où il y a de présent des juges Royaux, & partant les Ducs & Comtes qui sont demeurez, & ceux qui ont esté erigez à leur modelle, le doiuent encor auoir.

Que non.

12 Voire je dy, qu'ils l'ont auec plus de droict, que les juges Royaux, qui ne l'ayant que par office, c'est à dire n'en ayant que l'exercice cōme officiers, y peuuent estre préuenus par le Roy, ou par des commissaires, ausquels le Roy peut en attribuer la cognoissance, voire il peut la démembrer entierement de leurs offices, tesmoin l'edit de Cremieu, par lequel il a osté la Police aux Baillys, & l'a donnée aux Preuosts: mais les Barons de France ayans la police par droit de seigneurie propre & patrimoniale, le Roy dont ils la releuent en fief, ne peut par puissance réglée la diminuer par préuention, ni autrement, & moins encor la leur oster tout à fait.

Qu'elle appartient mieux aux seigneurs qu'aux juges Royaux.

13 Et d'ailleurs quelle apparence y auroit-il, qu'vn juge Royal éloigné possible de dix ou douze lieues d'vne ville Ducale ou Cōtale, y puisse mettre la me-

Inconuenient de l'opinion contraire.

nüe police, qui doit estre réglée promptement & sommairement, voire mesme que luy, qui ne sçait pas les particularitez du lieu, y puisse faire des réglemens si a propos, que le juge du lieu?

De fait le Roy Charles dernier par son ordonnance de l'an 1572. ordonne bien vne certaine forme, & certains deputez pour régler la menuë police des villes Royales; mais il ne touche point aux villes des seigneurs, ains seulement leur enjoint d'y maintenir la police, ainsi qu'ils verront estre necessaire, se conformans neantmoins à ses ordōnances, & s'accommodans au plus prés qu'ils pourront, aux réglemens des villes Royales.

14 L'ordonnance laisse la police aux seigneurs.

Vray est, qu'il y a cela de particulier au fait de police, que comme la cité n'est qu'vn corps d'habitans, aussi la Police doit estre vnique & vniforme en la ville & faux-bourgs, tant que faire se peut: afin que la diuerse maniere de viure n'y apporte du désordre & difformité; de sorte qu'en vne ville y ayant deux justices ordinaires & primitiues, si l'vne est superieure de l'autre, la superieure doit auoir toute la police, cōme j'ay discouru en la suitte *Des justices de village*.

15 Exception.

Or la Police consiste principalement en trois poincts, dont il faut traitter séparement, sçauoir est aux denrées, aux mestiers, & aux ruës ou chemins. Quant aux denrées, c'est à dire la menüe marchandise (car la grosse concerne le réglement general du Royaume, qui appartient au Roy seul) qui sont les victuailles & autres petites commoditez, pour l'entretien & vsage iournalier du peuple, les juges de police y peuuent mettre taux, & faire tout autre réglement pour empescher les monopoles & autres abus, mesme pour faire fournir l'habitant auant le marchand qui les veut reuendre.

16 Police consiste en trois points.

17 De la police des denrées.

De cêt article dependent les poids & mesures, pource qu'en vain y mettroit-on le prix, si le poids & mesure n'y estoient certaines & iustes. Et neant-

18 Poids & mesures.

19 Si les poids & mesures appartiennent au Roy seul.

moins les officiers Royaux prétendent en quelques endroits la cognoissance des poids & mesures, disant que c'est vn droit de la courõne, & de faict quelques coustumes l'attribuent au Roy priuatiuement, autres luy en donnent, & à ses officiers la préuention.

20 Inconuenient aduenu pour auoir attribué les mesures aux seigneurs

Et faut confesser, qu'il eust esté fort à propos, que les seigneurs de France n'eussent point eu ce droit pour le desordre & confusion, qui en est arriuée, en ce que chascun à voulu auoir des mesures toutes dissemblables: à quoy on n'a peu trouuer remede, quoy qu'il y ait eu plusieurs ordonnances de nos Roys, portans, que toutes ces mesures, seroyent reduittes à vne, ce qui n'a peu estre exécuté.

21 Pourquoy la varieté n'a été si grande aux poids qu'aux mesures.

22 Roys des merciers.

Et quant aux poids, la cause pourquoy il n'y à pas eu tant de varieté & diuersité qu'aux mesures, à esté, ce semble, à cause que d'ancienneté il y a eu presque en toutes les prouinces de la France des roys des merciers, proueus par le grand Chambrier de France, qui auoyent la visitation des poids, crochets & balances, & qui partant en aucuns lieux estoyent appellez visiteurs des poids & balances. A l'exemple de ces quinze officiers d'Athenes qu'Harpocration appelle μετρονόμους & de ce Libripés des Romains, dont nostre droit fait mention: bref dit Zigostates, dont la loy derniere *De ponderat. lib.* 10. *Cod.* dit, qu'il y en auoit vn en chasque ville de l'Empire Romain.

23 Responce aux raisons precedentes.

24 Escheuins auoyent à Rome la cognoissance des poids & mesures.

Toutesfois cela auoit lieu és Estats, où toute la seigneurie publique & toute la justice demeuroit par deuers l'estat, & n'estoit point cõmuniquée aux particuliers. Mais en France, où le contraire à lieu de toute antiquité, je ne voy point que le droit des poids & des mesures soit plus Royal, que d'exercer toute justice ciuile & criminelle, iusques à condamner les hommes à mort. Attendu mesme, qu'en l'estat Romain c'estoit la charge des Escheuins des petites villes, qui ne cognoissoyent que des causes legeres (comme il sera dit en son lieu) d'auoir neantmoins la cognoiſſance des poids & des meſures: dont Perſe ſe moque en ſa 1. Satyre

Sæpe aliquem credens, Italo quod Honore ſupinus
Frangeret heminas Areti Ædilis iniquas.

& Iuuenal

Et de menſuris jus dicere, vaſa minora
Frangere, pannoſus vacuis Ædilis Vlubris.

Et quant eſt d'auoir des eſtalons de meſures & poids, c'eſtoit la charge des Gouuerneurs des prouinces *adeò vt ad crimen ſuum noſcant pertinere, ſi poſſeſſoribus vllum fuerit aliqua ponderum iniquitate allatum diſpendium* dit la loy derniere *C. de ſuſceptor.* & la loy 9. du meſme titre ordonne, *vt modij ænei vel lapidei, cum ſextarijs atque ponderibus per ſingulas ciuitates collocentur.* Et la Nou. 128. chap. 16. dit, qu'il les faut garder en l'Egliſe de chaſque ville, & au demeurant que l'archetype & principal eſtalon de l'Empire eſtoit gardé ſçauoir eſt celuy de la meſure des grains par le *Præfectus Prætorio*, & celuy du poids par le *Comes ſacrarum largitionum*.

25 Eſtalons des poids & meſures par qui gardez.

Puis doncq, que noz Ducs & Comtes ont eu la meſme charge en France, que les Gouuerneurs des Prouinces Romaines, il ne faut point douter, que l'eſtalon des poids & des meſures ne leur appartint. Auſſi quand on prendra garde de pres, on trouuera que noz Roys n'auoyent jadis aucun droit domanial ny ſeigneurial dãs les villes & territoires des ſeigneurs: au moins que tous les droits ſeigneuriaux ordinaires & neceſſaires appartenoyent aux ſeigneurs: n'ayant eſté rien reſerué par leurs inueſtitures anciennes, que le reſſort & l'homage, comme il ſe veoit és anciennes ordonnances. Et ce que maintenant les Roys y leuent des tailles, gabelles, & autres ſubſides, ce ſont aydes & deniers extraordinaires, dependans de la juriſdiction de la Cour des aydes, & non pas droicts domaniaux & ſeigneuriaux, qui puiſſent dependre de la juſtice ordinaire, & dont le

26 Que ces éſtalons ont tous iours appartenu aux Ducs & Comtes.

27 Le Roy n'auoit jadis aucun droit dãs les terres des ſeigneurs.

28 que les deniers qu'il y leue maintenant ſont droits extraordinaires.

Parlement,qui a la cognoissance du domaine de la couronne,puisse,ni vueille cognoistre.

De fait il n'y a presque aucune des coustumes, qui ont traité des droits seigneuriaux, qui n'attribue les poidz & les mesures, qui au Baron, qui au Chastelain,qui au haut, & la plus part encor au moyen justicier. Ce qu'il faut entendre pour le regard du haut & du moyen justicier, en ce qui est de la visitation & cognoissance sommaire des poidz,& mesures inegales ou faulses, & non pas de les pouuoir régler & adjuster,& en bailler estalon,comme il sera dit incontinent: & mesme les articles secretz de la coustume de Paris attribuent la visitation des mesures au moyen justicier.

29 les coustumes attribuent les poids & mesures aux seigneurs.

Quant est des Roys des Merciers,qui estoyent en France anciennement, & qui depuis ont esté appellez visiteurs, dit Ragueau, ils n'estoyent pas instituez par le Roy, ains par le grand Chambrier de France, voire que du Tillet dit,que le grand Chambrier luy mesme estoit appellé Roy des merciers; mais depuis que l'office feodal du grand Chambrier,auec ses depandãces,a esté reüny a la courõne par le Roy François en l'an 1545. les Roys ont bien commis des visiteurs,ou Roys des merciers en quelques Bailliages, mais pour visiter dans leurs terres seulement,& non dans celles des Barons, comme il est à croire,que ceux qui estoient commis par le grãd Chambrier de France, n'auoyent pouuoir que dans les terres du domaine de la courõne,ou a la suitte de la Cour: lequel Office de visiteurs (si office il doit estre appellé,veu que jamais il ne fut erigé par Edict) estant prouenu de l'entreprise & vsurpation des grandz Chambriers de France, & n'estant nullemẽt necessaire,au contraire estant de grand foule au peuple & s'y commettant de grandz abus, comme il fut verifié en l'assemblée de Roüen 1597. il fut arresté en ladite assemblée,qu'il seroit supprimé: & pource que

30 Des Roys des merciers.

31 Supprimez.

l'edict arresté en icelle assemblée, n'a encor esté verifié, ceste suppression des Roys des merciers ou visiteurs des poidz & balances, a esté inserée en l'edict des mestiers, qui fut fait & verifié en la mesme année 1597.

Vray est que comme la Police generale du Royaume appartient au Roy, & comme ses Loix sont tousiours au dessus de tous réglemens de Police, que ses vassaux peuuent faire en leurs terres: il peut iustemẽt ordonner, que tous les poidz & mesures des seigneurs seront reduits aux siens, afin qu'il n'y en ait qu'vne seule sorte en tout le Royaume: ce que les Roys Philippe le Long, Loys 11. & Frãçois premier ordonnerent, & apres eux le Roy Henry second en feist vn notable edict en l'an 1557. pour l'execution duquel y eut certains commissaires députez: mais en tous ces edicts, il y a tousiours eu clause expresse, que le Roy n'entendoit préiudicier aux seigneurs qui ont droit de poidz & mesures en leur territoire, & qu'o-res, que leurs poidz & mesures fussent reduitz à ceux du Roy, ilz ne laisseront pourtãt d'estre marquez des armoiries des seigneurs.

32 le Roy à la superintendance sur tous poids & mesures.

33 Ordonnance pour les reduire toutes à celles du Roy.

34 Ces ordonnãces ont reserué le droict des seigneurs.

Toutesfois comme le Roy a les mains longues, ses officiers ont inuenté de nostre temps, vne distinctiõ, pour retrancher le droit des seigneurs, dont jamais on n'auoit ouy parler, disant que cõme le Roy seul a la police de la marchandise en gros, aussi les grandz poidz & mesures appartiennent à luy seul: Et souz ceste consideratiõ nostre Roy d'aprésent a estably en l'an 1596. des jaugeurs & marqueurs de fustaille par tout son Royaume, ainsi qu'auparauant il auoit estably des courratiers de vins, & des marqueurs de cuirs, & depuis a encor estably des marqueurs de draps.

35 Distinction inuentée de nostre temps.

36 Establissement des iaugeurs fait par le Roy.

Mais il ne faut pas inferer de ces edits & nouueaux subsides, que les Barons de France n'ayent entierement le droit de poids & mesures, tant grandes que

petites : & ne fait au contraire l'arrest obtenu par Madame la Duchesse de Touteuille en l'an 1554. par
37 Interpretatiõ d'vn arrest. lequel les petits poids & mesures seulement luy furent adjugez en vne sienne Baronnie située en Normandie. Car elle ne pouuoit prétendre les grands poids & mesures, à cause de l'ancienne coustume de Normandie, qui au chap. 16. attribuë au Duc les poids & les mesures indistinctement, ce qui fut neantmoins restraint par cét arrest aux grands poids & mesures: mais és coustumes qui n'en parlét point, j'estime que les Barons doyuent auoir les vnes & les autres. Et ainsi se prattique notoirement, fors seulement à l'esgard du jaugeage, depuis ce moderne e-
38 iaugeage. dict: encor y a-il des seigneurs, qui en ont empesché l'execution en leurs terres. Notamment Monsieur de la Trimoüille l'a gaigné contre le Roy par arrest donné en la chambre de l'edict : & ne fay point de doute, que le Parlement ne l'eust jugé tousiours ainsi : c'est pourquoy les partisans de cét edict ont tiré les causes concernans le jaugeage en la Cour des Aydes : combien que s'il appartient au Roy, ce soit vn droict domanial, qui doit estre de la cognoissance du Parlement.

Or le droit de grands poids consiste à auoir seul
39 Enquoy consiste le droit de grands poids. en sa ville droit de poiser pour autruy à grandes balances & poids au dessus de vingt-cinq liures, estant neantmoins permis aux bourgeois d'en auoir pour soy en sa maison, & pource appartient au seigneur douze deniers pour cent liures des marchandises qu'on poise à son poids, lequel droit il peut bailler à ferme, & partant est tenu auoir continuellement de bonnes & fortes balances & des poids de toutes sortes.

40 Arpenteurs par qui instituez. Et quant au droit des grandes mesures, il consiste à pouuoir instituer des Arpenteurs : ce qui és terres du Roy n'appartenoit jadis qu'au grand Arpenteur de France : mais en l'an 1554. Le Roy Henry 2. érigea

erigea six arpenteurs en chascun Bailliage en tiltre d'office, ce qu'il fist neantmoins sous clause expresse de ne préiudicier aux droits des Barons, qui me faict croire que l'ordonnance de l'an 1575. qui defend aux seigneurs ayant haute moyenne & basse justice & autres sujets du Roy, d'instituer des arpenteurs en leurs terres, ne s'entend que des simples hauts justiciers, & non pas des Barons.

41 Explication de l'ord. 1575.

Et du droit des petits poids & mesures depend d'auoir vn estalon patron ou eschantillon public de tous poids & mesures de toutes sortes: & droit d'adiust sur iceluy de trois poids & mesures faictes, ou venduës, ou gardées en son territoire, qui doiuent estre marquees par celuy qui est proposé pour les adjuter, à fin que le peuple n'y puisse estre deceu.

42 Droit des petits poids & mesures.

Mais quant à la visitaion des poids & des mesures & punition des delinquans, soit marchands ou autres, cela ne dépend pas proprement du droit de Police, ains de la justice: pour-ce que le réglement de Police estoit faict par le juge du Baron où Chastellain, auquel la Police appartient, c'est desormais aux juges primitifs des lieux, à le faire obseruer en leur distroit: c'est pourquoy ceste visitation & coërcion n'appartient pas seulement aux Barons, mais aussi aux hauts justiciers, voire mesme aux moyens. Et ainsi sans doute, faut il accorder la varieté de nos coustumes, estrange certes de prime face, les vnes attribuans les poids & mesures aux Barons & Chastellains à l'exclusion des hauts justiciers, & les autres aux moyens justiciers. Voire mesme les coustumes d'Anjou & du Mayne en deux diuers articles attribuent ce droit tantost au seigneur Chastelain, & tantost au moyen justicier, disant néantmoins, que le Chastellain en prend le patron & essay à soy mesme, & que le moyen justicier le prend de son seigneur suzerain.

43 Punition des contrauentiōs aux poids & mesures est acte de iustice non de Police

44 Conciliation des coustumes.

45 Faut distinguer les réglemens d'auec l'execution d'iceux.

Somme qu'en toutes les parties de la Police, il faut soigneusement distinguer le droit de faire les réglemens politiques, enquoy seul consiste le vray droit de Police, d'auec l'execution & cognoissance des contrauentions à ce réglement, qui depend sans doute de la simple & ordinaire justice. Tout ainsi que faire les loix est vn droit qui n'appartient qu'au Souuerain, mais les executer & faire entretenir est de la charge des juges. Et faute d'obseruer ceste distinction, il suruient infinis procez iournellement : mesmement à faute de l'auoir considerée, on a osté mal à propos aux Baillys Royaux la Police, c'est à dire le droit de faire les réglemens politiques (qui estoit la plus noble partie de leur charge, estant la Police vn des droits du Bailliage ou justice superieure) & l'a-on attribuée aux Preuosts, & juges ordinaires des villes Royalles, ausquels appartenoit seulement l'execution de la Police.

46 La Police deuroit appartenir aux Baillys.

47 De la Police des mestiers.

Le second poinct de la Police concerne les mestiers jurez, qu'ō a estimé autresfois ne pouuoir estre establis és villes des seigneurs sans permission du Roy, dont aucuns pensent proceder la distinction des villes jurées & des non jurées, appellans villes jurées celles qui ont droit d'auoir mestiers jurez: combien qu'à mon aduis les villes jurees soyent celles, qui ont droit de corps de ville & Escheuins, qu'on appelle en quelques endroits Iurats. Mais quoy qu'il en soit par l'edict du feu ROY de l'an 1581. confirmé & amplifié par le Roy d'àpresent en l'an 1597. Il est non seulement permis, mais aussi commandé, que les mestiers de toutes les villes & bourgs soient jurez.

48 Villes iurees.

49 Enquoy consiste la police des iusticiers.

Donques de la Police du Baron ou Chastelain dépend d'auoir corps de mestiers en sa ville, d'y faire eslire chascun an des iurez, visiteurs & gardes de chascun mestier, qui soient tenus par certains temps rapporter & affermer deuant le juge ordinaire les visitations qu'ils auront faites chez chascun maistre de leur mestier, & en faire rapport, Et sur tout il appartient au Baron, à l'exclusion du haut justicier, de faire des statuts & réglemens de chascun mestier : bien que par la loi de Solon rapportee *in l. Sodales D. De colleg. illic.* il fust permis aux communautez de les faire eux mesme. Toutesfois i'ay veu vne ancienne ordonnance de Charles cinquiesme portant que les statuts des mestiers seront confirmez par le Roy, qui possible se doit entendre des villes Royalles : pource qu'on a autrefois tenu que la redaction, où du moins la confirmation des statuts de mestiers appartenoit au Roy & aux seigneurs, & non aux juges Royaux ou subalternes : & de faict j'ay veu plusieurs statuts de mestier, faits en forme de Chartres par les Ducs & Comtes. Mais cêt edict moderne de l'an 1597. a attribué indistinctement aux juges des lieux, la redaction & homologation des statuts de mestiers

50 Faire statuts de mestier a qui appartiēt

Le troisiesme chef de la Police, est le réglement des grands chemins, que nous appellons droit de voirie : estans les voyers, ceux que Varron appelle *viocuros, seu curatores viarum*, qui estoit l'vne des charges des Ediles des villes Romaines *l. vnica. D. De via publica*. Vray est que dedans Paris ce sont charges distinctes de tenir les ruës nettes & bien pauées, qui est de la charge des commissaires du Chastellet, & de les tenir entieres, sans saillies, trauerses estaux, ni autres entreprises, ce qui depend de la charge du voyer de Paris.

51 De la police des chemins.

52 *Viocuri.*

53 La charge du voier de Paris est differente de celle des commissaires du Chastelet.

Ie dy notamment du voyer de Paris : Car je ne sçay point de ville, où il y ait vn voyer, qu'à Paris : & certainement c'est bien la raison, qu'en la ville capitale du Royaume, où est le siege & principal domicille de nos Rois, il y ait vn officier expres, pour auoir

54 Pourquoy il n'y a voyer qu'à Paris en tiltre d'office.

ſoin des ruës, tant pour ſa decoration particuliere, que pource que les places y eſtans plus requiſes & plus cheres, les entrepriſes y ſeroyent plus ordinaires. Auſſi qu'y ayant pluſieurs petites juſtices, il a eſté bien neceſſaire, que les officiers royaux, y ayent ſeuls retenu tout droit de Police, pour euiter déſordre & confuſion, & par conſequent la voirie, qui eſt l'vne des parties de la Police : & voyla les raiſons particulieres, pourquoy le Roy eſt ſeul voyer à Paris, comme il eſt dict aux articles ſecrets de la couſtume reformée, & en l'edict faict en l'an 1539. touchant les droits des juſticiers de Paris : & encor és lettres patentes du terrier de Paris de l'an 1549. & en l'edict de l'an 1548. portant defences de baſtir és faux bourgs de Paris.

55 Le Roy eſt ſeul voyer à Paris.

Mais és autres villes Royalles, la charge de voyer eſt exercée par le Procureur du Roy de la Preuoſté & juſtice ordinaire, & depend naturellement de ſon office, comme eſtant ſa charge de procurer tout ce qui eſt de l'intereſt public n'ayans les Procureurs du Roy des Preuoſtez autre charge, outre le criminel, d'autant que ce qui concerne les droits du Roy, que nous appellons le domaine, eſt de la charge du Procureur du Roy du Bailliage, ſuiuant l'edict de Cremieu : meſme anciennement n'y auoit point de Procureurs du roy és Preuoſtez, & c'eſtoit celuy du Bailliage, qui faiſoit l'vn & l'autre exercice.

56 Qui eſt voyer aux autres villes.

Voylà pourquoy nous ne trouuons point mention de voyer d'autre ville que de Paris : bien trouuons nous d'ancienneté le grand voyer de France, qui à la ſuperintendance de la Police des grands chemins par tout le Royaume, pour abſtraindre les juges des lieux de faire leur deuoir chaſcun en droit ſoy, à la conſeruation & manutention d'iceux. Mais le terme de voyer, que nous trouuons ſi ſouuent dans nos couſtumes, notamment en celles

57 Grand voyer de France.

58 Voyer és couſtumes que ſignifie.

d'Anjou, Touraine, le Mayne & Bloys (qui és coustumes de Picardie est nommé Veher, ainsi que Varon dit, que *via* est dite *quasi veha à vehendo* signifie le justicier des villages, que les Romains appelloyent, non pas *Viocurum*, mais *Vico magistrum*, *seu pagi magistrum*, qui en aucunes de nos coustumes s'appelle le Maire du village.

C'est pourquoy nous trouuons deux sortes de ces voyers, à sçauoir les gros ou grands voyers, qui ont moyenne justice : & les simples voyers, ou bas voyers, ou petits voyers, qui n'ont que basse justice, disent ces mesmes coustumes. Ainsi donc le voyer signifiant *viocurum* est deriué à *via*, & celuy qui signifie le justicier de village, est deriué à *vico*: vray est que voye en François signifie aucunesfois vn chemin, & par fois vn village. Si ce n'est qu'ō vueille dire, que le justicier de village, est dit voyer, pour ce qu'il se siet emmy la voye, ainsi que les Grecs l'ont appellé χαμαιδικάστην *id est humi-iudicantem*, & les Latins *Pedaneum iudicem*, qui juge *de plano seu plano pede, nec habet tribunal*, & encor en François nous l'appellons juge de sous l'orme, dont parlant l'antique Comedie de Querolus, dit que *Ad ligerim rustici perorant, & priuati judicant, & de Robore (quod quidem est species Quercus) sententias dicunt*.

59 Gros voyer, petit voyer.

60 Iuges sous l'orme.

Or pour reuenir à l'autre signification de voirie, qui est de signifier la Police des grãds chemins, c'est la verité, que de tout temps le Roy a prétendu qu'elle luy appartenoit : & de faict monsieur Pithou sur le 130. art. de la coust. de Troyes, dit, qu'il se trouue vn ancien arrest de l'an 1290. par lequel la voirie du Comté d'Anjou, qui n'appartenoit encor au Roy, lui fut adjugée contre le Comte, suyuant le tit. *Quæ sunt regal. in feud.*

61 Voirie prétendue par le Roi és terres des seigneurs.

Au moins plusieurs ont tenu, qu'au Roy seul appartient la Police des grands chemins tendant de

62 Au moins és chemins Royaux.

pays en autre, ou de bonne ville en autre ; attendu que ces grands chemins sont appellez par les Grecs βασιλικαὶ ὁδοὶ, par les Latins *Viæ Regiæ & publicæ*, & par nous, chemins Royaux. Car & les Autheurs Romains, & nos antiques practiciens ont distingué notamment les chemins Royaux, tendans aux bonnes villes, d'auec les grands chemins tendans aux villages, que les Romains ont appellé, *Vias Vicinales*, *à Vicis*, & les nostres, trauerses.

63 *Viarum distinctio.* *Viarum omnium* (dit Siculus Flaccus *in lib.* De condit *agror.*) *non est Vna & eadem conditio. Nam sunt Viæ publicæ Regales, quæ publicæ muniuntur, & auctorum*
64 *Viæ Regales.* *nomina obtinent : nam & curatores accipiunt, & per redemptores muniuntur. Sunt & Vicinales Viæ, quæ de publicis diuertuntur in agros, & sæpè ad alteras publicas perueniunt : hæ muniuntur per pagos, id est per Magistros*
65 *Viæ vicinales.* *pagorum, qui operas à possessoribus, ad eas tuendas, exigere soliti sunt : aut Vt comperimus, Vnicuique possessori per singulos agros certa spatia aßignantur, quæ suis impensis tueatur.* Vlpian en la Loy 2. §. *Viarum. Ne quid in loco pub. & cet. Viarum quædam publicæ, quædam priuatæ, quædam Vicinales. Publicas Vias dicimus, quas Græci* βασιλικὰς *nostri prætorias, alij Consulares appellant.*
66 *Publicæ viæ.* *Priuatæ sunt quas agrarias quoque dicunt, Vicinales*
97 *Priuatæ agrariæ.* *sunt, quæ in Vicis sunt, Vel quæ in Vicos ducunt, quod ità Verum est, si non ex collatione priuatorum agrorum constitutæ sunt.* Et Theophile aux Institut. tiltr. *De lege Aquilia*, Πούβλικα μὲν εἰσὶ ὁδοὶ, ἥτις καὶ Μιλιτάρια λέγεται, παρὰ δὲ τοῖς Ἕλλησι Βασιλικαὶ, ἣ πάντες ἄνθρωποι κέχρηνται, ἐπὶ διαφόρους ἀπιόντες τόπους : Βικινάλια δὲ, ἡ ἐπὶ κώμας ἄγουσα. Βῖκος γὰρ ἡ κώμη, διὰ ταύτης γὰρ βαδίζει πᾶς ἐπὶ τὴν κώμην ἀπιών.

68 Distinction des chemins de France. Voylà pour les autheurs Romains, dont i'ay bien voulu rapporter les textes, à cause de leur elegance. Quant aux nostres, voicy ce qu'en

dict Boutciller, *Trauerse est vn chemin qui trauerse d'vn village en autre* (Ainsi faut-il lire) *& est commun à tous pour gens & pour bestes & pour charroy: & dois sçauoir, qu'en France au Roy appartient trauerses garder & maintenir. Si doit contenir de large, comme les plus des Coustumiers sont d'accord, iusques à vingt ou vingt-deux pieds. Item chemin Royal, si est le grand chemin, qui va d'vn pays en autre, & d'vne bonne ville à autre, & doit contenir quarante pieds de large, sur l'amande de soixante sols au Roy: car au seigneur souuerain appartient le gouuernement & cognoissance des grands chemins Royaux, & des cas qui y aduiennent, iaçoit qu'ils passent en & parmy la terre d'vn haut iusticier.*

69 Trauerse.

70 Chemin Royal.

L'ancienne Coustume de Bretaigne faict la mesme distinction, sinon qu'elle attribuë la garde des chemins, tendans de ville marchande à autre, au Prince, c'est à dire, au Duc, & des autres aux seigneurs iusticiers: celles d'Anjou, Touraine, le Mayne, Poictou, & Lodunoys, appellent les vns chemins Peageaux, dont la reparation doit estre faicte, disent-elles, par les seigneurs Chastellains, où autres plus grands, qui en ces coustumes ont droit de Peage. Et les autres chemins, elles les appellent voisinaux, du terme Latin, à la reparation desquels, doit selon icelles, estre pourueu par le juge ordinaire, ainsi que de raison.

71 Chemins Peageaux.

Or en consequence de si peu, qu'il y a de coustumes, qui attribuent les grands chemins Royaux à la garde du Prince, il y a des officiers Royaux, qui se font accroire, que & des chemins Royaux & de tous autres chemins publics, non seulement la garde & superintendance, mais aussi la Police entiere & justice ordinaire, & encor qui plus est, la cõnoissance

72 Prétension des offices Royaux touchant les chemins.

des delicts commis en iceux, leur appartient, ores qu'ils soyent situez dans le territoire des seigneurs Chastellains, dont je diray mon aduis à ma mode.

73 Raisons contraires.

Premierement il me semble, que la distinction des chemins Royaux & des trauerses, bien que conuenable, lors qu'il est question d'arbitrer leur largeur, ou encor possible de contribuer à leur reparation, n'est toutesfois considerable en la question si la justice d'iceux appartient aux Iuges ROYAUX, ou des seigneurs. Car les chemins pour estre dits ROYAUX ne sont pas plus au ROY, que les trauerses ou autres chemins publics, attendu qu'ils sont dits Royaux, comme les plus grands & excellens: & de fait il est notoire, qu'ils ont esté appellez Roiaux par les ROMAINS, & d'autres peuples qui n'auoient point de ROIS.

74 Les chemins Royaux n'appartiennent pas au Roy.

75 De mesme.

D'ailleurs il est certain que la vraie proprieté des chemins n'appartient pas aux Roys. Car on ne peut dire qu'ils soient de leur domaine, ains ils sont de la cathegorie des choses, qui sont hors de commerce, dont partant la proprieté n'appartient a aucun: mais l'vsage est a vn chacun, & qui pour ceste cause sont appellees publiques: & par consequent la garde d'icelles appartient au Prince souuerain, non comme icelles estans de son domaine, mais comme luy estant gardien & conseruateur du bien public.

76 Resolution que la iustice des chemins royaux appartient aux seigneurs.

Ie dy notamment la garde principale, c'est à dire la superintendance: car en France ce qui concerne l'interest public est commis en prémiere instance aux seigneurs hauts justiciers, qui ont le prémier degré de seigneurie publique, notãment la Police & la punition des crimes, comme je diray en son lieu. C'est pourquoi je conclu que la Police ou justice ordinaire de tous les grands chemins tendant à la conseruation & manutention d'iceux appartient

partient aux juges ordinaires des lieux, du moins à ceux qui ont droit de Bailliage & Chastellenie, & partant c'est à eux de cognoistre de la reparation d'iceux, & des entreprises qui s'y font: comme ont decidé presque toutes les coustumes, qui ont traicté de ceste matiere.

Mais quant à la superintendance & Police generale d'iceux, sans doute elle appartient au Roy seul priuatiuement à ses propres officiers: comme d'abolir, de changer, de croistre, ou diminuer les chemins: voire mesme c'est vn cas Royal de cognoistre si vn chemin est public ou non: & sur tout à cause de ceste superintendance du Roy, c'est la vraye charge du grand voier de France, auquel le Roy l'a remise, & qui represente le Roy au fait de sa charge, de suppleer à la negligence des Iuges ordinaires, soit Royaux ou subalternes, qui laissent entreprẽdre sur les chemins publics, où qui n'ont soin de les faire entretenir en bon estat: voire mesme il est tolerable, que les juges Royaux en cognoissent en cas de negligence, ou conniuence des subalternes, ainsi qu'il a esté jugé par plusieurs arrests, qu'ils peuuent prendre cognoissance des crimes dont les juges ordinaires ont negligé faire justice. Car en effect les cas, où il n'y a aucun poursuiuant, & où le fisque est seul partie, sont suiets à estre delaissez sans justice, c'est pourquoy il est tres-expedient, qu'à leur esgard les superieurs puissent suppléer la negligence des prémiers juges. 77 Et la superintendence au Roy.

Mais d'oster aux juges des lieux la justice ordinaire des grands chemins, non plus que celle des crimes, voire mesme d'en permettre la préuention aux juges Royaux, outre que ce seroit contre les ordonnãces, qui ne leur reseruent, que les cas Royaux, & de ressort, ce seroit encor au dommage du public, pource que ces differens des chemins, qui sont de peu d'importance, & neantmoins de difficile instruction, ne 78 Qu'il n'est expedient d'en oster la justice aux seigneurs.

pouuans estre vuidez, que sur le lieu, ne pourroyent estre instruits sans grands frais, s'il falloit, qu'vn iuge Royal esloigné par fois de dix ou douze lieues, auec son procureur du Roy, son Greffier & ses Sergens se transportassent sur le lieu, pour en faire visitation & description.

79 Ni aussi la cognoissance des crimes commis en iceux.

Moins encor y a-il d'apparence, de vouloir soustenir, que la cognoissance des delits commis dans les grands chemins appartienne aux iuges Royaux à l'exclusion des Barons de France, attendu qu'on ne peut nier, qu'ils n'ayent leur territoire tout entier, & veu ce qui vient d'estre dit, que la proprieté des chemins n'appartient non plus au Roy, qu'à eux. Mais quand elle luy appartiendroit, voire quand la Police entiere des grands chemins seroit cas Royal, si ne s'ensuiuroit-il pourtant, que les delits faits en iceux fussent cas Royaux, nõ plus que les crimes cõmis en vne Eglise, cimetiere, ou terre vague, voire mesme en vn heritage du domaine du Roy, qui seroit enclaué dans le territoire d'vne iustice seigneuriale. Car ce n'est pas la proprieté du lieu, où le delict est commis, qui en regle la iustice, ains le pourpris & enclaue du territoire. C'est pourquoy je conclu, qu'il n'y a aucune apparence, de mettre entre les cas Royaux, les delicts perpetrez dans les grands chemins, pourueu qu'ils ne soyent faits auec ports d'armes, & en assemblée illicite.

80 Du peage.

Reste de parler du droit de peage, que plusieurs praticiens estiment faire part de celuy de voyrie, & qu'en ceste qualité plusieurs coustumes, comme celles d'Anjou, Touraine, le Mayne & Lodunois attribuent à tous Chastellains, & par consequent aux autres plus grands seigneurs, comme de droit commun. Tellement qu'elles decident que quiconque passe par deuant le chasteau d'vn chastellain, n'est receuable à iurer, qu'il ait ignoré, qu'il eust droit de

peage : aussi baillent elles aux grands chemins
Royaux le nom de chemins peageaux, pource que
de droit commun, il y est deu peage.

Ce peage, ou plustost payage (car il vient de payer 81 Diuers noms du peage.
ou de pays, tesmoin Claudian, qui l'appelle *Patrum*
vectigal & non pas de *Pedagum* ains *pelagium* est mal 82 Barrage.
tourné du François) est appellé de diuers noms és
coustumes & ordonnances, estant tantost nommé 83 Pontenage.
barrage, à cause de la barre assise sur le chemin pour 84 Billette.
marque d'iceluy : tãtost pontenage, quand il se paye 85
au passage d'vn pont : tantost billette, à cause du pe- Branchiere.
tit billot de bois qu'on pend à vn arbre en signe d'i- 86 Coustume.
celluy : tantost branchiere, à cause de la branche 87 Preuosté.
d'arbre, où ce billot est pendu, tantost coustume, mot
qui signifie generalement toute prestation introduite plustost par coustume, que par titre particulier,
tantost aussi droict de Preuosté combien que la Preuosté comprenne toute sorte de menus droicts ca-
suels d'vn seigneur, dont le collecteur est appellé Pre
uost des amendes, à la distinction du Preuost, & garde de la iustice.

Finalement le peage est quelquesfois appellé Tra- 88 Trauers.
uers, à cause qu'il est deu par ceux qui trauersent la
terre du seigneur, comme és coustumes de Senlis,
Clermont, Valoys & autres: Combien que proprement à mon aduis Trauers est vn autre droict, que le
peage, bien qu'il luy ressemble, à sçauoir le tribut que
le seigneur prend aux limites de son territoire sur les 89 Trauers que
marchandises, qu'on enleue de dessus sa terre, que signifie pro-
les Grecs appellent πέλος & les Romains l'appellent prement.
proprement *vectigal à vehendo*, Mais pource que c'est
le plus ancien reuenu des souuerainetez, *vectigal* est
prins pour tout reuenu public, mesme en fin a esté
pris pour le reuenu des particuliers.

Or y a-il ceste difference entre le peage & le trauers, 90 Difference du peage & trauers.
que le peage se paye indifferemment par tous ceux,
qui conduisent de la marchandise dans le chemin

Royal où la billette est assise : & ce que i'appelle trauers est deu seulement par les suiets du seigneur, qui transportent leurs meubles ou marchandises hors son territoire par quelque chemin ou passage que ce
91 Leuage. soit, ce qu'on appelle *desgarnir la terre*, lequel droit est appellé Leuage en la coustume d'Anjou.

92 Origine du trauers. Ce trauers fut inuenté du temps que les Ducs & les Comtes se disans souuerains, & reputans leurs voisins pour estrangers, ne vouloyent pas qu'on enleuast & transportast rien de leur pays sans leur permission, & sans qu'on leur en payast tribut, ainsi que font auiourd'huy les Potentats souuerains d'Italie & d'Allemagne : dont s'ensuit, que c'est vn droit de souueraineté, voire d'en vser, c'est se porter pour souuerain, & reputer ses voisins pour estrangers, & de diuerse souueraineté, & partant c'est vn crime de
93 Trauers est droit de Souueraineté. leze maiesté, quelque prescription qu'on en vueille pretendre, n'estant les droits de souueraineté prescriptibles par les particuliers, qui mesme ne sont capables de les posseder.

94 Occasions des Peages. Mais quant aux Peages ils sont fondez sur des causes plus pertinentes, à sçauoir que les chemins
95 Pour l'entretien des chemins. Royaux trauersans de pays en autre, ont accoustumé en toute Republique d'estre reparez aux despens du public : or n'y a-il en France autre fonds destiné pour leur entretien, que le peage, qui se paye par ceux qui par iceux conduisent de la marchandise, laquelle à succession de temps rompt & enfondre le chemin, & pour la conduitte de laquelle les marchands ont interest particulier, que les chemins soyent bien entretenus. C'est pourquoy toutes les coustumes, qui autorisent les peages, chargent par expres les seigneurs, qui les leuent de l'entretien des chemins, ponts, passages & chaussées, qui est aussi vn droit commun, que les ordonnances veulent estre obserué par tout.

Il y a encor vne autre charge & obligation fort importante dont les anciens arrests du Parlement (desquels Ragueau, sur le mot Peage, en raporte cinq ou six) ont chargé les seigneurs prenans peage, à sçauoir qu'ils sont obligez de tenir les chemins seurs & libres, & partant sont garants & ciuilement tenus des voleries, qui s'y font entre deux Soleils : ce qui monstre en passant l'ineptie de ceux qui estiment, qu'ils n'en ont pas la iustice & cognoissance. 96 pour la seureté des chemins.

Tant y a que c'est l'ancien droit de Gaule & d'Italie remarqué notamment par Aristote au liure περὶ θαυμασίων ἀκουσμάτων. Ἐκ τῆς Ἰταλίας φασὶν ἕως τῆς Κελτικῆς, καὶ Κελτολιγύων, καὶ Ἰβήρων εἶναί τινα ὁδὸν Ἡρακλείαν καλουμένην, δι' ἧς ἐάν τε Ἕλλην, ἐάν τε ἐγχώριός τις πορεύηται, τηρεῖσθαι ὑπὸ τῶν παροικούντων, ὅπως μηδὲν ἀδικηθῇ· τὴν γὰρ ζημίαν ἐκτίνειν, καθ' οὓς ἂν γένηται τὸ ἀδίκημα. ce qu'Alciat dit estre encor obserué en quelques endroits d'Italie : c'est pourquoy Claud. Panegyr. 2. a dit 97 Que d'ancienneté le seigneur peager doit respondre du vol fait en son chemin.

--- Patrium vectigal soluere gaudet,
Immunis qui clade fuit.

Et Iosephe liu. 2. de la guerre des Iuifs rapporte que Cumanus President de la Iudee imputoit & faisoit reparer le vol fait en grand chemin, aux seigneurs des villages prochains, ainsi que Cujas nous l'interprete au chapitre 11. du 19. de ses obseruations, disant qu'il faut lire διασώτας au lieu de διομώτας.

Que s'il plaisoit au Roy remettre en vsage cet ancien droit, les seigneurs de France ne seroyent pas si promps à prendre des peages, comme ils sont aujourd'huy par tout, dont la marchandise, qui est vn des nerfs de l'estat, & vn des liens de la societé ciuile, est tellement incommodée en quelques contrees, que les voituriers passent autant de temps à aller cercher les billettes par chacune parroisse, qu'à trauerser pays. Et pour vn denier ou vn double qu'on préd 98 Incommodité des peages.

deux, on leur fait tort de plus de vingt-fois autant. Pource mesme que les peagers, qui sont volontiers quelques soldats deualisez, ou quelques praticiens affamez, ou autres mauuais garnemens, sont si malins, qu'ils pendent leur billette, ou assignent le lieu du peage & acquit, le plus loin qu'ils peuuent, du grand chemin, & és endroits les plus effondrez & de difficile accés, afin que les marchands ennuyez de se destourner, se hazardent de passer sans payer, & que partant ils ayent, ou leur marchandise, ou vne grosse amende. De sorte qu'il n'y a voiturier ordinaire, qui n'aymast mieux payer vne autre taille au Roy, ou vingt-fois autant au seigneur, que d'estre suiet à tels destourbiers.

99 Que le peage n'est deu de droit commun. Or est-ce vn abus de penser que le peage soit vn droit & dependance ordinaire des Chastellenies & autres seigneuries plus hautes, fors és coustumes qui leur attribuẽt, attendu qu'il a esté dit cy deuant, que c'est vn des cinq droits de souueraineté, que d'imposer toutes sortes de tributs ou leuées de deniers : c'est pourquoy il faut tenir pour tout certain, que nul peage ne peut estre permis ni imposé par autre, que par le Roy.

100 Abolition des peages. Mesme pour le regard de ceux qui sont imposez par le Roy, il y a ordonnance de mil cinq cens septante, contenant abolition de tous peages *de quelque nom & qualité qu'ils soient* (ce sont ses propres termes) *imposez depuis cent ans à compter depuis l'an* 1559. *auec inhibition de ne les plus leuer en maniere que ce soit, sur peine aux contreuenans d'estre punys comme exacteurs du peuple, & vsurpateurs de l'autorité Royale: contenant en outre que dans trois mois les pretendans peages enuoyent au Parlement leurs tiltres : autrement dés à present, comme destors, & sans autre declaration leur en est interdit tout vsage, iusques à ce que tous leurs*

tiltres ayant esté veus, autrement en soit ordonné, Ordonnance, qui veritablement n'est que pour les peages de la riuiere de Loire, mais deuroit estre generale, *quia ratio non clauditur loco.*

SOMMAIRE DV x. CHAP.

1 *Difficulté de ce chapitre.*

2 *Occasion du liure* Des abus des Iustices de Village.

3 *La haute, moyenne, & basse iustice se rapporte au* merum mixtúmque Imperium, & iurisdictio, *au droict Romain.*

4 *Pourquoy ils ne se rapportent pas directement.*

5 *Cause de la varieté de ceste matiere.*

6 *De mesme.*

7 *Interpretation du* merum mixtúmque Imperium, & Iurisdictio, *des Romains.*

8 Merum Imperium, *à qui appartenoit.*

9 *Haute justice à qui appartenoit anciennement.*

10 *Que les seigneurs de France anticiperent du commencement d'vn degré par dessus la reigle du droict Romain.*

11 *Moyenne justice à qui appartenoit.*

12 *Basse justice à qui appartenoit.*

13 *Haute, moyenne, & basse justice n'estoit anciennement autre chose que grande, mediocre, ou petite seigneurie.*

14 *Comment les seigneuries ont augmenté leur puissance.*

15 *De mesme à l'esgard des simples justices.*

16 *Origine de la haute, moyenne, & basse justice d'à present.*

17 *Qu'il ne les faut pas proportionner au* merum, mixtúmque Imperium, & Iurisdictio *des Romains.*

18 *Pouuoir des hauts justiciers.*

19 *Qu'ils n'ont pas la simple jurisdiction toute entiere.*

20 *Qu'ils n'ont pas le* mixtum Imperium *tout entier.*

21 *De mesme de leur pouuoir.*

22 *Pouuoir des moyens justiciers.*

23 *Actes du* mixtum Imperium *qui n'appartiennēt qu'au Roy.*

24 *Autres qui n'appartiennent qu'aux grands & mediocres Seigneurs.*

25 *Autres qui appartiennent aux hauts justiciers.*

26 *Autres qui appartiennent aux moyens.*

27 *Autres qui appartiennent aux bas.*

28 *Oeuures de loy.*

29 Legis

29 Legis actiones.

30 Varieté des coustumes touchant le pouuoir des moyens iusticiers.

31 De mesme,

32 Iustice du sang & du larron.

33 De mesme.

34 Iustice à sang.

35 Qu'ils ne doiuent cognoistre du sang.

36 De mesme.

37 Du pouuoir de bas iusticiers.

38 Deux sortes de basse iustice.

39 Elles sont exprimees és coustumes d'Anjou & du Maine.

40 Basse iustice personnelle.

41 Limitee à 60. sols.

42 Defensores plebis.

43 Basse iustice fonciere.

44 Origine d'icelle.

45 Iusticier, signifie quelquefois, faire les executions de iustice.

46 Que celuy qui a fief ou censiue n'a pourtant iustice.

47 Iurisdictio dominorum in agricolas.

48 Explication du 3. chap. de la Nou. 80.

49 Contre du Moulin.

50 En plusieurs lieux ceux qui ont censiue ou fief pretendent auoir iustice.

51 Varieté des coustumes touchant la iustice fonciere.

52 Qu'elle n'auoit lieu du commencement que pour les droicts du Seigneur.

53 Conceßion de iustice à vn seign. sur ses censiers & vassaux seulement, n'importe que iustice fonciere.

54 Comment les iustices foncieres se sont amplifiées.

55 Comment s'entendent les coustumes, qui disent que ces iustices ne cognoissent, que iusques à vn sols 6. deniers d'amende.

56 De mesme.

57 Amendes coustumieres.

58 Loy & loy d'amende.

59 Pourquoy és coustumes d'Anjou & Maine les bas iusticiers cognoissent de toutes causes plustost qu'aux autres.

60 Explication de l'art. 27. de la coust. de Bloys.

61 De mesme.

62 Resolution touchant le pouuoir des iusticiers.

63 Qu'ils ne doiuent cognoistre que iusques à 60. sols.

64 Et non d'aucune cause criminelle.

65 De mesme.

66 De mesme.

67 Defensores ciuitatum.

68 Des officiers des simples iustices.

69 Du Iuge, & comment il doit estre nommé.

70 N'ont Lieutenant Particulier. Conseillers, ny Assesseurs.

71 Quel doit estre le Iuge des simples iustices.

72 Du Procureur fiscal ou d'Office

DES PETITES SEIGNEVRIES OV SIMPLES IVSTICES.

CHAPITRE 10.

VOICY le nœu Gordien plus aisé à couper qu'a desnoüer. Ie le dy apres l'auoir essayé: qu'on lise toutes les coustumes, qui ont traité des justices, on n'y trouuera, que diuersité & confusion: qu'on estudie tous les autheurs anciens & modernes, qui en ont escrit, on n'y trouuera, qu'absurdité & repugnance: qu'on y resve a part-soy tant qu'on voudra, il sera bien habile, qui parmy ces grandes varietez, & des temps, & des lieux, & parmy tant d'absurditez, pourra choisir vne resolution asseurée & equitable. 1. Difficulté de ce chapitre.

C'est pourquoy quand je m'addõnay premierement à estudier ceste matiere, n'en ayant peu venir à bout, je me fermay en la resolution d'Alexandre le grand, qu'il falloit coupper le nœu, qu'on ne pouuoit desnoüer: Et partant je composay le discours, *Des abus de ces justices*, en intention de le mettre icy, concluãt par iceluy, qu'il falloit plustost tendre a les supprimer, qu'a les reigler. Mais vn bruit qui courut lors, que le Roy vouloit faire vne ordonnãce, pour la reformation de la justice, m'en ayant fait auancer l'édition à part, afin de n'vser icy de redite, j'ay esté contraint tenter maintenant, ce que lors je n'auois peu faire, qui est de discourir a trauers champ, & plustost par conjecture, que certitude, du reiglemẽt de ces justices: attendant qu'il soit venu vne bonne inspiratiõ à sa Majesté, de deliurer tout à faict le peuple du plat pays, de l'oppression d'icelles. 2. Occasion du liure *des abus des Iustices de village.*

Quoy que plusieurs de noz modernes se mo- 3. La haute moyenne & basse justice se rapportent au *merum mixtúmque imperium & iurisdictio* du droit Romain.

quent de ceux, qui comparent la haute moyenne & basse Iustice au *merum imperium, mixtum, & iurisdictio* du droit Romain, si faut-il confesser, qu'il ny en a autre moule & patron, que celuy-là, bien que tres-mal rapporté & imité par nous. Car lors que ces

4. Pourquoy ils ne se rapportẽt pas directement.

justices de village, qui sont au dessoubs de celles des fiefz de dignité, sont venuës en vsage, parmy nous, l'intelligence & distinction du *merum, mixtúmque imperium*, & de la jurisdiction des Romains estoit dés long temps perdüe & incognüe: pource que les autheurs du droit Romain, ne s'estans pas amusez à représenter par leurs liures le styl & formes judiciaires d'iceluy, qui de leur temps estoient toutes notoires, il nous a esté impossible apres la mutatiõ de leur

5. Cause de la varieté de ceste matiere.

estat, de les comprendre au certain: De sorte qu'il s'est trouué infinies sortes d'opinions des interpretes du droit, qui ont escrit apres la subuersion de l'empire Romain, sur l'explication de ces termes: dõt les vnes ont esté suiuies en aucunes de noz prouinces, & les autres en d'autres: comme ainsi soit que nos Roys, jadis plus empeschez & enclins a la guerre, qu'a la justice, s'en remettoient sur les seigneurs ou officiers des lieux: & ainsi laissoient à chascun d'iceux establir en son territoire tel droit, qu'il vouloit, & par consequent permettoient, que chasque pays vescust à sa guise, dont est prouenuë l'incercitude de nos coustumes.

6. De mesme.

Mais quoy que ce soit, nos diuers vsages au fait de ces justices, se rapportent tous aux diuerses opinions des interpretes du droit Romain, touchant le *merum mixtúmque imperium* & la jurisdiction: & font tousiours quadrer & correspondre la haute justice au *merum imperium*, la moyenne au *mixtum*, & la basse a la simple jurisdiction des Romains, selon que chascun d'eux l'a entenduë: & de fait nos escriuains François, soit anciens, ou modernes, qui en ont traité en latin, ne les peuuent nommer d'autres termes, que de ceux là du droit Romain: & ceux reciproquement, qui escriuent en François des justices Romaines, n'en peuuent parler, que par les noms de nos justices.

Combien qu'a vray dire, le *merum mixtúmque Imperium & jurisdictio* des Romains n'estoient pas des justices ou auditoires separez, & propres à diuerses personnes, comme sont nos haute, moyenne & basse justice: ains c'estoient trois diuers degréz de puissance de ceux, qui auoient auctorité, au faict de la justice, estant le *merum imperium* la puissance de condemner les hommes à mort, que les Magistrats n'auoient pas du droit de leur office, ains qui leur estoit concedée par commission particuliere: le *mixtum imperium* la puissance ordinaire des Magistrats, qui estoit d'auoir le commandement & jurisdiction meslés ensemble: & finalement la simple jurisdiction estoit la puissance de ceux, qui estoient commis par les Magistrats, pour exercer leur justice soubs leur nom & auctorité, comme ie prouueray au 6. chap. du 1. liure *des Offices* qu'il faudra cojoindre auec le present discours, ~~pour~~ bien conceuoir l'vn & l'autre: & sur tout pour y apporter de l'attention. 7. Interpretation du *merum mixtúmque imperiũ & jurisdictio* des Romains.

I'ay dit que le *merum imperium* ou droit de glaiue, n'appartenoit pas aux Magistrats du ptopre droict de leur office, ains leur estoit deferé par commission particuliere: & par ainsi c'estoit vn degré de puissance par dessus le pouuoir ordinaire des Magistrats, lequel pouuoir estoit le *mixtum imperium*. Ce qu'il faut entendre auoir seulement eu lieu, és premiers temps, & lors du droict des Digestes. Mais soubs les derniers Empereurs, le droict de glaiue fut tellemẽt accoustumé d'estre attribué aux Gouuerneurs des Prouinces, qu'il fut en fin tenu, pour vn droict & dependance ordinaire de leurs offices. 8. *Merum imperium* à qui appartenoit.

A laquele mutation nos ancestres n'ayans pris

9. Haute justice à qui appartenoit anciennement.

garde, ont pensé, que la puissance ordinaire des Magistrats, notamment des Gouuerneurs des Prouinces & villes, qui en estoient aussi les juges ordinaires, estoit d'auoir ce droict de glaiue, ainsi qu'auoyēt eu les derniers, qui auoyent esté en Gaule pour les Romains : & par consequent ont attribué la haute justice aux Ducs & aux Comtes, qui en France ont esté les premiers Gouuerneurs & Iuges ordinaires des prouinces & des villes, qui aussi auoyent seuls anciennement la haute justice, cōme il a esté dict cy deuant, entendant par la haute justice ce que les Romains appelloyēt *merum jmperium, seu jus gladij*, c'est à dire la puissance de condāner à la mort, ou autre punition corporelle: d'où vient qu'encor auiourd'huy, en nos propos vulgaires, nous appellons telle condemnation, acte de haute justice, & le bourreau, l'executeur de haute justice.

10. Que les seigneurs de Frāce anticiperent du commencement d'vn degré par dessus la regle du droict Romain.

11. Moyenne justice à qui appartenoit.

Ayant donc attribué aux Magistrats ordinaires, le *merum jmperium*, comme dependant naturellement de leur charge, combien que selon l'ancien droict Romain, il ne leur appartint, que le *mixtum jmperium*; il a fallu continuer à anticiper tousiours d'vn degré par dessus le droict Romain, & attribuer ce *mixtum jmperium* à d'autres moindres, que les Ducs & Comtes, à sçauoir aux Vicomtes, Viguiers, Preuosts & Chastellains des villes, qui estoyent leurs Lieutenans, & correspondoyent directement aux mandataires de jurisdiction du droict Romain. Et partant ne deuoyēt auoir que la simple jurisdiction, n'estans pas magistrats, ains simples lieutenans commissionnaires & deleguez par les magistrats ordinaires. Ainsi donc ils eurent la moyenne justice, c'est à dire, le commandement & la jurisdiction tout ensemble, pour l'exercer en leur propre nom, comme si elle leur eut esté propre: qui fut cause qu'ils ne tarderent gueres à se faire vrays magistrats, & par apres à vsurper la haute justice, que nous auions en France attribuee aux magistrats.

12. Basse justice à qui apparte-noit.

Par ainsi, continuant tousiours ceste anticipation d'vn degré, jl a fallu attribuer la simple jurisdiction à d'autres moindres que les Vicomtes, Preuosts & Chastellains dés villes, à sçauoir aux Maires, Preuosts & Chastellains des villages. Mais d'autant qu'au droict des Digestes, le pouuoir de la simple jurisdiction, n'est pas bien nettement distingué, d'auec celuy du *mixtum jmperium, cui iurisdictio cohæret*: d'autant aussi que les mandataires de iurisdiction, furent reduicts par les loix du Code à cognoistre simplement des causes legeres, ainsi que le τοποθυρῆται, defenseurs du menu peuple, & Iuges pédanees, comme j'ay discouru en ce \\ chap. de là est venu qu'en France nous auons aussi limité la puissance des bas justiciers, à cognoistre des causes legeres.

13. Haute, moyenne & basse justice n'estoit anciennement autre chose que grande, mediocre & petite seigneurie.

De ce discours, il se cognoist clairement, que selon le premier establissement des justices & seigneuries de France, les hautes, moyennes, & basses justices n'estoient autre chose, que ce, que j'appelle en ce liure, les grandes, medioeres & petites seigneuries: comme à la verité, toutes les seigneuries, & notamment les subalternes consistent principalement & formellement en leur justice. Et de verité les Ducs & Côtes & autres vassaux immediats de la courõne estoient seuls & vrayement les hauts iusticiers, magistrats ordinaires de la iustice, aussi bien que du gouuernement, establis par le Roy, qui seul peut conferer la puissance de juger de la vie de ses suiects. Pareillement les Vicomtes, Viguiers, Preuosts & Chastellains des villes, qui de leur origine estoient les Lieutenans des Ducs & Côtes, estoient les moyẽs justiciers, ayans & le commandement & la jurisdiction, qui par eux leur estoit laissée & commise, en vertu de la reigle du droit Romain, que le magistrat ordinaire peut commettre toute la fonction de son office, mais non pas le *merum jmperium*. Aussi a il esté prouué cy deuãt, que les Vicomtes n'auoient de leur prémiere institution que la moyenne justice, qui encore en Picardie est appellée *justice vicomtiere*, ou *droit de vicomté*. Bref les bas justiciers n'estoient autres, que les Maires, Preuosts & Chastellains des villages, qui auoient seulement la cognoissance des causes legeres, tesmoin les coustumes, qui l'imitẽt la jurisdiction des Chastellains à soixante sols : aussi que nos docteurs sont d'accord, que le mot de justice simplement enoncé, ne signifie & importe, que la basse iustice, cõme a remarqué Chassanée au commencement de sa coustume, ainsi qu'en droit la jurisdiction, ne signifie que la nuë justice sans commandement.

14. Comment les seigneuries ont augmenté leur puissance.

Voylà ce qui en estoit au commencement. Mais comme en matiere de seigneuries & de justices on tasche tousiours, & en fin on treuue moyen, d'empieter, les Ducs & Cõtes en premier lieu se sont faits Princes, & ont vsurpé les droits Royaux : Les Vicõtes & Barons par apres sont montés en leur rang, & se sont faits premiers magistrats : & finalement les Chastellains ayant conuerty leur office en seigneurie ont vsurpé la justice entiere de leur territoire. De sorte qu'en fin tous les fiefs de dignité ont non seulement eu la haute justice, mais aussi ont mis soubs soy des justices inferieures, pour remplir la place vacante des moyennes & des basses justices : Or ces justices inferieures n'estoient du cõmencement que simples justices, c'est à dire, sans tiltre particulier de dignité, qui partãt ne deuoiẽt toutes estre, que des basses justices, telles q̃ la simple iurisdictiõ du droit: Neantmoins croissant de degré en degré, ainsi que les autres seigneuries auoient ja fait, elles ont à la parfin occupé le nom & la place des hautes moyennes & basses justices : & de possible soubs la faueur de l'équiuoque, du nom de jurisdiction, ou justice qui en droit signifie tantost la basse justice, & tantost est

15. De mesme à l'egard des simples justices.

espece

le genre, qui comprend soubs soy les trois degrez & especes de justice, ou plustost d'autant que les habitãs de villages où jl y auoit basse justice, pour gratifier leur seigneur en amplifiant sa justice, & craignant luy desplaire en faisant le contraire, ou mesme pour leur commodité particuliere, d'auoir leur juge sur le lieu, bien qu'il ne fust ordonné que pour les causes legeres, ont neantmoins eu recours à luy, pour tous leurs differens : & ainsi par vne prórogation volontaire de jurisdiction, (approuuée en ce cas par la loy *Inter. Ad municip.* & par la loy *de quare.* §. *Iudex. D. De judicijs.*) les simples justices ont pris coustume, de cognoistre de toutes causes.

C'est pourquoy par apres lors que les seigneurs ont voulu conceder des iustices, ils ont nommémẽt exprimé l'espece, ou degré, qu'ils entendoient conceder, à sçauoir de la basse, ou de la moyenne justice, & quand ils ont concedé la haute, ils ont dit, qu'ils concedoient toute justice haute, moyenne & basse. Et par ce moyen sont demeurees jusques à nostre tẽps, ces trois especes de justice, mais biẽ d'autre façon, qu'elles n'estoient du commencement. Car comme il vient d'estre dit, du commencement elles estoient seulement attribuées au fiefs de dignité, & maintenant ce sont especes de seigneuries, au dessoubs de toutes celles de dignité. 16. Origine de la haute, moyenne & basse justice d'apresent.

C'est pourquoy jl ne faut pas proportionner ny egaller les hautes justices d'apresent au *merum jmperium*, ny les moyennes au *mixtum*, ny les basses à la simple juridiction du droit. Car au lieu que le *merum jmperium* contenoit puissance de juger de tous crimes sans exception, mesme possible en souueraineté & sans appel, comme i'ay dit au 1. liure des Offices, nos hautes justices n'ont pas cognoissance des grands crimes, voire mesme elles n'ont pas entierement le *mixtum jmperium*, n'ayant tout à fait ceste partie d'iceluy, qui participe plus du cõmandement, 17. Qu'il ne les faut pas proportioner au *merũ mixtũmque imperium & jurisdictio* des Romains. 18. Pouuoir des hauts justiciers.

que de la jurisdiction, & qui estoit appellée en droit *Legis actio*. Et partant hors la cognoissance des crimes communs, qu'en France nous auons estimée estre plus de jurisdiction, que de commandement, ils n'ont presque au demeurant, que ce qui est de la simple jurisdiction, soubs laquelle est compris le commandement, qui y est adherent & inseparable, *& sine quo jurisdictio explicari non potest*, & par ainsi ils n'ont, que ce qu'auoit au droit Romain le mandataire de jurisdiction, auquel nous auons dit, que la simple jurisdiction du droit residoit: aussi est-ce la
19. Qu'ils n'ont pas la simple jurisdiction tout entiere. pure verité, que comme ils sont simples justiciers, aussi ne doibuent-ils auoir que la simple jurisdiction.

Encore ne l'ont ils pas toute entiere en aucunes coustumes, ains y a certaines causes, dót la cognoissance leur est interdite, à sçauoir celles, qui par l'ancien vsage de France souloient estre reseruées à la personne des magistrats, & depuis de leurs Baillys,
20. Qu'ils n'ont pas le *merum imperium* tout entier. comme les causes des Nobles, des grands chemins, & cas aduenus en jceux. Et pour ce qui dépend du *mixtum imperium*, ils n'ont pas la police (j'entens seulement en ce qui est de faire les reiglemens politiques & non en ce qui concerne l'execution d'iceux) le notariat ou tabellionné, les bans & cris publiques, & ne doiuent pas auoir les decrets: com-
21. De mesme de leur pouuoir. me il a esté prouué aux deux précedens chapitres.

Hors cela, les hauts justiciers cognoissent indifferemment de toutes causes tant ciuiles, que criminelles: encor y a-il plusieurs coustumes, & notamment la reformée de Paris, en ses articles secrets, qui sans auoir ésgard aux raisons icy dessus deduites, & voulát égaler tout a fait les hautes justices au *meru͂ imperiu͂* du droit, leur ont attribué toutes causes sans exception, fors seulemét les cas Royaux.

22 Pouuoir des moyens justiciers. Dont s'ensuit à plus forte raison que le *mixtum imperium* du droit n'appartient pas tout à fait aux moyens justiciers, notamment en ces trois poincts,

qui sont jnterdicts aux hauts justiciers, à sçauoir la police, le notariat & les bans : & le mesme deuroit estre des decrets.

Et faut noter qu'il y a tels actes ou dépendances de ce *mixtum imperium* du droit, qui n'appartiennent pas mesmes aux Comtes ny aux Ducs, voire mesmes qui n'appartiennēt pas aux plus grands magistrats Royaux, mais sont reseruez purement au Roy, comme les restitutions en entier, les dispenses contre le droit commun, & autres semblables actes, qui à Rome dépendoient, du *mixtum imperiū*, & appartenoient au Préteur, ou magistrat ordinaire. 23. Actes du *mixtū imperium* qui n'appartiennēt qu'au Roy.

Autres actes y a du *mixtum imperium* qui n'appartiennent qu'aux Chastellains & autres plus grands seigneurs, comme les trois, qui viennent d'estre recitez, la police, le notoriat & les bans: autres qui appartiennent seulement aux hauts justiciers à l'exclusion des moyens & des bas, comme d'ordonner les separations de biens entre gens mariez, jnterdictiō aux prodigues, & les decrets en aucunes coustumes. Autres aussi qui appartiennent aux moyens justiciers, à l'exclusion des bas, cōme le séellé, confection d'inuentaire, emancipation, dation de tuteurs & curateurs. Autres finalement qui appartiēnent aux bas justiciers, comme les saisies, nantissemens, ou ensaisinemens, qui sont laissez à tous les juges des lieux, à cause de la celerité, qui est requise, suiuant la loy 1. *De damno infecto*. Et lesquels actes du *mixtum jmperium* appartenans aux bas justiciers, les coustumes du pays de Flandres appellent particulierement *œuures de la loy*, combien que proprement tous les actes du commandemant meslé, qui participent plus du commandement, que de la jurisdiction, soyent appellées en droit *Legis actiones*, selon la plus vraye opinion.

24. Autres qui n'appartiennēt qu'aux grands & mediocres seigneurs.

25. Autres, qui appartiennēt aux hauts justiciers.

26. Autres, qui appartiennēt aux moyens.

27. Autres, qui appartiennēt aux bas.

28. Oeuures de loy.

29. *Legis actiones*.

30 Varieté des coustumes touchant le pouuoir des moyés justiciers.

Mais pour reuenir au pouuoir du moyen justicier, il est certain, qu'il a la cognoissance de toutes causes ciuiles, tout ainsi que le haut justicier: mais quant aux criminelles, noz coustumes y sont fort variables. Car les vnes, comme celle de Paris, de Niuernois & autres, ne luy attribuent cognoissance, que de celles dont l'amende ne peut exceder soixante solz: & de faict on tient pour maxime du droit coustumier, que le moyen justicier ne peut imposer plus grosse amande.

31. De mesme.

Les autres, comme les coustumes des pays de Picardie & de Flandres luy attribuent la cognoissance *du sang & du larron* (disent elles) c'est à dire les battures a sang, & de poing garny, pourueu que ce soit de chaude cholle, comme l'interprete la coustume de Senlis art. 110. & la cognoissance du larcin non qualifié & capital: pour autant a mon aduis, que ces deux delicts sont plus frequents que les autres: Et de fait il y a plusieurs cōcessions de justice faictes auec ceste clause, *cum sanguine & latrone*, autres au contraire, *excepto sanguine & latrone*.

32. Iustice *du sang & du larron.*

33. De mesme.

Autres encor attribuent au moyen justicier tous les delicts jndifferémment, qui n'importent peine de mort, ny mutilation de membre, qui sans doute estoient compris soubs le *mixtum imperium* du droit. Voire mesme il y a des coustumes, à sçauoir celles d'Anjou, Touraine & le Mayne, qui luy attribuent l'homicide non pourpensé, & le larcin ores que capital, & partant appellent la moyenne justice *justice à sang*, & permettent au moyen justicier, d'auoir des fourches patibulaires

34. *Iustice à sang.*

35. Qu'ils ne doiuent cognoistre du sang.

En quoy, sauf correction, il ny a nulle raison de donner a des juges guestrez & soubs l'orme la puissance de la vie & la mort des hommes, qui est tout autant de puissance, qu'en auoient les anciens Proconsulz & Presidents des prouinces de Rome qui encor n'auoyent que le *mixtum imperium* si le *merum* ne leur estoit specialement concedé, qui aux premiers temps n'estoit gueres baillé aux Proconsuls, sinon en faict de guerre, comme Dion a remarqué au liu. 53.

Comme aussi je n'estime pas, que du droict commun de France, le moyen justicier doiue auoir la cognoissance *du sang & du larron*, & de faict Guenoys en sa conference des coust. rapporte vn arrest donné en la plaidoirie du mardy matin 24. Nouembre 1551. par lequel a esté jugé, que depuis, qu'en batterie y a effusion de sang, c'est cas de haute justice. Dont s'ensuit que regulierement & de droict commun les moyens justiciers ne doiuent cognoistre, que des delicts bien legers. 36. De mesme.

Quant aux bas justiciers, c'est chose quasi impossible de concilier les coustumes qui parlent de leur pouuoir: toutesfois pour y apporter quelque esclarcissement, il faut remarquer, qu'en icelles il se trouue deux especes de basses justices, qui n'ont jamais esté distinguées par aucun praticien, que je sçache (ce qui est cause de la cõfusiõ, qui se trouue en ce poinct) à sçauoir les basses justices personnelles, & les justices foncieres ou basses justices réelles, & ceste distinction bien entenduë, ostera beaucoup de la difficulté, qu'il y a de bien comprendre le pouuoir des bas justiciers. 37. Du pouuoir des bas justiciers. 38. Deux sortes de basse justice.

Ces deux sortes de basse justice se trouuent separément rapportées és coustumes d'Anjou & du Mayne, qui sont celles, dict le grand coustumier, qui traictent le mieux les droicts de justice. Car le premier chapitre de ces deux coustumes traicte de la basse justice, reelle & fonciere, aussi est-il intitulé *de basse justice, justice fonciere, & simple voirie qui est tout vn*, ce sont les mots de la rubrique, & porte le 1. art. que ceste justice cognoist seulement des causes reelles. Et par apres au chap. *des droicts de Chastellenie*, il est 39. Elles sont exprimées és coustumes d'Anjou & du Mayne.

porté, que le seigneur Chastellain *a vn Iuge ou officier Chastellain, qui cognoist des causes personnelles iusqu'à soixante sols entre lays & roturiers seulement* : voylà la basse justice personnelle.

40. Basse justice personnelle.

Ie dy donques que les basses justices personnelles estoient anciennement toutes les justices de village, prouenuës de concession ou érection, & non pas d'vsurpation, je dy toutes sans exception: car mesme la justice originaire & primitiue des Chastellains de village, n'estoit que de cognoistre des causes personnelles jusqu'à soixante sols, comme ces deux coustumes nous apprennent. Bien est vray que les Comtes pouuoyent bien auoir vn lieutenant ou mandataire de leur jurisdiction entiere residant en leur ville capitale: mais hors celuy-là, s'ils mettoient aux villages des autres deleguez ou lieutenans, comme estoyent les Chastellains de village, ceux là n'auoyent pas la jurisdiction entiere, ains n'auoyent que telle justice, que les τοποτηρηταὶ, *judices Pedanei & defensores plebis* du droict Romain, desquels la cognoissance estoit limitee *ad quinquaginta solidos, l.1. Cod. de defens. ciuit.* ce que nos anciens praticiens ont interpreté, cinquante sols, combien que ce fussent cinquante escus sol.

41. Limitée à 60. sols.

42. *Defensores plebis.*

43. Basse justice fonciere.

Quant aux justices foncieres que les coustumes d'Anjou & du Maine, appellent aussi basses justices, elles ne sont pas venuës de concession expresse, ains d'vsurpation, qui en plusieurs prouinces a passé en droict commun, à cause d'vne faulse opinion de nos anciens praticiens qui estimoyent, que toute seigneurie feodale, c'est à dire tout fief ayant vassaux ou censiue, importoit de sa propre nature droict de justice sur les vassaux & censiers, qui en dépendoyẽt, du moins pour le recouurement de ses droicts de seigneurie.

44. Origine d'icelle.

Laquelle faulse opinion est prouenuë de l'equiuoque du terme de seigneurie, & confusion de la seigneurie publique, qui est droict de justice, auec la seigneurie directe, qui n'est qu'vne espece de seigneurie priuée, tout de mesme, que soubs la faueur de cét équiuoque. Ceux qui ont la seigneurie directe des maisons d'vn village, & d'ont elles meuuent ou en fief ou en cens, se qualifient seigneurs de ce village, combien que le vray seigneur du village soit celuy seul, qui en a la seigneurie publique, c'est à dire la justice. Ou plustost ceste opinion est prouenuë de ce que plusieurs coustumes permettẽt aux seigneurs feodaux, de saisir de leur propre auctorité, les fiefs de leurs vassaux, & aux seigneurs censiers, d'obstacler les maisons redeuables de leur cens, ou mettre les huys & fenestres d'icelles hors des gonds: Ce qu'ils ont estimé estre acte de justice, à l'occasion mesme des amẽdes, que les seigneurs directs leuent sur leurs vassaux, qu'ils ont aussi estimées estre droicts de justice, & de fait en plusieurs coustumes & liures des antiques praticiens, faire ces saisies s'appelle *justicier pour son fief & pour son cens.*

Ce qui est fort bien exprimé en l'ancien coustumier de Normandie, chap. 3. *Aucunefois appelle-on justice vne destresse qui descend de droict: si comme l'on dict d'aucuns, qu'il justicie bien ses hommes, telle justice est faicte, par prendre meubles, ou fief, ou corps.* 45. justicier signifie quelquesfois faire les executions de justice.

C'est neantmoins chose faulse, que quiconque a fief ou censiue sous sa seigneurie ayt aussi justice, attendu ce qui a esté dict cy dessus, que la seigneurie publique, qui seule importe justice, est specifiquement differente de la seigneurie directe, qui est vne espece de seigneurie priuée. Et ce que nous appellons seigneurs, ceux desquels nous tenons en fief ou à cens, c'est faute d'auoir autre terme François, qui signifie ceste espece de seigneurie. D'ailleurs les saisies, que ces seigneurs font de leur auctorité, ou obstaclemens des portes, ou dégõsemens des fenestres, ne sont pas actes de justice, qui se facẽt auec 46. Que celuy qui a fief ou censive n'a pourtant justice.

cognoiſſance de cauſe, ains ſont exploicts domaniaux, c'eſt à dire actes de ſeigneurie priuée, *& factum domini re ſua vtentis*: & toutesfois pour ce qu'ils ſemblent participer de puiſſance publique, toutes les nouuelles couſtumes defendent aux ſeigneurs de les faire ſans permiſſion de juſtice: *nec enim priuatis permittendum eſt, quod per magiſtratum fieri debet*.

47. *Iuriſdictio dominorum in agricolas.* Ceſte faulſe opinion peut auſſi eſtre prouenuë de ce que Iuſtinian en la Nou. 80. cap. 3. dict, que *agricolarum domini ſunt eorum judices à ſe ſtatuti*, & de ce que Cæſar au 6. liu. *de bello Gallico*, dit que *Principes regionum, atque pagorum inter ſuos jus dicunt, controuerſiaſque minuunt*. Car ceſte juſtice attribuée par Iuſtinian, eſtoit vne juſtice œconomique & familiaire des maiſtres ſur leurs colons, qui eſtoyent lors demy-ſerfs: *conſtituti nimirum ſub dominis*, dict notamment le chap. 2. de ceſte Nou. autrement & s'ils euſſent eſté tout à fait libres, *non habuiſſent dominos nec poſſeſſores*: De ſorte que le profond du Moulin s'abuſe grandement, quand au 2. art. de la couſt. gl. 3. il entend ceſte Nou. des gens de village libres tout à fait, & qu'il veut tirer de ce texte, l'origine des juſtices ſeigneuriales: & quant au paſſage de Cæſar, il le faut entendre des principaux officiers des bourgs, eſleus par le peuple, pour luy commander en paix & en guerre, comme j'ay dit au 2. chap. de ce liure.

48. Explication du 3. chap. de la Nou. 80.

49. Contre du Moulin.

50. En pluſieurs lieux, ceux qui ont cenſiue ou fief pretendent auoir juſtice. Mais neantmoins ceſte faulſe opinion a eſté cauſe, qu'en pluſieurs contrées & prouinces, tous les ſeigneurs qui ont ample cenſiue, & pluſieurs vaſſaux, ſe ſont ingerez, de faire exercer d'autorité priuée vne maniere de juſtice, pour ſe faire payer de leurs droicts ſeigneuriaux: ce qu'ils appellent en Beauſſe, & notamment au Perche, ou cela eſt tout commun *juſtice pour ſes droicts & debtes*.

51. Varieté des couſtumes, touchant la juſtice fonciere. Voila l'origine de la juſtice fonciere, qu'à bon droict pluſieurs couſtumes ont rejettée & defenduë tout à fait, comme celles de Meaux, Valoys, Xaintonge,

Xaintonge, S. Paul, & Paris aux articles secrets : autres en ont fait vn quatriesme degré au dessous de la basse iustice, comme Sens, Auxerre, l'aucteur du grād coustumier au lieu sus allegué, & Bacquet au cōmēcemēt de son liure *des droicts de iustice*: bref d'autres la confondent auec l'autre espece de basse iustice, comme les coustumes d'Anjou, Touraine, le Mayne & Lodunoys.

52 Quoy que ce soit, il est tout certain que ceste iustice fonciere, n'auoit lieu de son origine, que pour raison des droicts du seigneur, comme il est dict expressement en la coustume reformée du grand Perche, tit. 1. art. 24. & en celle de Solle, tit. 12. art. 1. & Bouteiller au tit. *du droict au bas iusticier. Si sçachez, dit il, que le iusticier, qui tient en basse iustice, si est d'auoir tant seulement iustice de se faire payer de ses rentes*, Et ainsi falloit-il entēdre ce 27. art. du 3. tit. de la coust. de Bloys, sur lequel il y eut tant de debat lors de la redaction, comme à dit Pontanus, qui porte *que le bas iusticier a cognoissance sur ses subiets & estagers.* Car ainsi faut-il lire, & non pas estrangers. 53 Dont resulte en passant vne conclusion fort notable, que les concessions des iustices faites à vn seigneur de fief, sur ses censiers & vassaux seulement (comme il y en a plus de ceste sorte, que d'autres) n'jmportent proprement, que ceste iustice fonciere, n'estant la iustice concedée indéfiniement en vne vniuersité de territoire, ains seulement sur les censiers & vassaux, qui est à dire, entant qu'ils sont poursuiuis comme tels, & non quand ils sont appellez en autre qualité. Car toute iustice ordinaire doit auoir son enclaue certain: aussi que ces concessions de iustice faites sans permission du Roy, estans de soy nulles, quoy que ce soit estans exorbitantes & abusiues, on ne peut moins faire, que de les restraindre & retrancher, tant que faire ce peut.

52 Qu'elle n'auoit lieu du commencemēt, que pour les droicts du seigneur.

53 Concession de iustice à vn seigneur sur ses censiers & vassaux seulemēt, n'importe que iustice fonciere.

54. Comment les justices foncieres se sont amplifiées.

Mais à succession de temps, les juges de ces justices foncieres non contẽts de cognoistre des droicts de leur seigneur, que plusieurs coustumes appellent les causes d'office, qui pourtant estoit la plus ample jurisdiction qu'ils peussent prétendre en consequence de sa simple seigneurie feodale & fonciere, ont encor entrepris de cognoistre d'autres causes foncieres & mixtes de partie à partie: notamment des petits differens naissans ordinairement dãs les villages, & qui ne se peuuent bien vuider, que sur le lieu, comme du bornage des terres, des dommages des bestes, & autres semblables, dont n'y a que loy d'amende, ou amende de loy, c'est à dire sept sols & six, comme l'expliquent disertement les coustumes d'Anjou & du Mayne.

55. Comment s'entendent les coustumes, qui disent, que ces justices ne cognoissent, que jusques à sept sols six deniers d'amende.

Ce qui semble neantmoins vn vray énigme: attendu que ces mesmes coustumes disent peu auparauant que le bas justicier ou seigneur foncier, n'a cognoissance d'aucunes causes criminelles, & ne parlent en cêt endroict, que des causes ciuiles reelles. Et est encor plus obscur, ce que dict le 27. art. de la coustume de Bloys, que *le bas justicier a cognoissance sur ses subiects & estagers de toutes actions personnelles ciuiles, dont les amendes n'excedent point sept sols six deniers tournois.* Car comment se peult-il faire que les justices soyent limitées és causes ciuiles par les amendes, veu que comme nous viuons à present, il n'y a presque point de cause ciuile, ou il eschée amende? & lors qu'on pratiquoit les amendes de contestation, elles estoyent vniformes de sept sols & six en toutes causes, comme il sera dit incontinent.

56. De mesme.

C'est pourquoy les coustumes reformees de Meleun & de Paris, se cuidans accorder auec les anciennes coustumes, ont dit, que le bas justicier cognoissoit des delits iusques à sept sols six deniers d'amende: & des causes ciuiles, iusques à soixante sols: ce qui toutesfois ne conuient pas à ces autres coustumes, qui parlent expressément de l'amende des causes ciuiles, & non des criminelles.

Donq quant aux coustumes d'Anjou & du Mayne, il les faut interpreter par elles mesmes. Et comme ainsi soit, qu'anciennemẽt il eschcoit certaine amende en toutes causes, contre celuy qui ayant temerairement contesté, succomboit par apres en icelles, faut remarquer, qu'en l'art. 166. de la coustume d'Anjou, & en l'art. 182. de celle du Mayne, l'amende ordinaire des causes reelles est taxée à sept sols & six : & ceste amende en plusieurs autres articles de ces coustumes, est appellée amende de loy, ou loy d'amende, comme estant l'amende ordinaire de justice, qui souuent en nos coustumes est appellée loy, & notamment la basse justice est appellée loy, comme il se voit dans Ragneau. De sorte qu'il faut conclurre qu'en ces coustumes, les bas justiciers peuuent cognoistre indifferemment de toutes causes reelles & foncieres. Ce qui n'est pas si estrange, qu'il seroit aux autres coustumes, tant pour ce que preuention y a lieu du superieur à l'inferieur, que pource aussi, que les bas justiciers ne peuuent tenir leurs plaids que quatre fois l'an, qui est assez pour poursuiure les droicts du seigneur; mais n'est pas pour attirer beaucoup de causes des particuliers, qui hors ce temps les commencent és justices superieures.

57. Amendes coustumieres.

58. Loy, & loy d'amende.

59. Pourquoy és coust. d'Anjou & Mayne les bas justiciers cognoissent de toutes causes plustost qu'aux autres.

Mais l'art. de la coustume de Bloys, qui attribuë au bas justicier toutes les causes personnelles ciuiles, dont il n'eschet plus grosse amende que de sept sols six deniers, est plus mal-aisé à entendre: veu que ceste coustume ne fait aucune mention des amendes de cõtestation, cõme font celles d'Anjou, du Mayne & autres, mesme celle de Berry qui est pareillement voisine. Et toutesfois depuis que je suis au pays j'ay recognu que c'est vn stil & formulaire ancien, qui est encor retenu en la plus part des petites justices du

60. Explication de l'art. 27. de la coust. de Bloys.

Bléfois & Dunois, de condamner celuy, qui eſt debouté de ſes concluſions, ſoit demandeur, ou defendeur, en l'amende de la Cour, auſſi bien qu'és deſpens: combien qu'il n'y ait, que les plus rudes ſeigneurs, qui recherchent & facent payer ceſte amende, & ay bonne memoire d'auoir fait, és aſſiſes de Dunois, defences aux juges reſortiſſans deuant moy de l'es plus adjuger, ny faire exiger.

61. De meſme. Or je ne puis dire au vray combien ceſte amende montoit: & poſſible eſtoit-elle anciennement plus grande, que de ſept ſols ſix deniers és cauſes excedantes ſoixante ſols. Autremẽt il faudroit conclurre, qu'en Bléſoys le bas juſticier cognoiſtroit de toutes cauſes, & partant fruſtratoirement la couſtume luy aſſigneroit-elle pour borne de ſa juriſdiction, l'amende de ſept ſols & ſix, ſi ceſte amende auoit lieu indiſtinctement en toutes cauſes.

62. Reſolution touchãt le pouuoir des bas juſticiers. Ie cõclu doncq, que ce n'eſt qu'abus, vſurpation & confuſion de ces baſſes juſtices foncieres, qui hors ſi peu qu'il y a de couſtumes, qui les admettent, ne doiuẽt eſtre tolerées du droict commun de la France. Et quant aux autres baſſes juſtices, que j'appelle perſonnelles, je dy, que ſuiuant les couſtumes nouuellement reformées, il les faut reſtraindre à ne cognoiſtre, que des cauſes perſonnelles ciuiles, juſques à ſoixante ſols, qu'il faut entendre eu égard à la demande, & non pas ny à la defence, ny à la verité du deu, ſuiuant la loy penul. §. 1. D. *de juriſdictione*. Dont reſulte encor, qu'il faut que la demande ſoit de ſomme ou quantité certaine, & non pas de choſe qui chet en eſtimation incertaine & non liquide, autrement la juriſdiction du bas juſticier, qui n'eſt pas juge ordinaire du territoire, n'eſt pas fondée liquidement: ains pour fonder ſa juriſdiction, faudroit eſtimer & liquider ce qui eſt demandé, auant que ſçauoir s'il eſt deu.

63. Qu'ils ne doiuent cognoiſtre, que juſqu'à 60. ſols.

Ceſte meſme conſideration me fait croire, que

c'est le pl⁹ equitable de tenir, que les bas justiciers ne doiuent auoir aucune cognoissance des actions criminelles, attendu que toute condemnation criminelle est arbitraire en France, & partāt incertaine & illiquide. Car qu'elle apparence y-a-il de dire qu'ils cognoistront jusques à sept solz & six d'amende, en sorte qu'il faille préiuger & deuiner la condēnation, auant que commencer le procez, pour establir & fonder la jurisdiction? 64. Et non d'aucune cause criminelle.

Voire mesmes qu'elle apparence y-a-il d'vser de procedure extraordinaire ou instruction criminelle en vn prétendu delit, ou il n'eschérra, que sept solz & six d'amende? veu que telle procedure extraordinaire, dont nous vsons en France, n'auoit lieu à Rome, qu'au seul crime de lese majesté, comme le docte Iuge criminel Airaut à bien remarqué: & quant à l'instruction criminelle, dont vsoient les Romains, elle n'auoit lieu, qu'aux grands crimes, qui seuls estoyent poursuiuis par voye d'accusation, & par la forme des jugemens qu'ils appelloient publiques: mais les exceds & autres petits delits, voire mesme le larcin, & encore le rauissement estoient poursuiuis par action ciuile *iniuriarum*, *furti*, *vi bonorum raptorum*, *vel alia pœnali actione*. 65. De mesme.

Aussi veoit-on, qu'il n'y a aucune coustume, qui permette au bas justicier d'auoir vn procureur fiscal d'office, sans lequel neantmoins en France nul procez criminel ne peut estre instruit. Et cōbien qu'au droit les defenseurs des citez eussent beaucoup plus grand pouuoir, que les bas justiciers de France, si n'auoient ils aucune cognoissance des proces criminels: bien est vray, qu'ils estoient tenus d'arrester les criminels trouuez en flagrant delict, & estoit leur charge de faire leur procez, comme estans les procureurs du peuple, ainsi qu'il sera dit en son lieu. Et à cest exemple nos coustumes permettent aux bas justiciers de saisir & emprisōner ceux, qui delinquēt 66. De mesme. 66. *Defensores ciuitatum.*

en leur destroit, à la charge de les faire amener au superieur dans vingt & quatre heures, & c'est pour quoy il leur est permis d'auoir des prisons: voire mesme en Normandie les hauts justiciers ne peuuent retenir les criminels dans leurs prisons plus de vingt quatre heures, apres lesquelles le superieur acheue le procez, si dans vingt-quatre heures, il n'a esté parfait: ce qui est sans doute plus à propos, que de permettre à des juges de village l'entiere instruction, & mesme la decision des procez capitaux.

68. Des officiers des simples justices.

Voylà ce qui me semble le plus équitable touchant le reglemẽt de la jurisdiction des hauts, moyens & bas justiciers: & pour acheuer icy, ce qui cõcerne leur pouuoir, faut se souuenir, que pour l'exercice de leur justice, ils ont besoin de trois choses: à sçauoir d'officiers, d'auditoire, & de prisons: dont il faut parler separément.

69. Du juge, & cõment il doit estre nommé.

Premierement ils ont besoin d'vn juge, je dy notamment vn juge ou garde de justice, & non pas Bailly, pource qu'a bien entendre ce nom ne conuient, qu'aux juges des Chastellains, & autres plus grands seigneurs, qui ont droit de Bailliage, cõme j'ay prouué au chap. 8. Et le Lieutenant de ce juge, en bonne eschole, doit estre appellé commis & non pas Lieutenant, comme en la coustume de Poitou art. 7. mais comme en matiere de mots l'vsage donne loy, auiourd'huy on appelle les Juges des hauts justiciers Baillys & Lieutenans, mais quoy que ce soit par les arrests de la Cour, il leur est defendu de se qualifier lieutenãs generaux, pource que les seignurs ne peuuẽt auoir de lieutenãs particuliers, & si quelques vns des plus grãds seigneurs le fõt, c'est par abus, qui ne seroit toleré a mõ aduis, si on en faisoit plainte au Parlemẽt: quoy que ce soit ils ne peuuent mettre de Conseillers ou assesseurs en leurs justices, ny en vn mot creer aucuns officiers nouueaux & nõ necessaires: car c'est desia vne chose assez exorbitante,

70. N'ont lieutenant particulier, conseiller ny assesseurs.

qu'ils en puissent mettre de necessaires, comme j'ay prouué ailleurs.

71. Quel doit estre le juge des simples justices.

Ce juge ou garde de justice du haut justicier, doit sans doute estre lettré & gradué: car en France, ou y a tres-grande abondance de gens de lettres, nous tenons, qu'autre, qu'vn juge gradué ne peut donner sentence de mort en justice ordinaire, dont j'ay ouy dire, qu'il y a quelques arrests, & meriteroit bien d'y en auoir ordonnance. Mais quant aux juges des moyens & bas justiciers, ensemble de tous les procureurs fiscaux ou d'office, je n'estime pas qu'il soit necessaire, qu'ils soient graduez: comme aussi le commis ou lieutenant du haut justicier, à la charge qu'il ne juge les procez criminels sans son Bailly, ny les procez appointez au dessus de dix liures, sans conseil gradué.

72. Du procureur fiscal ou d'office.

Les haut justiciers ont en outre vn procureur fiscal: (car d'auoir vn aduocat fiscal, ils n'appartient qu'aux plus grãds seigneurs) & ce procureur fiscal ha deux charges, l'vne de procurer l'interest public ou de justice, à sçauoir es causes criminelles & de police: l'autre de procurer l'interest du seigneur, qui en sa justice, plaide soubs le nom de son procureur fiscal, comme le Roy es siennes.

73. Ses deux fonctions.

Lesquelles deux charges meriteroient bien d'estre distinguées, mieux qu'on ne fait: car quand vn procureur fiscal poursuit vne cause criminelle ou de police, c'est la verité, qu'alors il fait office de substitut de Monsieur le Procureur general du Roy, auquel tout interest public appartiẽt: tout ainsi que la justice ou seigneurie, publicque du seigneur subalterne, est substituée, & tient lieu de la justice & seigneurie souueraine du Roy: Dont je conclu que l'appel d'vne sentence criminelle, ou de police, ~~doit~~ deuroit estre releué & instruit auec Monsieur le Procureur general seul, ainsi que celuy des juges Royaux, & non auec le seigneur, qui en son particulier n'a point d'interest

74. Que l'appel en criminel & police deuroit estre releué auec le procureur du Roy.

si le crime est puny, & si la police ordonnée par son juge, pour le bien public, est executée.

75. De mesme. Ne sert de dire, que les seigneurs ont les amendes & confiscations : car cest accessoire n'entre point en consideration au principal : attendu que cest chose prohibée & honteuse, qu'vn seigneur poursuiue vn criminel pour auoir sa confiscation, & soubs prétexte d'icelle n'est receuable à debattre sa remission ou grace. De dire aussi que les seigneurs sont tenus faire punir les delinquants, cela est vray en leur justice : mais non pas deuant les juges Royaux ; qui en leur siege y sont autant tenus, comme les seigneurs en leurs justices : vray est, que la conduitte du prisonnier est à leurs frais, comme dépendante de l'execution de la sentence de leur juge, quand elle luy est renuoyée.

76. Le seigneur doit estre intimé & non le procureur fiscal. Mais quand il est question des droits du seigneur il n'y à point de doute, qu'il ne doiue estre intimé sur l'appel de son juge, j'entens le seigneur mesme, & non pas son procureur fiscal : car ce n'est qu'en sa justice, qu'il peut plaider soubs le nom d'iceluy à fin que soubs ce nom emprunté, il soit plus franchement condamné. Comme si son fisque, ou sa seigneurie estoit autre chose, que luy mesme : ainsi que quand le marchand fait son cõpte de sa marchandise, il s'imagine, que sa boutique & luy sont deux, disant, qu'il doit tant à sa boutique, ou que sa boutique luy doit tant.

77. Le seigneur ne doit plaider en sa justice sinon pour ses droits. Ce qui nous fait cognoistre, que s'il est question de quelque action personelle, soit pour, ou contre le seigneur, qui ne concerne point les droits & dépendances de sa seigneurie, & principalement de quelque recherche criminelle contre luy, non seulement il n'en peut pas plaider soubs le nom de son procureur fiscal, attẽdu qu'il ne s'agit de son fisque : mais mesme on n'est pas tenu d'en plaider cõtre luy en sa justice, qui est suspecte & recusable pour ce regard

gard, autrement ce seroit vn asyle & impunité aux gentilshommes, d'auoir des justices.

Et faut noter que les moyens justiciers, comme ils n'ont point de fisque, aussi ne peuuent pas auoir vn procureur fiscal, ains seulement vn procureur de seigneurie ou d'office, ainsiqu'il est appellé es articles secrets de la coustume de Paris : mais le bas justicier n'a aucun procureur d'office, ainsi que portent ces mesmes articles, pource qu'il n'a cognoissance d'aucunes causes criminelles, ou publiques, ains seulement celles de partie à partie. 78. Si les moyens & bas justiciers ont procureur d'office.

Pareillement tous justiciers doiuent auoir vn greffier, & aussi peuuent auoir vn seau à sentences, mais nõ à cõtracts, s'ils n'ont droit de tabelliõné ou notoriat, que les hauts justiciers n'õt qu'en trois cas, à sçauoir quãd ils y sont fondés, ou par tiltre exprés, ou par possession jmmemoriale, ou par coustume particuliere, aussi peuuent auoir des sergens jusques au nombre de six au plus, dit la coustume de Tours art. 76. & vn geollier pour garder leurs prisons. 79. Du greffier des simples justices

Tous lesquels officiers, aussi bien que les Royaux, sont tenus resider sur le lieu, estans compris en l'ordonnance de Charles 7. de l'an 1443. voire à plus forte raison que les Royaux, pource qu'ils ne peuuẽt estre, que necessaires : toutesfois on excuse l'vn des juges de la residence, quand l'autre est resident : mais quoy que ce soit, il ne doit faire office de juge, hors sõ territoire, *quia tunc priuati loco est*, dit la loy. *Extra territorium. D. De judic.* comme il a esté dit au 7. chap. du 1. liu. *des offices*. 80. Officiers des justices doiuẽt resider.

Quant est de l'auditoire ou siege de justice, cõme il y auoit à Rome de grands & de petits magistrats, aussi y auoit il deux sortes de sieges, car les grands magistrats auoient le haut siege, appellé en Grec βῆμα, en Latin *tribunal*: & les petits auoient les bas sieges appellez *subsellia, quæ βάθρα, vocãtur à Dione lib.* 44. Et particulierement les juges Pedanées qui 81. De l'auditoire ou siege des justices. 82. *Tribunal. Subsellia.*

83. Pedanei judices. n'estoient pas magistrats, *sedebant super scamno vel fortuito cespite*, dit Cujas, *& inde dicebantur Pedanei, quia*
84. Auditoires sont volontiers à la porte du lieu seigneurial. *plano pede iudicabant*, *Græcè χαμαιδικασταὶ, humi-judicãtes*. Or tenoient ils leur siege au portique du Palays de l'Empereur ἐπὶ τῆς βασιλείου στοᾶς, dit la Nou. 82. *Vnde Synesius in epist. vocat τὴν στοὰν τὴν βασιλικὴν τὸ πάλαι κριτήριον*. Et Agathias liu. 3. dit, qu'il ne bougeoit dépuis le matin jusques au soir, de ce lieu-là, pour assister les plaideurs. Ainsi en Frãce anciẽnemẽt la justice de la maison du Roy s'exerçoit à la porte de son palays, & s'appelloit *les plaids de la porte*. Et se veoit communemẽt que les justices des seigneurs se tiennẽt à la porte du lieu seigneurial, ou en vn auditoire, qui y est estably expres, ou soubs l'orme, qui d'ordinaire y est planté, au milieu du carroy, ou place de deuant ladite porte qui est la cause pourquoy les juges de village sont communement appellez *juges dessoubs l'orme*: & lãtique comedie de Querolus dit, que, *de robore sententias dicunt*. Et sont dits
85. Iuges soubs l'orme. juges dessoubs lorme, *ad differentiam maiorum judicij, qui habent justum tribunal*: lequel tribunal ne peut appartenir à mon aduis, qu'à ceux, qui ont droit de Bailliage, c'est à dire de justice greigneure, comme parle l'ancienne coustume de Norman. Et c'est possible aussi pourquoy les moyens justiciers sont en quelques coustumes appellez *gros voyers*, & les bas *simples voyers*, pource que n'ayant point d'auditoire fait expres, ils rendent la justice en la voye.

86. Auditoire doit estre dans le territoire. Toutesfois nos coustumes astreignẽt, jusqu'aux moyens justiciers, d'auoir vn siege honorable & certain: & faut qu'il soit au dedans de leur territoire, & non pas qu'ils rendent ailleurs la justice par siege emprunté, s'il ny à excuse bien pertinente, comme de peste ou de guerre; pource que les justices de village sont principalement establies, pour le soulagement des sujets, & que hors leur territoire ils n'ont point de puissance publique: aussi ce siege doit estre en lieu honneste, & non pas en vne tauerne: & encor doit il

eſtre lieu public, ou chaſcun ait libre accez, & non pas dans les Chaſteaux ou maiſons fortes des ſeigneurs, à fin que les juges & les parties ſoient en parfaicte liberté, & ſoient veus d'vn chaſcun, pour donner bon exemple. Ainſi voyons nous dans l'Euangile, que Pilate ayans examiné noſtre Redēpteur dans ſon prétoire, c'eſt à dire dans ſon palays & maiſon publique, affectée à la demeure du gouuerneur eſtāt reſolu de prononcer ſa ſentence ἤγα γεν ἔξω τὸν ΙΗΣΟΥΝ καὶ ἐκάθησεν ἐπὶ τοῦ βήματος ὑς τόπον λεγόμενον Λιθόςθρατον dit l'Euangile.

Ce qui nous apprend, que toutes affaires de cōſequēce doibuent eſtre expediées *jn loco maiorum, jd eſt pro tribunali* : toutesfois en France pour le regard des procez par eſcrit, meſme des criminels nous nous ſommes licentiez, cōme de les juger, auſſi de les prononcer ailleurs, combien que de droit toutes ſentences deuſſent eſtre prononcées en jugement *tit. De ſententÿs ex breuiculo recit.* ce qui s'obſeruoit ny à pas long temps es prononciations des ſentences capitales, qui encor en Angleterre, & pluſieurs autres lieux ſont prononcées en l'auditoire auec grande ceremonie, pour ſeruir d'exemple. 87. Les expeditiōs doiuent eſtre faites en auditoire.

Finalement les moyens & bas juſticiers peuuent auoir priſons publiques, auſſi bien que les hauts, qui à ce ſont tenus particulierement : choſe qui eſt defenduë eſtroitement à ceux qui n'ont juſtice *tit. De priuatis carcerib.* Leſquelles priſons doiuent eſtre a rez de chauſſée, ſeures & nettes, de hauteur, & eſpace competant, ſans qu'ils ſoit permis d'vſer de ceps, grues grillons, & autres jnſtrumens ſemblables, prohibez par les ordonnances. Et ce droit de priſons appartient au bas juſticier : pource qu'encor qu'il n'ayt juſtice criminelle, ſi eſt ce qu'il eſt tenu apprehender ceux, qu'il trouue en flagrant delict, & les peut garder vingt quatre heures dans ſes priſons, auant que le rendre au haut juſticier. 88. Des priſons des juſtices. 98. Le bas juſticier en a & pourquoy.

Sommaire du onziesme chapitre.

1 *Diuision des droicts des justices.*
2 *Proposition de ce chapitre.*
3 *Hauts justiciers se peuuent qualifier seigneurs du village.*
4 *Et les habitans d'iceluy leurs suiets.*
5 *De mesme.*
6 *Que les seigneurs directs ne sont pas vrays seigneurs du village.*
7 *Ni les habitans leurs suiects.*
8 *Que neantmoins ils ont prescrit ceste qualité.*
9 *Cas esquels elle leur peut estre empeschée par le haut justicier.*
10 *Arrest du Marly.*
11 *Q'uimporte le tiltre de seigneur du village.*
12 *De la permißion de faire la feste du village.*
13 *Appartient au bas justicier, sinon que &c.*
14 *Du rang des hauts justiciers*
15 *Principalement en l'Eglise.*
16 *Des honneurs de l'Eglise.*
17 *Le haut justicier a les honneurs de l'Eglise.*
18 *Pourquoy & comment.*
19 *L'Eglise fait part du territoire.*
20 *N'a preseance deuant les gens d'Eglise.*
21 *Opinion d'Argentré.*
22 *Ordonnance notable.*
23 *Le patron precede dans l'Eglise le haut justicier.*
24 *Raison.*
25 *Qui est le vray & parfaict patron.*
26 *Patrons imparfaicts.*
27 *Patrons imparfaicts doiuent auoir tiltre & non les parfaicts.*
28 *Le bien-faicteur n'est pas patron.*
29 *En quoy consiste la possession paisible du patronage.*
30 *Les moyens & bas justiciers n'ont les honneurs de l'Eglise par droict.*
31 *Mais par bien seance seulement.*
32 *Pourquoy quelques coustumes n'attribuent les honneurs de l'Eglise qu'aux Chastellains.*
33 *Cas auquel les hauts justiciers n'ont les honneurs de l'Eglise.*
34 *Que les seig. directs du cõtour de l'Egl. n'ont des hõneurs d'icelle.*
35 *Vsage de la Noblesse*
36 *De la preseance de droict.*
37 *De la preseance d'honneur.*
38 *Elle ne produict point d'action.*
39 *Autres differences de ces deux sortes de preseance.*
40 *La preseance honoraire se perd facilement.*
41 *Elle se perd quand on sort de la paroisse.*
42 *Pourquoy en ceste matiere le demandeur perd ordinairement sa cause.*

43 *Pourquoy il en aduient des querelles.*
44 *Qu'il seroit necessaire d'y mettre vn bon reiglement.*
45 *Importance de ces querelles.*
46 *En quoy consistent les honneurs de l'Eglise.*
47 *En quoy ils ne consistent pas.*
48 *Prieres publiques.*
49 *A qui se communiquent les honneurs de l'Eglise.*
50 *Ces honneurs sont mixtes.*
51 *Ne sont transmißibles ny ceßibles à part.*
52 *Sont cõmuniquables à la femme du seigneur.*
53 *Femmes ne doiuent marcher deuant les hommes en l'Eglise.*
54 *Aucunes exceptẽt les Princesses.*
55 *Honneurs de l'Eglise sont communiquez aux enfans du Seigneur.*
56 *Tout cela n'est és offices.*
57 *Fondement de la prérogatiue des Princes.*
58 *Le seigneur ne peut estre representé par aucun autre.*
59 *Abus vsité parmy la noblesse.*
60 *Des bancs des Eglises.*
61 *Vsage des bancs.*
62 *Tous bancs deuroyent estre publics ainsi que l'Eglise.*
63 Emẽdata l.2. C.de sacros. Eccles.
64 *Reiglement obserué aux bancs dans les villes.*
65 *Nul ne peut auoir droict de bãc sans permißiõ des Marguilliers.*
66 *Par expresse & par escrit.*
67 *Bancs sont imprescriptibles.*
68 *Banc est reuocable & cõment.*
69 *Cõceßion de bãc n'est qu'à vie.*
70 *Et personnelle non transmißible au locataire ny heritier.*
71 *Exception.*
72 *Clause des hoirs & ayans cause comment tolerée.*
73 *Banc ne doit estre osté d'auctorité priuée.*
74 *Moyen de s'en pourueoir.*
75 *Particuliers ne peuuent inquieter celuy qui a vn banc.*
76 *Pourquoy on entreprẽd d'auoir banc sans conceßion.*
77 *Quand les particuliers peuuent se plaindre du banc.*
78 *Remede pour empescher les querelles touchant les honneurs de l'Eglise.*
79 *Des chappelles.*
80 *Patronage particulier des chap.*
81 *Possesßion d'iceluy.*
82 *Si le fondateur d'vne chappelle la peut tenir fermée.*
83 *Des sepultures.*
84 *Anciennement nul n'estoit inhumé dans les Eglises.*
85 *Sepulchres particuliers aux familles.*
86 *Sepulchres sont particuliers quand il y a voute.*
87 *Autrement sont publics.*
88 *Le droict de bãc n'includ droict de sepulchre particulier, ny au contraire.*

DES DROICTS
HONNORABLES DES simples justices, notamment des honneurs de l'Eglise.

CHAPITRE XI.

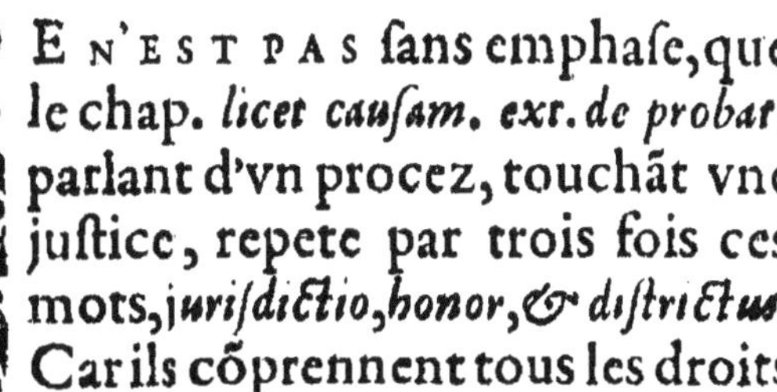

CE N'EST PAS sans emphase, que le chap. *licet causam. ext. de probat.* parlant d'vn procez, touchãt vne

1. Diuision des droicts des justices. justice, repete par trois fois ces mots, *jurisdictio, honor, & districtus.* Car ils cõprennent tous les droits des justices, qui (comme il a esté dict des droicts des officiers au premier liure) consistent, ou au pouuoir, ou en l'honneur, ou au profit: entendant par la jurisdiction le pouuoir des justices, par l'honneur leurs droicts honnorables, & par le distroict ou territoire les droicts profitables.

2. Proposition de ce chapitre. Doncques ayant esté traicté au chap. precedent, du pouuoir & jurisdiction des hauts, moyens, & bas justiciers, il faut parler en suitte de leurs droicts honorables, puis des profitables: & comme en traictãt de l'honneur des offices, il a esté dict, qu'il consiste en deux poincts, à sçauoir au tiltre, & au rang, aussi faict celuy des justices.

3. Hauts justiciers se peuuẽt qualifier seigneurs du village. Le tiltre des justiciers est, qu'ils ont droict de se tiltrer & qualifier seigneurs du village, auquel ils ont leur justice, ores qu'ils ne l'ayent en tout le village, pourueu qu'ils l'ayent en la plus grande partie d'iceluy, *à qua totum denominatur.* Car au demeurant il a esté prouué cy deuant, que la seigneurie *non priuatum dominium, sed potestatem publicam significat,* & d'ailleurs, le nom d'vne ville ou village ne conuient pas tant aux maisons, qu'à la collection des habitans dict Aristote au premier des Politic. desquels ha-

bitans le haut justicier est dict le seigneur, pource qu'il a commandement sur eux, & eux reciproquement & par relation, sont dits ses subjects, pource qu'ils sont tenus d'obeïr a ses mãdemens, c'està dire a ceux de son juge, qui s'executent soubs le nom & auctorité du seigneur, auquel appartient la proprieté du commandement. 4. Et les habitans d'iceluy leurs subiects.

Combien qu'a parler tout à fait proprement, le subject ne soit que du Roy, auquel seul devroit resider la seigneurie, c'est à dire la puissance publique en proprieté: mais tout ainsi que l'exercice de la puissance publique, est par necessité communiqué aux magistrats, & comme par abus (qui toutesfois est desormais préscrit & estably) la proprieté de ceste puissance publique est communiquée aux seigneurs justiciers, aussi par vne relation necessaire, le mot de subject leur est-il referé en tant qu'ils representent & tiennent la place du Roy en leurs justices. Qui est proprement ce qu'a dict l'Apostre, *Subditi estote Regi tanquam præcellenti, & ducibus tanquam ab eo missis.* 5. De mesme.

Mais ce que les simples seigneurs, ou feodaux, ou censiers appellent leür droict seigneurie, c'est improprемẽt tout à fait, & à faute d'autre terme François, qui corresponde au Latin *dominium*, & devroit plustost estre appellé *sieurie*, que *seigneurie*: termes bien differens, pource que l'vn venant de *sien*: signifie proprieté, & l'autre venant de *senior*, signifie vne qualité d'honneur. Comme au pareil c'est improprement du tout qu'ils appellent subjects leurs censiers & vassaux, pource que la subjection simplemẽt énoncée, se refere aux personnes: comme est celle de la justice, mais la redeuance du cens est reelle tout à fait, & celle du fief est mixte: Et est vray que l'vne ny l'autre n'importe subjection de la personne. Car quant au cens, il ne gist qu'en profit, & le fief en profit & en honneur, mais non pas en subjection de la personne. 6. Que les seigneurs directs ne sont pas vrays seigneurs du village. 7. Ny les habitãs leurs subiects.

Neantmoins d'autant que ce qui donne loy aux mots, c'est l'vsage.

Quem penes eſt, & vis, & lex, & norma loquendi, & que c'eſt vne couſtume preſcripte deſormais, d'appeller ſeigneur du village, ceux qui ont la ſeigneurie directe, ſoit feodale, ou cenſuelle de la plus grande partie des maiſons d'iceluy, j'eſtime que nõ ſeulement vn particulier, à faute d'intereſt legitime, ne ſeroit receuable de leur empeſcher ce titre, mais

9. Cas eſquels elle leur peut eſtre empeſchée par le haut juſticier.

meſme que le ſeigneur juſticier du village n'y ſeroit fondé, ſinon en trois cas, ſçauoir eſt, ou que ce fuſt le principal village de ſa ſeigneurie, ou celuy dans lequel fuſt l'auditoire de ſa juſtice, ou duquel luy meſme euſt accouſtumé de porter le nom.

10. Arreſt de Marly.

Voire il a eſté jugé par l'arreſt de Marly, rapporté par Chopin ſur la couſtume d'Anjou liu. 2. que celuy, qui auoit vn ample fief releuant du Roy, dans le village du haut juſticier, ſe pouuoit qualifier ſeigneur en partie d'iceluy, ſauf qu'és actes, où le ſeigneur juſticier ſeroit dénommé, il ſe qualifieroit ſeulement ſeigneur d'vn fief ſiz au village. I'eſtime toutesfois, qu'il faut reſtraindre ceſt arreſt à ſon hypotheſe : & qu'y ayant au village vn haut, voire vn moyen, ou vn bas juſticier, qui aye accouſtumé de ſ'en qualifier ſeigneur, le ſimple ſeigneur feodal ne doit porter ce tiltre de ſeigneur en partie du village, principalement ſi ſon fief ſe trouue auoir vn autre nom. Mais encore qu'ainſi ſoit, ſi au village il n'y a point d'autre qui ayt accouſtumé de ſ'en qualifier ſeigneur, je tien que celuy qui a la directe de la plus grand part d'iceluy, en peut prendre le tiltre ainſi vacant, & qui ne peut mieux appartenir à autre, qu'à luy.

13. Qu'importe le tiltre du ſeigneur du village.

En quoy faut conſiderer, que ce tiltre de ſeigneur du village appartient par droit aux juſticiers, & aux ſeigneurs directs par bien ſeance ſeulement, & à faute que les juſticiers l'ayẽt pris. Mais à l'eſgard & des vns & des autres, il faut tenir que ce n'eſt qu'vn tiltre d'honneur, qui de ſoy n'a & n'importe aucun

droit

droict ny dépendance, soit de pouuoir, ou de profit. De sorte que les gentils-hommes qui soubs prétexte de ce tiltre, & de ce qu'ils appellent leurs sujets, les habitãs du village, dont ils se qualifient seigneurs les contraignent à des coruées, a nourrir leurs chiẽs, à faire guet en leur maison, à les suiure â la chasse, ne sont pas seigneurs, ains tyrans au volleurs.

Pareillement nos gentils-hommes se trompent fort, quand n'estans point justiciers, ils se debattent à outrance, à qui donnera permission de faire la feste du village, & à qui en fera faire le cry, semonces, permettra de leuer les quilles, & autres ceremonies, qui en dépendent, estimant que ce soit la vraye marque de la seigneurie du village : combien que ce soit vn droict de justice & de commandement sur les personnes, qui par consequent n'appartient qu'aux seigneurs justiciers: encor y a-il plusieurs coustumes, qui n'attribuent ce droict, qu'aux hauts justiciers, comme celle de Bar. tit. 2. art. 28. autres qui l'attribuent seulement aux moyens justiciers, comme celle d'Amiens art. 242. Toutesfois j'estime, que les bas justiciers en peuuent vser, pourueu que le haut justicier ne l'ait defendu expressement: ce que, je tien, qu'il peut licitement faire par la raison de la loy *judicium D. de judiciis*, pource que le territoire luy appartient, & non pas au moyen, ny au bas justicier. C'est pourquoy je conseille à celuy, qui se sentira le plus mal fondé en ces debats, de se munir & fortifier du nom & auctorité du seigneur haut justicier, ou de son juge en son absence.

12. De la permission de faire la feste du village.

13. Appartient au bas justicier, sinon que, &c.

Voylà pour le tiltre, & quant au rang, il est notoire que le haut justicier a droict, comme magistrat proprietaire du village, de préceder en iceluy, & dans les limites de sa justice, tous ceux qui y sont residents, ores que plus grands seigneurs, que luy, comme estans ses subjects justiciables, voire mesme ceux, qui s'y rencontrent, horsmis ses supe-

14. Du rang des hauts justiciers.

rieurs, & ceux de la haute noblesse: & ce pour les mesmes raisons qu'il a esté prouué au 1. liu. *des offices*, que les officiers, magistrats ont ceste mesme préseance.

15. Principalemẽt en l'Eglise. Or comme l'endroict plus honorable c'est l'Eglise, aussi est-ce le lieu ou ce rang paroist le plus: Et c'est vn des mal'heurs de nostre siecle qu'il n'est en lieu quelconque si opiniastrement recherché, qu'en la maison de Dieu, ou l'humilité nous est plus commandée, & ou toute puissance deuroit estre tenuë en suspends, en la presence du tout puissant. C'est pourquoy il ne sera point hors de propos, debaucher icy la matiere des honneurs de l'Eglise, qui n'a
16. Des hõneurs de l'Eglise. jamais esté traictée par aucun jurisconsulte, ains a esté laissée à la caballe de nos gentils-hommes, qui l'accommodans à leur ambition, & aux loys de la force, dont ils font profession, plustost que de la justice, y ont auctorisé tant d'absurditez en l'vsage, qu'aujourd'huy les vns s'opiniastrans sur ce faux vsage, les autres se fondans sur la droicte raison, il en aduient infinies querelles & procez. Partant je prieray ceux ~~d'entr'eux~~, qui liront cecy, de ne s'arrester à ces folles traditions accoustumées entr'eux, ains plustost donner place à ~~la~~ raison.

17. Le haut justicier a les hõneurs de l'Eglise. Ie dy donc, que le haut justicier a la préséance, & tous autres honneurs en l'Eglise de son village, posé qu'elle soit située au distroit de sa justice, auquel cas la justice & seigneurie publique luy demeure au dedans d'icelle. Car ce que l'Eglise, pour estre dediée à Dieu, est exempte du commerce des hommes, ne regarde que la seigneurie priuée, de laquelle le com-
18. Pourquoy & comment. merce dépend. Vray est qu'en tant, que l'Eglise est exempte de la justice temporelle, elle est aussi exempte de la seigneurie publique des seigneurs subalternes: mais il faut considerer, que ceste exemption n'a
19. l'Eglise faict part au territoire. lieu, qu'à l'égard des personnes & choses sacrées, & qu'elle n'oste pas tout à faict l'Eglise du territoi-

re, ou elle est enclauée, comme a tres-bien dict Bartol. sur la loy, *si quis in hoc genus. Cod.* de *Epis. & cler.* & sur la loy *si cui.* §. *ult. de accusat.* ainsi qu'Optatus Mileuitanus a dit, que l'Eglise est en la Republique: bref telle exemption ne luy constituë pas vn territoire à part, *quia Ecclesia territorium non habet*. Et de faict, les delicts qui s'y commettent par les lays, ne laissent d'estre de la iustice temporelle.

20. N'a préséance deuant les gens d'Eglise.

Dont s'ensuit, que le haut iusticier, qui est le seigneur du territoire, n'a pas préseance dans l'Eglise deuant les gens d'Eglise, qui sont exempts de sa iustice & sujection, mais hors eux & ses superieurs, & encor ceux de la haute noblesse, non residens en son territoire, il deuance en tous lieux d'iceluy toutes autres personnes, qui s'y trouuent. Voire tous les autres honneurs de l'Eglise luy appartiennent, de telle sorte, qu'il s'en peut pouruoir en iustice, comme d'vn droict & dépendance de sa seigneurie, soit par action ou par complaincte, ainsi que j'ay dict des officiers au lieu sus-allegué, comme Baquet discourt au 20. chap. *des droicts de iustice.*

21. Opinion d'Argentré.

Quoy que le docte Argentré en son dernier conseil, estant tout à la fin de ses opuscules de n'agueres imprimez, tienne formellement le contraire, soustenant que les honneurs de l'Eglise n'appartiennent qu'au patron: encor requiert-il qu'il les aye reseruez en fondant l'Eglise. Et certainement il y en à ordonnance toute formelle, pour le pays de Bretagne seulement de l'an 1539. art. 13. 14. & 15. dont voicy les mots *Nous pour faire cesser les contentions d'entre nos subiects, auons ordonné, qu'aucun de quelque qualité ou condition qu'il soit, ne pourra prétendre droict, possession, auctorité prérogatiue ou prééminence au dedans des Eglises, soit pour y auoir banc, siege, oratoire, escabeau, accoudoüer, sepulture, enfeuz, armoiries, escussons, & autres enseignes de leurs maisons: sinon qu'ils soyent patrons ou fondateurs d'icelles, & qu'ils en puissent promptement informer par let-*

22 Ordonnance notable.

tres ou tiltres de fondations, ou par sentences & jugemens deuëment donnez auec cognoissance de cause, & auec partie legitime. Et outre les cas susdicts ne seront nos subjects receus à intêter aucun procez pour raison desdits prétẽdus droicts, & declarons nulles toutes les procedures, qui auroyent esté, ou seroyent sur ce faites. Voulons les contreuenans estre estroictement condamnez en bonnes & grosses amandes enuers nous, pour leur calomnie ou temerité, procedant à cause de ladite contrauention.

Mais ceste ordonnance n'est que pour la Bretagne, ou poussible les justices seigneuriales ne sont establies en telle auctorité, qu'és prouinces de deça:
23. Le patron précede dans l'Eglise le haut justicier. & neantmoins en consequence d'icelle, je tien, que le patron est préferable au haut justicier en ces honneurs de l'Eglise, qui notoirement font partie du patrõnage *can. Piæ mentis & can. Frigentius 16. quæst. 7. cap. Nobis. ext. de iure patron.* & partant la consecration, qui efface toutes charges & seruitudes profanes, n'efface point ce droict, qui est cõme spirituel, quoy que ce soit auctorisé par l'Eglise, afin d'exhorter ceux qui aiment l'honeur, à bastir des maisons de deuo-
24. Raison. tion. Ainsi donc ceste préseance en l'Eglise estant attribuée au patron par vn droict singulier & expres, voire comme par vne loy & condition imposée en l'Eglise, lors qu'il l'a donnée à Dieu, est sans doute préferable, à l'honneur qui redonde au seigneur haut justicier, en consequence de sa justice, par vn droict commun & vniuersel.

25. Qui est le vray patron & parfaict patron. Mais quand je préfere le patron au haut justicier, je n'enten pas tout bien-faicteur, ains seulement l'entier fondateur, qui a donné, & le fond, & le bastiment, & le dot ou reuenu de l'Eglise: au moins celuy qui a tiltre expres du patrõnage, ou bien qui en est en parfaicte possession. Car pour estre patron ou fondateur, il faut auoir entierement fondé & erigé l'Eglise, c'est à dire luy auoir donné l'estre entier,

j'enten l'estre materiel:car c'est l'Euesque qui donne l'estre formel, par la consecration, ainsi que le pere est celuy qui donne l'estre materiel à l'enfant, auquel Dieu donne l'estre formel. Aussi la definitiõ commune du patron,requiert & présuppose la concession du fond, bastiment & dot conjoinctement, & non pas disjoinctement.

Et combien que la commune des anciens interpretes tienne,que quand séparement vn a donné le fond, vn autre le bastiment, & vn autre la dot,tous trois participent au droit de patrõnage: si est-ce tousiours la verité, qu'ils ne sont patrons qu'en partie, mais sur la question d'entre Rochus de Curte & Paulus de Citadinis, si ce droit appartient au fondateur sans reseruation expresse, ou bien si la reseruation est necessaire. Il me semble qu'il y a grande apparence de distinguer, & dire que le parfaict fondateur,qui a donné le fond, le bastiment, & la dot est patron, *ipso jure* sans stipulation ny reseruation, comme le droit canon ayant faict ceste reseruation pour luy, ainsi que la glose a tenu sur le canon, *Si quis basilicam. De consecrat. distinctione* 1. & se collige du chapitre. *Significauit, ext. de testibus.* Mais le fondateur imparfaict, qui n'a baillé que le fõd, ou le bastimẽt,ou la dot n'est point patrõ, si par expres le droit de patrõnage ne luy a esté accordé,auparauãt la cõsecration. Car il peut estre, que pour si peu de chose l'Euesque (sans l'auctorité duquel, le droit de patrõnage ne peut estre imposé, comme tiennent tous les Canonistes) ne le leur aura voulu accorder. Voire mesme Argentré tient generalement ceste opinion, que le droit de patrõnage ne peut appartenir à aucũ, sans concession speciale.

26. Patrõs imparfaicts.

27. Patrons imparfaicts doiuent auoir titre & nõ les parfaicts.

Sur tout il est bien certain,que celuy qui dõne du reuenu à l'Eglise apres sa consecration,n'est neantmoins patron, tant pource que ceste sujection de

28. Le bienfacteur n'est pas patrõ.

patronage ne peut estre imposé à l'Eglise, apres qu'elle est dediée à Dieu, que pour ce qu'il faut l'auoir dotée, c'est à dire, luy auoir baillé le reuenu, sur lequel elle à esté sacrée, tout ainsi que le dot d'vne femme est le bien, qu'on luy dône en faueur de mariage. Mais côme celuy qui enrichit la femme apres son mariage, n'est pas dotateur, mais ditateur, aussi celuy qui enrichit l'Eglise ja dediée, n'est pas fondateur, mais bien-facteur.

29. En quoy consiste la possession paisible du patronage.

Toutesfois comme ainsi soit, que les fondations des Eglises sont anciennes, dont il est mal aisé d'auoir conserué le tiltre, j'estime que la possession paisible y est de grand poix, mais il faut prendre garde, que celuy, qui est en possession paisible des hôneurs de l'Eglise, n'est pas pourtant en possession du droit de patronage: car ce signe ou marque du patronage, est trop équiuoque, d'autant que plusieurs jouissent de ces hôneurs, qui ne sont pas patrons, à sçauoir aucuns par autre droit, autres par simple bien séance, autres par entreprinse & vsurpation: mais le signe vniuoque, qui denote la possession certaine du droit du patronage, est, quand on est en bonne possession de présenter a la cure de la paroisse, lequel signe cessant nul ne se peut dire patron, supposé qu'il verifiast auoir jouy des hôneurs de l'Eglise, par têps immemorial: Pource que ces hôneurs & préseances sont plustost présumez consister en pure faculté & ciuilité, qu'en droit estably. Et cest ainsi à mon aduis, qu'il faut entendre ceste ordonnance de Bretagne, en ce qu'elle exclud la preuue de la possession.

30. Les moyens & bas justiciers n'ont les hôneurs de l'Eglise par droit.

Hors le patron & le haut justicier, je n'estime point que les honneurs de l'Eglise appartiennent par droit à aucun: non pas mesme aux moyens & bas justiciers, tant pource qu'ils ne sont pas seigneurs du territoire, ains sont côme les mandataires de jurisdictiô du droit Romain, quoy que ce soit n'ont pas l'ordinaire & entiere justice du lieu, mais sont restraints à certain genre de causes, que pource qu'ils ne sont pas magistrats, ausquels le droit de préseance est proprement attribué, comme j'ay prouué au 1. liu. *des Offices*. Bien confesse-je que par bienséance ils doiuent préceder tous ceux, qui sont sujectz à leur justice, mais les hõneurs de l'Eglise consistent en autres choses, qu'en la préseance, & d'ailleurs n'ayant point de justice personnelle sur les nobles, sinon pour les droits de leur seigneurie, ils ne peuuent pour ce suiet prétẽdre droit de préseance sur eux, non plus, que sur ceux, qui se rencontrent par occasion dans leur justice, n'y estans point residens.

31. Mais par bienséance seulement.

Voire mesmes il-y-a des coustumes, qui n'attribuent les honneurs de l'Eglise, qu'aux seigneurs chastellains, à sçauoir celle de Tours tit. 5. art. 59. & celle de Lodunoys chap. 5. art. 1. Mais cela vient de ce qu'anciennement les hauts justiciers n'auoient la parfaicte jurisdiction du territoire, & n'auoient que la simple jurisdiction du droit, ainsi qu'il à esté dit au chapitre précedent: De sorte qu'ils n'estoient que cõme sont maintenant les moyens ou bas justiciers: mais auiourd'huy qu'ils ont par tout gaigné ce poinct, d'auoir l'entiere jurisdiction & plein territoire, ils sont comme les magistrats ordinaires en proprieté, ayans la seigneurie publique du territoire: & partant a cause de ceste qualité, ils doiuent auoir les honneurs de l'Eglise, quand elle est enclauée dãs leur territoire: autrement non, pource que hors jcelluy tout magistrat n'est plus qu'homme priué *l. vlt D. De jurisdict.*

32. Pourquoy quelques coustumes n'attribuẽt les hõneurs de l'Eglise qu'aux chastellains.

33. Cas auquel les hauts justiciers n'ont les hõneurs de l'Eglise.

Mais les simples seigneurs directs & fonciers de l'endroit ou enclaue, au dedans duquel l'Eglise est bastie, n'ont à mon aduis aucun droit aux hõneurs d'icelle: pour ce que la seigneurie directe n'est qu'vne espece de seigneurie priuée, qui ne produit aucun honneur, ains ne tend qu'au profit: aussi que toute directe seigneurie est amortie par la dedicatiõ

34. Que les seigneurs directs du contour de l'Eglise n'ont des honeurs d'icelle.

de l'Eglise, & n'y demeure, que la iustice. D'ailleurs on ne peut dire, qu'ils soient présumez fondateurs *ex eo*, que d'ancienneté ils estoient seigneurs directs du fond, sur lequel l'Eglise est bastie, pource qu'on présume plustost, qu'ils ayent vendu, que donné la directe de ce fond ou mourceau de terre, *quia donatio non facilè præsumitur*: puis il vient d'estre dict, que ce n'est pas assez d'auoir donné le fond entieremẽt, & quand à la directe seigneurie, & quand à la proprieté, si lors on n'a stipulé & reserué le droict de patronage.

35. Vsage de la noblesse. Bien est vray que l'ambition de nos gentils-hommes les porte maintenant à obseruer tout communement entr'eux, que non seulement les moyens & bas iusticiers, mais aussi les simples seigneurs directs, voire mesme ceux qui n'ont point ces qualitez, mais qui sont reputez les plus grands de leur parroisse, ayent comme présc rit les honneurs de l'Eglise: Mais il faut en ceste matiere distinguer le droict, d'auec la bienseance: qui est a peu pres la distinction, que Balde nous apprend, sur le chap. *Licet causam. De probat.* & Pontanus sur le 5. art. de la coust. de Bloys, *in verbo Nobilium*.

36. De la préseance droit. La préseance appartenãt par droit est celle du seigneur haut iusticier dans son territoire, du maistre en sa maison, du patrõ en son Eglise. Ceux là, s'ils y sont inquietez, s'en peuuent pourueoir en iustice, soit par complainte, ou par action. La préseance d'honneur

37. De la préseance d'honneur. & bienseance, est comme celle d'vn parẽt superieur sur l'inferieur, d'vn vieillard sur vn jeune homme, de celuy de haute qualité, sur celuy de beaucoup moindre, d'vn riche homme, sur le mercenaire: & ceste préseance *non in iure consistit, sed in moribus* dict Pon-

38. Elle ne produit point d'action. tanus: partant il n'y a point d'action prescrite en iustice, pour la maintenir: pource que la iustice n'est establie que pour conseruer le droict d'vn chacun, & ce qui luy appartient. Toutefois quãd en l'entre-

prise

prise qui s'y faict, il eschet vn scandale, ou contumelie manifeste, on s'en peut pourueoir par requeste, implorant le noble office du juge, introduit en droit, pour suppleer au defaut d'action. Qui est à peu prés l'opinion de l'antique Faber sur le §. *aliam. de bon. poss.* aux institutes.

Doncques pour ce qui concerne particulieremēt les hõneurs de l'Eglise, ils n'appartiennēt par droit, qu'au patron & au haut justicier, & eux seuls s'en peuuent pourueoir, soit par cõplainte ou par action, & qui plus est, les retiennent encor qu'ils ne residēt dans la parroisse: Car tousiours ces hõneurs suiuent la terre à qui appartient, soit le patrõnage, ou la haute justice. Mais la préseance qui est deferée par hõneur, ou au moyen, ou bas justicier, ou au seigneur direct du village, ou à quelque gentil-homme de marque, ou d'anciēne race, ou d'ancien aage, n'establit jamais vn droit immuable & incommutable: mesme ne se peut préscrire, pour ce qu'elle ne gist qu'en faculté, ciuilité & courtoisie: de sorte que cessant la cause, sur laquelle elle est appuyée, elle doit cesser tout quant & quant, ou bien suruenant vne cause plus forte, comme pour exēple, si elle est fondée sur le merite de la persõne, si la personne vient à mourir, ou s'il en suruiēt vn autre de plus grād merite dans la parroisse. Et sur tout c'est vne maxime, que ceste préseance d'honneur, cesse deslors, que celuy auquel elle a esté deferée, ne reside plus en la parroisse, pour ce que c'est vne régle de bien seance, qu'en la parroisse le parroissien doit préseder celuy qui ne l'est pas, & que nul ne peut prétendre ceste préseance honnoraire en la paroisse, ou il n'est point demeurāt.

39. Autres differēces de ces deux sortes de préseances.

40. La préseance. honnoraire se perd facilemēt

41. Elle se perd quand on sort de la paroisse.

Mais quoy que ce soit, ceux qui ont ceste simple préseance hõnoraire, ne sont receuables d'en faire procez en justice: c'est pourquoy ordinairement és procez intētez pour les hõneurs de l'Eglise le demādeur pert sa cause, pour ce que ne pouuāt fonder son

42. Pourquoy en ceste matiere le demandeur pert ordinairement sa cause.

43. Pourquoy il en aduient des querelles.

droit, il faut que le deffendeur soit rẽuoyé absous: & delà vient qu'on ayme mieux se battre que plaider sur ce sujet, ou biẽ on a accoustumé de faire quelque escapade ou violence, pour rendre son aduersaire demandeur.

44. Qu'il seroit necessaire d'y mettre vn bon réglement.

A quoy il me semble, qu'il seroit bien necessaire de donner ordre par vne bonne ordonnãce, qui en s'accommodant & ployant vn peu à l'vsage inueteré, trenchast clairement les maximes de ceste matiere: à ce que suiuant icelle on eust occasion de s'en pourueoir par justice, plustost que d'auoir recours à la force, en deffaut d'estre ouy en justice. *Nam cum duo sint genera decertandi*, dit Cicerõ aux Offices, *vnum per disceptationem, alterum per vim, confugiamus necesse est ad posterius, cum vti non licet superiore.* Et de verité je croy qu'il y a de présent plus de deux mil querelles entre

45. Importance de ces querelles.

les gentils-hommes de France, pour les honneurs de l'Eglise, & n'est possible année qu'il ne soit tué plus de cent gentils-hommes pour ce subject, qui est si poignãt au courage releué de nostre Noblesse, qu'il n'y a présque celuy d'icelle, qui face difficulté d'y hazarder non seulement son bien, son honneur, sa vie & celle de ses parens & amys, mais mesme sa propre conscience: jusques a quitter l'Eglise plustost, que le rang & place, qu'il pretend en l'Eglise.

46. Enquoy consistent les honneurs de l'Eglise.

Or ce n'est pas assez de sçauoir à qui appartiennẽt les honneurs de l'Eglise, mais il faut aussi expliquer enquoy ils consistẽt, ce qui n'est pas moins difficile, que l'autre poinct. Car nostre Noblesse les faict cõme on dit, à vsage d'estriuieres, qu'on allonge tant qu'on veut. Voicy donc à mon aduis, enquoy ils consistent proprement & vrayemẽt. A sçauoir en la préseance és processions, offrandes, distribution de pain benist, place plus honorable du banc, & de la sepulture, aux litres & ceintures funebres, à l'entour de l'Eglise en dedans seulement, à l'égard des simples hauts justiciers, & dedãs & dehors à l'égard des seigneurs Chastellains, à fin d'accorder les coustumes, qui n'attribuẽt ce droit de litres, qu'au seigneur Chastellain. Mais les honneurs de l'Eglise ne consistent pas a appeller la maison de Dieu sienne, & y commander: ce qui ne peut estre sans impieté & sans entreprendre, contre luy, auquel l'Eglise est voüée. Ce n'est donc pas à celuy, qui à les honneurs de l'Eglise, à prescrire l'heure du seruice diuin, à assujettir le Curé (auquel luy mesme est sujet, en ce qui est du seruice diuin, & toute sa charge, comme à son recteur & pasteur hierarchique immediat, ordonné de Dieu) soit à luy bailler hors son chemin de l'eau beniste, ou à le venir encẽser auec ceremonie (chose qui n'appartient qu'a Dieu & à ses ministres, à cause de luy, auquel l'encens est dedié:) ny à se faire recõmander au prosne particulierement: pour ce que les prieres publiques ne doiuẽt estre faictes nõmément, & en particulier, que pour le Roy & sa famille, & en general pour les Princes, Prélats & Magistrats du Royaume, & les biẽ-facteurs de l'Eglise. Bref il se faut souuenir en vn mot, que les préeminences de l'Eglise sont simples honneurs, & non pas cõmandemens, & qu'ils cõsistent en préseance, & nõ en puissance. Car en la maison de Dieu, & en ce qui concerne son culte & seruice, autres que ses ministres n'ont commãdement ny puissance.

47. Enquoy ils ne consistent pas.

48. Prieres publiques.

Faut toutefois remarquer, que ces honneurs ou droits honnorifiques des seigneurs ne sont pas tout à faict personels, cõme ceux des purs officiers, qui sont directement attribuez à leurs personnes: & n'õt aucune subsistence qu'en icelles: ils ne sont pas aussi réels tout à faict, pour ce que la terre ou seigneurie n'est capable de les receuoir en soy: mais ils sõt mixtes, estans attribuez à la personne, à cause de la chose ainsi qu'il a esté dit au chap. 4. que la seigneurie est vn droit resident au fief, & communiqué à cause d'iceluy à la personne qui le possede.

49. A qui se communiquent les honneurs de l'Eglise.

50. Ces honneurs sont mixtes.

Neantmoins ils ont ceste remarque de persõnalité,

51. Ne sont transmissibles ny cessibles à part.

qu'ils ne sont pas cessibles ny communicables par les seigneurs à autres personnes : pource que c'est la proprieté de l'hõneur, d'estre attaché à la personne, & la suiure, comme l'ombre faict le corps, & si on y cõsidére quelque realité, en ce qu'ils sont dépendãs des seigneurs, il faut prendre garde, que par consequent ils y sont inherens inseparablemẽt, & ne peuuent estre trãsferez sans la seigneurie, à laquelle ils appartiennẽt. C'est pourquoy les seigneurs se trompent fort, quand ils baillent des lettres ou permissiõs à aucuns de leur parroisse, pour auoir des rangs, & des bancs à l'Eglise. Car il leur peuuent bien donner leur seigneurie, mais sans les faire seigneurs, ils ne leur peuuẽt donner le rang des seigneurs: ne plus ne moins, qu'on tient que le patron ne peut vendre son droit de patronnage, ny les honneurs dependans d'iceluy, sans l'vniuersité de sa terre, dont le patrõnage depẽd, mais quoy que ce soit, ny l'vn ny l'autre ne peut ceder à autruy ces hõneurs, & les retenir encor à soy : qui seroit au préiudice des autres parroissiens, qui auroient plusieurs seigneurs a recognoistre. Or comme dit le Poëte.

Esse sat est seruum, jam nolo vicarius esse:
Qui Rex est, Regem maxime non habeat.

52. Sont communicables à la femme du seigneur.

Toutefois c'est bien sans doute, que les femmes des seigneurs participent aux hõneurs de l'Eglise, tãt pour ce qu'elles sont illustrées des rayõs de leurs marys, que pour ce que la femme n'estãt qu'vn corps auec son mary, il luy cõmunique le nom, le rang & le bien de sa famille: mais pourtant je ne veux pas conclure que les dames ou damoiselles des villages facent bien d'aller à l'offrãde, ou à la procession deuãt les hommes. Car l'hõneur doit estre approprié selon la portée, capacité & dispositiõ du sujet auquel il reside: de sorte que la préseãce appartenãt à vne fẽme, luy attribue droit de préceder toutes les autres femmes, *in sua videlicet specie & sexu* : mais ne la fait pas d'autre sexe, qu'elle est naturellement. Puis dõc que

53. Femmes ne doiuent marcher deuant les hommes en l'Eglise.

c'est comme vn droict de nature ou des gens, que les hommes, comme plus nobles en leur sexe, marchent tous ensemble, comme en corps, les premiers, & les femmes de mesme par apres à la procession, & à l'offrande, mesme qu'anciennement les femmes estoyent placées separément en la nef de l'Eglise, & n'entroyent dans le cœur d'icelle, ce qui s'obserue encor en quelques pays: j'estime qu'il n'est non plus permis aux dames du village de marcher deuant les hommes à la procession & à l'offrande, que de chanter auec les prestres, ou faire autres exercices d'hommes.

Ce qu'à plus forte raison doit estre obserué, à l'egard des simples gentils-femmes, qui ne sont dames du lieu, & toutesfois s'ingérent de marcher en l'Eglise deuant la trouppe des hommes. Car je tien que ce seroit cõtre nature, si vne femme, pour noble qu'elle fust, entreprenoit de préceder le corps ou trouppe des hommes. Aucuns toutesfois exceptent les Princesses à cause de la hautesse & excellence de leur sang: ce que neantmoins je n'estime pas deuoir estre admis en bonne escole; & me souuient d'auoir veu dans Paris, feu madame la Duchesse de Nemours petite fille de France, veufue de deux Princes, marcher à la procession de S. André des arts sa paroisse, apres tous les hommes, selon l'ordre de son sexe.

54. Aucuns exceptent les Princesses.

Pareillement à cause de la realité des seigneuries, combien que les enfans d'vn officier, ne participent aux honneurs de leur pere, pour deuancer tous ceux que leur pere précede, toutesfois les enfans du seigneur participent, tant en la présence, qu'en l'absence de leur pere, aux honneurs de sa seigneurie, par la raison de la loy *in suis. de lib. & postumis*, que *viuo patre domini existimantur*, & le dire du Poëte.

55. Honneurs de l'Eglise sont communiquez aux enfans du seigneur.

Esse simul dominos gratior ordo piis.

Et de la vient que dans Terence, le pere appelle son fils *suum participem*.

56. Tout celà n'est és offices.

Ce qui n'est pas aux purs offices, qui ne tombent pas en succession, comme les seigneuries: & sur ceste raison est fondée la prérogatiue des Princes (ainsi qu'on les entend aujourd'huy) c'est à dire de ceux, qui sont issus des maisons souueraines: qui sont réputez participer aux honneurs de la souueraineté. Vray est, que la prérogatiue des Princes s'estend à toute la posterité des souuerains eternellement, au moins tant que la souueraineté demeure en leur race, pource que la seigneurie souueraine, comme plus auguste & plus illustre, penetre, & estend ses rayons plus loin, que la seigneurie subalterne.

57. Fondement de la prérogatiue des Princes.

58. Le seigneur ne peut estre représenté par aucun autre.

Mais voicy encor vn abus insigne qui se pratique en ceste matiere. Si le seigneur, & la dame du village, & leurs enfans ne sont à la messe, leur valet, ou leur chambriere, qui seront assis en leur banc, se feront donner de l'eau beniste, apporter du pain benist les premiers, voire la paix à baiser en ceremonie, disans qu'ils représentent leur maistre. Chose absurde, car comme il vient d'estre dict, ces préeminences sont attachées aux personnes de ceux qui participent à la seigneurie, en telle sorte qu'elles ne peuuent estre supplées ny répresentées par autres. C'est tout ainsi que si vn valet vouloit représenter son maistre au lict de mariage: du moins il y a tout autant d'absurdité, que s'il vouloit aller le prémier à la procession, en l'absence de son maistre. Car de dire, que les honneurs de l'Eglise soyent deubs au bãc, où monsieur le valet s'est mis, & non au seigneur, ce seroit vne moquerie: d'ailleurs de dire, que le pain benist fust vn tribut appartenant au seigneur, ce seroit vne impieté.

59. Abus vsité parmy la Noblesse.

60. Des bancs des Eglises.

Ce qui nous met en train de traicter particulierement la matiere des bancs des Eglises, matiere dépendante de celle des honneurs, & qui n'a encor esté touchée par aucun: combien qu'en vsage, elle ne soit que trop frequente, depuis que nostre ambitiõ nous a portez à vouloir faire nostre propre, de la maiso

de Dieu. Car dans les villages les gẽtils-hommes, & 61. *Vſage des bãcs*
ceux qui le veulent deuenir, s'attribuent par audace
des bancs, ou des places dans le cœur des Egliſes
pour eux, leur femme, & leur famille, comme dé-
pendãtes de leur terre, & affectées pour jamais à icelle: & aux villes les femmes de mediocre qualité ſe
font faire des bancs dans la nef des Egliſes, ou dans
les chapelles: que ſi quelqu'vn par apres y entreprẽd,
c'eſt vne groſſe querelle, ou vn faſcheux procez.

Diſons donc comment cela ſe peut faire. Car en 62. *Tous bãcs deuroyent eſtre publics ainſi que l'Egliſe.*
bonne juriſprudence, dans l'Egliſe, qui eſt hors de
tout cõmerce, nul ne deuroit auoir bãc propre fors
le patron & le haut juſticier, ains tous ſieges y doiuẽt
eſtre publics, ainſi que l'Egliſe eſt publiq̃ : ce qu'Ac-
curſe a voulu tirer de la loy 2. *De ſacroſ. Eccleſ. Nemo*
Apoſtolorum vel Martyrum ſedem humanu corporibus pu- 63. *Emendata l. 2. C. de ſacroſ. Eccle.*
tet eſſe conceſſam, que toutesfois il entend mal, pource
qu'elle prohibe les ſepultures dãs les Egliſes, & non
les bancs, & faut y lire, *humandu*, & non pas, *humanis*,
comme il ſe lit en la loy penult. *De ſepulch. viol. Cod.*
Theo. où ceſte meſme loy eſt rapportée toute entiere.

Mais puis que noſtre vſage (j'enten celuy des vil- 64. *Reiglement obſerué aux bãcs dans les villes.*
les, ou la juſtice regne) coloré du profit de l'Egliſe
nous a pouſſé à tolerer des bancs particuliers dãs les
Egliſes, apportõs y au moins quelque ordre, à fin que
cõtre la parole de Dieu, ceux qui s'exaltent, ne ſoyẽt
point auantagez, par deſſus ceux qui s'humilient.

Ie dy dõc, que hors le patron & haut juſticier, qui 55. *Nul ne peut auoir droict des bancs ſans permiſſion des Marguilliers.*
ſeuls ſont fondez en droict commun, nul ne peut
auoir banc en l'egliſe, ſans permiſſion expreſſe des
Marguilliers, gagers, ou fabriciers, de laquelle il ap-
paroiſſe par eſcrit. Ie dy des Marguilliers & nõ pas du
Curé, pource qu'il y va du tẽporel, non du ſpirituel,
& auſſi que l'argent qu'on tolere eſtre tiré des ces
permiſſions, doit eſtre employé à la fabrique de l'E-
gliſe. Vray eſt, que ſi le banc eſt incommode, ou
indecent à la celebration du diuin ſeruice, le Curé

auquel ceste police appartient, le peut oster & empescher. Ie dy permission expresse des gagers, pour ce qu'en matiere si odieuse, la seule taciturnité & patience, ne seroit suffisante, & si je dy par escrit, pour ce que c'est comme vn droict immobilier, dõt en France il faut contract par escrit.

66. Par expresse & par escrit.

67. Banes sont imprescriptibles.

Ie conclu partant, que quelque longue possession, qu'on ait d'vn banc, elle ne sert de rien sans tiltre, pource que si pour acquerir vne seruitude, la préscription mesme immemoriale ne profite, s'il n'y a tiltre, à plus forte raison, ne vaut-elle rien, où la seruitude ne peut estre imposee.

68. Banc est reuocable & comment.

Et quand il y a permission par escrit des gagers, ou Marguilliers, encor est-elle reuocable à tousiours, comme vn precaire, pour ce qu'ils ne peuuent obliger l'Eglise sans le consentement vniuersel des parroissiens: toutesfois si elle est dõnee pour argent entré au profit de l'Eglise, il faut rendre l'argent, auant qu'oster le banc. Mais si elle est donnée par les habitans en corps auec le Curé (qui a la premiere voix en toute assemblée generale tenuë pour les affaires de la paroisse) elle n'est reuocable, qu'en vertu de lettres, & en cas de lesion, ou bien que la place du banc fust necessaire à faire quelque bastiment pour l'Eglise, principalement quãd ceste permission a esté concedée pour argent, il le faut tousiours rendre.

69. Concession de banc n'est que à vie.

Or ceste concession de banc faite en termes ordinaires, n'est pas vne proprieté (qui ne peut estre en chose sacrée) ains c'est vn simple vsage & habitation, de sorte qu'elle n'est qu'à vie, ores mesme qu'il soit porté par icelle, que c'est à perpetuité, pour ce que ce mot, selon la condition de la chose, signifie souuent ce qui est à vie, *vt cum dicitur dotis causam perpetuam esse, operas perpetuas.*

70. Et personnelle non transmissible au contraire.

Voire pource que l'vsage & habitation ne peut estre perçeu par autruy, il s'ensuit, que celuy auquel le banc a esté concedé n'estant plus demeurant en la paroisse

paroisse, son droict est estainct; mesmement le banc par luy construict demeure à l'Eglise, comme ayant esté vne fois dedié à Dieu, & ainsi s'obserue à Paris tout communément: de sorte que ce droict de banc n'est transferé au locataire de la maison, que celuy, auquel il a esté concedé, auoit dans la paroisse, *non enim est predialis seruitus*. Si ce n'est que la concession soit par exprez faite pour tous les heritiers à perpetuité, comme il se fait quelquesfois: auquel cas tant qu'il y a vn des heritiers mediats ou immediats du stipulant, demourans dans la paroisse, le banc luy doit demeurer. Voire mesme il y a de bons mesnagers qui stipulent leur banc non seulement pour eux & leurs heritiers, mais encor pour ceux, qui seront à l'aduenir detēteurs de leur maison. Clauses qui sont de soy nulles, pource que la prémiere importe vne proprieté, & l'autre vne seruitude prédiale, qui ne peut estre imposée à vn lieu sainct: mais elles sont tolerées & soustenuës par le moyen de ce qui a esté donné à l'Eglise, soubs telles conditions, qui tousjours doit estre rēdu, quād l'Eglise ne les veut entretenir: de sorte qu'offrant le rendre, l'Eglise peut tousiours reuoquer ces clauses, qui de soy sont illicites.

71. Exception.

72. Clause des hoirs & ayans cause commēt tolerée.

Quoy que ce soit, vn particulier ne doibt d'auctorité priuée, oster, ou despescer le bāc estāt en vne Eglise, ains aux seuls Marguilliers appartient de l'oster, s'il a esté mis sans leur permission, ou des habitans: encor je croy qu'il ne le doiuent oster de leur simple auctorité, & par voye de faict: ains qu'ils doiuent intenter action cōtre celuy, qui est en legitime quasi-possession d'iceluy. Autrement j'estime, que celuy duquel on a osté le banc par voye de fait, s'en peut poureuoir par action d'injures, soit ciuille, ou mesme criminelle, s'il y a de la force, port d'armes, ou autres mauuaises circonstances. Laquelle action je conseille plustost, que la complaincte: combien qu'il y a apparence, que ceux qui ont tiltre & possession

73. Banc ne doit estre osté d'auctorité priuée.

74. Moyen de s'en poureuoir.

legitime, puissent intenter la complaincte: question, qui est amplement disputée par Pontanus, & touchée par Bacquet aux lieux sus alleguez.

75. Particuliers ne peuuét inquieter celuy qui a vn banc.

Or pour venir par action contre celuy, qui jouit d'vn banc, il n'y a que la fabrique de l'Eglise, qui le puisse, & le patrõ & haut justicier, qui peuuẽt demander que le banc soit reculé, s'il est en la place plus honorable, pource que de droict commun ceste place leur appartient: mais quant aux particuliers habitãs, j'estime, à faute d'interest legitime, qu'ils ne seroyent receuables en ceste actiõ: & c'est en pafsãt pourquoy chacun entreprẽd és petites villes & villages, d'auoir des bãcs. Si ce n'est que la structure du bãc fut apparẽmẽt nuisible au cõmun vsage, ou qu'il fust posé en lieu, q̃ incõmodast au seruice diuin, auquel cas il viẽt d'estre dit, q̃ le Curé le peut reculer de son auctorité, cõme ayãt cõmãdemẽt en sõ Eglise, pource q̃ cõcerne le culte de Dieu, si ce n'est qu'il aime mieux attẽdre la visit. annuelle de l'Archid. pour en faire plaincte.

76. Pourquoy on entreprend d'auoir banc sans concession.

77. Quand les particuliers peuuent se plaindre du banc.

78. Remede pour empescher les querelles touchant les honneurs de l'Eglise.

Pour cõclusiõ de ce discours des bãcs, il me semble qu'il seroit tresexpediẽt d'obseruer aux villages ceste coustume des villes, de vẽdre les bãcs au profit de la parroisse plustost, que de laisser journellement entrebattre la Noblesse pour ceste põme de discorde, que le diable jette parmy eux, pour troubler la feste. Car hors le patrõ, le justicier, la premiere place de l'Eglise n'appartient à aucun, en sorte qu'il la puisse debattre en justice, & neãtmoins chacun pẽsant la meriter, & tout gentil-hõme s'estimant aussi noble que le Roy, force est de se battre à qui l'aura, pour en estre le prémier occupãt: nul au surplus ne voulãt ceder son hõneur à autruy. Mais si on venoit à vẽdre ces places au plus offrãt, ce qui seroit mis à prix, ne seroit plus tãt estimé à hõneur, & ne seroit si opiniastremẽt appeté: ou si on s'en debattoit fermement à coups d'escu, l'Eglise y profiteroit, & celuy qui seroit surmonté par l'argent, ne se tiendroit pas vaincu en l'honneur.

Disons encor vn mot dés chappelles, puis des sepulchres particuliers,afin d'ebaucher toute la matiere. Et en vn mot quãt aux chappelles, il y faut obseruer à mõ aduis les mesmes reigles qu'aux bãcs. Si ce n'est qu'elles ayẽt esté cõstruites,ou dotées par quelque particulier, qui lors en est fondateur, & a mesme preeminẽce en la chappelle, que le patrõ en l'Eglise: comme n'agueres il a esté jugé par arrest du 18. Mars, 1602. touchãt vne chappelle de S. Germain de l'Auxerrois au profit du seigneur de Leuuille, cõtre Monsieur Myron Lieutenant ciuil au Chastellet de Paris. 79. Des chappelles 80. Patrõnage particulier des chapelles.

Laquelle fondation de chappelle, j'estime pouuoir estre prouuée non seulemẽt par tiltre, mais aussi par vne possessiõ publique & cõtinuelle, d'ẽpescher les estrãgers d'ẽtrer en la chappelle, principalemẽt si ceste possession est assistée de signes visibles de fondation, comme d'armoiries aux voutes, ou contre-autel de la chappelle, & autres semblables. 81. Possession d'iceluy.

Encor est ce vne questiõ, si le fõdateur d'vne chappelle la peut fermer à clef, & empescher l'ẽtrée d'icelle au peuple. En quoy il faut à mõ aduis distinguer, si la chappelle est bastie hors l'ãcien enclos de l'Eglise, (ce qui est à presumer, quãd elle est située dãs les aisles d'icelles, & qu'elle a sa voute à part) & lors il n'y a nulle difficulté, qu'elle ne soit particuliere au fondateur, & qu'il ne la puisse fermer: Mais si elle est située sous la grãd voute de l'Eglise, elle ne peut estre tout à fait particuliere, ayãt esté vne fois publiq: aussi qu'elle n'a esté, que fermée & non pas bastie tout à fait par le fondateur: & partant c'est assez, que luy & ceux de sa famille y ayẽt les premieres places, mais il semble, qu'ils ne doiuẽt empescher le peuple d'y entrer, pour se mettre aux places vacantes. 82. Si le fondateur d'vne chappelle la peut tenir fermée.

Quant aux sepulchres, il est bien certain qu'anciennement nul n'estoit inhumé dans les Eglises, au moins qu'on n'y enterroit que les plus signalez Ecclesiastiques *d. l. Nemo Apostolorum. De sepulchro violato. Cod. Theod. can. 17. concilij Triburiensis & can. Nul-* 83. Des sepultures. 84. Anciẽnement nul n'estoit inhumé dans les Eglises,

lus.13.quæst.2. Mais soubs pretexte, que le canon *præcipiendum ead. quæst.* permist d'enterrer les lays au porche, à la nef, & aux aisles des Eglises (qu'il appelle *exhædras*) on a en fin entrepris de les enterrer iusques
85. Sepulchres particuliers aux familles. dans le chœur, voire mesme aujourd'huy ceux, qui pensent auoir quelque degré par dessus le commun, y veulent auoir leur sepulchre particulier affecté à leur famille. Et de verité c'est de tout temps, soit pendant le paganisme, soit en la loy ancienne, soit en celle de grace, qu'il y a eu des sepulchres particuliers aux familles, comme il est bien discouru au canon
86. Sepulchres sont particuliers quand il y a voute. *Ebron cy cum seq.13.quæst.2.*

C'est pourquoy on obserue à present, que si on a permis à quelqu'vn de faire vn sepulchre voulté dans l'Eglise, ce sepulchre est reputé particulier pour sa famille, laquelle peut desormais empescher, qu'on ny en enterre d'autres. Hors lequel cas, & le droict
87. Autrement sont publics. qu'ont le patron & haut iusticier d'auoir particulierement la place plus honorable de l'Eglise pour la sepulture de leur famille, toutes places de sepultures sont communes, ore mesme qu'il y ait des tombes en aucunes d'icelles. Car comme la superficie de l'Eglise, aussi les places des sepultures sont communes à tous quant à l'vsage, & n'appartiennent à aucun en particulier quant à la proprieté: D'autant que qui est dedié à Dieu ne peut appartenir aux hommes: & d'ailleurs les morts ne possedent point la terre, ains plustost sõt possedez par la terre. Ce n'est pas eux, qui
88. tirẽt à soy la terre, mais c'est la terre qui les tire à elle.

Le droict de banc n'includ droict de sepulchre particulier, ny au contraire. Partant il faut cõclurre, quoy que la folle fantasie du vulgaire imagine le contraire, que ny la sepulture des morts, qui est au fõds de la terre, n'attribuë droit de banc aux viuans en la superficie d'icelle, ny au cõtraire le droict de bãc n'attribuë droict de sepulchre particulier, pour ce qu'en ce qui concerne vn simple vsage sans proprieté, ny seruitude prédiale, il y a bien difference entre le sol & la superficie, & bien de la distance aussi, entre les viuans & les morts.

Sommaire de douziesme chapitre.

1 *Droits profitables consistent au droit de territoire.*
2 Territorium à terrendo.
3 Terretorium à terra.
4 *Droit de territoire qu'importe.*
5 *Trois questions à traitter en ce chapitre.*
6 *Du territoire de la justice & si tout ce qui est dans le territoire est presumé estre de la justice.*
7 *Les lieux amortis sacrez & en franc à leu ne laissent pas d'estre du territoire de la justice.*
8 *N. la diuersité du relief.*
9 *Distinction commune reprouuée.*
10 *Comment en ceste distinction il faut entendre le territoire limité.*
11 *Celuy qui n'a justice que sur ces censiers & vassaux, n'a droit de territoire.*
12 *Comment le haut justicier ayãt droit de territoire peut maintenir sa justice.*
13 *Comment il peut vser d'amendes.*
14 *Cinq cas ausquels la terre peut recognoistre autre justice que celle du territoire.*
15 *De la concession des justices.*
16 *Marque de justice abusiue & vsurpée.*
17 *Concessiõs de justices reuocables.*
18 *Comment il peut aduenir que la justice releue d'vn seigneur & ressortit chez vn autre.*
19 *De l'vsurpation des justices.*
20 *De l'exemption des terres de Pairie.*
21 *De l'exemption des terres du domaine.*
22 *Le Roy n'est tenu vuider ses mains pour la justice, comme pour le fief.*
23 *Cause des quatre enciens Baillages de France.*
24 *De l'exemption des terres d'Eglise.*
25 *Gardes gardiennes des Eglises de fondation Royale.*
26 *Exemptions que signifient en nos coustumes.*
27 *Si les exemptiõs suiuent la coustume de l'enclaue ou celle du ressort.*
28 *Question notable.*
29 *Que les exemptions ne suiuent pas la mouuance feodale.*
30 *Les exemptions sont ordinairement prétendues & par ceux de l'enclaue & par ceux du ressort.*
31 *Explication des titres & inscriptions des coustumes.*
32 *Resolution de la question.*
33 *Responſe aux raisons cõtraires.*
34 *Comment la coustume suit la justice.*

35 *De mesme.*
36 *Preuue par exemples.*
37 *Pourquoy Sens à beaucoup plus de ressort que d'enclaue.*
38 *Loudunois, idem.*
39 *Au contraire Neuers à plus d'enclaue que de ressort.*
40 *Perche Gouet.*
41 *Conclusion qu'il faut suiure la coustume de l'enclaue & non celle du ressort.*
42 *Du territoire du fief.*
43 *Si le haut justicier est présumé seigneur direct de tout son territoire.*
44 *Raisons de la negatiue.*
45 *Raisons de l'affirmatiue.*
46 *Resolution.*
47 *Response aux raisons contraires.*
48 *Comment s'entend que fief & justice n'ont rien de commun.*
49 *Conclusion de la question.*
50 *L'enclaue est vne forte présumption pour la directe.*
51 *Si l'heritage est presumé allodial.*
52 *Du papier terrier.*
53 *Saisie generale pour la confection du terrier.*
54 *Des lettres de terrier.*
55 *Lettres de terrier sont necessaires à ceux, qui n'ont haute justice.*
56 *Hauts justiciers peuuent prendre serment de leur sujects.*
57 *Ne peuuent demander declaration pour la justice, ny serment pour la directe simplement.*
58 *Le censier ne doit la charte de sa declaration.*
59 *Du territoire domanial.*
60 *Tout ce, qui est vacant dans le territoire, appartient au haut justicier.*
61 *Les immeubles vacans ont esté autrefois pretendus par le seigneur direct.*
62 *Du droict de fisque.*
63 Fiscus quid.
64 *Pour les hauts justiciers ont droit de fisque.*
65 *Diuision des biens fiscaux en confiscations, des-herences & biens vacans.*
66 *Des confiscations.*
67 *Des amendes.*
68 *Comment les juges d'Eglise peuuent condemner à l'amende.*
69 *Deux sortes d'amendes, arbitraires & ordinaires.*
70 *Amendes coustumieres.*
71 *Grande amende.*
72 *Petite amende, ou amende de la Cour, ou amende de loy.*
73 *De mesme.*
74 *Cause de ces amendes.*
75 *Qu'elles ne doiuent auoir lieu à présent.*
76. *Contre l'aduis du renouuellement des amendes ordinaires.*
77 *Des confiscations en particulier.*

78 *Confiscations en crime de leze Majesté.*
79 *La confiscation n'appartient pas au Roy és cas Royaux.*
80 *Confiscation ne suit pas la justice comme l'amende.*
81 *Leze Majesté diuine n'est cas Royal.*
82 *Le Roy peut remettre la confiscation au preiudice du seigneur.*
83 *Des des-herences.*
84 *Le haut justicier est successeur particulier en la des-herence.*
85 *Que le droict du seigneur direct y est conserué.*
86 *Luy est deu relief à cause de la des-herence.*
87 *Le Roy doit vuider ses mains en confiscation & des-herence.*
88 *Si les meubles en confiscation & desherences appartiennent au justicier du domicile, ou du lieu, ou ils sont trouuez,*
89 *Opinion commune.*
90 *Qu'ils appartiennent au seigneur du lieu, & non du domicile.*
91 *Mais les debtes actiues appartiennent au seigneur du domicile.*
92 Idem *és rentes constituées.*
93 *Situation des rentes constituées.*
94. *Les seigneurs succedans par des-herence & confiscation sont tenus des debtes.*
95 *Ce qui n'auoit lieu anciennement en la confiscation.*
96 *Les seigneurs payent les debtes* pro rata emolumenti.
97 *Si le creancier se peut pour ueoir solidairement contre eux.*
98 *Inconuenient de n'admettre la poursuitte solidaire.*
99 *Resolutiō qu'il la faut admettre.*
100 *Raison.*
101 *Quand a lieu la des-herence.*
102 *La succession s'estend tant que ligne se peut monstrer.*
103 *Les parens d'vn costé succedent à faute d'autres.*
104 Gentiles.
105 *Mesme la femme empesche la des-herence.*
106 *Quand le Roy oste la des-herence au haut justicier.*
107 *Aubenage jadis appartenoit aux seigneurs.*
108 *Aujourd'huy nō & pourquoy.*
190 *Le Roy succede seul à l'estranger, ores que naturalizé.*
110 *Estraperes.*
111 *Estendu aux bastards.*
112 *Mal à propos.*
113 *Les seigneurs ne succedent aux bastards, si trois cas ne concurrēt.*
114 *Succession des bastards legitimez à qui appartient.*
115 *De la succession des enfans des estrangers ou bastards mourans sans enfans.*
116 Quid *s'ils n'ont point de parēs.*
117 *Des biens vacans.*
118 *Ce qui n'est en commerce n'ap-*

DES DROICTS PROFFITABLES DES simples seigneuries.

CHAPITRE XII.

RESTE de traicter des droicts proffitables des justices, que j'ay dit estre compris soubs le mot de distroit ou territoire, pource qu'ils prouiennent tous en consequence de leur territoire. 1. Droicts proffitables consistēt au droit de territoire.

2. Territorium à terrendo.

Le territoire est appellé en Grec ἐνορία en Latin *Circumseptum*, & plus communemēt *territorium*, *est autem territorium vniuersitas agrorum intra fines cuiusque ciuitatis*, dit la loy *Pupillus*. §. *territorium. De verb. signif.* Mot auquel on a donné deux deriuations, l'vne à *terrendo* comme en ce mesme §. qui adiouste *ab eo dictum, quod Magistratus jus ibi terrendi habeat.* Qui est ce que dit aussi Sicculus Flaccus *in lib. de condit. agror. Victores terras omnes, ex quibus victos eiecerunt, publicè atque vniuersaliter territorium dixère, in quibus juris dicundi jus esset*, selon la correction de Brisson *in lib. De verb. signif.*

3. Territorium à terra.

L'autre & la plus apparēte ethymologie de *territorium* est de le dériuer à *terra* : *terram autem à terendo* selon Varon *lib. 4. de ling. Lat. Terra à terendo, dicta & inde locus qui prope oppidum relinquitur, territorum appellatur, quod maximè teratur.* Desquelles deux deriuations, entre autre (car il y en a encor d'autres) nous auons besoing pour l'explication du droit de territoire appartenant aux hauts justiciers, qui importe & leur attribuë seigneurie de toutes les terres estans en icelluy, soit publique, soit directe, soit vtile. Car entant qu'il est dériué à *terrendo* il signifie l'enclaue

4. Droit de territoire qu'importe.

de leur justice ou seigneurie publique, qui est sa plus propre signification: entãt aussi qu'il est dériué à *terra* il signifie l'enclaue de leur seigneurie priuée, soit directe & feodale, soit vtile & domaniale.

5. Trois questiõs à traicter en ce chapitre.

Dont resulte trois grandes questions: l'vne de sçauoir, si le haut justicier, en consequence de ce droit de territoire, est fondé de prétendre la justice primitiue de tout ce qui est dãs son enclaue & distroit: l'autre s'il est fondé de prétendre la seigneurie directe & feodale de tous les heritages situez en icelluy: & la troisiesme, s'il est fondé d'en prétendre la seigneurie vtile & domaniale, au moins de ce qui n'est possedé par aucun. Lesquelles trois questions Masuere au tit. *De judicibus.* §. *jtem omnia* comprend & résout en ces mots, *jtem omnia, quæ sunt in territorio seu districtu alicuius domini, censentur esse de suo feudo, dominio, & etiã de sua jurisdictione*: comme au pareil ces trois questiõs sont comprises au premier art. de la coust. de la Motte sur Indre, locale de Tours, mais y sont resoluës tout au contraire, en ces mots, *Domaine, fief & justice, n'ont rien meslé ensemble.* Partant attendu ces contrarietez, il faut les examiner separément toutes trois.

6. Du territoire de la justice, & si tout ce qui est dans le territoire c'est présumé n'estre de la justice.

Quant à la premiere, si le haut justicier peut pretendre la justice primitiue de tout ce qui est dãs son territoire & enclaue, tous nos autheurs sans exception (dit Pontanus sur le 33. article de la coust. de Blois) sont d'accod qu'ouy, & n'y a aucune de nos coustumes, qui y repugne. Aussi ceste resolution se verifie assez bien par la loy *Qui ex vico. Ad municipi.* par le §. *territorium* sus-allegué, par la loy *Forma.* §. *is verò. D. de censibus*, & plusieurs autres textes alleguez par Io. Faber sur la loy 1. *Cod de summa Trinit.* & par Bodin liure premier de sa Repub. chap. 9.

7. Les lieux amortis sacrez & en franc alleu ne laissent

Mesme les terres d'Eglise, qui sont amorties, & celles des particuliers, qui sont en franc alleu demeurent sujectes à la justice du territoire, auquel elles sont enclauées: voire les Eglises mesme n'en sont exemptes, sinon par priuilége, pour ce qui les concerne particulierement. Car l'amortissement, la dedication, & l'alleu n'exemptent, que de la seigneurie directe ou feodale, & non de la justice ordinaire du lieu : *quia omnis anima potestatibus sublimioribus subdita est* : autremẽt ce seroit admettre l'anarchie à leur regard. Comme aussi les terres, qui releuent du fief d'vn seigneur ayant justice hors le territoire, sont neantmoins subjectes à la justice du territoire & enclaue, & non pas à la justice de leur seigneur de fief: qui est le cas, auquel proprement se verifie ceste premiere regle des coustumes, que *fief & justice* n'ont rien de commun.

d'estre du territoire de la justice.

8. Ny la diuersité de relief.

En quoy j'estime, qu'il ne faut point distinguer, si la justice est limitée d'ancienneté, ou non, comme il semble que les autheurs sus-alleguez ayent tenu, & mesme du Moulin en sa coust. Car ceste distinction n'est receuable, sinon quand l'endroict contentieux est situé au finage & bordage du territoire, & lors par necessité il faut recercher ou sont les limites d'iceluy: mais quand il est question d'vn endroict clos, & enuironné de tous costez des terres de la justice, & auquel on ne peut aborder de nulle part, sans passer par icelle, c'est folie d'aller recercher les bornes.

9. Distinction cõme reprouuée.

Aussi qui prendra garde de pres aux discours de ces autheurs, trouuera, qu'ils entendent par le territoire limité, vne vniuersité de terres, estans de proche en proche, & vn certain climat & enclaue continu, sur lequel le seigneur ayt justice paisible, qui est ce que disent plusieurs de nos coustumes, que *les justices sont naturellement bornées*; c'est à dire qu'elles consistent en vn enclaue, certain & continu, sans requerir, que c'est enclaue soit borné nõmeement depuis tel lieu, jusques à tel lieu : autrement il y auroit peu de seigneurs, qui eussent droict de territoire, s'il falloit qu'ils feissent apparoir, ou de bornes

10. Comment en ceste distinction il faut entendre le territoire limité.

visibles, ou de tiltres anciens iustificatifs des limites de leur territoire.

11. Celuy qui n'a justice que sur ses censiers & vassaux n'a droit de territoire.

Dont je tire vne exception notable à nostre decision, en laquelle se verifie la distinction de ces anciens autheurs, à sçauoir que celuy, qui par sa concession n'a justice, que sur ses censiers & vassaux cõme la plus part des anciennes concessions de justices sont faictes soubs ceste clause, celuy la dis-je, ores qu'il ait toute justice, & soit haut justicier, n'a pas pourtant droit de territoire, d'autant qu'il n'a pas l'vniuersité de terres : & par consequent il ne peut prétendre, que ceux, qui ne sont pas ses censiers ny vassaux, ores qu'ils soient meslez de tous costez parmy iceux, soient ses justiciables.

12. Comment le haut justicier ayant droit de territoire peut maintenir sa justice.

Mais le juge du seigneur qui à territoire vniuersel, s'il est trouble en la justice de quelque chose enclauée de toutes parts au dedans de son territoire paisible, s'y peut maintenir de son auctorité. Et nonobstant la contention de justice, voire nonobstant l'appel d'incompetence, ordonner que sans préjudice d'iceluy il passera outre en la cause, cõme fondé en droit commun & au territoire vniuersel, afin que pendant ceste contention, la justice ne manque aux parties : ausquelles, s'ils sont demeurans en son enclaue, il peut faire deffences de proceder en autre justice, supposé notamment, qu'autre que luy ne soit en possession de la justice de l'endroit contentieux. Car le droit commun de l'vniuersité du territoire, & la possessiõ estant de son costé, il ne peut faillir d'vser de l'auctorité, que luy donne la loy, qui permet au juge, *Iurisdictionem suam modica coërcitione tueri. l. 1. D. si quis jus dicenti non obtemp.* Ce que hors la concurréce de ces deux poincts, vn juge ne doit entreprẽdre, ains doit plustost laisser à son superieur la decisiõ du debat de jurisdiction, que de faire la cause sienne, en multant d'amende mal à propos les pauures parties, qui le plus souuent, estãt ainsi multées de deux

13. Comment il peut vser d'amendes.

costez, ne sçauent auquel se renger.

Toutesfois il aduient quelquesfois, qu'vn hameau ou petit climat de terre respond en vne autre justice, que celle où il est enclaué, voire il se veoit souuent, que dans l'enclaue d'vne justice, il y a vne autre justice entée & enclauée, qui mesme ne ressortit pas par appel en celle, ou elle est enclauée de toutes parts, comme du Moulin a noté sur le 15. art. du 34. chap. de la coust. de Neuers, & Pontanus au lieu sus-allegué. Ce qui peut arriuer principalement par cinq moyens, qui sont cinq exceptions à nostre reigle *que la justice suit le territoire & enclaue*. A sçauoir és cas de cōcession, d'vsurpation prescrite, és terres de Pairie, en celles du domaine de la courōne, & en celles d'Eglise: lesquels cinq cas il faut expliquer particulierement. 14. Cinq cas ausquels la terre peut recognoistre autre justice que celle du territoire.

Prémierement, celà arriue par la concession du haut justicier, quand il distraict volontairement son territoire, permettant à son voisin, d'auoir la justice d'vne partie d'iceluy: ce qu'il peut faire irreuocablement, si la justice du voisin resortit en mesme bailliage, que la sienne, autrement il ne le peut faire au préjudice de la justice du ressort. Ou bien quant le haut justicier concede & érige vne nouuelle justice dans son territoire, ce qu'en tout cas autre que luy ne peut faire, quoy que souuent les seigneurs, ayans des vassaux en la justice d'autruy, entreprennent de leur donner justice: chose apparemmēt abusiue, de donner ce qu'ils n'ont pas eux mesme. Et faut noter, que toute justice enclauée de toutes parts dans le territoire d'vn seigneur, qui neantmoins releue en fief d'vn autre seigneur, fors le Roy, ou ressortist par appel en autre justice seigneuriale, est abusiue, fors és quatre autres cas n'agueres rapportez, & qui seront expliquez incontinent. 15. De la concession des justices. 16. Marque de justice abusiue & vsurpée.

Mesmement le seigneur, qu'à toute justice ne peut pas dans son propre territoire conceder irreuocable- 17. Commissions de justice reuocable.

ment des justices sans la permission du Roy, & de tous ses superieurs, comme il a esté prouué cy deuāt. Car bien que sa concession tienne à son esgard, tandis qu'elle est tolerée par les superieurs, si est-ce que quand il leur plaist, ils la peuuent empesche r, pource qu'ils ont interest, qu'il ne soit point creé de nouueau degré de jurisdiction, qui recule leur ressort. Voire si les simples officiers, ou du Roy, ou des seigneurs suzerains, veulent auoir le ressort jmmediat des justices de nouuel concedées, sans la permission des superieurs, ils s'en peuuent legitimement mettre en possession: ne prenant en celà, que ce qui leur appartient de toute ancienneté : ce qui est decidé expressement par la coust. de Touraine art. 72. Et par ce moyen il se veoit quelquesfois des justices, qui tiennent en fief du seigneur du territoire, & neantmoins ressortissent en la justice superieure.

18. Comment il peut aduenir que la justice releue d'vn seigneur & ressortit chez vn autre.

19. De l'vsurpatiō des justices.

Quant à l'vsurpation prescripte, il aduient souuent, qu'vn justicier entreprend d'estendre sa justice en quelque climat du territoire de son voisin, ou mesme entreprend de donner justice à ses vassaux situez dans iceluy territoire. Et combiē que, du commencement celà ne vaille rien, & puisse estre empesché, si est-ce qu'il peut estre estably & rendu vallable par prescription deuement acquise, & bien verifiée, ainsi qu'il a esté dict cy deuant au chap. 4.

20. De l'exemptiō des terres de Pairie.

Quant aux terres de Pairie, si dans le territoire du haut justicier, il y a quelque terre annixée valablement à vne Pairie de France, elle suit la justice de la Pairie, attendu ce qui a esté dit au chap. 5. que la Pairie ne peut pas estre de plusieurs pieces, ny recognoistre autre justice, que celle du Pair en premiere instance, ny par appel, que ses grāds iours, ou le Parlemēt. Voire mesme le Roy, erigeāt des Pairies nouuelles, peut mal-gré les seigneurs, diminuer leur justice en leur fief, en les recōpēsant neātmoins, cōme il a esté fait en la moderne érectiõ de la Pairie de Sully. 21.

A plus forte raison, si dans le territoire du haut justicier, il y a quelque terre, qui soit du domaine de la couronne, ceste terre doit estre exempte de sa justice, attendu que les terres du Roy ne peuuent recognoistre la seigneurie publique, c'est à dire la justice d'vn autre seigneur, & que jamais le Roy ne demãde justice à ses vassaux. Partãt je tien que deslors que le Roy vient à acquerir quelque terre dãs le territoire du haut justicier, ceste terre deuient exempte incontinent de la justice d'iceluy, sans que le Roy soit tenu en vuider ses mains à sa poursuitte, comme il seroit pour l'interest du seigneur feodal ou censier par l'ord. de Philippe le Bel, à cause de la difference qu'il y a entre la seigneurie priuée, dont les particuliers sont vrayement capables, & la seigneurie publique, dont ils ne sont capables, qu'abusiuement. Et sur ceste consideration a esté fondée la grande estenduë des quatre anciens bailliages de France, à sçauoir, Sens, Vermandoys, Mascon & S. Pierre le Moustier, dont a esté parlé cy deuant, d'autant que la justice des petites terres, que le Roy acqueroit de temps en temps és prouinces voisines, leur estoit attribuée.

De l'exemptiõ des terres du domaine.

22. Le Roy n'est tenu vuider ses mains pour la justice, comme pour le fief.

23. Cause des quatres anciens bailliages de France.

Finalement, il y a aucuns des principaux Ecclesiastiques comme des Euesques, Abbez & Chapitres d'Eglises Cathedrales, qui soubs prétexte de leurs amortissemens (qu'ils tiroyent jadis mal à propos à l'exemption de la justice ordinaire) ne se sont contentez d'vsurper toute justice en leurs terres, mais encor ont vsurpé vn droict de ressort, s'attribuans vne justice superieure, ou il font ressortir par appel toutes leurs autres justices : cõme pour exemple l'Euesque de Chartres fait en sa chambre Episcopale de Pontgoin, & son chapitre en sa mairie de Loin, dont ils font ressortir les appellations directemẽt à la Cour, cõme si c'estoyent Pairies. Pareillemẽt il y a d'autres

24. De l'exemptiõ des terres d'Eglise.

25 Gardes gardiennes des Eglises de fondation Royale.

Ecclesiastiques, qui prétendans leurs Eglises estre de fondation Royalle, ont obtenu du Roy des gardes gardiennes, & en cõsequence d'icelles se sont exemptez tout à fait des justices ordinaires des seigneurs: comme on a veu, que le chapitre de Troyes, & toutes les terres à luy appartenantes, ne recognoissoyẽt autre justice, que le bailliage de Sẽs: ce qui auoit esté introduit du temps que le bailliage de Troyes n'estoit pas Royal, comme celuy de Sens, ains appartenoit aux Comtes de Champagne: & a duré jusques aux Estats de Bloys, qui en l'art. 152. portent que les gardes gardiennes anciennement obtenuës, soubs cause que la justice ordinaire n'estoit Royalle, n'auront lieu à l'aduenir, pour oster la cognoissance aux juges, qui sont à présent Royaux.

26. Exemptions que signifient en nos coustumes.

Voylà les cinq cas esquels vne terre, ou vne justice entiere peut ressortir hors son territoire, à sçauoir de concession, préscription, terre de Pairie, du Roy, ou de l'Eglise, dont les trois derniers sont appellez exemptions, comme quand la coustume de Neuers est intitulée *Coustumes du pays & Comté de Niuernois, enclaués & exemptions d'icelluy*: ce mot *exemptions* signifie les lieux qui estãs enclauez dans le comté de Niuernois, sont neantmoins exemptz de la justice ordinaire d'iceluy Comte : ainsi que le judicieux Coquille l'a fort bien interpreté.

27. Si les exemptions suiuent la coustume de l'enclaue ou celle du ressort.

Car il faut noter, que le territoire ne reigle pas seulement la justice, mais aussi la coustume, voire on prétend (& cecy est vn autre difficulté fort notable, & de grande importance) qu'il l'a reiglé, à l'esgard mesme des lieux & endroits, qui sont exempts de la justice d'iceluy, & que j'ay dict estre appellé *exemptions*. Difficulté qui s'est maintefois présentée lors de là redaction des coustumes. Car souuent telle seigneurie s'est trouuée située au territoire d'vn bailleage, tenir en fief d'vn autre, & ressortir en vn autre, & lors on a demandé si elle deuoit suiure la coustme, ou de

ou de son territoire, & enclaue, ou de sa mouuance feodale, ou de son ressort de justice.

Vray est, que pour le régard de la mouuance feodale, la difficulté n'a pas esté grande, pource qu'on a tousiours tenu, qu'vn fief situé en la justice d'autre seigneur, que celuy dont il releue, doit suiure la coustume du lieu, où il est assis, & non celle du lieu, où est assis le fief dominant: voire mesme il la suit, en ce qui est des droicts feodaux deubs au fief dominant, comme chacun est d'accord, combien qu'aucuns en exceptent les droicts honoraires: ce qui est vray seulement touchant la forme de l'hômage, qui comme tous autres actes doit estre fait selon la forme du lieu où il se fait. 29. Que les exemptions ne suiuẽt pas la mouuance feodale.

Mais la grande difficulté est de sçauoir, s'il faut suiure la coustume du territoire & enclaue, ou bien celle du ressort de la justice. Car comme ainsi soit, que lors de la redaction des coustumes, chacun pays a esté curieux d'estendre & amplifier sa coustume, presque toutes les coustumes ont esté intitulées, *coustumes du pays & bailliage de &c.* le mot de pays signifiant l'enclaue ou territoire, & le mot de bailliage, le ressort de justice: mesme la plus part des coustumes, pour encor exprimer celà d'auantage, ont adjousté en leur intitulation ces mots, *enclaues & ressorts d'iceluy.* Et neantmoins les coustumes ne peuuent pas comprendre les enclaues & ressorts ensemble. Car ce qui est ressort d'vn bailliage, est enclaue d'vn autre: & partant il faudroit, que les terres, qui ressortissent hors leur enclaue eussent deux coustumes, à sçauoir celle de l'enclaue, & celle du ressort, & puis qu'ils ne les peuuent auoir toutes deux, c'est la question laquelle des deux ils doibuent retenir. 30. Les exemptiõs sont ordinairement pretenduës & par ceux de l'enclaue & par ceux du ressort. 31. Explication des tiltres & inscriptions des coustumes

Or combien que de prime face, il semble, qu'il faille suiure la coustume du ressort plustost que cel- 32. Resolution de la question.

le de l'enclaue, pource que c'est vne reigle du droict coustumier, que la coustume doibt ensuiure la justice: estant approuuée & auctorisée par la justice: aussi qu'il est à présumer, que les juges du ressort accoustument leurs justiciers à suiure leur coustume. Si est-ce que la verité est, qu'il faut suiure la coustume, de l'enclaue, d'autant que comme dit Coquille, sur le tiltre de la coustume de Neuers, *Le peuple d'vne prouince, de quelque jurisdiction qu'il soit: estant d'ancienneté mesme nation, a vsé aussi de semblables loix.* Aussi que les coustumes estans réelles doibuent comprendre tout leur territoire, & mesmes les exemptions enclauées en icelluy, d'autant que l'exemption n'est, qu'à l'esgard de la justice, & non pas de la coustume, à l'esgard de laquelle, ceux en faueur desquels l'exemption a lieu, comme le Roy, les Pairs, & Ecclesiastiques, n'ont aucun interest: aussi que l'exemption estant vne exception de la generalité du territoire, doit estre réstrainte plustost, qu'amplifiée.

33. Responces aux raisons contraires.

Et quant à ce qu'on dit que la coustume suit la justice, cela est vray naturellement & originairement, pource que de la premiere antiquité, les prouinces entieres n'ont eu qu'vn bailliage, & aussi qu'vne coustume. Et est encor aujourd'huy vray régulierement & ordinairement, c'est à dire hors les exceptions, ou exemptions particulieres & extraordinaires: voire mesme on peut dire, que c'est vne reigle perpetuelle, que la coustume suit la justice ordinaire, & primitiue, mais non pas la justice du ressort, pource que la justice primitiue instruit & juge les procez suiuant la coustume du lieu, où elle est située: mais celle du ressort n'a plus, qu'à cognoistre s'il a esté bien jugé par le prémier juge, selon la loy de son pays, ainsi que Messieurs de la Cour, qui ont le dernier ressort,

34. Comment la coustume suit la justice.

jugent les procez selon la coustume de chacune prouince.

Et pour le regard de ce qu'on dit estre à présumer, que le juge de ressort ait accoustumé ses justiciables à la coustume de son siege, cela est vray quant au styl & formalité de la pratique d'iceluy, mais non pas quant au fond de la décision des procez, qui doiuent estre jugez suiuant la coustume des lieux, dont est question, estant necessaire, que les juges s'accommodent aux causes, & les justices aux coustumes, & non au contraire. 35. De mesme.

Aussi veoit-on au procez verbal de la coustume de Sens, qu'il y a plus de six villes ou villages, qui sont confessez estre du ressort de Sens, & non de la coustume : ce qui est procedé à cause que Sens est vn des quatre anciens bailliages, où ressortissoyent toutes les justices Royales, qui estoyent en toutes les terres seigneuriales des prouinces circonuoisines ; & ainsi est aduenu, qu'il y a eu beaucoup plus de ressorts, que d'enclaues. Pareillement la seneschaussée de Lodunois est l'vne des premieres seneschaussées de France, où ressortissoyent d'ancienneté les justices Royales enclauées dans les seneschaussées voisines, possedées lors par les seigneurs : qui est cause qu'on appelloit jadis le Seneschal de Lodunois le grand juge de Lodunois, comme j'ay leu quelque part : Et neantmoins la coustume de Lodunos n'est pas intitulée comme les autres. *Coustume du pays & seneschaussée de Lodunois, enclaues & ressorts d'iceluy*, ains simplement *Coustume du pays & seigneuries de Lodunois.* 36. Preuues par exemples. 37. Pourquoy Sens a beaucoup plus de ressort, que d'enclaue. 38. Lodunois idẽ.

Au contraire au bailliage de Neuers, qui n'a jamais esté Royal, il y a beaucoup d'exéptions, c'est à dire de terres appartenantes au Roy, ou aux Eglises estans en sa garde, qui sont exemptes de la justice & ressort de Neuers, comme sainct Pierre le Moustier, 39. Au contraire Neuers a plus d'enclaue que de ressorts.

Chastel-chinon & autres, qui neãtmoins estans enclauées dans le pays de Niuernois, sont regies par la coustume d'iceluy. Mesmement il y a des justices, qui resortissent au bailliage de S. Pierre le Moustier, comme celle de la Charité, Cusset & Cercouïns, qui ne sont pas régies, par la mesme coustume, pour ce qu'elles sont situées en autres prouinces, donc elles suiuent la coustume. De mesmes les cinq Baron-

40 Perche Gouet

nies du Perche Gouet ressortissent à Yenuille, siege particulier d'Orleans, & neantmoins suiuent la coustume de Chartres, où elles sont assises.

41. Conclusion qu'il faut suiure la coustume de l'enclaue & non celle du ressort.

Concluons donc, qu'il faut suiure la coustume de l'enclaue, & non celle du ressort, ny du relief de fief, ce qui est decidé en la coustume de Lodunois, qui est vne des plus belles coustumes de France, dont voicy les termes de l'art. 3. du tit. 5. *Tous lieux situez & assis en Lodunois seront gouuernez selon les coustumes dudit pays, posé qu'ils soient tenus d'autres terres & seigneurs estans hors les fins & limites dudit pays.* Que si cela doit estre obserué és justices, qui ressortissent en des bailliages, qui ont leur costume, a plus forte raison doit il estre practiqué en celles qui ressortissent en des justices extrauagantes, comme en ces justices de ressort vsurpées par les Ecclesiastiques, lesquelles n'ayant point elles-mesme de territoire, ne peuuent donner a leurs ressorts la coustume d'vn autre bailliage.

42. Du territoire du fief.

Voylà pour ce qui est du territoire de justice: quãt à celuy du fief, on demande si le seigneur haut

43. Si le haut justicier est présumé seigneur direct de tout son terriroire.

justicier est fondé de se dire seigneur direct & feodal de toutes les terres estans au territoire de sa justice, s'il n'appert du contraire. Enquoy la commune de nos coustumes, & de nos escriuains aussi, tient indistinctement la negatiue, & ce par deux raisons: L'vne que la justice & le fief sont droits tous differens

44. Raisons de la negatiue.

dont partant l'vn ne peut inclure & présupposer l'autre, estant toute la prémiere régle de nos coustumes, que *fief & iustice n'ont rien de commun*. L'autre (& qui est la raison, que rendent plusieurs coustumes, notamment les locales soubs celle de Tours) que les iustices sont naturellement bornées, c'est à dire qu'elles sont fondées régulierement en integrité & continuité d'vn certain climat & territoire: ce qui n'est pas és seigneuries feodales, qui d'ordinaire sont meslées & entreueschées les vnes dans les autres, & ne sont pas tousiours de proche en proche, ains ainsi que les domaines & seigneuries vtiles, sont communement esparses çà & là.

Et combien que ces auctoritez, & ces raisons 45. Raisons de l'affirmatiue. soient de grand poix, si est ce qu'il y en a d'autres contraires, qui esbranlent ceste resolution, si courte & si generale. Car d'autre costé on peut dire, que par disposition du droit Romain, la directe doit suiure la iustice: ce qui se prouue par le §. *Is qui*. en la loy *Forma D. de Censibus. Is qui agrum in alia ciuitate habet, in ea profiteri debet, in qua ager est. Agri enim tributum in ea ciuitate leuari debet, in cuius territorio possidetur.* Que si cela auoit lieu à Rome, à plus forte raison doit il estre obserué en France, où du commencement les iustices & les seigneuries directes ont esté concedées à mesmes seigneurs: ce qui estoit fort commode & fort aysé, de n'auoir qu'vn seigneur, & vn territoire, comme il a esté dit au premier chapitre. Et combien qu'à succession de temps le commerce s'estant plus estendu aux seigneuries directes, qu'aux iustices, il est aduenu que souuent tel a la iustice sur vn heritage, qui n'en a pas la directe, neantmoins en 46. Resolution. consequence de ceste primitiue institution, & de ceste bien-seance aussi, de n'auoir qu'vn seigneur en vn territoire, il y a grande apparence de tenir, que quand la directe d'vn heritage n'est possedée par aucun autre, qui en ait tiltre, de presumer qu'elle appartiẽt au seigneur haut iusticier du territoire: principalement quand ce seigneur a non seulement la justice, mais aussi la seigneurie feodale des autres terres de mesme climat & territoire.

47. Response aux raisons contraires.

A quoy ne contrarie la maxime des coustumes, que fief & justice n'ont rien de commun. Car il faut noter que les coustumes ne disent pas, que justice & fief, ains que fief & justice n'ont rien de commun, c'est à dire que la feodalité ou seigneurie directe ne porte nulle consequence à la justice, ne pouuant la justice, qui est plus noble, estre attirée par la directe: qui est ce que nous auons dict cy deuant, qu'il ne s'ensuit pas, que celuy, qui est recogneu pour seigneur censier ou feodal d'vn heritage, en soit pourtant seigneur justicier. Car tel à le fief, qui n'a pas la justice: & posé qu'vn seigneur ayt justice, il peut auoir plusieurs fiefs hors le territoire de sa justice, que les liures des fiefs appellent *feuda extra Curtem*, ainsi que le moderne Baron l'a tresbien interpreté au 9. chap. du 1. liu. *de Beneficijs*.

48. Comment s'étend que fief & justice n'ont rien de commun.

Mais la justice estant plus digne, que la directe, il n'est point inconuenient qu'elle l'attire quelquefois, & neantmoins encor elle ne l'attire, & ne l'includ pas par vne consequence necessaire, ains la justice peut estre à l'vn, & la directe à l'autre, qui est l'explication, que plusieurs coustumes adjoustent à ceste reigle. Mais la justice attire la directe par vne présomption seulement, qui a lieu, quand il ne se veoit point de preuue au contraire, mais qui n'exclud pas la preuue contraire.

49. Conclusion de la question.

Ie conclu dõc, que si celuy, qui debat la directe d'vn heritage contre le haut justicier du territoire, ne fait apparoir d'aucuns adueux, ny autres tiltres, ou actes vérificatifs de son droit ou possessiõ, le haut justicier doit gaigner sa cause contre luy, tant à cause de ceste présomption dont il est assisté, qu'a cause aussi, que tout ce qui est vacãt en son territoire luy appartient.

Mais si outre cela il est fōdé encor en l'éclaue de la seigneurie directe du climat, il faut des tiltres perēptoires pour l'euincer. Cōme au cōtraire si sa partie aduerse est fondée en ce mesme enclaue, de telle sorte qu'il apparoisse que toutes les terres d'vn certain climat ou terroir, sans exception aucune, soient de sa directe, ores que ce climat soit dans la justice d'autruy, il est mieux fōdé, que le justicier, qui n'a autre preuue, que la presomption de sa justice. Car la presomption d'vn climat & contour vniforme, est reputée bien forte par Ioan Fab. l. 1. *C. de jure emphyt.* qui allegue le Specule au mesme tiltre, & croy, qu'elle surmonte celle du seigneur justicier, *quia in toto jure generi per speciem derogatur:* aussi que l'enclaue de la directe porte plustost consequence à la directe de l'heritage, qui est enclaué, que l'enclaue de la justice. 50. L'enclaue est vne forte presomption pour la directe.

Voylà quand la directe est contentieuse entre deux seigneurs, mais quād elle l'est entre le seigneur justicier & le detenteur, qui pretend tenir en franc aleu, il faut distinguer les pays. Car au pays, qu'on appelle de franc aleu, c'est à dire es coustumes, où le franc aleu est admis sans titre, comme en Champagne, il faut faire les mesmes resolutions, qu'au seigneur competiteur. Mais és autres coustumes, où on tient, que nulle terre n'est sans seigneur (qui est le droit commun de la France, quoy qu'en die du Moulin sur le 46. art. de la coustume) le detenteur n'estant vendiqué n'y pretendu par aucun autre seigneur, n'est fondé a se pretēdre exempt de la directe du haut justicier sans tiltre d'aleu. 51. Si l'heritage est presumé allodial.

Et faut noter, qu'en consequence de ce droict de territoire qu'ont les hauts justiciers, ils peuuent faire vn papier terrier, tant de leur directe, que de leur justice vne fois en leur vie. Et a ceste fin apres trois publications solemnelles, à ce que les detenteurs d'heritages tenus d'eux à droits seigneuriaux, 52. Du papier terrier.

quels qu'ils soient, viennent se faire inscrire en icelluy, ils peuuent faire saisir les heritages de ceux, qui n'auroient obey dans le temps prefix, ou qui n'auront faict apparoir, que leurs heritages soient tenus d'autre seigneur. I'enten qu'ils peuuent faire saisir leur territoire tout entier, sans qu'ils ayent besoin de s'enquerir, quelles terres tiennent d'eux, & quelles non, pour ce qu'ils sont fondez en droit vniuersel: vray est que ceux, qui verifieront leurs terres estre tenuës d'autres, en auront main-leuée, mais ils n'auront despens, dommages ny interests contre le haut justicier, pourueu qu'apres auoir eu communication de leurs tiltres, il ne conteste pour le soustenement de sa saisie: voire mesme en faisant ceste saisie generale d'vn climat, il n'est point necessaire de la signifier & en bailler exploit à chacun des detenteurs. Vray est que ceux, qui ne l'auront sceuë, ne sont sujects à l'amende de bris de saisie, ains c'est à faire au commissaire d'estre soigneux de la notifier à ceux, qu'il pensera estre necessaire: le tout aux despens de sa commission.

53. Saisie generale pour la confection du terrier.

54. Des lettres de terrier.

Pour faire ce terrier, je tien auec Ragueau, qu'il n'est necessaire au haut justicier d'obtenir commission du Roy, qu'on appelle vulgairement lettres de terrier; & s'il en obtient, c'est pour plus grande authorité, & par cautele surabondante: comme anciẽnement, quand vn seigneur feodal, apres sa saisie, prenoit des lettres de cõforte-main. Et telles lettres sont excitatiues, & non pas attributiues de jurisdiction, de sorte que non seulement elles peuuẽt estre attribuées au juge du seigneur, mais mesme on luy feroit tort, si on les addressoit à vn autre, qu'a luy, qui est principalement fondé, de cognoistre des droicts de son seigneur.

55. Lettres de terrier sont necessaires à ceux qui n'ont haute justice.

Mais les simples seigneurs feodaux ou censiers, n'õt ce droict de proceder par saisie generale de tout vn territoire sans lettres de terrier, encor lors sont ils

tenuz

tenus aux despens dommages & jnterests de ceux, qu'ils font saisir à tort, pource qu'ils n'ont pas justice & seigneurie publique sur leurs terres, & partant n'ont aucun pouuoir de les saisir. Ce qu'il faut aussi pratiquer à l'égard des hauts justiciers és terres, qu'ils saisissent hors le territoire de leur justice.

Comme au pareil, les seigneurs hauts justiciers peuuent faire appeller deuāt eux tous leurs justiciables vne fois en leur vie, pour leur prester le serment de ne recognoistre autre justice, que la leur, & de conseruer leurs droits à leur possible, & les aduertir de ceux, qui entreprendront contre iceux : le tout neantmoins sans vexation, & sans qu'il leur en couste rien : ce que Guido Pape decis. 303. dit auoir pratiqué luy mesme en sa seigneurie de sainct Alban. Voire mesme anciēnement les justiciers procedoiēt par saisie, pour faire recognoistre leur justice : *justiciarius* (dict Faber au §. *Retinendæ. inst. de interd.*) *posuit ad manum suam aliquam rem sibi subjectam ratione justitiæ, sicut tota die faciunt justitiarij regni Franciæ.* Mais je n'estime pas, que ceux, qui ne doiuent cens ny rentes au haut justicier, puissent estre astraints à aller chez son Notaire, ou autrement luy passer declaration à part pour sa justice: comme au semblable les censiers non justiciables, ne sont tenuz se lier d'aucū serment vers leur seigneur direct, quoy qu'au village on le leur face faire, voire mesme on leur fait payer la charte ou grosse de leur declaration, dont neantmoins ils ne sont tenus, pourueu qu'ils la passent deuant le Notaire designé par le seigneur, pour faire son terrier tant s'en faut qu'ils soient tenus la présenter solemnellement en justice auec serment, & de payer salaire au juge, Procureur fiscal, & Greffier, pour la reception d'icelle, comme on pratique és justices de village.

56. Hauts justiciers peuuent prendre sermēt de leurs sujets.

57. Ne peuuent demander declaration pour la justice ny serment pour la directe simplement.

58. Le censier ne doit la charte de sa declaration.

Finalement & qui est le troisiesme effaict du droit de territoire, & la derniere des trois questions pro-

59. Du territoire domanial.

60. Tout ce qui est vacant dans le territoire appartiét au haut Justicier.

posées cy dessus, qui concernẽt la seigneurie vtile & domaniale, je dy en vn mot, qu'au seigneur haut justicier appartiennent tous les biens, soit meubles ou immeubles vacans, au dedans de sa justice, c'est à dire qui n'appartiennent, ou ne sont possedez legitimement par aucun: combien que pour le regard des immeubles, les seigneurs du fief les ayent long temps debatus, & de faict les ont gaignez en quelques coustumes, soubs ceste consideration, qu'il y auoit plus d'apparẽce de reünir la seigneurie vtile vacante à la directe, ainsi que l'vsufruict à la proprieté, que non pas la priuée à la publique: question qui est assez amplemẽt disputée par le Speculateur *tit. de feudis*. Neantmoins à la fin les justiciers l'õt obtenu pardessus les seigneurs de fief, en recompense des charges de la justice, comme il sera dict incontinent, & ont particulierement appellé cela droict de fisque.

61. Les immeubles vacans ont esté autrefois pretendus par le seigneur direct.

62. Du droit de fisque.

63. *Fiscus quid.*

Car fisque n'est autre chose, que bourse publique δημόσιον ταμεῖον, disent Hesichius & Suidas: i, *saccus Publicus* disent Isidore *lib*. 20. *Orig. cap*. 9. & S. Augustin sur le Psal. 146. & est biẽ vray qu'a Rõme il n'appartenoit qu'a l'Empereur, non plus qu'à la seigneurie publique: mais en France, cõme la seigneurie publique, c'est à dire la proprieté de la justice a esté cõmuniquée aux particuliers, aussi a esté la bourse publique, qui en dépend, & qui est la perceptiõ de tous les émolumẽs prouenãs de ceste proprieté de justice.

64. Pourquoy les hauts justiciers ont le droit de fisque.

Car d'autant que le haut justicier est tenu faire rendre la justice aux pauures gratuitemẽt, & faire punir à ses despens les delinquans en son territoire, & pour cest effect auoir des officiers capables, residans sur le lieu, & gagez suffisamment, à bon droit on luy attribue en recompense toutes les eschoites, qui arriuent en son territoire, c'est à dire tous les biens vacans, qui s'y trouuent.

65. Diuision des biens fiscaux en confiscations, des-herences & biens vacans.

Ces biens fiscaux peuuẽt estre reduits à trois sortes, à sçauoir les cõfiscations, les des-herences, & les biens vacans. Quant aux confiscatiõs que les Latins appellent *bona publicata, seu fisco addicta* (qui est le premier fruict de la jurisdictiõ, dit Faber sur l'Anth. *Bona damnatorum C. de bonis proscript.*) je compren soubs icelles tout ce qui est osté à l'indigne, *quod enim aufertur indigno applicatur fisco*, dit le droict Romain, & partant les amendes y sont comprises, qui sont cõme confiscations particulieres. 66 Des confiscations.

Car combien qu'à Rõme il n'y eut que les Gouuerneurs des prouinces, & autres grands Magistrats, qui peussent condemner à l'amende, *l. Aliud est fraus §. inter. de verb. signif.* encor n'y pouuoient ils condẽner que jusques à certaines sommes limitées par le tiltre *De modo multarum. Cod.* si est ce qu'en Frãce tout juge de haut justicier pouuant condemner à la mort, peut à plus forte raison condemner à l'amende, & encor la taxer si haute qu'il luy plaist, d'autant que comme les peines, aussi les amendes sont arbitraires en France: combien que les moyens justiciers ne puissent juger plus haute amende, que de soixante sols, & les bas, que de sept sols six deniers. 67. Des amendes.

Et quant aux juges d'Eglise, ils peuuent bien condẽner à l'amende, mais d'autant que les Euesques & Archediacres, ausquels la justice Ecclesiastique appartient, n'ont ny territoire ny fisque, ils ne peuuent embourser ces amendes, ains faut, que la sentẽce, qui les adjuge, les assigne nommémẽt à quelque œuure pieux, autrement elle est abusiue, ne pouuant mesme porter, cõme on faisoit au temps passé, que ces amẽdes seront employées *in pios vsus domini Episcopi*. 68. Comment les juges d'Eglise peuuent condemner à l'amende.

Or y a il deux sortes d'amẽdes, à sçauoir les arbitraires, qui sont irrogées pour les delits, dont en France les peines sont tousiours arbitraires: & les ordinaires qui sont encouruës, pour les quasi delits, & sont taxées par les ordonnances ou coustumes. Dont celles des coust. sont appellées amẽdes coustumieres, desquelles il y a deux sortes: à sçauoir la grande 69. Deux sortes d'amendes arbitraires & ordinaires. 70. Amendes coustumieres. 71. Grande amẽde.

amende qui eſt de ſoixante ſols, & eſt ſouuét apellé c l'amende ordinaire : & la petite amende qui eſt de

72. Petite amende ou amende de la Cour, ou amende de loy

ſept ſols 6. deniers, ou de 5. ſols ſelon les couſtumes: & eſt appellé amende de loy, ou loy d'amende és couſtumes d'Anjou & du Mayne, & communemét ailleurs l'amende de la Cour.

73. De meſme.

La grande amende eſt irrogée pour conteſtatió és cauſes d'appel, de complainte, & autres matieres odieuſes pour bris de ſaiſie, entrepriſes ſur les chemins, ventes recelées &cet. La petite eſt encouruë, principalement pour trois cauſes, à ſçauoir pour defauts, pour conteſtation temeraire és matieres ornaires, & pour reclain, c'eſt à dire reclamation & refus de payer le contenu és obligations, & és ſentences en quelques couſtumes: qui eſt la cauſe pourquoy en jugeant ſoit les defaut, ſoit les procez contradictoires, on prononce ordinairement *condamné en l'amende de la Cour, & és deſpens.*

De ces amendes pluſieurs des couſtumes traictét

74. Cauſe de ſes amendes.

amplement, entre autres celles d'Anjou, Touraine, le Mayne, Berry, & celles des pays de Picardie, & Flandres: dont vient le prouerbe de nos couſtumes, que *la grande amende emporte la petite.* Toutes ces amédes furent introduites lors que les juges, ne prenans aucuns ſalaires des parties, ſe recompenſoient ſur

75. Qu'elles ne doiuent auoir lieu à preſent.

ſes amendes ordinaires, qui leur eſtoient attribuées, au lieu, ou bien pour ſupplément de gages: mais maintenãt que les juges ſe font payer par les parties, & que partant les frais des procez ſont grandement augmentez à cauſe de leurs ſalaires, c'eſt à bon droit que ſes antiques amendes couſtumieres, ſont desaccouſtumées preſque partout.

76. Contre l'aduis du renouuellement des amédes ordinaires.

Dont paroiſt l'injuſtice de l'aduis n'a guieres dõné au Roy, non ſeulemét de renouueller, mais encor de tripler ces amendes ordinaires, pour en faire vn fond particulier en ſes finãces. Car desja eſt aſſez & trop executé l'aduis donné par Iſocrate au Roy Nicoclés, de faire q̃ les frais des procez soiẽt grãds, pour empescher le peuple de plaider : estant vray de dire, qu'ẽ plus des deux tiers des procez, les frais passent le principal: & n'y a plus desormais guaires de procez, que ceux qui sont necessaires, ou pour l'obscurité de nostre droict, ou pour la malice des saffraniers, qui plaident hardiment, pource qu'ils n'ont que perdre, & que *inops audacia tuta est*, & cependant consomment en frais, ceux qui ont dequoy. Et quelle apparence y a il, veu que la justice est deuë au peuple gratuitement, de la surcharger encor de ce nouueau tribut?

Quant aux confiscations, elles appartiennent au haut justicier, aux pays ou elles ont lieu : car il y a des pays qui en sont exempts par priuilege special, cessant lequel, c'est le droict commun de France. que *qui confisque le corps, confisque les biens*. Toutesfois, au crime de leze Majesté, qui est comme vne felonnié, qui opere reünion à la souueraineté, la confiscation appartient au Roy seul : & de faict en ce crime, les heritages confisquez seroyent tous reünis incommutablement à la couronne si faire se pouuoit: Mais ceste reünion ne peut estre, qu'en ceux qui en sont mouuans directement : & quant aux autres, pource que le Roy ne peut pas releuer d'autruy, & que le seigneur direct ne doibt perdre sa directe, pour le crime de son vassal, force est, que le Roy en vuide ses mains, mais quoy que ce soit, la confiscation prouenãt de ce ctime, ne tombe point en fruict, ains est reputée comme vn accroissement qui s'adioinct à la proprieté, & de faict en toutes les alienations du domaine, voire mesme aux constitutions d'appanage, elle est tousiours reseruée au Roy.

77. Des confiscations en particulier.

78. Confiscation en crime de leze Majesté.

Quant aux simples cas Royaux, il faut noter hardiment, que la confiscation n'en appartient pas au Roy, ains au haut justicier, pource que la confisca tion ne suit pas la justice, ainsi que faict l'amende,

79. La cõfiscation n'appartient pas au Roy és cas Royaux.

80. Confiscation ne suit pas la justice comme l'amende.

ains le territoire: de sorte que celuy qui faict le procez, est souuent celuy, qui prend le moins en la confiscation, quoy qu'en die Faber sur l'Anth. *Bona damnatorum*, mais il se recompense sur l'amende, qu'il taxe si haut qu'il luy plaist, & par le moyen de laquelle on obserue ordinairement la confiscation, quand elle appartient à autre, que celuy, qui faict le procez. Toutesfois au crime de faulse mõnoye, pource que c'est, cõme vne brãche de leze Majesté, y estãt le Roy principalemẽt offensé, la cõfiscation appartiẽt à luy seul: ce qu'il faut entẽdre, pour le regard des forgeurs de faulse monnoye, & non des simples expositeurs d'icelle, qui pechent plus contre le public, que cõtre le Roy, & sont plustost larrõs, que fauxmõnoyeurs.

81. Leze Majesté diuine n'est cas Royal.

Pareillement en crime de leze Majesté diuine, comme heresie, blaspheme, idolatrie, je n'estime pas que la confiscation appartienne au Roy seul, quoy qu'en dient les articles secrets de la coust. de Paris, pource que le Roy n'y est point offensé en sa qualité, ains le public & la justice, & pour ceste cause, je n'estime pas mesme, que ce soit cas Royal: aussi ne le voyons nous pas compté és anciennes ordonnances, qui rapportent les cas Royaux: & de faict il est notoire, que les hauts justiciers cognoissent des blasphemateurs, sorciers, & jdolatres.

82. Le Roy peut remettre la cõfiscation au préjudice du seigneur.

Or combien que la confiscation appartienne au haut justicier, toutesfois c'est vn des droicts de souueraineté du Roy, qu'il la peut remettre *siue per literas justiciæ, siue gratiæ, re tamen integra*, c'est à dire, jusqu'à ce que l'arrest de condemnation soit prononcé, ou la sentence, par l'execution faite d'icelle sans appel, soit conuertie en force de chose jugée: sans mesme hors ces cas, que le haut justicier soit receuable à s'opposer, ou autrement empescher l'enterinement de la remission, grace, ou abolition, pource que ce droict de souuerainete, ne peut estre retranché au Roy. Mesme apres le droict acquis tout à faict au haut justicier par vn jugement souuerain, encor tient on, que le Roy peut remettre la confiſcation, ſi les biens ſont encor en la poſſeſſion du haut juſticier, mais non, s'il en a diſpoſé, principalement à tiltre onereux, comme reſoult Bacquet.

Quant aux desherences que les Grecs appellent τὰ ἀκληρονόμητα, & les Latins *Caduca*, qui ſont les biens des decedez ſans heritiers, & ſans en auoir diſposé, ils appartiennent pareillement au haut juſticier du territoire, où ils ſont trouuez, mais non pas par forme d'heredité, ou de ſucceſſion vniuerſelle, comme au droict Romain : ains comme biens vacans. Car nous auons trois ſortes de ſucceſſeurs en France, à ſçauoir les vrays heritiers, qui ſont *ſucceſſores juris* : les ſucceſſeurs vniuerſels, comme les donataires ou legataires vniuerſels, les Abbez ſuccedans à leurs Religieux, qui ſont *ſucceſſores bonorum, & non juris* : & les ſucceſſeurs particuliers, comme les donataires ou legataires *certorum bonorum*, & les ſeigneurs ſuccedans par confiſcation ou des-herence, qui ne ſuccedent à tous les biens de leur juſticiable, ains ſeulemẽt & particulieremẽt à ceux, qui ſont trouuez dãs leur territoire, encor n'y ſuccedent-ils par voye de trãſlation du droict du defunct en eux : mais par forme de reünion de la ſeigneurie priuée vacante à la publique, teſmoin le tiltre du Code, *De bonis vacãtib' & eorũ incorporatione*, & la loy *Ejus, qui. D. de teſtamẽtis.*

83 Des des-herences.

84. Le haut juſticier eſt ſucceſſeur particulier en la des-herẽce.

Ie dy notãment, que ceſte reunion ſe fait de la ſeigneurie priuée à la publique, & non pas de l'vtile à la directe, pource qu'ẽ Frãce les fiefs & cẽs ſont perpetuels & patrimoniaux, & que les biẽs vacãs ſont attribuez à la juſtice, pour ſouſtenir les charges d'icelle. Mais auſſi il faut prendre garde, que ceſte reünion ſe fait de telle ſorte, que le droict du ſeigneur feodal eſt touſiours conſerué, *ne alteri per alterum iniqua conditio inferatur* : ne plus ne moins qu'en la loy, *Cum ratio* §. 1. *de bonis damnatorum*. il eſt dict que l'affranchy ayant eſté condemné, le patron eſt preferable au fiſque pour la part, qui luy eſt attribuée de droict en ſa

85. Que le droict du ſeigneur direct y eſt conſerué.

succession : de sorte que le justicier succedant par confiscation ou desherence, doit récognoistre le seigneur direct, ainsi qu'vn autre detenteur, mesme luy doit relief des fiefs, ainsi qu'vn successeur collateral: Mais si le justicier est aussi seigneur direct, combien que ceste succession opere vne reünion, & partant qu'il face de son fief son domaine, toutesfois il ne doibt point de relief au seigneur direct superieur, pource que c'est vne reigle generalle, que pour telles reüniõs de l'vtile seigneurie à la directe, il n'est point deu de relief, comme traittent les interprettes sur le 51. art. de la coust. de Paris. Que si c'est le Roy, qui par desherence ou confiscation acquiere les heritages, estans en la directe d'vn seigneur, il faut qu'il en vuide ses mains, ou du moins, qu'il luy en paye indemnité, d'autant qu'il ne peut pas releuer de ses sujects: & ce suiuant l'ord. de Philippe le Bel transcrite au vieil styl de Parlement tit. *De feudis*. ce qui vuide la grande dispute, qu'en fait le Speculeau mesme tiltre.

86. Luy est deu relief à cause de la desherence.

87. Le Roy doit vuider ses mains en confiscation & desherence.

88. I'ay dict cy dessus, que la confiscation & desherence suiuent le territoire, où les biens sont trouuez, & non le domicille du condamné ou decedé: ce qui est tout asseuré pour le regard des immeubles : mais quant aux meubles, qui n'ont point de situation asseurée, estans aptes d'estre, tantost en vn lieu tantost en vn autre, il y a plus de difficulté. Car tous les docteurs anciens & modernes sans exception, que je sçache, tiennent concordamment, que les meubles du confisqué ou decedé sans hoirs, appartiennent au justicier de son domicile, *quia mobilia sequuntur personam, eiusque domicilium*. Neantmoins il me semble plus à propos de les attribuer au seigneur de la justice, où ils sont trouuez lors du decez, attendu ce qui vient d'estre dict, que la confiscation & desherence operent vne reünion de la seigneurie priuée à la publique, & nõ pas vne successiõ vniuerselle, car on ne peut dire, que *mobilia sequuntur personam*, puis que la personne

88. Si les meubles en confiscatiõ & desherence appartiennent au justicier du domicile ou du lieu où ils sont trouuez.

89. Opinion commune.

90. Qu'ils appartiennent au seigneur du lieu & non du domicille.

personne est morte, & n'a laissé de successeur vniuersel, qui la représente, n'estant son heredité jacente, ains ses biens tout à faict vacans, desquels partant le justicier du lieu, ou ils se trouuent, se peut emparer, & les appliquer à son fisque, sans que celuy du domicile du defunct puisse venir fureter, & faire recherche dans la terre d'autruy. Aussi il semble que Bacquet, qui a mieux traicté ceste question, que nul autre, au 13. chap. *des droicts de justice*, incline à ceste opinion, dont il rapporte vn arrest du Parlement, & qui a esté suiuie par les articles secrets de la coust. de Paris, & par la nouuelle coustume de Reims, art. 346.

Mais à l'esgard des debtes actiues, qui sont droicts incorporels τὰ ἄφανῆ, qui n'occupent point de lieu, & n'ont point de situation, en la confiscation & dés-herence elles doiuent suiure generalement le domicile du creancier, & non pas le lieu, où les obligations, cedules, ou papiers justificatifs d'icelles sont trouuez, d'autât que les papiers ne sont pas la debte, ains la preuue & asseurance d'icelle: aussi qu'il y a des debtes, dont il n'y a point de papiers, autres dont il peut y auoir des papiers en plusieurs lieux, & diuerses justices: mais en fin ces debtes consistent en actiõ personnelle, qui est inherente aux os du seigneur, ou creâcier d'icelles, come parlent nos anciẽs docteurs. 91. Mais les debtes actiues appartiennent au seigneur du domicile.

Ce qui doit pareillement estre dit és rentes volantes ou constituées, dont la situation doit estre attribuée, nõ au lieu des hypotheques speciales ou assignats d'icelles, comme on tenoit n'agueres au Palais, en consequence de l'arrest de Partenay mal entendu: ny au lieu destiné pour le payemẽt de la rente, mais au domicille du creancier & seigneur d'icelle, comme il fut jugé en la cinquiesme chambre des enquestes, apres en auoir demandé l'aduis des autres chambres, en l'année 1597. 92. *Idem* és rentes constituées. 93. Situation des rentes constituées.

Voylà pour les debtes actiues. quant aux passiues,

94. Les seigneurs succedans par des-herence & confiscation sont tenus des debtes.

c'est chose certaine, que ceste reünion, n'empesche point qu'on les paye, attendu mesme qu'il a esté iugé, que le fief du vassal adjugé pour felonie au seigneur feodal, demeure chargé de ses hypotheques, nonobstant la loy, *Lex vestigali. De pignor.* en consequence de laquelle on tenoit jadis en France, erronément & jniustement que la confiscation n'estoit chargée des debtes, comme Guenoys a bien prouué en sa conference des coustumes, ce que Bouteiller dit aussi de la succession des bastards. Mais maintenant on suit sans doute la reigle du tiltre, *Pœnis fiscalibus creditores anteferri*, & de la loy, *Non possunt. D. de jure fisci.*

95. Ce qui n'auoit lieu aucunement en la confiscation.

96. Les seigneurs payent les debtes *pro rata emolumenti.*

Pareillement c'est chose asseurée, que plusieurs seigneurs venans ensemble à la des-herence ou confiscation, doiuent contribuer aux debtes passiues à proportion du profit, qu'ils en tirent: mesme on pratique cela à présent és coustumes, où les debtes passiues suiuent les meubles, & sont payables entierement par celuy, qui prend l'vniuersité des meubles à quelque tiltre que ce soit: quoy que quelques coustumes decident erronément le contraire & tel est l'aduis de Coquille, & ce pour la raison qui vient d'estre dite, que le seigneur prenant les biens par droict de confiscation, n'est point vn successeur vniuersel, ains particulier des seuls meubles trouuez en sa justice, & encor non pas par voye de succession ou translation du droict du defunct à luy: mais par abolition de ce droict, & reünion de la seigneurie priuée vacante à la publique.

97. Si le creancier se peut pouruoir solidairement contre eux.

Mais comment se pouruoirra le creancier chirographaire, qui ne sçait, ny combié il y a de seigneurs participans à la confiscation ou des-herence, ny pour quelle part chacun d'eux y participe? Bacquet a traicté la question à l'ésgard des heritiers succedans *diuerso jure*, comme quand il y a vn heritier des meubles & acquests, vn autre des propres paternels, & vn autre des propres maternels, & lors il dit qu'ils peuuent estre conuenus chascun pour vn tiers, ou bien qu'on se peut addresser, contre celuy des meubles & acquests, sauf son recours contre les autres: ce qui est bien plus equitable. Car si pour y auoir de trois sortes d'heritiers il falloit diuiser la debte, il la faudroit encor subdiuiser si de chacune sorte il y auoit plusieurs heritiers, ce qui seroit extremément incommode.

Mais l'incommodité seroit encor bien plus grande en la poursuitte de plusieurs seigneurs prenans part a la confiscation ou des-herence. Car la part qu'on demanderoit aux heritiers, seroit tousiours certaine & liquide: au lieu que celle des seigneurs, est incertaine & illiquide, requerant vne ventilation prealable, qui ordinairement est bien malaisée: comme quand il y a des actions incertaines en la succession, & tousiours est de grands frais & difficulté. D'ailleurs il y a bien difference entre les heritiers & le fisque. Car les heritiers sont tenus d'action pure personelle, que la loy des douze tables a transferée du defunct a ses heritiers, pour telle part qu'ils sont heritiers, de sorte qu'estans condamnez, ils sont contraincts en leurs propres biens pour leur portion hereditaire, qui est tousiours certaine: mais le fisque n'estant, ny heritier, ny mesme successeur vniuersel, ne peut estre tenu d'action pure personelle, partãt n'est contrainct en ses autres biẽs, & s'il y a rencontre de plusieurs fisques, leur portion est inégale & incertaine. 98. Inconuenient de n'admettre la poursuitte solidaire.

C'est pourquoy je tiẽ pour certain, que le creãcier, ores que simple chirographaire, se peut addresser pour sa debte entiere, contre chacune piece du bien deferé au fisque, Ce que le iudicieux Coquille a tenu en son institutiõ, chap. Des droicts de iustice. Mais il n'en allegue aucune raison. Or la raison est que *onus æris alieni vniuersũ patrimoniũ respicit, nõ certi loci faculta-* 99. Resolution qu'il la faut admettre. 100. Raison.

tes. l. fideicõmissũ §. tractatũ D. de judiciis. Et bona dicũtur deducto ære alieno. l. mulier bona. D. de jure dot. Ce qui est particulieremẽt decidé à l'esgard du fisque, *in l. non possunt D. de ju. fisci. Non possunt ulla bona ad fiscũ pertinere, nisi quæ creditoribus superfutura sunt. Id enim bonorũ cuiusque esse intelligitur, quod æri alieno superest.* C'est pourquoy au dernier chapitre du 1. liure du déguerpissement, j'ay dict qu'en ces cas le payement des debtes est vne charge fonciere vniuerselle, & qui s'estend sur tout le bien, & par cõsequẽt elle est solidaire, ores qu'il n'y ait point d'hipotheque expresse: pource que c'est la nature des charges foncieres, d'estre solidaires & indiuiduës: comme j'ay prouué au dernier chap. du 2. liu. du mesme traicté.

101. Quand a lieu la des-herence. Or pour parler particulierement de la des-herence, le cas d'icelle est, quãd le defunct n'a laissé aucuns heritiers: & combiẽ qu'aucuns ayent voulu restreindre les degrez de succession à sept, suiuant la loy *Non facilè. D. de grad. cognat.* & le dire de Paulus 4. *sent. tit.* 11. Autres à dix degrez suiuãt le §. *Hoc loco. Inst. de cogna.*

102 La succession s'estend tant que ligne se peut monster. *success.* Neantmoins c'est vn poinct resolu en France, que la successiõ a lieu *in infinitũ*, tãt que ligne se peut monster: c'est pourquoy en quelques coustumes, la des-herence est appellée *ligne esteincte & ligne faillie*, ce mot de ligne signifiant parenté, & ce que les Grecs appellent ἀγχιστείαν, proximité: de fait ce que dict Aristophane ἐν ὄρνισι, Νόθῳ μὴ εἶναι ἀγχιστείαν, Bouteiller le rend en François, que *Bastards n'ont point de ligne, & que sans ligne succession ne se peut apprehender.*

103. Les parẽs d'vn costé succedent à faute d'autre. Quant je dy ligne faillie, j'enten tant la paternelle, que la maternelle estant certain, que ce n'est point des-herence, tant qu'il y a parent d'vn costé ou d'autre, & que c'est aujourd'huy le droict commun de France, que les maternels exclüẽt le fisque des biens paternels, & au cõtraire: comme le decide l'art. 330.

de la coust. de Paris & la decision textuelle de la loy *vacantia. de bonis vacant. lib.* 10. *Cod.* combien que les coustumes d'Anjou & de Bretaigne, decident le cõtraire. Voire la loy des douze tables préferoit au fisque, ceux qui portoient mesme nom, appellez *Gentiles*, ores qu'ils ne peussent prouuer la parenté: dont Ciceron, liu. 1. *de Oratore*, en recite vne belle cause, qu'il plaida entre deux maisons Patriciennes des Claudes & des Marcels. Et Choppin liu. 1. de dom. chap. 13. dit qu'en deffaut de l'vne & l'autre ligne, la femme succede au mary & le mary à la femme au parauant le fisque, suiuant le tiltre *vnde vir & vxor*: ce qui a esté de n'a gueres jugé par arrest solemnel de la vigile de l'annonciation nostre Dame de Septembre 1600. rapporté par M^e. I. Chenu. Mesme c'est vne grande dispute entre Accurse & Faber sur l'auth. *Praeterea*, en ce tilt. *vnde vir & vxor.* si les parens de la femme sont préferables au fisque, à demander les biens du mary mort sans parens de son costé. Brief comme dict sainctement le Roy Theodoric dans Cassiodore *lib. 6. variar. in hoc casu Principis persona post omnes est. Hinc optamus non acquirere, dummodo sint, qui relicta debeant possidere.*

104. *Gentiles.*

105. Mesme la femme empesche la des hérence.

Mais il y a deux exceptions notables, esquels on tient, que le Roy oste la des-hérence au haut justicier, sçauoir est à l'égard de la succession des estrangers appellez Aubains, *quasi alibi nati*, & celle des bastards. Et combiẽ que du Moulin sur le 40. art. de la coust. d'Anjou, dic que *secundum antiquum vsum Francorum, alti justitiarij habebant jus occupandi bona quocumque modo vacantia, etiam Albinorum & spuriorum: sed nuper memoriâ nostrâ, quaestuarij fiscales jura Dominorum, contra veterem consuetudinem restringere caeperunt, in successionibus peregrinorum, & habuerunt multos emptitios judices propitios:* Toutefois pour le regard de l'aubaine, il y a vne grande raison de l'attribuer au Roy seul: raison, qui n'est aucune de celles rapportées par

106. Quand le Roy oste la des-hérence au haut justicier.

107. Aubenage jadis appartenoit aux seigneurs.

108. Aujourd'huy non, & pourquoy.

Bacquet au traicté qu'il en à faict, à sçauoir qu'il n'y a point de vacquence ny des-hérẽce absoluë en l'estranger, qui ordinairement à des parens, aussi bien que le naturel François : mais ils sont empeschez de luy succeder, non par le droit de nature ou des gens mais par la loy particuliere du Royaume, qui priue l'estranger d'estre heritier, & de laisser heritiers en France, loy qui regarde la police generalle de l'estat, qui appartient au Roy seul, & est faicte pour l'augmentation du Royaume, & non pour accroistre & aduantager les seigneurs particuliers d'icelluy.

109. Le Roy succede seul à l'estrã-ger, ores que naturalisé.

Partant je tien, qu'il est tres-juste d'exclure le haut justicier de la succession de l'estranger, ores mesme que naturalisé, mourant sans parens regnicoles, tant à raison de la condition apposée de stil commun és lettres de naturalité, *pourueu qu'il ait heritiers regnicoles*, qui deffaut en ce cas, que pour ce que la naturalisation de l'estranger ne profite pas à ses parens estrangers, qui n'estans naturalisés eux mesme, sont tousjours excluds de succeder, fust-ce à vn naturel François.

110. Estrangeres.

Telles successions des estrangers estoient proprement ce que jadis on appelloit *Estrayeres quasi estrangeres*, mot qu'on a depuis estendu a signifier aussi les successiõs des bastards, apres que les fiscaux, non contens d'auoir attribué au Roy la succession des estrangers, luy ont aussi faict prendre la succession des bastards, à l'exclusion des hauts justiciers,

111. Estendu aux bastards.

soubs prétexte de quelques vieilles pãchartes trouuées en la chambre des Comptes: combien que les anciennes coustumes, & les anciens escriuains de France, ne feissent difficulté de defferer la succession des bastards aux hauts justiciers, notamment Bouteiller en sa Somme Rurale : ce qui me semble plus juste.

112. Mal à propos.

Car ce que le Roy succede aux estrangers, n'est pas pour ce qu'il les peut seul naturaliser, car si ainsi estoit, il auroit seul les confiscations, puis que seul il les peut remettre, ains à cause de la loy particuliere du Royaume, qui exclud les estrangers des successions du Royaume, au lieu que les bastards sont exclus d'auoir des heritiers autres que leurs enfans, par la loy de nature, quoy que ce soit par le droit des gens, qui ne recognoist autre parenté, que celle, qui procede d'vn loyal mariage, de sorte que le bastard n'estant parent à aucun, tombe de necessité en vraye des-hérence, & ligne faillie, quand il meurt sans enfans.

Toutefois le Roy l'a en fin emporté par dessus les hauts justiciers, de sorte qu'on tiẽt à présent pour resolu que nonobstant tout tiltre, toute préscriptiõ, voire toute coustume contraire, le Roy seul succede aux estrangers, ores que naturalisez sans exception, & aux bastards non legitimes pareillemẽt, fors qu'en trois cas concurrens, à sçauoir qu'ils soient nais demeurans, & decedez en la terre des hauts justiciers, ençor en faut il adiouster vn quatriesme, que leurs biens y soient situez & trouuez. Mais à l'égard des bastards legitimez, leur succession n'est ny au Roy, ny au haut justicier, ains on tient maintenant à bon droict, qu'elle appartient à leurs parens legitimes, ores qu'ils n'ayent consenty à leur legitimatiõ, voire qu'ils n'ayent esté adiournez par le pere ou mere, du costé desquels ils leur sont parens, pour ce que toute macule de leur natiuité est ostée par leur legitimation, qui les ente en la famille & parenté, dont ils sont issus, & que par icelle le Roy renonce à leur succession purement, & sans aucune condition, cõme Bacquet à bien prouué.

113. Les seigneurs succedent aux bastards si trois cas ne concurrent.

114. Succession des bastards legitimez à qui appartient.

Quant aux enfans des estrangers naturalisez ou non, ils succedent à leur pere, pourueu qu'ils soient nais & demeurans en France, comme aussi les enfans legitimes des bastards leur succedent, mais la difficulté est grande si à ces enfans, soit des estran-

115. De la successiõ des enfans des estrangers ou bastards mourãs sans enfans.

gers ou bastards le Roy succede par droict d'aubaine ou bastardise ès biens, qu'ils ont eu de leur pere, ou le haut justicier par des-hérence, ou encor les parens, qu'ont ces enfans du costé de leur mere, qui n'estoit ny estrangere ny bastarde, par droit de succession legitime. Ceste question est traictée par Bacquet au chap. 4. du traicté de des-hérence, qui semble resoudre, que les parens de l'autre ligne sont préferables au fisque, soit du Roy, ou du haut justicier, & à plus forte raison encor le pere ou mere non estranger ny bastard, ce qui est tres equitable. Mais

116. *Quid* s'ils n'ont point de parés.

à faute qu'il y en ait, la question demeure, entre le Roy, qui prétend que la bastardise & aubenage dure *in infinitum*, & le haut justicier, qui soustient, que ce sont vices personnels, & qui ne passent point aux enfans, & partant, qu'il doit succeder par des-hérence : ce qui me semble plus raisonnable, & est décidé élegamment à l'esgard du bastard, par Bouteiller au tilt. *des illegitimes*.

117. Des biens vacans.

Oultre les confiscations & des-hérences, il reste encor la troisiesme espece de biés déferés au fisque, qu'on appelle particulierement biens vacans, & que les Grecs appellent τὰ ἀδέσποτα qui comprennent tous biens vacans autrement que par confiscation ou des-hérence: dont il y en a de deux sortes. L'vne de ceux qui n'ont jamais eu de maistre, comme les terres vaines & vagues des champs, les rues & places vuides des villes & villages, que le haut justicier peut appliquer à son profit, quand bon luy semble.

118. Ce qui n'est en cómerce n'appartient au haut justicier.

Ce que je n'enten que des choses, qui sont en cómerce, & qui sont soubs la categorie de celles, que Iustinian, aux institutes, appelle *res singulorum* & non pas de celles qu'il appelle, *publicas aut vniuersitatis aut nullius, id est, sacras, religiosas aut sanctas.* Partant je n'y comprens ny les rués & places publiques des villes, ny les chemins des champs, ny pareillement les portes & murailles, fossez & maisons communes

d es

des villes, desquelles, le haut justicier à seulement la Police, garde & manutention, & les habitans sont tenus de la reparation & entretenement d'iceux : mais la proprieté n'en appartient à personne. Qui est pourtant vne ancienne querelle entre la communauté des habitans, & les seigneurs des villes : mais en vn mot ce qui est public n'appartient à aucun quant à la proprieté, & quant à l'vsage il appartient à chacun particulier, pourueu que ce soit sans empeschement de l'vsage commun. Car je ne suis de ces fiscaux, qui se font accroire, que tout ce qui est public appartient au Roy, ains au contraire j'estime par la raison, que je vien de dire, que ny le Roy, ny le haut justicier n'ont droit de prendre tribut des saillies, abauents, & autres sortes d'auences des maisons sur les ruës, ains comme i'ay dit au 3. chap. tels tributs ou redeuances deuroient estre laissées aux cōmunautés des villes, cōme deniers d'octroy, pour employer à l'ētretenemēt des ruës & pauez d'icelles.

119. Des choses publiques.

Pareillement je ne compren point entre les biens vacans, les communes & vsages, c'est à dire les prairies, ou bois delaissez d'ancienneté à la cōmune des habitans d'vne ville ou village, *quæ sunt propriè vniuersitatis. Nam plerumque olim à diuisoribus agrorum, ager compascuus relictus est ad pascendum communiter vicinis,* dit Isidore *lib.* II. *Etym. cap.*13. *inde saltus communis dicitur, in quo municipes jus compascendi habent* dit la loy 20. §. *vlt. D. Si seruit. vendic.*

120. Des cōmunes & vsages.

Quant aux riuieres & riuages d'icelles combien qu'en droit elles fussent toutes publiques, & la pescherie en icelles permise à vn chascun §. *flumina. Inst. de rer. diuis.* si est-ce qu'en France on distingue les nauigables, d'auec les non nauigables : & pour le regard des non nauigables, elles sont *dominij priuati* & appartiennēt aux particuliers, & par consequent au haut justicier à faute d'autre maistre. Mais les nauigables estant publiques, ainsi que les grands chemins, le Roy s'en est attribué la seigneurie, & par consequent des isles & atterrissemens estans dedãs icelles, de sorte que le §. *Insula* au mesme tilt. & toute la matiere des alluuiõs du droict Romain, n'est practiquée en France, & qu'aussi la pescherie n'est point permise à vn chacun, comme au droict Romain.

121. Des biens vacans, qui ont autrefois eu maistre.

L'autre espece des biens vacãs est, de ceux, qui ont autrefois eu maistre, dont y en a de plusieurs sortes. Premieremẽt il y a celles, qui sont abandõnées tout à faict, comme les terres desguerpies, les successions repudiées & vacantes, & celles-là cõbien que *mero jure* elles appartiennent au haut justicier, ainsi que tous biens vacans, toutefois pour ce qu'il est aisé à comprendre, qu'elles ont esté delaissées à cause des charges & debtes d'icelles, & qu'elles sont plus onereuses que profitables, on ne trouueroit pas bon, que le seigneur s'en emparast pour frustrer les creãciers, ains à fin que leur interest soit conserué, on a coustume de les faire regir par vn curateur aux biens vacans: Cõme mesme és des-herences & confiscatiõs, quand il aduiẽt, que pour les debtes il en faut decreter le bien, on a accoustumé par vne biẽ-seance d'en faire le decret, non sur le Roy, ou le seigneur qui les possede, ains sur vn curateur aux biens vacans, comme Bacquet nous enseigne.

122. Des terres laissées en friche.

Ou bien les terres sont delaissées non quãt à la seigneurie, mais quant à la culture seulement, & lors, pource qu'elles ne sont pas proprement vacãtes, ains seulemẽt desertes & en friche le seigneur feodal, qui pour sa directe à plus d'interest, qu'elles soiẽt labourées, que nõ pas le haut justicier, est preferable à luy: & encor celuy qui à vne grosse rẽte sur iceux, est preferable au seigneur direct: voire en cõcurrẽce de plusieurs rẽtes, le seigneur de la derniere rente est preferable aux autres, à la charge de payer toutes les plus anciennes, cõme ayant le plus d'interest à la deperition de l'heritage: bref le co-detẽteur, c'est à dire coluy, qui tient quelque heritage chargé de partie solidaire de la mesme rente, que doit l'heritage desert, est receuable à s'en emparer par authorité de justice, à fin de pourueoir à son indemnité: & de ceste espece j'ay traité au dernier chap. du dernier liure du deguerpissement.

Voilà pour les immeubles: & quant aux meubles, 123. Des meubles vacans.
il y en a deux sortes de vacans, à sçauoir les espaues, & les thresors. Les espaues sont proprement les bestes espouuantees & esgarées, & generalemẽt signi- 124. Des espaues.
fient toutes choses perdues, qui apres quelques publications, & temps certain attendu, pour en trouuer le maistre, ainsi qu'il est prescrit en la plus part des coustumes, sont en fin adjugées au haut justicier: *Hæc domini terrarum occupant, & vocant Espaues* dit Faber *in §. examen. de rer. diuis.* je dy au haut justicier, non au moyen, ny au bas, & non au Roy seul, ny au seigneur de fief, comme Bacquet à bien prouué au 33. chap. des droicts de justice.

Ce qui est dict espaue sur terre est en mer appellé 125. Du Varech.
varech, à sçauoir tout ce que la mer jette à bord, en telle sorte, qu'vn homme de cheual y puisse toucher du bout de sa lance, dit la coust. de Nor. chap. 23 art. 583. & est different des choses peries, qui sont celles, qui ont esté peschées à flot & tirées du fond de 126. Droit de bris.
la mer, sur lesquelles se prend droit de bris, *jus naufragij*, qui appartient au Roy, ou aux officiers de l'admirauté: au lieu que le droict de varech appartient au seigneur du lieu.

Le thresor *est vetus pecuniæ depositio, cuius memoria* 127. Du thresor.
ignoratur, & cuius propterea nemo se dominum vel possessorem dicere potest, l. 3. §. Neratius D. de acquir. poss. dont il ne se peut rien dire de mieux, que ce qui est dans les articles secrets de la coust. de Paris. *Thresor caché d'ancienneté & temps immemorial, sera distribué, sçauoir à celuy, qui le trouuera en l'heritage sien, la moitié: au seigneur haut justicier, l'autre moitié* (*Idem* en celuy qui la trou-

ué en lieu public) *& celuy, qui le trouuera en l'heritage d'autruy, en aura vn tiers, le proprietaire vn tiers, & le*
128. Quelle part ont les moyens & bas justiciers aux biés fiscaux. *haut justicier vn tiers.*

Et faut noter, que de tous ces biens fiscaux, à sçauoir amendes, confiscations, des-hérences, espaues, thresors & autres, les moyens & bas justiciers y ont leur part en tant & pourtant, qu'ils ont droit de fisque, estant trouuez dans l'enclaue de leurs justices, à sçauoir le moyen justicier de 60. sols, & le bas de 7. sols 6. deniers, comme il est dit en plusieurs coust. ce qu'ils negligent ordinairement pour la rareté de ces escheances, & petite part qu'ils y ont.

129. Droicts pretédus des justices, qui n'ont esté expliquez.

Voylà tous les profits des justices, parmy lesquels je n'ay point mis le droit de colombier, pour ce que c'est plustost vn droit de fief que de justice: ny le
130. De colombier.
droit de chasse aux bestes, pour ce qu'il est commū
131. De chasse.
à tous nobles, pourueu que ce soit en endroit & à gibier non prohibé: (vray est que le seigneur haut justicier ne peut estre empesché de chasser en saison
132. De garenne.
conuenable en tous lieux non clos de son distroit, à cause de la seigneurie publique, qu'il y a): ny le droit de garenne, pour ce que tous Nobles en peuuent auoir en leurs terres, posé qu'ils ayent quātité de ter-
133. De moulin.
res suffisante pour nourrir leurs lapins: ny le droit de moulin, pour ce que quant au moulin à eau, quiconque a riuiere, en peut construire en icelle, prenant jauge du principal juge de Police d'icelle riuiere, & quant à celuy à vent chacun en peut edifier en son
134. De bannalité.
heritage: ny droit de bannalité, pour ce qu'il n'appartient à aucun seigneur, quel qu'il soit, sans tiltre, ou coustume particuliere: ny finalement le droit de
135. De chasse au moulin.
chasse de moulin, pour ce que c'est vn droit imaginaire, & qui n'est point: estāt permis à chacun meusnier d'aller chasser & quester où il voudra, fors és lieux sujects à bannalité.

Sommaire du treziesme chapitre.

1 *Difference des justices Royales & seigneuriales.*
2 *Toutes justices appartiēnent au Roy & comment.*
3 *Que les juges Royaux font de grandes entreprises sur les subalternes.*
4 *Plainte de du Moulin sur ce sujet.*
5 *De la preuention.*
6 *Raison des officiers Royaux touchant la preuention.*
7 *De mesme.*
8 *Raisons au contraire.*
9 *Que la preuention est contraire au droict Romain.*
10 *Du tiltre de jurisdictions.*
11 *Decision formelle touchant la preuention.*
12 *Response à la loy* 1. De offic. Præf. vrbi.
13 *Respõse à la loy* judicium. D. de iudicijs.
14 *Difference* inter jus dicentem & judicium.
15 *Response à la loy* Quoties. D. De adminiſt. tut.
16 *Que la preuention est contre le droict Canon.*
17 *Preuention du Pape.*
18 *Que la preuention n'a lieu entre les juges Royaux.*
19 *Qu'elle y deuroit plustost auoir lieu, que sur les subalternes.*
20 *Opinion de Ioh. Faber.*
21 *Raison contre la preuention.*
22 *Response aux raisons cõtraires.*
23 *La souueraineté qu'ha le Roy en la justice.*
24 *De mesme.*
25 *Autre raison contre la preuention.*
26 *Ordonnances, prohibitiues de la preuention.*
27 *Ordonnance notable.*
28 *Que lors de ces ord. la preuention deuoit plustost auoir lieu qu'à present.*
29 *Preuention non admise par les coustumes.*
30 *Preuention absolue en quelques coustumes sauf les oppositions.*
31 *Preuention imparfaicte.*
32 *Pretexte de la preuention imparfaicte.*
33 *Response à ce pretexte.*
34 *Preuention imparfaicte tournee en droict commun.*
35 *Qu'elle est contre les ordonnances.*
36 *Qu'elle estoit tolerable anciennement.*
37 *Qu'elle est injuste.*
38 *Tricheries qui se font en ceste preuention.*
39 *Remede cõtre ceste preuẽtion.*
40 *Si les juges subalternes peuuent*

defendre leur juriſdiction par amendes.

41 *Abſurdité de ceſte préuention.*

42 *Concluſion que la préuention ne doit auoir lieu.*

43 *Le Roy n'a juſtices ſur les juſticiables des ſeigneurs, qu'en cas de reſſort es cas Royaux.*

44 *Entrepriſes faictes par les juges Royaux au cas de reſſort.*

45 *Des exemptions par appel.*

46 *Les exemptions par appel eſtoiẽt fort vtiles anciennement.*

47 *Elles ne doiuent auoir lieu a préſent.*

48 *Euocation du principal par le juge d'appel.*

49 *Qu'elle eſt prohibée par les ordonnances modernes.*

50 *Et les anciennes.*

51 *Les executiõs des ſentẽces, dont y a eu appel, reuiennent au premier juge.*

52 *De meſme.*

53 *Opinion de* Ioh. Faber.

54 *Exception.*

55 *Interpretation de l'arreſt des criées.*

56 *Que les Préſidiaux n'ont en cela pareil droit que la Cour.*

57 *Que le juge du lieu doit eſtre commis, pour les inſtructiõs des procez.*

58 *Des non obſtant appel.*

59 *Que les ordonnances ſemblent ne les permettre qu'aux juges Royaux.*

60 *Qu'ils doiuent eſtre permis aux ſubalternes.*

61 *Reſponſe aux ordonnances.*

62 *Qu'és matieres requerantes celerité tout juge peut paſſer oultre l'appel quãd le grief eſt réparable*

63 *Du nonobſtant appel des interlocutoires.*

64 *Comment s'entend, que* ab interlocutoria non appellatur.

65 *De meſme.*

66 Præjudicialis multa.

67 *Comment en droict Canon on peut appeller de l'interlocutoire.*

68 *Ce qu'en decident nos ordonnances.*

69 *Prattique des nonobſtant appel.*

70 *Des non excedentz.*

DES DIFFERENS D'ENTRE LES IVSTICES *Royales & Seigneuriales touchant la préuention & cas de ressort.*

CHAPITRE 13.

PVISQVE toute seigneurie consiste principalement en la justice, il s'ensuit, que cõme il y a deux sortes de seigneuries, à sçauoir les souueraines & les subalternes, aussi il y a deux sortes de justices, à sçauoir les Royales & les Seigneuriales. Car combien que toutes justices dépendent du Roy, tant en ce qu'elles procedent de luy, & retournent à luy, ainsi que tous les fleuues ont leur source & leur cheute en la mer, qu'en ce qu'elles luy appartiennẽt toutes, ou en pleine proprieté, ou du moins en directe seigneurie, releuant necessairement de luy en fief: si est-ce que les vnes sont exercées en son nom & par ses officiers, les autres au nom des seigneurs particuliers, & par officiers pourueus par eux: c'est pourquoy celles-cy sont appellées seigneuriales, & celles-là particulierement Royales.

1 Difference des justices Royales & Seigneuriales.

2 Toutes justices appartiennent au Roy, & comment.

Or comme entre tous animaux les grands mangent les petits, aussi non seulement entre les hõmes, mais encor entre ceux de justice, ceste mesme injustice s'exerce de tout tẽps. Car les officiers Royaux estãs superieurs des subalternes, & d'ailleurs se fortifians de l'auctorité & interest du Roy, inuentent journellement tant de nouuelles sortes d'entreprises sur les justices seigneuriales, que si les Parlemens, qui sont establis principalemẽt pour tenir en deuoir les juges des Prouinces, n'eussent par fois pris leur protection, rendant à chacune justice, ce qui luy appartient, (qui est l'vnique fin, voire la définition,

3 Que les juges Royaux font de grandes entreprises sur les subalternes.

& la nature de la justice) il y a long temps que les seigneurs eussent esté spoliez de leurs justices.

4. Plainte de du Moulin sur ce subject.

Ce n'est pas moy, qui faict ceste plainte, c'est ce grand illustrateur de nostre droit François du Moulin, disant sur l'apostille de l'art. 81. de la coustume d'Anjou, que les officiers Royaux taschent d'attirer tout a eux, soubz quelque petit prétexte, ou occasiõ colorée que ce soit, ainsi que faisoient ceux de la cour d'Eglise auparauant l'ord. 1539.

5. De la préuention.

Leur principale & plus importãte entreprise, est touchant la préuention, qu'ils prétendent auoir en toutes causes, sur les justices seigneuriales. Laquelle

6. Raison des officiers Royaux touchãt la préuention.

ils fondẽt, sur ce qu'ils disent n'estre pas a présumer, que le Roy concedant aux seigneurs la justice de leur territoire, s'en soit voulu despouiller tout a fait: au contraire estre a croire, qu'il n'a point concedé tant de puissance a ses vassaux, que luy, auquel appartient inseparablemẽt la justice vniuerselle de son Royaume, ne s'en soit reserué d'auentage.

7. De mesme.

Ils adioustent que par la disposition du droit Romain, les justices superieures & generales ont préuẽtion sur les inferieures & particulieres : ce qu'ils prétendent prouuer par la loy 1. *C. de Offic. Praef. vrbi*, où l'Empereur reglant le Preuost de la ville, auec le Preuost des viures, ordonne qu'ils cognoistront cõcurrẽment de la Police des viures. *Ita vt inferior potestas meritum superioris agnoscat, atque ita superior se excrat, vt sciat quid inferiori debeatur*. Ils alleguent encor la loy *judicium. D. De judiciis. Iudicium soluitur vetante eo, qui majus imperium in eadem jurisdictione habet.* A quoy ils adjoustent pour argument *à simili*, la loy. *Quoties. D. De administ. tut.* où il est dit. que *Tutor tenetur de incremento patrimonij, licet ad illud incrementum datus fuerit specialis curator.* Et voylà tout leurs fondemens, auec l'auctorité de quelques docteurs vltra-montains, ignorans de l'vsage de France, & residens aux lieux, où autre que le souuerain n'a justice.

Mais

Mais il est aisé a verifier le contraire, & par le droit Romain, & par le droict Canon, & par la raison, & par les ordonnances de noz Roys, & par la decision de toutes noz coustumes : de sorte que de quelque costé qu'on se tourne je n'estime pas, qu'il y ait aucun article du droit François plus clair & indubitable. 8 Raisons au contraire.

Quant au droit Romain, encore qu'il ny soit point décidé, que les magistrats eussent preuention sur les juges Pédanées, si est-ce que quant ainsi seroit, il ne le faudroit trouuer estrâges: d'autant que les juges Pedanées n'estoient point officiers, ains personnes priuées, sur lesquels les magistrats (a qui la cognoissance des causes legeres appartenoit, aussi bien que des grandes) se deschargeoient des causes legeres, de sorte que la loy dit, que *alienam tantum jurisdictionem exercebant, nec quicquam pro suo imperio agebant*. C'est pourquoy les doctes modernes ont retranché la rubrique *de jurisdictione*, où les viels interprétes auoient adjousté, *omnium judicum*, pource que *reuerà jurisdictio non erat judicum, sed magistratuum*. 9 Que la préuention est côtraire au droict Romain. 10 Du tiltre, *de jurisdictione*.

Neantmoins c'est chose notable, que Iustinian qui érigea les juges Pedanées en tiltre d'office par la Nou. 82. defendit par la Nou. 15. de plaider deuant les Présidents des Prouinces, de ce qui estoit de leur jurisdiction. *Non valentibus*, dit il, *nostris subiectis trahere sibi obligatos ad clarissimos Prouinciarum Præsides si intra summam trecentorum solidorum lis consistat*. Et pour ce qu'il consideroit que ces juges Pedanées ne seroient pas bastans, pour maintenir d'eux-mesmes leur justice à l'encontre de leurs superieurs *adiecit sanctionem, vt qui dolo malo plus petijsset, vt causam ad Præsidem traheret, litem amitteret, reuocata in eo articulo plus petentium veteri pœna*, dit Cujas. 11 Decision formelle touchant la préuention.

Voylà donc la decision toute formelle du droit 12 Responce a la loy, *I. De offic. Præf. vrbi.*

Romain, qui exclud la préuention. Et n'est contraire la loy. 1. *De Offic. Præf. vrbi.* Car c'est vne attribution particuliere faite à vn officier de nouuelle erection, a telle condition qu'on ne veut pas du tout priuer l'ancien de son droict, *ne Præfectus vrbi*, dit la loy, *derogatum sibi aliquid putet & vicissim ne lateat officium Præfecti annonæ.* Et par consequent de ce réglement particulier on ne peut tirer de régle generale: ne plus ne moins qu'en France: pourtant s'il y a ordonnance, que les juges Royaux cognoistront par préuention des cas attribuez aux Preuosts des Mareschaux, & que les Baillyfs auront préuention sur les Preuosts Royaux en matiere de complainte, il ne s'ensuit pas que generalemẽt les juges Royaux ayent préuention les vns sur les autres.

13. Responſe a la loy *judicium D. De judiciis.*

Et quant à la loy *judicium* il la faut entendre selon ses propres termes, *de eo qui maius imperium in eadem iurisdictione habet, non in eadem prouincia.* C'est à dire que le Proconsul ou President de prouince peut defendre à son Lieutenant, ou au mandataire de sa jurisdiction, de passer outre au jugement d'vn procez: retenant tousiours la difference.

14. Differẽce *inter jus dicentem & judicium.*

Inter jus dicentem, & judicem: & vicissim inter jurisdictionem, & judicium: à sçauoir que, *Ius dicens est Magistratus, qui pro tribunali sedet & præest jurisdictioni, habetque potestatem à publico introductam, juris dicendi & æquitatis statuendæ: judex autem est, qui habet potestatem judicandi, à jus dicente, id est magistratu delegatam.*

15. Responſe a la loy *Quoties. D. De administ. tut.*

Finalement pour le regard de la loy *Quoties*, elle n'est nullement a propos de la préuention des justices: & la raison de difference est dans son texte, *quia omnis vtilitas pupilli ad tutorem pertinet, atqui* toute la justice primitiue *non pertinet* au juge superieur, ains seulement le cas de ressort.

16. Que la préuention est contre droict Canõ.

Quant au droict Canon, il est certain que les Archeuesques, Primats & Patriarches, n'ont point de preuention sur les Euesques de leur prouince, bien qu'ils soient appellez leurs suffragants : c'est la decision expresse du can. *Nullus primas*, & du can. *Cõquestus. 9. quæst. 3.* Et cõbien que l'Archidiacre soit le vicaire de l'Euesque *cap. 1. ext. De offic. Archid.* & que sa jurisdiction soit demembrée & vsurpée de celle de l'Euesque, n'estant jadis qu'vn mesme auditoire, comme celuy d'vn Bailly, & de son Lieutenant, & encore combien que l'Euesque soit appellé *Ordinarius totius diœcesis* : si est ce que la glosse sur le chap. *Pastoralis. ext. De offic. Ordin.* Prouue bien, que l'Euesque n'a point de preuention sur les subjets de l'Archidiacre ayant justice. Et pour le regard du Pape, combien qu'on luy ait en fin passé ce tiltre *Ordinarius Ordinariorum*, tant concerté dans les Conciles, en consequence duquel il jouit de la preuention sur les ordinaires en la collation des benefices, si est ce qu'il n'entreprend pas la preuention en la jurisdiction contentieuse. Car comme dit sainct Gregoire Pape en ses Epistres, *Si sua vnicuique Episcopo jurisdictio nõ seruetur, quid aliud agitur, nisi vt per nos, per quos Ecclesiasticus ordo custodiri debet, confundatur.* 17. Preuention du Pape.

De mesme nous voyons en la jurisdiction seculiere de France, que les Baillys, bien qu'ils se qualifient juges des prouinces, n'ont pas toutesfois la preuention sur les Preuosts Royaux, ny le Parlement sur les juges des prouinces : ains comme disent les Canonistes *gradatim proceditur in causis* : ce qui ne seroit pas s'il estoit ainsi que les Baillis Royaux fussent juges ordinaires de toute la prouince, & que les superieurs eussent preuention sur les inferieurs. 18. Que la preuention n'a lieu entre les juges Royaux.

Et toutesfois c'est sans doute, qu'il y auroit beaucoup plus de raison que les Baillys Royaux eussent preuention sur les officiers du Roy leurs inferieurs, que non pas sur les juges des seigneurs, ausquels les 19. Qu'elle y deuroit plustost auoir lieu, que sur les subalternes.

justices sont patrimonialles, & qui s'en peuuent dire
20. Opinion de Ioan. Faber. seigneurs, tout ainsi que de leur patrimoine & heritage. C'est que dit fort notablement Ioan. Faber *Institu. De attil. tut. in prin.* Traitant ceste mesme question de la preuention: où apres auoir resolu absolument, qu'elle ne doit auoir lieu, *nec obstat*, dit-il, *l. 1. C. De offi. Præf. vrbi, quia loquitur in locis, vbi jurisdictio pertinebat ad vnum solum, puta ad Imperatorem, nec erat alterius propria: Hîc autem est propria Baronum.* Et sur ceste mesme consideration est fondée la declaration de l'an 1536. sur l'Edict de Cremeu, qui sera recitée cy apres. Ce qui sert de responce aux opinions des docteurs vltramontains.

21. Raison contre la preuention. Aussi le Roy ayant concedé aux seigneurs la justice a tiltre de fief, qui est vn tiltre onereux & obligatoire de part & d'autre, qui mesme attire son nom de la foy, jl s'est sans doute despouillé & exproprié, tout à fait, de la seigneurie vtile d'icelles justices, tout ainsi que d'vn heritage feodal, ny retenant rien, que l'hommage. Et comme jl ne se peut faire que deux soient seigneurs solidairement & entierement d'vn heritage: aussi ne se peut il faire, que la justice ordinaire & primitiue d'vn territoire soit solidairement à deux.

22. Responce aux raisons contraires. Bien est vray (pour respondre à la premiere raison des officiers Royaux) que le Roy n'allienne pas tellement les justices, qu'il ne retienne la superiorité, qui est le ressort d'icelles: & encor qu'il ne retienne la souueraineté & superintendance vniuerselle, qui luy appartient inseparablement, comme Roy, par tout

23. La souueraineté qu'a le Roy en la justice. son Royaume, & sur toutes les justices d'icelluy: & c'est pourquoy il peut interdire tous juges, euoquer tous procez par sa plaine puissance & authorité Royalle, qui estât souueraine ne reçoit point de bornes: mais ceste puissance souueraine & extraordinaire reside en sa seule personne, & n'est communica-

ble à ses officiers ; ausquels il ne communique, que la puissance ordinaire & réglée, à sçauoir celle de jurisdiction.

Ceste souuerainété ou superintendence vniuerselle du Roy sur toutes les justices de son Royaume est toute telle, que la seigneurie vniuerselle, qu'il à sur tous les biens de ses subjects, de laquelle parlant Seneque a dit, que *Principis omnia sunt imperio non dominio*. Comme donc en consequence de ceste seigneurie vniuerselle, le Roy ne pretend pas cueillir par préuentiõ les fruicts des heritages de ses subjects aussi en vertu de ceste justice vniuerselle, il n'entend pas exercer la justice primitiue de ses subjects, *quæ ipsis est in fructu*. 24. De mesme.

Finalement puis que *in toto jure generi per speciem derogatur*, ce qui est dict particulierement à l'egard des justices *in cap. Pastoralis. in fin. ext. de rescriptis*, il s'ensuit que le Roy ayant concedé vne justice & vn territoire special aux seigneurs, il à distrait & demẽbré tout à faict ce territoire de la justice primitiue de sa Prouince. 25. Autre raison contre la préuention.

Mais il ne faut plus hesiter en ceste question : car il n'y en eut jamais de decidée par tant d'ordonnãces, y en ayant neuf ou dix faictes toutes exprés, à sçauoir celle de sainct Loys en l'an 1254. de Philippe le Bel en l'an 1302. de Philippe de Valoys en l'an 1338. du Roy Iean en l'an 1355. de Charles 5. en l'an 1357. de Charles 6. en l'an 1408. de Charles 7. en l'an 1443. de Charles 8. en l'an 1490. & de François I. en l'an 1338. toutes lesquelles ordonnances defendent expressement aux Baillis & Seneschaux d'entreprendre aucune jurisdiction és terres des Barons & seigneurs hauts justiciers, fors seulement és cas Royaux, & de ressort. 26. Ordonnances prohibitiues de la préuention.

Ie rapporteray seulement le texte de l'ord. de Charles 5. *Pour ce que plusieurs de nos officiers se sont meslez d'attribuer à eux la jurisdiction des seigneurs & ju-* 27. Ord. notable.

ges ordinaires, dont le peuple est moult greué, nous qui desirons que chascun vse de son droict, justice & jurisdiction, ordonnons, que toutes justices soient laissées aux juges ordinaires, & à chascun singulierement sa jurisdiction : sans que nos Baillys, Preuosts & autres, nos justiciers, les puissent traire par deuant eux, sinon que ce fust en pur cas de ressort & souueraineté seulement Ordonnance notable, en ce qu'elle qualifie les juges des seigneurs, juges ordinaires à l'exclusion des juges Royaux superieurs, & qu'elle n'excepte pas mesme les cas Royaux,

28. Que lors de ces ord. la préuention deuoit plustost auoir lieu qu'à présent.

Et neantmoins du temps de ces anciennes ordonnances, il y en auoit bien plus de subiect d'authoriser la préuention Royale, qu'il n'y a de présent. Car lors les Ducs & les Comtes, tenoient la justice primitiue presque de toute la France, n'y ayant en tout que quatre Baillages, & possible autant de Seneschaussées Royales en France, de sorte qu'il y auoit grande apparence d'attribuer préuention aux officiers du Roy, à fin de maintenir son authorité par tout son Royaume, & empescher que les seigneurs vsurpassent tout à faict la Souueraineté, comme ils ont faict en Italie & en Allemagne, ce qui n'est plus à craindre maintenant.

29. Préuention nō admise par les coustumes.

Aussi combien qu'en la pluspart des coustumes lors de la reformation d'icelles, les Officiers Royaux ayent mis en auant la préuention, si est-ce que presque par tout elle leur a esté absolument deniée, & c'est chose notable, qu'il ne se trouuera point, qu'en vne seule coustume de toute la France, elle soit passée sans contredit.

30. Préuention absolue passée en quelques coustumes sauf les oppositiōs.

Bien est vray, que comme les officiers Royaux d'vne Prouince, assistez des praticiens de leur siege, dominent volontiers, & font passer tout ce qu'ils veulent, en telles assemblées, ils ont obtenu par brigues & menées en quelques coustumes deux sortes de préuention. L'vne absoluë & sans renuoy, qui n'est passée qu'en trois ou quatre coustumes de vers la Picardie au plus : & si y a tousjours eu empeschement, opposition ou appel des seigneurs hauts justiciers, qui retient encor en ses lieux la, c'este préuention litigieuse & indecise. Voire tellement litigieuse, qu'au-jourd'huy il se trouue quasi autant de causes au Parlement, au roolle de Picardie touchant ceste préuention, que pour toutes les autres affaires.

L'autre est la préuention imparfaicte, & à la charge du renuoy, qui a lieu és coustumes d'Anjou, 31. Préuention imparfaicte.
Poitou & le Mayne, qui portent, que le juge Royal superieur peut bien préuenir pour faire adjourner deuant luy les subjects du haut justicier, mais qu'il est tenu les renuoyer si le seigneur les aduoüe & vendique.

Qui est vne subtilité, ou pour mieux dire vne 32. Prétexte de la préuention imparfaicte.
tricherie des juges Royaux, qui ne pouuans obtenir la préuention absoluë, comme contraire directement aux ordonnances, ont trouué ce moyen indirect, pour empieter tousjours tant qu'ils pourroient sur les justices des seigneurs : soubs prétexte, qu'ils ont mis en auant, que tous François sont naturellement subjects de la justice du Roy, & ne s'en peuuent exempter de leur chef, s'ils ne sont vendiquez par leurs seigneurs, ausquels & en leur seule faueur, disent ils, les justices ont esté concedées.

Discours plus specieux que veritable. Car il 33. Responce à ce prétexte.
est bien vray que tous François sont subjects de la justice vniuerselle du Roy, qui est inseparable de la souueraineté, comme nous auons dit n'a guieres, & originairement estoient subiects de sa justice primitiue, pour ce que toutes justices viennent de luy : mais les ayant alienées, elles ne sont plus à luy. Et de dire que la concessiõ, qu'il en a faicte, n'est qu'en faueur des seigneurs, quant cela seroit vray, si

est ce leur faire tort, que de leur donner ceste trauerse, qu'il faille à chasque cause aller aduoüer & vendiquer leurs vassaux : & d'ailleurs puis que la justice est deuë sur le lieu au peuple, c'est luy faire tort aussi, de l'attirer à plaider au loing ; & est à présupposer, que le Roy auroit des juges sur le lieu, s'il n'en auoit donné la justice aux seigneurs.

34. Préuentiõ imparfaicte tournée en droit commun.

Neantmoins comme les superieurs ont beaucoup d'auãtage sur leurs inferieurs, les juges Royaux ont si bien maintenu leur possession de ceste préuention imparfaicte qu'elle est tournée en droit commũ & vsage ordinaire, presque par toute la France : de sorte qu'on tient encor maintenãt, plustost par routine, que par raison, que le juge Royal superieur est competent, jusques à ce que le renuoy soit demandé : lequel renuoy est lors octroyé sans despens : mesme on tient, qu'il doit estre demãdé par le seigneur, & non par son justiciable, si ce n'est en pays de droit escrit, ou en action réelle, ou en criminel : & encor aucuns tiennent qu'il le faut demander deuant contestation. Et toutefois ceste practique est directemẽt

35. Qu'elle est cõtre les ordonnances.

cõtraire aux ordonnances cy dessus alleguées, qui deffendent par mots expres de traire, disent elles, les justiciables des seigneurs par deuant les juges Royaux, fors és cas Royaux, & de pur ressort.

36. Qu'elle estoit tollerable anciennement.

Ce neantmoins du temps de ces ordonnances ceste pratique estoit beaucoup plus plausible & tollerable qu'a présent, à fin que les François se souuinsent qu'ils estoient vrais & naturels subjects du Roy, & partant tenus de requerir obeissance (ainsi est appellé le renuoy en plusieurs coustumes) à ses juges : mais auiourdhuy, qu'il n'y a plus de subject de craindre, que les François recognoissent leurs seigneurs pour souuerains, que sert ceste vieille routine, sinon d'vne attrappe prattique, si les seigneurs sõt negligens de requerir le renuoy : & vn tire-laisse s'ils en sont soigneux.

Qu'elle

Quelle chicanerie est ce, que les juges de Prouince, pour courir practique promenent & traduisent ainsi çà & là les pauures plaideurs, comme joüans d'eux à la pelotte, & qu'ils les attirent loing de leur demeure, souuent en vne cause de neant, pour n'y faire autre chose, sinon de demander congé de s'en retourner? ce qu'ils ne leur peuuent denier. 37. Qu'elle est injuste.

An ideò tantum venerant, vt exirent? Est ce pas proprement, *illudere vitas alienas?* comme dit Iustin. en la Nou. 53. parlant de ceux qui *nolunt in partibus eligere iudices, & ibi litigari.*

Mais encor sur ce subject il se faict vne infinité de tricheries & fripponneries honteuses. Car les Procureurs des sieges Royaux, sont si bien faicts à ces attrapperies de prattique, qu'il ne s'en trouuera vn seul, qui veuille demander vn renuoy, si le seigneur n'y est présent, encor s'il y est présent, ils feront qu'on n'appellera point la cause, & si on est forcé de l'appeller, le juge fera la sourd' oreille au renuoy demandé, & le greffier n'en escrira rien, ou bien on trouuera quelque eschappatoire pour differer, ou quelque prétexte pour retenir la cause à tort ou à droit: & passera on hardiment outre en icelle, nonobstant l'appel d'incompetence: comme par main superieure, & à fin, dira le juge, que pendant la contention des deux justices, la justice ne soit differée aux parties: de sorte qu'il faudroit que les seigneurs entreprissent quasi autant de procez pour cela, comme il y a de causes en leurs justices. 38. Tricheries, qui se font en ceste préuention.

Le meilleur remede qu'ils y puissent apporter, c'est de multer par amandes leurs justiciables, qui attirent les autres ailleurs. Encor ce remede n'a il lieu, que contre leurs justiciables, à l'égard desquels je n'y trouue nulle difficulté, puis que la loy dit que *si quis jus dicenti non obtemp. modica coercitione licet jurisdictionem suum tueri.* Que si le vassal d'vn sei- 39. Remede contre ceste préuention.

gneur, aduoüant le Roy, confisque son fief, le justiciable, qui est plus proprement appellé subject, que le vassal, distrayant la justice de son seigneur, ne peut moins, que d'estre condemné en l'amende, qui est bien moindre peine, que la perdition de cause ordonnée en ce cas par la Nou. 15. de Iustinian.

39. Si les juges subalternes peuuent deffendre leur justice par amendes.

Et toutesfois il y a des juges Royaux, qui pretendent, que les subalternes ne peuuent pas multer d'amendes ceux, qui distrayent leur jurisdiction soubs pretexte que ceste loy 1. *Si quis jus dicenti non obtemper.* excepté les Duumvirs, qui estoient les Magistrats des villes, & estoient les seuls juges subalternes, qui se trouuent dans le droit Romain: mais il faut prendre garde, qu'au droit il n'y auoit, que les juges ayans parfaicte jurisdiction, qui peussent condemner à l'amende & non ceux, qui ne cognoissoient, que des causes legeres, ores mesme, qu'ils fussent officiers de l'Empereur. *l. 2. & 3. C. De modo mult.* Or est-il que les Duumvirs & Magistrats municipaux ne jugeoiẽt que jusques a certaine somme, cõme dit Paulus *lib. 5. sent. cap. 9.* & la loy *Inter consentiẽtes. Ad municip.* De sorte que de ceste loy 1. on peut bien colliger, que les moyẽs & bas justiciers ne peuuẽt pas deffendre leur jurisdiction par amendes: comme aussi à la verité le territoire & la justice parfaite n'est pas à eux, mais au haut justicier, auquel partant ils se doiuent addresser pour la deffence d'icelle.

40. Absurdité de ceste préuention.

Il y a encor vne autre absurdité & injustice aux préuentions, qui est de grande consequence: c'est que si elles auoient lieu, vn demandeur auroit c'est aduantage de choisir tel juge, qu'il luy plairoit, & qu'il estimeroit luy estre plus fauorable: & ce au prejudice du pauure deffendeur, qui selon la reigle de droict, doit estre plustost supporté & fauorisé. Aduantage, qui n'est pas moindre en justice, que d'auoir le choix des armes en duel, principalement en ce temps, que les juges ayans acheté leurs offices bien cher, recherchent tous moyens de les faire valoir : c'est pourquoy il y en a beaucoup, qui sont trop enclins à fauoriser ceux, qui leur amenent l'eau, comme on dit, au moulin : & plusieurs mesme, qui se rendent, selon les occurrences, où plus rigoureux, ou plus faciles & accessibles, que de raison, à fin d'attirer prattique.

Conclusion que le droit Romain, le droit Canon, les ordonnances de France, les coustumes des Prouinces, la suitte du droit François, la raison & le point de justice, & finalement le bien public resistent directement aux préuentions. Et c'est pourquoy il n'en faut plus faire de doubte, ains faut tenir, suiuant tant d'ordonnances toutes formelles, que les juges Royaux ne peuuent auoir jurisdiction sur les justiciables des seigneurs, qu'en deux cas, c'est à sçauoir au cas de ressort, & aux cas Royaux : c'est pourquoy aussi ils ont tasché par infinis artifices & subtilitez d'estendre ces deux exceptions presque à toutes causes.

41. Conclusion que la préuention ne doit auoir lieu.

42. Le Roy n'a justice sur les justiciables des seigneurs, qu'é cas de ressort & és cas Royaux.

Premierement au cas de ressort ils se sont faict accroire en quelques lieux, que quiconque auoit vne fois appellé du juge subalterne, estoit desormais exempt de sa justice pour toute sa vie : & fondoient ceste exemption sur le chap. *Ad hæc* & le ch. *Proposuit. ext. de appellat.* où il est dit, que le juge dont y a appel, peut estre recusé en autres causes, comme suspect : combien qu'il y a bien de la difference entre l'exemption de la justice, & la recusation du juge, & n'y a aucun texte au droit Canon, qui decide, que celuy, qui a appellé de son Euesque, soit desormais exempt de sa justice. Mais la décision ciuile tranche que l'appel ne peut pas seulement produire vne cause de recusation valable contre le juge : tesmoing la Rubrique, *Apud eum, à quo quis appellauit, aliam causam agere com-*

43. Entreprises faictes par les juges Royaux au cas de ressort.

44. Des exemptiõs par appel.

pellendum, où la loy premiere en rend la raison *Nec vtetur, qui appellauit, hoc prætextu, quasi ad offensum iudicem non debeat experiri, cum poßit denuò prouocare.* Aussi les juges Royaux ne prattiquent ces exemptions par appel, sinon a leur proffit, & à l'esgard des justices subalternes seulement : mais eux mesmes ne permettent pas, que leurs superieurs les prattiquent à l'encontre d'eux, comme il se veoit dans Bouteillier, & és coustumes d'Anjou & du Mayne.

45. Les exemptiōs par appel estoient fort vtiles anciennement.

Et certainement ce prétexte estoit non seulement plausible, mais presque necessaire, lors que les bonnes villes estoient possedées par les Ducs & les Comtes, qui taschans à vsurper la souueraineté de leurs Prouinces, mal traitoient & faisoient des injustices à ceux, qui appelloient de leurs juges : & partant il estoit tres expedient que le Roy les prist desormais en sa sauuegarde: de faict par telles voyes les grands seigneurs empeschoient tellement les appellations, que le Parlement, bien que seul lors pour toute la France, & n'ayant qu'vne chambre, ne s'assembloit toutefois, que trois ou quatre fois en l'an.

46. Elles ne doiuent auoir lieu à présent.

Que si en ce temps-là mesme, les exemptions par appel furent trouuées injustes, tesmoin les ordonnances qui pour les abolir, ne reseruent aux juges Royaux, que les cas de pur ressort (mots qui apparemmẽt excluent l'exemption par appel) qu'en doit on dire auojurd'huy, que les appellations sont venues en styl si commun, qu'on y est tout accoustumé, & n'y a plus, ny seigneur, ny juge qui s'en offense: de sorte qu'il y a sept Parlemens en France, pour vuider les appellations, & en tel parlement il y a sept chambres, qui y trauaillent toute l'année. Aussi les exemptions par appel sont elles maintenant hors d'vsage par toute la France, fors en Anjou, & au Mayne, & en vne ou deux coustumes de Picardie, où encor elles ne sont pas prattiquées à la rigueur : car ceux-là mesme, qui y sont fondez, par l'expresse decision de leur coustume, ont encor honte de les prattiquer, tant l'injustice y est apparente.

Vray est que quelques juges Royaux voulans retenir vn reste de ces exemptions par appel, font mestier & ordinaire, sur le moindre appel interjecté deuant eux. fust-ce d'vn appointement en droict, ou d'vne forclusion, ou brief delay, brief d'vn appel du dernier appointemēt, tant interjetté seulement pour fuir, de retenir, mesme d'euoquer a eux le principal de la matiere, voire ils pretendent, que depuis qu'ils ont ouy parler du moindre incident d'vn procez, jamais le procez ne doit retourner deuant les juges ordinaires, & font prattiquer aux plaideurs, ce que dit le renard d'Horace au Lyon, *Omnia te aduersùm vestigia, nulla retrorsùm.*

47. Euocation du principal par le juge d'appel.

Qui est entreprendre d'auantage, que ne fait le Parlement, bien qu'il exerce la justice souueraine & vniuerselle du Roy, qu'il represente : & neantmoins il se contente ordinairement de vuider l'article d'appel, sans euoquer ny retenir le principal, si ce n'est pour le vuider sur le champ au soulagement des parties, ou en autres certains cas, qui par les ordonnances sont laissez à sa religion : mais quant aux Presidiaux cela leur est entierement defendu, sans aucune exception, par l'ordonnance de Bloys, art. 148. & 179. qui leur enjoint de vuider seulement l'article d'appel, & renuoyer le principal au siege ordinaire. Qui plus est, elle leur enjoint par exprés, d'y r'enuoyer l'execution des jugemens, soit que la sentence soit confirmée, ou infirmée, & ce sur peine dict l'art. de nullité de procedures, & de tous despens, dōmages & interests des parties.

48. Qu'elle est prohibée par les ordonnances modernes.

Qui est la mesme chose en effect, qui estoit contenue aux anciennes ordonnances, qui ne leur laissoient, que le cas de pur ressort, c'est à dire le seul arti-

49. Et les anciennes.

50. cle de l'appel : car appel & ressort sont synonymes. Dont resulte que la cognoissance des decrets & oppositions formées sur les executions & saisies, & autres semblables differents, suruenants en execution des sentences, dont y a eu appel deuant les juges Royaux, doiuẽt estre vuidées en la justice ordinaire. Car ce ne sont pas cas de pur ressort, attendu que le cas de ressort, c'est à dire l'appel, est vuidé: l'appel dis-je, auquel residoit l'effect deuolutif & suspensif: c'est à dire qui deuoluoit la cause au superieur, & qui suspendoit l'execution de la sentence du juge ordinaire.

Les executions des sentences, dont y a eu appel, reuiẽnẽt au premier juge.

51. Aussi la forme de prononcer sur l'appel n'est pas de condemner de nouueau celuy, qui à des-ja esté condemné par le premier juge, ains seulement de dire que la sentence, dont estoit appel, sera executée, & sortira son effect. D'où s'ensuit, que quand par apres on faict l'execution, c'est ceste sentence-là, non celle du superieur, qu'on execute, & neantmoins on se sert volontiers des deux ensemble, pour monstrer que l'obstacle d'appel, qui empeschoit l'execution de la premiere sentence, est leué & osté. C'est ce qu'on dit en prattique, *Agitur ex cõfirmato, non ex confirmante.* Et de faict il est sans doute, que l'hypoteque attribuée aux jugemens par l'ordonnance de Moulins, commence & se compte du jour de la premiere sentence, & non de la confirmation seulement, comme il est contenu en la declaration du mois de juillet mil cinq cens soixante six: & que les saisies & executions faites auparauant l'appel, reprennent leur force apres le jugement confirmatif.

De mesme.

52. Et sans doubte, c'est ainsi qu'il faut entendre le dire de *Ioan. Faber in l. Et si. C. Si contra ius vel vtil. pub.* que chasque juge doit executer sa sentence. Vray est

Opinion de Ioh. Faber.

53. que, comme porte l'ordonnance de Bloys, quand il est question de l'interpretation d'vn jugement, il faut plaider deuant le juge qui l'a donné, *quia eius est interpretari mentem suam, qui obscurè verba fecit*, dit la reigle

Exception.

de droit, mais qu'and il s'agit d'vn decret, ou d'vne opposition faite en vertu d'vne sentence, cela ne regarde plus le different ja jugé par icelle, ains c'est vn procés tout nouueau, qui partant concerne la jurisdiction ordinaire.

C'est ainsi pareillemẽt, qu'il faut entendre l'arrest du Parlement de Paris du 23. Nouembre 1598. contenant le reglement des décrets : en ce qu'il porte, que les criées cõmencées en vertu des contracts seront poursuiuies deuant le juge ordinaire du domicile du debteur, & ceux qui se feront en vertu des sentences seront poursuiuies deuant le juge, dont les sentences sont émanées. Ce qu'il faut entẽdre comme j'ay dit, de la sentence confirmée, non de la confirmante : puis que l'ordonnance de Bloys attribuë expressement aux juges ordinaires toutes executiõs des sentences de leurs superieurs, soient qu'ils ayent confirmé ou infirmé la leur. 54. Interpretation de l'arrest des criées.

Et ne sert de dire que par ce mesme reglement la Cour s'est reserué les décrets faits en execution de ses arrests. Car, comme ie vien de dire, elle est souueraine, & en elle reside la justice vniuerselle du Roy, *Est-que velut ordinaria ordinariorum*. Comme telle, elle retient, euoque & r'enuoye ce qui luy plaist, ainsi que le Roy, qui parle en ses Arrests, qui est vne auctorité, que n'ont pas les juges Presidiaux, lesquels ne se doiuent parangonner à la Cour. Autrement ce seroit la comparaison du rustique de Virgile, 55. Que les Presidiaux n'ont en cela pareil droict que la Cour.

Vrbem, quam dicunt Romam, Melibæe, putaui
Stultus ego huic nostræ similem.

Mais l'ordonnance de Blois a passé encore plus auant, & pour le soulagement du peuple a retrãché le pouuoir des juges superieurs, mesme en ce qui est du pur ressort. Car par l'article 168. d'icelle, il leur est enjoint de commettre le juge du lieu, pour l'instruction, qu'il faut faire sur le lieu és procez pendans pardeuãt eux, sans qu'ils puissent refuser telles com- 56. Que le juge du lieu doit estre commis pour les instructiõs des procez.

missions. Ce qui est mesmement ordõné pour les executions d'arrests & instruction des procez pendans au Parlement, par l'art.151. de ceste ordonnance, & l'art.46. de l'ordonnance d'Orleans, lesquelles deux ordõnances monstrent bien, que c'est vn erreur en practique, de dire que la Cour n'adresse jamais ses commissions aux juges non Royaux. Routine neantmoins qui est si inueterée en la ceruelle des vieils pratticiens du Palais, qui s'attachẽt à leurs vieils formulaires & protocoles, qu'encor aujourd'huy il y a des procureurs & des clercs du greffe, qui en font difficulté, ne sçachant pas ces ordonnances.

57. Des nonobstant appel.

Reste encore vn differẽt d'entre les juges Royaux, & ceux des seigneurs, sur le cas de ressort, à sçauoir touchant les nonobstant appel. Car il y a quelques vns des juges Royaux, qui veulẽt tenir ceste rigueur à ceux des seigneurs, de ne les permettre en aucuns cas, ores que les matieres soient notoirement prouisoires & requerantes celerité, comme d'alimens, medicamens, seruices, journées, peril éminent, d'action de tutele, confection d'inuentaire, douaire, obligations liquides, & scedules recogneuës, soubs prétexte qu'à la verité le Roy par ses ordonnances ne les permet qu'à ses juges. De sorte qu'es lieux où il y a trois & quatre dégrez de justice seigneuriale, auãt que venir à la Royale, ceux, qui fuyent à payer leurs debtes, ont bon temps: au contraire les pauures blecez, les seruiteurs, les mercenaires, les mineurs, & les veufues ont tout loisir de jeusner, voire de mourir de faim, à la poursuite de tant d'appellations.

58. Que les ordonnãces semblent ne les permettre qu'aux juges Royaux.

59. Qu'ils doiuent estre permis aux subalternes.

Et toutesfois le sens commun nous dicte, que le nonobstant appel ne doit pas estre reiglé ny mesuré par la qualité du juge, ains de la matiere: & que celle qui requiert celerité, la requiert autant deuant le juge subalterne, que le Royal, voire plus, pource qu'on est de tant plus esloigné du dernier ressort. Car quelle apparence y a-il que pendant l'appel vn paure blecé meure sans secours, vn seruiteur ou vn mercenaire meure de faim, vn mineur soit sãs tuteur, vne succession soit expilée? Que peuuent mais les parties si le juge n'est que subalterne? & seroit-il raisonnable que pour aduantager les juges Royaux elles fussent si fort incõmodées.

Car ce que le Roy n'auctorise nõmément que ses juges, de juger nonobstãt appel, n'est à mõ aduis, qu'à l'exclusiõ de tant de juges de village & soubs l'orme, dõt les justices sont vsurpées & abusiues, quoy que ce soit ne deuroiẽt estre que basses justices, cõme j'ay dit cy deuant, & nõ pas des juges des villes ayans notoiremẽt plein & ample territoire, & parfaicte jurisdiction. Ou bien on peut dire que le Roy n'ha pas faict ses ordonnances pour exprimer les droicts des justices seigneuriales, ains seulement des siennes, mais comme les ordonnances du Roy n'attribuent point de nouueau droict aux juges des seigneurs, aussi ne leur ostent elles pas leur droict ancien, & n'abrogent pas le droict commun. 60. Response aux ordonnances.

Or le droict commun, c'est la maxime contenuë en la loy derniere, *D. De appellat. recip. Si res dilationem non recipiat, non permittitur appellare*, & d'obseruer en ceste matiere le dire de ce Romain, qui interrogé ce qu'il estoit permis faire aux jours de feste, respondit, *Quod prætermissum noceret*. Aussi faut-il tenir, que quãd il y a peril en la demeure, on peut passer outre l'appel, principalement s'il ny a aucun danger a passer outre, comme quand le grief est reparable, ou qu'il y a caution. Car c'est prendre la voye la plus seure, & faire en sorte qu'aucun ne soit lesé & que chacun ayt prõptement le sien, qui est la fin de la justice. 61. Qu'és matieres requerãtes celerité, tout juge peut passer oultre l'appel, quand le grief est reparable.

Voire mesme il se trouue des juges Royaux si affamez de prattique, qu'ils ne veulent pas permettre que les subalternes passent par dessus l'appel des simples appointemens ou sentẽces interlocutoires, ores qu'elles ne portent point de préjudice au principal. 62. Du nonobstãt appel des interlocutoires.

Et partant aux lieux, ou cela s'obserue, celuy, qui a mauuaise cause, & qui n'a que perdre, a beau moyen de promener sa partie aduerse, en appellant de chasque appointement: de sorte qu'auant que paruenir à sentence difinitiue, il faut vuider cinq ou six appellations l'vne apres l'autre, & chascune par fois en trois ou quatre sieges, quand il se trouue autant de degrez de justices subalternes: & ainsi les procez sont immortels, qui est vn abus, qui merite bien estre refuté à loisir.

63. Comment s'entend que *ab interlocutoria non appellatur.* Or c'est vne régle vulgaire de droict, que *ab interlocutoria non appellatur*, qui signifie, que l'appel de l'interlocutoire est nul de soy, qu'il n'a aucun effect, ny deuolutif ny suspensif. Ce que le docte Cujas lib. 12. *obseruat. cap.* 3. nous apprend estre decidé par vne belle loy Grecque de Iustinian, qui defaut en son Code, ainsi que les autres escrittes seulement en Grec, laquelle Cujas rapporte toute entiere, & qui rend ceste mesme raison, que nous venons de dire, sçauoir est de peur, qu'en permettant d'appeller de chasque appointemẽt, les procez soient immortels.

64. De mesme. Ce qui est aussi decidé par les loys 1.2.3.5.11.15.18. 23. 24. 25. 29. & 30. du tiltre *Quorum appellat. non recip. C.Th.* qui defendẽt d'appeller *ante sententiam, ab articulo, a preiudicio, seu ab interlocutione* que les Grecs

65. *Praejudicialis multa.* disent κτ᾽ διαλαλίας & ce a peine de l'amẽde de 50. marcs d'argent, qui pour ceste cause en aucunes de ces loix, est appellée *præjudicialis multa.* Amende qui ne pouuoit estre irrogée par le juge *a quo* dit la loy 23. car a son égard *satis pœnæ est non audiri ab articulo prouocantem.* Et qui n'auoit lieu, que quand par modestie, le juge a quo auoit déferé à l'appel de l'interlocutoirie, dit la loy 5. *eod. tit. Cod. Iust.* Ce qu'il pouuoit faire sans en estre repris, dit la loy 42. *De appellat. Cod.* qui est ce que dit *Symmachus in epist. verecundè potiùs, quàm jure suscepii prouocationem, non extante sententia.* Quoy que ce soit telles appellations d'interlocutoire sont

appellées en ceste loy, *Frustratoria, non tam appellationes, quam ludificationes. Ante sententiam enim* (dit sainct Bernard, *lib.* 3. *De Consid. cap.* 2.) *jmproba omnino, nisi ob manifestum grauamen præsumitur appellatio, quæ suffugium est, non refugium.*

Voylà pour le droict ciuil, & quant au droict canō, il defend aussi les appellatiōs d'interlocutoire, *nisi ex rationabili causa coram primo judice exposita, & coram judice appellationis probãda. cap. Vt debitus. de appellat. apud Greg.* dont la raison est renduë au chap. suiuant, que le premier juge ayant entendu le grief de l'appellant le peut reparer luy mesme. 66. Comment en droict canon on peut appeller de l'interlocutoire.

Et cōme en France, en ce qui est des procedures judiciaires, nous suiuons plustost le droict canon, que le ciuil, les ordonnances de nos Roys permettent, non seulement de passer outre l'appel des interlocutoires, pourueu qu'elles ne portent grief irreparable, mais encores elles veulent, que les appellans d'interlocutoires *declarent & specifient particulieremẽt, & par le menu, & non en termes generaux, leurs griefz, tant en l'acte, ou instrument appellatoire, qu'ils representerõt au juge, qu'en leur relief d'appel.* Ce sont les propres termes de l'ordonnance du Roy Loys[n] de l'an 1512. art. 57. a quoy est conforme celle du Roy François de l'an 1535. chap. 16. art. 11. qui adjouste, *qu'ils ne seront receuables a deduire en cause d'appel autres griefs, que ceux qu'ils auront proposez par leur acte appellatoire*, ce qui est, tiré de la loy 24. *Quorum appellat. non recip. C. Theod. Si quis post susceptam, super præscriptionibus peremptorijs, appellationem ab articulo, aliam peremptoriam præscriptionem opposuerit, non audiatur.* 67. Ce qu'en decident nos ordonnances.

Et de faict presque en aucun lieu on ne fait plus de difficulté auiourd'huy, que les juges subalternes ne puissent passer oultre l'appel des interlocutoires, ny pareillement és matieres prouisoires en baillant caution. Mais en matieres des non excedans, les juges subalternes ne prattiquẽt guieres de passer oultre 68. Prattique des nonobstant appel. 69. Des non excedans.

l'appel, combien que par l'ordonnance de l'an 1563. art.22. ceux, qui ressortissent au Parlement, puissent juger jusqu'a 25. liures, nonobstant & sans préjudice de l'appel, & les petits auditeurs du Chastellet, comme aussi le Préuost des marchands & escheuins de Paris, jusques a vingt liures, & les préuosts & chastellains Royaux jusques a dix liures en matiere pure personnelle: ce qui deuroit estre permis à tous juges Chastellains, à la charge d'obseruer l'art.153. de l'ord. de Bloys de vuider toutes ces causes soimmairement. Car il n'y a cause d'appel, qui se puisse poursuiure a moins de dix liures, & c'est vne grand honte, que les despens passent le principal. Reste de parler des cas Royaux, ou se font encor les plus frequentes entreprises, mais ce chapitre est desja assez long, aussi qu'ils rempliront bien vn chapitre entier.

Sommaire du quatorziesme chapitre.

40 Des crimes commis és grands chemins, de la Police, voyrie mestiers & mesures remissiuè.
41 Certification de criées ou peut estre faicte.
42 Non és justices de villages, ny par emprunt de pratticiens.
43 Mais bien és justices subalternes des villes.
44 Raison
45 Pannonceaux doiuent par tout estre aux armes du Roy.
46 Tous commandemens & publications deuroient estre faictes au nom du Roy.
47 Des decrets.
48 Decrets ne deuroient estre faicts qu'aux villes.
49 Decrets faicts au Parlement.
50 Des lettres Royaux.
51 Lettres Royaux sont de grace ou de justice.
52 Lettres de grace sont cas Royal, non celles de justice.
53 Lettres de justice sont ou excitatiues, ou attributiues de jurisdiction.
54 Lettres excitatiues sont inutiles.
55 Lettres excitatiues doiuent estre addressées aux juges des lieux.
56 Prattique ancienne touchāt les lettres excitatiues.
57 Fondement de ceste prattique.
58 Absurdite de ceste prattique.
59 De l'addresse des lettres excitatiues.
60 Lettres excitatiues doiuent estre addressées au juge ordinaire, ores que non Royal.
61 De mesme.
62 Diuision des lettres attributiues de jurisdiction.
63 Celles de la grand Chancellerie sont cas Royal.
64 Encor falloit il anciennement, qu'il y eust clause derogatoire aux ordonnances faictes en faueur des seigneurs de France.
65 Notamment quand elles estoient generales.
66 Exemple.
67 Erection des juges Consuls.
68 Iuges Consuls ne cognoissēt des justiciables des seigneurs, notamment qui sont hors le ressort du Bailliage, où ils sont establis.
69 Elections, Greniers à sel, eaux & forests, ne cognoissent que des cas Royaux.
70 Comme aussi les Preuosts des Mareschaux.
71 Des cōmittimus, Gardes gardiennes & Protections.
72 Lettres attributiues emanées de la petite Chancellerie sont abusiues.
73 Comment doiuent estre conceuës les lettres de la petite Chancellerie.
74 Lettres, qui jadis priuoient les seigneurs de leurs justices.
75 Debitis.
76 Conforte-main.

77 *Lettres de complainte.*
78 *Respits.*
79 *Sauuegardes.*
80 *Que les juges ne peuuent deliurer telles lettres.*
81 *Commißions pour saisir & adjourner hors le distroit.*
82 *Remede à ces commißions.*
83 *Clause abusiue és lettres de Garde gardienne & Protection.*
84 *Que le sergent ne peut renuoyer qu'en vertu du* cõmittimus.
85 *Que le sergent doit exhiber sa commißion au juge du lieu.*
86 *Comme s'entend de ne demander* Placet, visa, ne pareatis.
87 *Difference en l'estendue des* committimus *& gardes gardiennes, & protections.*
88 *Estendue des* committimus.
89 *Estendue des protections*
90 *Estēdue des Gardes gardiennes.*
91 *Que toutes ces entreprises doiuent estre retranchées.*
92 *De mesme.*

DES DIFFERENTS TOVCHANS LES CAS ROYAVX.

Chapitre 14.

1. Difference entre les droits & les cas Royaux.

OVT ainsi qu'il y a difference entre les droits des seigneurs, & les cas ou pouuoirs de leurs justices : aussi y a-il difference entre les droits Royaux, qui sont les actes de souueraincté expliquez au chap. 3. & les cas Royaux, qui sont les cas des justices Royales, qu'il faut icy expliquer. Car les droits Royaux concernent la seigneurie souueraine du Roy, & partant sont inseparables de sa persõne, ainsi que la Royauté mesme, & comme sont generalement les droits des seigneurs, concernans l'honneur ou le pouuoir de leurs seigneuries: mais les cas Royaux, que nous appellons, se réferent non a la seigneurie, ains à la justice, & sont ainsi appellez, par vn raccourcissemẽt de langage, au lieu qu'il faudroit dire cas des justices Royales, & partant conuiennent directement aux juges Royaux, & non pas à la personne du Roy.

2. Entreprises des juges Royaux, és cas Royaux.

Or comme le Roy à les mains longues, & qu'il n'est point de telle couuerture, que le mãteau Royal, les officiers Royaux, pour augmenter leur pouuoir, ont extremement multiplié les cas Royaux, en faisant comme des Idées de Platon, propres a receuoir toutes formes, & comme vn passe-par tout de practique, soubs prétexte qu'ils n'ont onques esté bien specifiez, ny nettement arrestez par aucune ordonnance generale. Et combien que tous les escriuains du droict françois, tant anciens, que modernes, en ayent

ayent assez amplement parlé, si est-ce qu'ils sont pleins d'obscurité & incertitude, tant pour auoir tous confondu les droicts, auec les cas Royaux, que pour n'auoir aucun d'iceux rapporté ny leur cause & fondement, ny leur marque specifique, qui estoit neantmoins par où il falloit commencer a les expliquer.

Doncques a bien entendre, les cas Royaux sont ceux seulement, esquels le Roy a interest, pour la conseruation de ses droicts, ou la manutention de son auctorité: & d'autant qu'il n'est pas raisonnable, que sa Majesté deduise cét interest deuant les juges de ses subjects, & qu'il leur demande justice, à bon droit on obserue, que tels cas soient seulement traitez aux justices Royales : & voylà sans doubte la vraye marque & la cause formelle des cas Royaux. 3. Origine, cause, & marques des cas Royaux.

Voicy maintenant les vrays cas Royaux. Le crime de leze Majesté humaine en tous chefs, & auec toutes ses branches & dépendances: mais non la diuine, comme il à esté prouué au chap. 12. L'infractiõ de sauuegarde, passeport, ou saufconduit du Roy, & des officiers de la Courõne, chascũ au fait de sa charge: Le destourbier fait aux officiers de la maison du Roy, ou de la gendarmerie, & à tous allans & venans pour le seruice de sa Majesté, mesme à tous officiers Royaux faisans leur charge : La cognoissãnce de tous droits, biens & deniers Royaux, & tout ce qui en dépend : & sur cêt article sont fondées toutes les justices extraordinaires, cõme des électiõs, eaux & forests, & greniers à sel dans les terres des hauts justiciers: La violence ou excez faicts en assemblée illicite & port d'armes: La fabrication de la mõnoye soit bonne ou mauuaise, contre les forgeurs seulement, & non contre des simples expositeurs, qui sont plustost larrons, que faux monnoyeurs: Les causes concernantes les officies Royaux, & les delits commis par les officiers Royaux au faict de leurs 4. Enumeration des cas Royaux.

offices : Les causes des Eglises cathedrales, & autres estans de fondation Royale, ou par exprez priuilegiées: Celles des cõmensaux du Roy & des Princes priuilegiez, & autres personnes, qui ont leurs causes commises aux Requestes du Palais par ancien priuilege, posé qu'ils en vueillent vser: L'execution des mandemens & commissions du grand seau, portans dons, remissions, dispenses, priuileges & autres dispositions, qui dépendent nuëment de la pleine puissance & auctorité Royale : bref tout ce qui dépend des six droicts Royaux & souueraineté expliquez au troisiesme chapitre.

5. Difference de l'interest du Roy & du public.

Enquoy il faut bien prendre garde, de ne confondre pas l'interest du Roy, qui est le fondement des cas Royaux, auec l'interest public ou de justice, qui de necessité dépẽd & est annexé à la haute justice, & duquel la poursuitte appartient au procureur d'office ou fiscal, c'est à dire au public, qui à bien entendre, a deux charges: l'vne de poursuiure les droits du seigneur : l'autre & la principale de promouuoir l'interest public ou de justice, soit en la punition des crimes, soit en la police, soit en toutes autres occurrences.

6. Ordonnance ou reglement contenans les cas Royaux.

I'ay dit, que les Cas Royaux ne sont point nettement specifiez par aucune ordonnance generale: bien est vray que les lettres du premier appanage d'Anjou & du Mayne, lors qu'il fut concedé par le Roy S. Loys à Charles son frere, données à Arras l'an 1249. contiennent reseruation & expression speciale des Cas Royaux, ainsi qu'il se veoit par l'extraict d'icelles, rapporté par M. Choppin *lib. 2. De Domanio, cap. 6.* Pareillement ils sont exprimez és lettres de l'eschange de Montpellier fait par le Roy Charles 5. auec le Roy de Nauarre en l'an 1371. rapportées par Bacquet liu. 3. chap. 7. Comme aussi au reglemẽt fait l'année suiuant 1372. par le mesme Roy entre le Bailly Royal de Touraine juge des exempts

& cas Royaux, & le Seneschal de Touraine juge ordinaire, pour Loys Cõte d'Anjou & de Touraine son fils, auquel peu auparauãt il auoit baillé lesdits comtés en appanage : reglement qui est rapporté au liure 1. chap. 3 du grand coustumier. Finalement les cas Royaux sont specifiés en l'arrest donné en l'an 1574. entre monsieur le Duc de Mont-pensier, & les officiers Royaux d'Auuergne, rapporté par M. Choppin sur la coustume d'Anjou liure 1. chap. 65.

Mais ces reglemens ne sont pas generaux, d'autant que les premiers portent la reseruation faite par le Roy à sa justice ancienne, de tous les cas, qu'il luy a pleu retenir, en concedant les appanages, *vt in traditione rei suæ potest quoduis pactum apponi* : & le dernier est fondé sur plusieurs particularitez resultantes de la coustume d'Auuuergne & des anciennes & innumerables possessions des officiers Royaux du mesme pays. 7. Que ces reglemens ne sont pas generaux.

Aussi qu'il faut considerer, qu'anciennement & lors qu'on a craint, que les grands seigneurs vsurpassent la souuerainneté de leurs prouinces, qui lors consistoiẽt seulement en la recognoissance de la justice Royale, outre le simple hommage, qu'ils ne faisoient qu'vne fois en leur vie, on estendoit tant qu'on pouuoit les cas Royaux, pour maintenir le Roy en possession plus ample de ceste recognoissance de sa justice. Pourquoy faire les Roys enuoioient des juges ou commissaires dans les terres des seigneurs, pour juger les cas Royaux & causes des exempts, qui s'appelloient anciennement *Missi* ou *Missi Dominici*, & depuis ont esté appellez juges des exempts & cas Royaux, qui estoient autres que les Baillys Royaux, cõme je traiteray en mon liure des offices. Et c'est pourquoy dans les liures des anciens pratticiens, presque toutes matieres sont atttribuées à la justice Royale : comprenant lors 8 Cas Royaux deuoient anciennement estre plus estẽdus qu'a present. 9. *Missi & Missi Dominici.* 10. Pourquoy és liures anciens les cas Royaux sont plus estẽdus.

ſoubs les cas Royaux toutes les cauſes, où le Roy pouuoit auoir quelque prétexte d'intereſt, pour eſloigné qu'il fuſt. Ce qu'eſtant ſi hors de raiſon, eſt de ſoy-meſme tourné en diſſüetude aux ſiecles ſuiuãs a meſure que ces anciens Duchez & Comtez ont eſté reünis à la Couronne.

11. Cas Royaux dans Bouteiller.

Comme pour exemple vous trouuerez dans Bouteiller, que les juges Royaux cognoiſſoient par préuention des cauſes des veufues, pupilles eſtrangers & autres telles perſonnes dignes de commiſeration. Item, des matieres de dots, doüairies, teſtaments & autres telles cauſes fauorables & prouiſoires, ce qui notoirement ne ſobſerue plus à préſent.

12. Toutes matieres prouiſoires jadis cas Royaux.

Il ſy veoit auſſi qu'ils cognoiſſoient de tous cõtracts paſſez ſoubs ſeel Royal, encor qu'il ny ait nulle conſequence des contracts a la juriſdiction, & que le meſme Bouteiller remarque, ce que nous gardons encor auiourd'huy, qu'il ny a en France que trois ſeaux attributifs de juriſdction, à ſçauoir celuy du Chaſtellet de Paris, celuy de Mont-pellier, & celuy des foires de Champagne.

13. Seel Royal eſtoit jadis cas Royal.

Sur tout on a fort long temps obſerué, que quãd outre le ſeel Royal, il y auoit ſubmiſſion expreſſe a la juſtice Royalle, ſoit que la ſubmiſſion fuſt generalle ou particuliere, alors la cognoiſſance appartenoit au juge Royal: comme il ſe veoit aux reiglemens cy deſſus alleguez. En quoy il y a bien apparẽce, quand ce cas eſt reſerué expreſſement par la conceſſion de l'appanage, ou par la couſtume particuliere de la Prouince, comme au fait particulier de ces reglemens: mais il ny a nul propos, de vouloir conclurre, qu'és autres lieux la ſubmiſſion du juſticiable puiſſe fruſtrer la juſtice du ſeigneur, qui eſt patrimoniale, & qui eſt plus concedée en ſa faueur, que de ſes ſubjects.

14. Notamment quand il y auoit ſubmiſſion a la juſtice Royale.

Mesmement on obserue aujourd'huy en plus forts termes, que les subjects de la justice primitiue du Roy ne peuuent proroger jurisdiction en vne autre Cour Royale, que la leur, non pas mesme par vne élection de domicile contractuel, qui n'a effect, que pour les exploicts & significations, & non pas pour transferer la jurisdiction: encor que par telle prorogation le Roy ne puisse rien perdre, mais c'est d'autant, que les jurisdictions sont reglées & limitées par vn droit public, auquel partant les particuliers ne peuuét déroger. Par ainsi on garde en France la decision canonique du chap. *Si diligenti. Ext. de foro compet.* & non pas la ciuile des Loix. *Si quis in conscribendo C. de Episcop. & cler. & C. de Pact.* comme Bacquet à bien discouru au 5. chap. du 3. liu. 15. Prorogation de jurisdiction n'a lieu en France.

Pareillement en quelques endroicts de la Champagne, & non ailleurs, les juges Royaux ont introduit en vsage les bourgeoisies Royales, dont l'origine est tresbien expliquée par M. Pasquier liu. 4. de ses recherches, chap. 5. qui est en somme, que comme les citoyens Romains n'estoient tenus de plaider ailleurs, qu'a Rôme, ainsi qu'il se lit de Sainct Paul aux actes des Apostres, & s'en voit vn exemple dans Plin. *lib.* 10. *Episto.* 4. à l'imitation dequoy a esté introduit le priuilege des bourgeois de Paris, de n'estre contraints plaider en deffendant en matiere ciuile, hors les murs de Paris, à eux concedé par le Roy Loys XI. en l'an 1465. inseré au 112. art. de la coust. de Paris: Aussi à cest exemple quelques juges Royaux de Champagne se sont de long temps aduisez, de faire de leur propre authorité, bourgeois du Roy, les justiciables des seigneurs, pour les attirer à leur justice, par le moyen d'vne lettre de bourgeoisie, qu'eux mesme leur bailloient, ou d'vne simple declaration, qu'ils receuoient d'eux, par laquelle ils s'aduoüoient bourgeois du Roy. 16. Des bourgeois du Roy. 17. Citoyens Romains ne plaidoient qu'à Rome. 18. Non plus que ceux de Paris.

Or outre que ceste bourgeoisie, en tant que c'est 19. Lettres de

bourgeoisie ne peuuent estre données que par le Roy. vn priuilege contraire au droict commun, ne peut estre donnée, que par le Roy seul, & soubs le grand seau de France. Il y a encor deux autres absurditez en ceste prattique: L'vne que bourgeoisie n'a lieu
20. Bourgeoisie n'a lieu proprement qu'és Republiques populaires. proprement, qu'és Republiques populaires, comme l'a dit expressément Aristote liu. 3. de Polit. chap. 1. & Pluth. *in Solone*, disans que la Bourgeoisie est d'auoir part à l'Estat, ou aux droicts & priuileges d'vne Cité: ce qui se prattique à Venise, en Suisse, à Ge-
21. Bourgeois qui sont en France. neue, & autres Republiques populaires: & en Frãce à la verité on appelle Bourgeois, quoy qu'improprement, & ceux, qui resident actuellement, és villes priuilegées, comme Paris, Orleans & autres: mais
22. Priuileges des citoyens Romains abolis en la monarchie. c'est du tout ineptement parlé, que dire Bourgeois ou citoyens du Roy, d'autant, que ces mots portent vne relation necessaire à vne ville ou Cité. Aussi les Romains ne s'appelloient pas citoyẽs de l'Empereur: mais citoyens de Rõme: & leurs priuileges furent introduits en l'Estat populaire apres le dechassement des Roys, par les loys appellées sacrées, dit T. Liue 2. mais si tost que la monarchie de Rõme fut restablie, Auguste tascha de l'abolir, recognoissant que c'estoit vn reste de democratie, repugnant à l'Empire, mesme en esconduisit sa fẽme Liuia, qui le demãdoit pour vn Gaulois. Finalemẽt l'Empereur Antonius Pius, le supprima accortemẽt. en l'octroyant par vn Edict general à tous les sujects de l'Empereur par la loy *In orbe. C. de statu hominum* & ainsi reduisant le Priuilege en droit commun, il oste en effect le priuilege.

L'autre absurdité, qui est aussi la raison de diuersité
23. Absurdité de bourgeoisie. du droit Romain au nostre, est q̃ les Romaĩs demeurãs maistres de toute la justice de leur Estat & Empire, pouuoiẽt distribuer icelle, ainsi q̃ bon leur sẽbloit, & priuileger ceux, qu'ils vouloient en cela gratifier: mais en France, où les Roys ont aliené partie des justices primitiues & ordinaires, ils ne peuuent par

puissance reglée (car je ne parle point de l'absoluë) entreprendre sur la justice d'autruy : principalement ne peuuent ils pas introduire vne inuention, pour du tout les oster & anichiler, comme seroit ceste-icy : estãt facile que tous les justiciables d'vn seigneur cõplottẽt ensemble, pour s'aduouer bourgeois du Roy.

Aussi Philippe le Bel voyant, que de son temps ces bourgeoisies tiroient à trop grand abus, y pourueut par vn tres-beau reglement inseré dans le styl du Parlement, à sçauoir que celuy, qui s'aduoüeroit bourgeois du Roy, bailleroit caution d'acheter dans l'an vne maison en la justice Royale, ou il seroit tenu demeurer actuellemẽt, du moins depuis la Toussaincts, jusques à la sainct Iean d'esté, & le surplus de l'année se trouuer en la ville Royale és bõnes festes : ce qu'estant gardé il ne seroit pas fait grand prejudice aux seigneurs. 24. Qu'il y a ord. expresse pour la negatiue.

A l'exemple des bourgeois du Roy, les juges Presidiaux se sont voulu faire à croire en quelques endroits, qu'ils sont seuls juges des Nobles en premiere instance, soit en demandant, ou defendant, & soient les Nobles ou parties principales, ou jointes, ou interuenans en vn procez : ce qui seroit de tres-grande consequence aux seigneurs : car cõme ainsi soit, qu'il ny à que trois estats en France, les Ecclesiastiques sont ja distraits de leur justice : & partãt si on en ostoit les Nobles, il ne demeureroit plus que les roturiers en la justice des seigneurs, encor l'interuention des Nobles, en osteroit la plus grande part de leurs causes : comme on voit, que le petit nombre qu'il y a en France d'indultaires attire neantmoins la plus part des causes beneficiaires au grãd conseil. 25. Si les nobles doiuent plaider és Bailliages Royaux en premiere instance.

Aussi est-ce vne pretention reueillée seulement depuis l'Edict de Cremieu de l'an 1536. soubs pretexte que Roy, reglant les Preuosts auec les Baillys Royaux, attribuë aux Baillys les causes des Nobles, à l'exclusiõ des Preuosts Royaux : mais incontinent 26. Qu'il y a ord. expresse pour la negatiue.

apres & en la mesme année, mesme auant que l'edict de Cremieu fut verifié en la Cour, de peur que les Baillys Royaux se préualussent de cest article, au préjudice des justices seigneuriales, les seigneurs de Frãce obtindrent vne declaratiõ du Roy, qui fut deslors verifiée au Parlemẽt, par laquelle sa Majesté declara que par l'Edict de Cremieu, elle n'auoit entẽdu faire préjudice aux justices des seigueurs, qu'elle recognoist patrimoniales : partant ordonna, que les seigneurs hauts justiciers cognoistroient des causes des Nobles residans en leurs justices, tout ainsi qu'ils faisoient auparauant : & est notable la raison portée par ceste declaration, qui est tellement obseruée aujourd'huy, qu'il n'y a année, qu'il ne se donne suiuãt icelle des Arrests contre les juges Royaux, dont les liures modernes sont pleins, de sorte que ceste querelle est desormais vuidée : aussi n'y a il nulle consequence de dire que la cause d'vn Noble soit vn cas Royal : autrement il faudroit reputer tous les gentils-hommes, comme Roys en France.

Matieres possessoires. Dauantage les juges Royaux prétendent auoir par concurrence & préuention, la cognoissance des complaintes & matieres possessoires, disans que c'est au Roy & à ses officiers, de reprimer tous troubles & violences, & à conseruer vn chacun en ses possessions, & qu'il est plus seant de se plaindre au Roy, qu'aux seigneurs subalternes, qui est confondre *vim priuatam, cum vi publica:* & encores confondre l'interest Royal, auec l'interest de justice, dont la poursuitte appartient à tous hauts justiciers, comme il a esté dit cy deuant.

29. Comme les juges Royaux en ont vsurpé la préuention. Mais pour empiéter les matieres de complainte, les juges Royaux inuenterent anciennement vn moyen assez subtil, qui fut d'obtenir lettres en Chãcellerie, pour ramener a effect (ainsi qu'ils parloient) la complainte sur le lieu contentieux, par lesquelles ils faisoient mander au premier sergent Royal, d'adjourner

journer deuant luy mesme les parties sur le lieu ; & maintenir verbalement l'impetrant en ses possessiõs & saisines, & en cas d'opposition r'enuoyer le procez deuant le juge Royal, comme il se voit dans les institutions foreses d'Imbert. Et combien que ceste inutile formalité de prattique, soit maintenant hors d'vsage, si est-ce, qu'en cõsequence d'icelle, les juges Royaux sont demeurés en possession de la preuention ès matieres possessoires.

Encor ont ils gardé à eux seuls, comme vn pur cas Royal, la cognoissance du possessoire des benefices, en consequence de la bulle du Pape Martin, r'apportée au styl du Parlemẽt, qui cõfirme ce droit au Roy de France, comme en estant deslors en possession immemorialle : & combien qu'a la suitte de ceste bulle, il se voie dans le styl du Parlement, que lors les seigneurs de France en cognoissoient, aussi bien que le Roy : si-est-ce que par l'ordonnance de Loys II. de l'an 1464. cela leur à esté interdit, comme aussi par plusieurs ordonnances on leur a osté le pouuoir, de faire saisir le temporel des benefices, soit à faute de residence, de reparations, ou autres causes. 28. Possessoire des benefices est à present cas Royal.

Sur ce mesme poinct du trouble, ou de la force, & soubs prétexte que celle qui est notable & jnuasible, c'est à dire faite auec port d'armes, en assemblée illicite, est cas Royal, les juges Royaux se font accroire en quelques endroits, que tous delicts faits auec armes sont de leur jurisdiction, d'autant que Iustinian aux institutes appelle force publique, celle qui est faite auec armes, & priuée celle, qui est faite sans armes. Combien que Cujas aux Paratitles des Digestes monstre bien, que ce n'est pas la vraye distinction de la force publique, & de la priuée. 29. Du port d'armes.

Mais il faut prendre garde qu'en l'enumeration des cas Royaux, port d'armes est tousiours joinct auec assemblée illicite, comme en l'arrest de 30. Comment le port d'armes est cas Royal.

Montpensier & par tout allieurs : qui est ce que dit la loy 5. *D. ad l. Iul. de vi publica. qui cœtu, concursu, turba, seditione quid per violentiam admiserit* : & la loy penult. du mesme tiltre *qui ædes alienas expilauerit, effregerit, expugnauerit in turba, cum telo.* Donques

31. Trois choses requises a ce qu'il soit cas Royal.

a bien entendre trois choses sont requises, pour faire ce cas Royal, à sçauoir qu'il y ait port d'armes, & que ce soit en assemblée, & que ceste assemblée soit illicite, c'est à dire congregée en intention de mal faire.

32. *Turba quid.*

Pour le port d'armes, chacun en est d'accord: pour l'assemblée, voicy ce qu'en dit la loy 4. *D. Vi bonorum raptorum, & de turba. Turbam appellatam Labeo ait, ex genere tumultus, idque verbum è Græco tractum,* ἀπὸ τῆς τύρβης (ainsi faut il lire auec Haloander) *id est à tumultu. Turbă autem ex quo numero admittimus? Si tres aut quatuor, turba vtique non erit. Si plures fuerint, nimirum decem aut quindecim homines, turba dicetur. Et rectißimè Labeo, inter turbam & rixam, multùm interesse ait. Namque*

33. *Turba & rixa.*

turbam multitudinis hominum esse turbationem & cœtum; rixam etiam duorum.

34. Assemblée illicite.

Finalement il faut qu'ils soient assemblez pour mal faire, autrement (comme dit Imber au 3. liu. de ses Instit. Forenses) *ce n'est pas cas priuilegié. Comme si des Escholiers, pour euiter la peste estant en vne Vniuersité, vont en vn' autre par bandes, portans picques & autres bastons longs, comme ils ont accoustumé, & suruient noyse entr'eux, & autres, & s'y commet quelque delit, ce ne sera cas priuilegié. Et ainsi a esté dit par arrest entre le Procureur du Roy & l'Euesque de Paris.*

35. Conclusion par l'opinion de Coquille.

Concluons donc auec le judicieux Coquille en son institution chap. *Du droict de Royauté, que le port d'armes n'est pas, pour estre garny d'harquebuzes, hallebardes, cuirasses, ou autres armes offensiues & defensiues : mais est quand aucuns s'assemblent au nombre de dix ou plus, estans armez auec propos deliberé pour faire insulte & outrage a autruy. Außi le crime de port d'armes, cas*

Royal, implique en soy l'assemblée illicite d'hommes en armes. Doncques ces trois rencontres concurrentes, qu'il y ait port d'armes, en assemblée, qui soit illicite, c'est sans doute vn cas Royal, pource que c'est au Roy à maintenir le repos public, & la liberté de son peuple, qui est violée par tels actes, comme dit Ciceron *pro Aruspicum responsis.* 36. Pourquoy port d'armes est cas Royal.

Sur ceste mesme consideration, que le Roy est conseruateur de la liberté publique, est fondée la iurisdiction des Preuosts des Mareschaux, qui furent instituez premieremēt par l'Empereur Auguste, pour exterminer les voleurs, qui apres les guerres ciuiles couroient par l'Italie: Ce que Tibere continua, dit Suetone en leurs vies. Dont s'ensuit que leur vraye iurisdiction est contre les voleurs, & guetteurs de chemins, pour voler: *& inde dicti sunt Latrunculatores, Græcè* Ληστοδιῶκται: comme Cujas prouue bien liu. 19. des Obser. chap. 11. mais non pas qu'ils ayent iurisdiction, comme ils pretendent, sur ceux, qui guettent dans vn chemin, celuy, contre lequel ils ont querelle. Car mesme le meurtre, c'est à dire l'homicide fait de guet à pens, est l'vn des quatre grands crimes reseruez aux Chastellains, a l'exclusion des hauts iusticiers, voire en plusieurs coustumes il est attribué aux simples hauts iusticiers. Moins encor appartiennent aux Preuosts, ny autres iuges Royaux les autres crimes commis és grands chemins, comme j'ay prouué cy deuant au 9. chap. Ainsi qu'au 10. chap. j'ay prouué que la police & notammēt la voyrie, les mestiers & les poids & mesures n'estoient cas Royaux, combien que les officiers du Roy se les veulent attribuer en aucuns lieux, faute de distinguer l'interest public & de iustice, d'auec celuy du Roy. 37. Fondement de la iurisdiction des Preuosts des Mareschaux. 38. Leur origine. 39. Tous guetteurs de chemins, ne sont pas de leur gibier. 40. Des crimes cōmis es grāds chemins de la police, voyrie, mestiers, poids & mesures, *remißiuè.*

Pareillement faute de distinguer les simples iustices d'auec les chastellenies, plusieurs tiennent, que les criées ne peuuent estre certifiées, sinon par- 41. Certification de criées ou peut estre faite.

deuant les juges Royaux, soubs prétexte de quelques arrests de la Cour, par lesquels des certifications de criées faites deuant des juges de village, par emprunt de pratticiens ont esté cassées : & ce à juste cause, tant pour ce que c'est la foulle des parties de mener ainsi des pratticiens au loing, pour vne simple certification de criées, que pour autant que ceux-là estant estrãgers du siege, ne sont pas capables de respondre du styl particulier d'iceluy.

42. Non és justices de village, ny pas emprũt de pratticiens.

Mais au cõtraire il à esté jugé par plusieurs arrests, que les certifications de criées faites aux sieges notables des justices seigneuriales, ou y a nombre suffisant de praticiens residens, sans en emprunter d'ailleurs, estoient bonnes & valables : comme il a esté jugé par arrest du 30. Ianuier 1578. & par autre arrest du 16. Ianuier 1587. pour le Comte de Rochefort, & autre du 11. Feburier 1556. pour le seigneur de Colommiers. I'ay veu aussi vn autre arrest pour le seigneur de Rembouillet, par lequel fut confirmée la sentence du Bailly de Montfort l'Amaury, qui luy auoit fait defenses de certifier criées : & de nouuueau j'ay esté aduerty, qu'en l'année derniere 1607. il en fut donné vn arrest en la cinquiesme chambre, apres en auoir demandé aduis aux autres, touchant des criées certifiées à Chasteau-dun.

43. Mais bien és justices subalternes des villes.

Aussi quelle raison y auroit il de soustenir le cõtraire, puis que l'ordonnance des criées de l'an 1551. dit par expres, que les criées doiuent estre certifiées pardeuant le juge des lieux ? mots qui comprennent infailliblement les juges subalternes, aussi bien que les Royaux. Car quand l'ordonnãce entend exclurre les juges des seigneurs, elle vse de ce mot, *nos juges*, & ne dit pas, les juges des lieux. Et de dire, que certifier criées ce soit vn cas Royal, il ny a notoirement aucune coherence : de dire aussi que les criées ne peuuent estre certifiées qu'au siege principal de

44. Raison.

la coustume, les termes de l'ordonnance y resistent, & l'vsage pareillement, attendu que notoirement les certifications de criées se font aux Preuostez, & autres justices Royales inferieures, voire plus souuent qu'aux Bailliages & Seneschaussées.

Toutefois ceste mesme ordonnance des criées veut que les pannonceaux apposez aux maisons saisies, soient notamment aux armes du Roy : & à la Cour tousjours trouué mauuais, qu'on y apposast les armes des seigneurs justiciers. Mais c'est vne dépendance de souueraineté, & vn acte de justice vniuerselle, qui ne déroge point, & ne fait point de préjudice à la justice particuliere des seigneurs, & cela se faict, à cause de la décision du droict, *Vt nemo priuatus titulos prædiis imponat, vel vela Regia supendat*, estant vn droit, qui n'appartient qu'au souuerain de poser affiches, ou autres marques de sauuegarde publique, comme il est bien decidé en la Nou. 17. chap. 15. *Titulos imponere prædiis alienis, & domibus super scribere nomina præsumentibus, periculosum esse scias : quia hoc agentes propriam substantiam applicabunt fisco. Si enim rem soli Imperio concessam tentauerit quis vsurpare, in suis agnoscat periculum, & suis rebus, publicis titulis impositis, fiat aliis exemplum abstinentiæ* 45. Pannonceaux doivent par tout estre aux armes du Roy.

Et a cest exemple, quand on trouueroit bon d'ordonner que tous commandemens de justice se feissent au nom du Roy, ou comme ils s'y font és justices appartenantes aux villes, pour le moins conjoinctement au nom du Roy & du seigneur, ce seroit faire esclatter plus souuent l'authorité & Majesté du Roy aux oreilles de ses subjects, & si on ne feroit point de tort aux seigneurs justiciers, attédu qu'outre la souueraineté & la justice vniuerselle, le Roy à tousiours la seigneurie directe de toute justice seigneuriale, releuant en fief de luy : & a cest esgard, il est vray de dire, que les officiers des justices releuãs du Roy sont aucunement ses officiers, 46. Tous commãdemens & publications deuroient estre faites au nom du Roy.

pourueut toutefois, qu'on distinguast soigneusement ce, qui est de la directe, d'auec la proprieté & seigneurie vtile de ces justices, & en ce faisant, qu'on n'ostast rien aux seigneurs, de ce qui est des droits & émolumens patrimoniaux de leurs justices.

Mais j'enten qu'entre les juges Royaux des Pro-
47. Des decretz. uinces, il y en a aujourd'huy de si aduantageux, que soubs prétexte qu'il y a beaucoup de sieges des seigneurs, où les criées ne peuuent estre certifiées, & que par tout il faut des panonceaux Royaux (combien que les panonceaux se mettans sans cognoissance de cause n'attribuent jurisdiction, & que la certification se face le plus souuent en autre siege, que celuy où se faict le decret) ils se font accroire, que tous les decrets se doiuent faire par deuant eux: chose qui iusques à present n'a jamais esté mise en auant, non pas mesme du temps, qu'il estoit necessaire d'abbaisser le pouuoir des grands seigneurs de France, & qu'il y auoit des juges des exempts & cas Royaux, en toutes les justices des appannages, & autres grands seigneurs: & qui est d'ailleurs si absurde, que plusieurs coustumes attribuent expressément les decrets non seulement aux hauts, mais mesme aux moyens justiciers. Comme aussi tous les docteurs de droit tiennent sur la *l. imperium. D. de jurisdict.* que *interpositio decreti est actus, non meri, sed mixti imperij*: & c'est la verité, que le decret est vn acte, qui paticipe autant de la jurisdiction volontaire, que de la contentieuse.

Vray est, que pour les grands differens & diffi-
48. Decretz ne deuroient estre faicts qu'aux villes. cultez, qui eschéent ordinairement aux decrets, qui sont les vrays chef-d'œuures de prattique, & d'autant aussi, qu'és auditoires des villages les encherisseurs ne se trouuent pas si communément, & en si grand nombre, qu'en ceux des villes closes, aussi que les justices des villages sont la pluspart vsurpées, il ne seroit possible hors d'apparence, de laisser tous les

decrets aux juges des villes : mais ce seroit non seulement contre justice, ains aussi contre le bien public, de les oster indistinctement à tous les juges des villes seigneuriales, & les attribuer au siege capital de la Prouince, qui estant bien souuent fort esloigné des heritages saisis, il ne s'y trouueroit pas tant d'encherisseurs, que si l'adjudication se faisoit en la prochaine ville, & au siege ordinaire, où hantent plus communement ceux du districit.

Ne sert de dire, que les adjudications se font bien au Greffe de la Cour : car elles ne s'y font pas en premiere instance, mais seulement quand les decrets se font en vertu de ses sacrez arrests, dont l'execution luy demeure : ce qui n'aduiët guieres qu'aux decrets des grandes terres, encor void on, qu'à cause de l'esloignement, elles y sont le plus souuent vendues à fort vil prix, au grand dommage du saisi, & de ses derniers creanciers. — 49. Decretz faicts au Parlement.

Mais la plus grande & frequente entreprise des juges Royaux sur les subalternes, en l'extensiõ des cas Royaux est par le moyen des lettres Royaux. Car presque en toutes matieres on prẽd sujet d'ẽ obtenir : de maniere que si on obseruoit indistinctement la maxime vulgaire, que les seuls juges Royaux sont competens d'en cognoistre, les subalternes seroient presque entierement priuez de leur justice. — 50. Des lettres Royaux.

Pour examiner ce point, il faut commencer par la distinction generale des rescrits & lettres Royaux, dont les vnes sont de grace & les autres de justice : j'appelle les lettres de grace celles, qui dependent de la pure grace, liberalité, ou bonté du Prince, & lesquelles il peut refuser, sans violer le droict cõmun : cõme les graces, remissions, dons, octroys, dispẽses, priuiléges, lettres d'offices, toutes lettres de finance : & les lettres de justice sont celles, qui sont fondées sur le droit commun, ou qui portent mandement de rendre la justice, auec cognoissance de cause. — 51. Lettres Royaux sont de grace, ou de justice.

Ceste diuision présupposée, je tranche en vn mot,
52. Lettres de grace sont cas Royal, non celles de justice.
que toutes lettres de grace doiuent estre enterinées & executées par les officiers Royaux & non autres, pour ce qu'il n'appartient qu'à eux seuls d'executer la volonté pure de leur maistre : mais quant aux lettres de justice, je dy que regulierement tout seigneur ayant justice en peut & doit cognoistre en son distroit : qui est l'opinion de du Moulin cy apres rapportée, sauf toutesfois quelques exceptions.

53. Lettres de justice sont ou excitatiues, ou attributiues de jurisdiction.
Pour lesquelles comprendre il faut subdiuiser les lettres de justice en celles, qui sont excitatiues, & celles, qui sont attributiues de jurisdiction. Soubs les excitatiues, je compren les rescisions & restitutions en entier, qui sont sans doute fondées en droit commun. Et ce qu'on est contrainct s'en addresser au
54. Lettres excitatiues sont inutiles.
Roy, (ainsi qu'en l'anciẽ droit Romain on s'addressoit au Preteur ou Magistrat, pour mander à celuy, qu'il cõmettoit pour juger, qu'il ne s'arrestast point à la rigueur du droit estroit) a esté inuenté du commencement à bonne fin, sçauoir est, pour faire recognoistre dauantage le Roy, lors que toutes les justices appartenoient aux grands S^rs : mais à present c'est vne formalité de prattique, qui ne sert plus, que pour l'entretien des officiers des Chancelleries : en fin ce n'est plus qu'vn impost, que le Roy prẽd sur les procez : d'autant que si la cause de l'impetrant n'est bonne selon droict commun, ses lettres ne luy seruent de rien. C'est pourquoy à bon droit les trois Estats d'Orleans feirent requeste au Roy, pour abolir ceste formalité de lettres de justice, qui n'a jamais esté cogneuë par les Grecs, ny par les Romains, comme Bodin discourt fort bien liu. 3. de sa Repub. chap. 4.

55. Lettres excitatiues doiuẽt estre addressées aux juges des lieux.
I'y compren aussi les lettres de benefice d'inuentaire, qui sont pareillement fondées en droit commun, *l. scimus C. de iure delib.* mesmo qu'on n'est point tenu d'en obtenir au Pays de droit escrit. Et encores

les

les lettres de benefice d'âge, pource que c'est maintenant vn droict commun de France de n'en point refuser a ceux, qui se disent auoir attaint l'âge de vingt ans : aussi qu'elles ne sont enterinées, que par l'aduis des parens, qu'il cousteroit beaucoup a vn pauure mineur de faire comparoistre au loing, deuãt le juge Royal: en quoy semble, qu'il n'y a plus de doubte depuis l'ordonnance de Bloys, qui veut que toutes instructions de procez, & mesme les executions d'arrests, qu'il faut faire sur le lieu, en vertu des lettres de Chancellerie soient addressées aux juges des lieux, pour le soulagement des parties, comme il a esté touché au chap. precedent.

56. Prattique ancienne touchant les lettres excitatiues.

Toutesfois auparauant ceste ordõnance on prattiquoit, & encor à present plusieurs pratticiens tiennent, que si les lettres de rescision, ou autres semblables, estoient obtenues principalement, & pour commencer le procez, par l'action rescindante ou restitutoire, l'addresse en deuoit estre faicte au juge Royal: mais si elles estoient obtenuës incidemment, sur vn procez ja pendant deuant le juge subalterne sur le rescisoire, elles luy doiuent estre addressées, à cause de la connexité, *& ne causæ continentia diuidatur.*

57. Fondement de ceste prattique.

L'origine de ceste prattique vient d'vne vieille maxime de Chancellerie, que le Roy n'addresse ses lettres qu'a ses officiers, comme si toutes justices ne tenoient pas de luy, du moins en directe seigneurie: & d'ailleurs cõme si les juges des seigneurs n'estoient pas ses subjects, & tenus d'executer ses mandemens, & s'ils n'estoiẽt pas aussi dignes de les receuoir, comme de simples sergens : en fin comme si ceste formalité estoit si importante à l'authorité du Roy, que soubs pretexte, qu'il ne voudroit addresser ses mandemens aux juges subalternes, il leur deust oster ce qui depend de leurs offices.

58. Absurdité de ceste prattique.

Mais sur tout est-ce pas vn vray abus, voire vne pure illusion de iustice, qu'vn vil sergent face commandement à vn iuge notable estant en son siege, & en pleine audience, de faire ce qui est de sa charge? Comme il est mandé par le styl des Chancelleries; lors que les lettres Royaux doibuent estre presentées au iuge subalterne. Aussi on auroit honte de prattiquer a la lettre ce styl & formulaire si inepte, & faire qu'vn sergent commandast à vn iuge, estant mesme au lieu & en l'acte de iustice: ains on fait presenter les lettres par vn procureur, tout ainsi qu'és iustices Royales.

59. De l'addresse des lettres excitatiues.

Et notamment depuis l'ordonnance de Bloys, qui a enioint faire l'addresse des commissiõs aux iuges des lieux, les bons prattiticiens ne font plus de difficulté d'addresser directemẽt les lettres de Chãcelleries aux iuges subalternes: mesmes à present on voit les Edicts & lettres du grand seau, dont l'execution se doit faire aux villes non Royales, contenir ceste addresse: *A nos Baillys, Preuosts, &c. & autres iuges & officiers qu'il appartiendra*, & n'y a tantost plus que les vieils prattticiens, qui ne peuuent démordre leur routine de ieunesse, ou les clercs ignorans qui composent leurs lettres sur les vieils protocoles de Chancellerie, qui gardent ceste antique scrupulosité.

60. Lettres excitatiues doiuent estre addressées au iuge ordinaire, ores que nõ Royal.

Mesmement la Cour à prattiqué de tout temps, que si pour attirer vn procez deuant le iuge Royal, on obtenoit affectément des lettres Royaux, sans qu'il en fust besoing (comme rarement és petites Chancelleries on refuse de la cire pour de l'argent) le seigneur haut iusticier estoit bien fondé à demander le renuoy de la cause. Tesmoin l'arrest du Duc d'Alençon, pour sa Viconté de Chasteau-neuf en Timerais de l'an 1518. par lequel la Cour infirma la sentence du Bailly de Chartres, qui l'auoit deboutté du renuoy, en vne cause de vendication, ou le demandeur auoit obtenu lettres pour estre releué de la prescriptiõ. Arrest qui est incorporé au styl du Parlement *parte 7.* au droict duquel du Moulin note en apostille, que les lettres excitatiues de jurisdiction doiuent estre presentées & enterinées deuant le juge du lieu, ores qu'il ne soit Royal. Et le mesme du Moulin sur l'article 81. de la coustume d'Anjou, qui porte qu'ès lettres qu'autre que le Roy ne peut octroyer, il n'y a lieu de renuoy, à dit ces mots, *Scilicet de ijs, quæ sunt meræ gratiæ, secus de ijs, quæ sunt justitiæ, id est juris communis, licet fiscales Regij conẽtur omnia ad suum forum trahere, quauis colorata tantum occasione.*

Ie leur demanderay volontiers pourquoy les lettres de rescision attribuent plustost jurisdiction aux juges Royaux, que celles de desertion, d'anticipatiõ, de conuersion d'appel en opposition, qui notoirement sont presentées tousiours & sans distinction aux juges non Royaux, en ce qui est de leur iurisdiction: ce qui mõstre bien, que toutes lettres Royaux, ne doiuent pas estre addressées aux officiers du Roy, ains seulement les lettres de grace, & les lettres attributiues de jurisdiction. 16. De mesme.

Voyla pour les excitatiues, & quant aux attributiues de jurisdiction, il faut derechef les subdiuiser, en celles de la grãde, & celles de la petite Chancellerie. 62. Diuision des lettres attributiues de jurisdiction.

Quant à celles de la grande Chancellerie, & qui ne peuuent estre expediées en la petite, il ny a nulle difficulté, que celles-là ne puissent distraire la justice ordinaire des seigneurs & rẽuoyer la matiere au juge, auquel elles sont addressées. Car c'est le Roy, qui vse de son auctorité, & de sa justice vniuerselle, soit de sõ particulier mouuement, soit auec cognoissance de cause. Qui doubte qu'il ne puisse interdire, éuoquer, cõmettre, & renuoyer les causes ainsi qu'il luy plaist? Et toutesfois voicy ce qu'en dit l'ordonnance de Philippe 6. de l'an 1338. *Prohibemus ne aliquis Seneschalus vel alius officiarius noster, subditos justitiariorum* 63. Celles de la grande Chancellerie sont cas Royal.

64\. Encor falloit il anciennement qu'il y eust clause dérogatoire aux ordonnances faictes en faueur des seigneurs de France.

merum imperium habentium, prætextu literarum nostrarum coram se trahant ciuiliter vel criminaliter, nisi in dictis literis mentio fieret, quod subditi essent aliorum iustitiariorum; cum clausula, NON OBSTANTE *&c. & continerent causam nos rationabiliter mouentem. Aliàs illas ex nunc subreptitias reputamus, nec eas volumus executioni mandari.* Car c'est vn acte de puissance absoluë, & authorité souueraine, dont le Prince n'a pas accoustumé d'vser sans grande cause.

65\. Notamment quand elles estoient generales.

Ce qui doit estre principalement obserué quand les lettres attributiues de iurisdiction concernent, non vne simple affaire, mais vne vniuersité de causes. Car alors les seigneurs, dont par ce moyen la iustice seroit eneruée, ont subiect de se pourueoir, soit par remonstrance, ou par requeste, ou par opposition, & autres voyes de droict, pour ce qu'il n'est pas à présumer, que le Roy vueille tollir aux seigneurs en tout ou en partie les iustices, qu'il leur a concedées en fief, & qu'ils rachetent de sa Majesté.

66\. Exemple.

Pour exemple quand le Roy feist son Edict de Cremieu, par lequel il sembloit vouloir attribuer aux Baillys & Seneschaux les causes des Nobles, les seigneurs de France formerent opposition à la verification d'iceluy, qui l'arresta pres d'vn an, & fut leur opposition trouuée si iuste, que suiuant icelle le Roy feist sa declaration, qu'il n'entendoit préjudicier à leurs iustices.

67\. Erection des iuges Consuls.

Mais quand les iuges Consulz furent érigez en l'an 1563. & és années suiuantes, ce ne fut du commencement, qu'és bonnes villes cõme Paris, Rouën, & autres, ou le Roy seul à notoirement la police, soubs laquelle on comprist les causes de marchand à marchand faictes pour faict de marchandise, & encor ces érections furent faictes par Edicts particuliers, & l'vne apres l'autre, de sorte que les seigneurs de France n'auoyent pas grand moyen n'y grand subject aussi des'y opposer en corps, joint qu'ils y eussét peu profité : pour ce que feu Mósieur le Châcellier, de l'Hospital inventeur de ces justices (aussi bien que de celles des Présidiaux) les affectionnoit infiniement. Neantmoins les seigneurs ont tousiours soustenu, que les consuls n'auoient que veoir sur leur justiciables ; dont la Cour n'a point faict de difficulté, à l'égard de ceux, dont les justices sont hors le ressort des Bailliages, où il y a des juges Consuls establis, comme elle à jugé par plusieurs arrests, dont j'en ay vn notable par deuers moy, donné au proffit de Madame de Longue-ville Comtesse de Dunoys, le 7. May 1577. par lequel deffenses sont faictes aux juges Consuls de Chartres, d'entreprendre jurisdiction sur les habitãs du Comté de Dunoys, d'autant qu'il est assis dans le Baillage de Bloys, où il n'y a aucuns Consuls, combien que ceux de Chartres en soient les plus proches, & mesme est ordonné par cest arrest, ce requerant feu M. Brisson lors Aduocat general du Roy, qu'il sera publié en l'auditoire desdits Consuls. 68. Iuges Consuls ne cognoissent des justiciables des seigneurs notamment qui sont hors le ressort du Baillage, où ils sont establis.

Et quant aux justices des Elections, Greniers à sel, & eaux & forests, elles ne recognoissent, que des cas vrayement Royaux, & partant elles ne peuuent rien entreprendre sur la justice ordinaire des seigneurs. Et pour le regard de celles des Preuost des Mareschaux, elles sont approuuées pour leur apparente vtilité: joinct qu'elles n'ont cognoissance, que des voleries faictes en grand chemin, fausse monnoye, delict des soldats, & des vagabons, qui sont tous cas, dont les officiers Royaux ont tousjours pretendu la preuention. 69. Elections, Greniers à sel, eaux & forests ne cognoissent que des cas Royaux. 70. Comme aussi les Preuosts des Mareschaux.

Côme aussi au regard des committimus des Requestes du Palais & de l'hostel du Roy, des gardes gardiennes, & des protections des Vniuersitez, les seigneurs y acquiescent, en tant qu'il n'y ait point 71. Des committimus, Gardes-gardiennes & protections.

de fraude, comme estans tels priuiléges dépendans des cas Royaux, & qui sont présumez plus anciens, que leurs iustices: mais quoy que ce soit toutes ces iustices extrauagantes & extraordinaires, & aussi tous ces priuileges, sont moins fauorables & extensibles entre les iusticiables des seigneurs, qu'entre les subjects primitifs du Roy: attendu que le Roy peut tronquer ses iustices, ainsi qu'il luy plaist, mais il n'entend pas énerver celles, qui sont patrimonialles aux seigneurs.

72. Lettres attributiues emanées de la petite Chancellerie sont abusiues.

Finalement pour le regard des lettres attributiues de jurisdiction emanées de la petite Chancellerie, je dy sauf correction, qu'elles sont toutes abusiues, si ce n'est qu'elles soient fondées en Edict, ou en arrest. Car les petites Chancelleries, ne sont instituées, que pour les despesches ordinaires & de styl commun, & non pas pour expedier ce, qui requiert cognoissance de cause, & moins encor pour attribuer à vne justice, ce qui appartient à vne autre, & pour commettre des juges estrangers à la poste des parties, au prejudice des juges ordinaires & naturels: comme il est decidé expressément par l'ord. 1539. art. 170. 171.

73. Comment doiuent estre conceues les lettres de la petite Chancellerie.

Aussi à bien entendre ne doiuent elles vser du mot *commettons*, ains seulement dire *mandons*: car comme remarque fort bien le grand Coustumier liure 2. chapitre 19. le Roy mande aux juges ordinaires, mesmement les bons formulaires de Chancellerie vsent de ces mots, *& pource que la cognoissance de la matiere vous appartient, mandons, &cet.* Et tout ainsi que telles lettres seroient jugées inciuiles, si elles attribuoient au Bailly Royal, ce qui appartient au Preuost: à plus forte raison les faut-il juger telles, quand elles attribuent au juge Royal ce, qui appartient au subalterne, qui à justice patrimoniale, & de laquelle, de droit commun, le Roy ne peut disposer.

Neantmoins le temps passé, cela estoit si commun, que rien plus: & par le moyẽ de telles lettres, on ostoit aux subalternes la plus part de leurs causes. Car on leur ostoit la cognoissance des executions, saisies & decrets, par le moyen des lettres de *Debitis*: on leur ostoit les matieres feodales, par les lettres de conforte-main: on leur ostoit les matieres possessoires, par le moyen des lettres de complainte: on leur ostoit les matieres d'attermoyement, par les respits & quinquennelles: on leur ostoit les causes des vefues, pupilles, estrangers par le moyen des lettres de sauuegarde, & ainsi d'infinies autres: dont l'abus par succession de tẽps s'est trouué si manifeste, qu'aujourd'huy toutes ces sortes de lettres, dont les noms mesme sont ineptes & sauuages, sont d'elles mesmes tournées en dessuëtude.

74. Lettres qui iadis priuoient les seigneurs de leur justice.
75. Debitis.
76. Cõforte-main.
77. Lettres de cõplainte.
78. Respits.
79. Sauuegardes.

Mais voicy encor vn plus grand abus, c'est que les juges Royaux, n'attẽdans pas, qu'õ aille jusques à Paris, pour leuer telles lettres, les deliurent eux mesmes en leurs greffes: comme des commissions generales pour saisir & executer, soit pour droits seigneuriaux, soit pour rentes foncieres, soit mesmes pour debtes personnelles, & ce sur les subjects des hauts justiciers, & dans leur justice primitiue, voire bien souuent dans leur ressort, & dans la justice de leur voisins. Et tout autant de commissions qu'on demande, pour adjourner pardeuant eux en premiere instance les justiciables des seigneurs, ils n'en refusent point: mesme quand il est question d'adjourner ceux d'vne autre prouince, tout leur est indifferent, disant, qu'en matiere de justice, il n'est que d'entreprendre. Auquel dernier cas les juges des lieux font tres-bien de faire arrester & de condemner en bonnes amendes, les sergens executans telles commissions: car ils doibuent sçauoir leur prouince & ressort: joint que si on n'en vsoit ainsi, le juge, qui

80. Que les juges ne peuuent deliurer telles lettres.
81. Commission pour saisir & adjourner hors le distroit.
82. Remedes à ces commissions.

entreprendroit sur le territoire d'autruy, auroit tousiours cest aduentage, d'estre juge de son entreprise.

83. Clause abusiue és lettres de Garde-gardiēne, & protection.

Sur ce propos est à remarquer vn abus, qui se cōmet ordinairement és lettres de Garde-gardienne, & és protections des escoliers, & supposts des vniuersitez, en ce que par icelles il est mandé aux sergens, de faire commandement aux juges de renuoyer les causes deuāt les Baillifs ou conseruateurs, & au refus des juges, les renuoyer eux mesme. Clause qui est notoirement abusiue, à l'égard des juges, qui ne ressortissent pardeuant eux, n'y ayant que le Roy & la Cour, qui puissent faire telles injonctions indistinctement à tous juges, estans seuls superieurs de tous. C'est pourquoy ceste clause n'est pas abusiue és committimus des Requestes, esquels le Roy parle, aussi que Messieurs des Requestes, & de l'Hostel, & du Palais, sont du corps de la Cour, lesquels exceptez, c'est à tout juge, pardeuant lequel est pendant le procez, *æstimare an sua sit jurisdictio nec-ne. l. si quis ex aliena. D. de Iudicijs*, & s'il refuse le renuoy, il n'y a voye, que par appel, & c'est au superieur à vuider desormais la contention de jurisdiction. Comme Bacquet à bien discouru au 8. chap. du 3. liu. & Chenu en rapporte vn arrest du 26. Auril 1566.

84. Que le sergent ne peut renuoyer qu'en uertu du committimus.

85. Que le sergent doit attribuer sa Commission au juge du lieu.

Mesmement il est sans doute, que le sergent ne doit pas, en vertu de telles lettres adjourner les subjects d'vne prouince en vne autre, sans exhiber & présenter sa commission au juge du lieu, autrement il peut estre arresté: Car si cela estoit toleré, on attireroit tous les jours les pauures gens à plaider hors de cognoissance, & n'y a nul autre moyen d'empescher, que le juge estranger, soit juge en sa cause, & de sa propre entreprise.

86. Comment s'étend de ne demander placet, visa, ne pareatis.

Ce qui n'est point contraire aux ordonnances, qui defendent de demander placet, visa & pareatis: car

car elles s'entendent des mandemens Royaux de Chancellerie, enſemble des obligations ſoubs ſcel Royal, qui s'executent par toute la France: & des ſentences des juges Royaux dedans leur reſſort, & és lieux ou s'eſtend leur puiſſance, mais non pas des commiſſions, qu'ils baillent hors leur reſſort, *quia extrà territorium judex priuati loco eſt, eique impunè non paretur*. Que ſi les juges venans d'vn pays en autre, pour executer vne commiſſion extraordinaire du Roy, ou de la Cour, ſont tenus publier leur committimus (comme on dit communement) c'eſt à dire notifier leur pouuoir aux juges des lieux, pour eviter aux inconueniens, qui en pourroient autrement arriuer, pourquoy trouuera-on eſtrange, qu'vn ſimple ſergent porteur d'vn mandement d'vn juge hors ſon territoire, demande permiſſion au juge du lieu, de l'executer? qui eſt la matiere des commiſſions rogatoires, dont la pratique eſt ſi ancienne, qu'elle eſt rapportée dans le grand Couſtumier liu. 2. chap. 19.

Surquoy faut auſſi noter, qu'il y a difference notable en l'eſtenduë des committimus des Requeſtes, des protections des conſeruateurs & des Garde-gardiennes des Baillys & Seneſchaux: Car les committimus des Requeſtes, s'eſtendent & attirent de tout le Parlement, dont ils ſont emanez, mais non pas des autres Parlemens, ſi ce ne ſont ceux des officiers commenſaux du Roy, & des Cheualiers du ſainct Eſprit, leſquels pour ceſt effect doiuent eſtre ſeellez du grand ſeau, attendu que celuy de la petite Chancellerie, n'ha pouuoir, que dans ſon Parlement. 87. Difference en l'eſtenduë des committimus, garde-gardiennes & protections. 88. Eſtenduë des committimus

Et quant aux protections des eſcholiers & ſupposts des Vniuerſitez, elles n'attirent pas non plus des autres Parlemens: mais elles ont cela de particulier, qu'elles ne peuuent attirer de plus loin, que 89. Eſtenduë des protections.

quatre journées comme il est porté par l'ordonnance de Loys 12. de l'an 1448. que plusieurs entendent des conseruateurs Apostoliques seulement & non des Royaux.

90. Estenduë des gardes gardiénes.

Finalement les Gardes-gardiénes attribuées aux Baillys, & Seneschaux (car il y en a d'autres attribuées aux Requestes du Palais, qui se reiglent tout ainsi que les committimus) ne s'estendent régulierement hors le ressort & limites des Bailliages. Toutesfois pource regard se faut reigler suiuant la teneur du priuilege, & verification d'iceluy faicte en la Cour, sans laquelle nulle Garde-gardienne ne doibt auoir lieu, comme porte l'ordonnance de l'an 1556. article 4. & a esté jugé par plusieurs arrests. Ce qui ha lieu principalement a l'égard des justices seigneuriales, pource que par l'ordonnance de Philippe VI. de l'an 1338. il est dit, qu'il ne sera point donné de lettres de Garde-gardienne au préjudice des hauts justiciers, *nisi causæ cognitione legitima præcedente*. Mais quand la verification estendroit la Garde-gardienne hors le ressort du Bailly, auquel elle est attribuée, les juges voisins en peuuent prétendre juste cause d'ignorance, jusques à ce qu'elle soit publiée & notifiée en leur prouince.

91. Que toutes ces entreprises doiuent estre retranchées.

Voylà beaucoup de diuerses sortes d'entreprises, & peux dire, qu'il ne se peut imaginer aucune espece de cause, quelle qu'elle soit, que les juges Royaux n'ayent quelque prétexte, pour en attirer la cognoissance: & telle cause y a, dont ils trouueront cinq ou six diuers prétextes, pour en cognoistre: de sorte que si on les vouloit croire, les subalternes n'auroient aucune cause en leurs sieges: & par ainsi les seigneurs notables de France demeuroient du tout priuez des justices, qu'ils rachetent du Roy, & qu'ils possedent de si long temps en vertu du plus signalé contract, qui fut onc fait en France, & lequel a esté le principal moyen de l'establissement des familles Royales, & de la cóseruation continuelle de ceste Couronne iusques à present.

Que s'il plaist au Roy, qui est autheur & garend de ces iustices seigneuriales, & à la Cour de Parlement, qui est superieure des vnes & des autres, conseruer chacune en ce qui luy appartient selon droict & raison, il aduiendra ce que dit Iustinian en sa Nou. 15. que *erit vtrimque congruentia vtilis. Sic enim minores iudices, iudicum facient officium: & Prouinciarum Præsides iudices iudicum erunt, & proinde honestiores: quia quantò præest quilibet præstantioribus, tantò ipse maior & honestior est.* 92. De mesme.

Sommaire du quinziesme chapitre.

1 *Les justices des villes ne sont seigneuriales.*
2 *Ny Royales.*
3 *Pourquoy le commandement s'en faict au nom du Roy.*
4 *A qui en appartient le seau.*
5 *Iustices des villes venues des Romains.*
6 *Droit des justices des villes Romaines.*
7 *Il y en auoit de trois sortes.*
8 *Iustice des villes appellées* Municipia.
9 *Iustice de celles appellées* Coloniæ.
10 *Pouuoir des* Duumvirs.
11 Municipia & Coloniæ *confondus ensemble.*
12 *Iustice des villes appellées* Præfecturæ.
13 Præfecti.
14 Ædiles vrbium.
15 *Deux sortes* d'Ædiles *à Rõme.*
16 Ædiles plebis.
17 Ædiles Currules.
18 Ædilitium Edictum.
19 Ἀγορανόμος, Ἀςυνόμος.
20 *Pouuoir des Ediles des villes.*
21 *Correction consiste en execution sans sentence.*
22 *Difference entre la correction, justice sommaire, & justice entiere.*
23 *Que c'est que correction.*
24 *Correction à lieu en faict de Police*
25 *Conciliation de plusieurs loix.*
26 *Correction des Magistrats de Rõme & villes Romaines.*
27 *De mesme.*
28 *Interpretation de la loy* Ictus. de his qui not. inram.
29 *Correction auoit lieu en la police.*
30 *Correction du chef des communautez.*
31 *De la justice sommaire.*
32 *Iustice sommaire de France.*
33 *Iustice des villes des Prouinces Romaines.*
34 De Defensoribus ciuitatum.
35 *Leur origine.*
36 *Leur charge.*
37 *De mesme.*
38 *Qu'ils eurent en fin la justice des causes legeres.*
39 *Censeurs n'auoient jurisdiction, mais correction.*
40 *La jurisdiction des Defenseurs accrue par Iustinian.*
41 *Sommaire des justices des villes Romaines.*
42 *Difference entre les Duumvirs & Deffenseurs des Citez.*
43 *Difference entre les deffenseurs des Citez & juges pedanées.*
44 *Des justices des villes de Frãce.*

45 *Iustices des villes de la Gaule Belgique.*
46 *De mesme.*
47 *Loy signifie justice en nos coustumes.*
48 *Gens de loy sont les Escheuins des villes ayans justice.*
49 *Records de la loy.*
50 *Que plusieurs villes de France ont justice.*
51 Scabinci *sont les juges des villes aux Capit. de Charlemagne.*
52 *Escheuin* vnde.
53 *Retranchement des justices des villes.*
54 *Comtes mis és villes pour estre juges.*
55 Comes est judex fiscalis.
56 *Il y a eu peu de justices attribuées aux villes de la Gaule Celtique & Aquitanique.*
57 *Iustices attribuées par forme de priuilége.*
58 *De mesme.*
59 *Iustices des villes sont ordinairement basses justices.*
60 *Mairie signifie basse justice aussi bien que Preuosté.*
61 *Maires des villes ressemblent aux deffenseurs des Citez.*
62 *Escheuins en quelques villes ont entrepris la Police.*
63 *La Police à deux parties.*
64 *Preuost dès Marchands à Paris d'ou est dit.*
65 *Deux sortes de justice attribuées aux villes par le Chancelier de l'Hospital.*
66 *Des juges Consuls.*
67 *Des Bourgeois policiers.*
68 *Que ces deux justices n'appartiennent proprement aux villes.*
69 *Iustice des Eslections estoit jadis vne justice populaire.*
70 *Eleus d'où sont prouenus.*
71 *Generaux des Aydes ou justice d'icelles.*
72 *Eleus & Generaux faicts perpetuelz.*
73 *Toutes ces justices doiuent estre sommaires:*
74 *Et exercées gratuitement.*
75 *Eleus ne deuroient rien prendre des parties.*
76 *Retranchement des justices des villes par l'ord. de Moulins.*
77 *Interpretation d'icelle.*
78 *Comment les policiers sont reiglez auec le juge ordinaire.*
79 *Quand les escheuins ont la Police, n'y a point de Bourgeois policiers.*
80 *Iustice criminelle ne deuroit estre laissée aux villes.*
81 *Interpretation d'vn passage de la Passion.*
82 *Oppositions formées par les villes à l'execution de ceste ordonnance de Moulins.*
83 *Oppositions des Boulonnoys.*
84 *& de ceux d'Angoulesme.*
85 *Iustice appartenant aux villes par capitulation ne doit estre ostée.*

DES IVSTICES *APPARTENANTES aux villes.*

CHAPITRE XV.

IL y a encor vne tierce espece de iustice, qui n'est ny seigneuriale ny Royale, à sçauoir celle, qui appartiét aux villes: qui ne peut estre ditte seigneuriale, pource qu'elle n'importe aucune seigneurie aux villes sur soy-mesme, aussi qu'elle n'est annexée à aucun fief, & elle mesme n'est tenuë en fief, ny du Roy, ny d'autre seigneur, ains a esté cócedée a vne main-morte, sans charge de feodalité, mais en pleine proprieté, par forme de priuilege. 1. Les iustices des villes ne sont seigneuriales.

Dont s'ensuit aussi, qu'elle est encor moins Royale que ne sont les iustices des seigneurs, desquelles le Roy, par le moyen de la feodalité, demeure tousiours le premier seigneur direct, au lieu qu'en celles-cy il n'a retenu aucune directe, ains les a dónées *optimo iure* au peuple, lequel partant y met des officiers par élection, en perçoit les émolumens proprietaires, comme les amendes & reuenu du greffe : mais le commandement s'en fait neantmoins au nom du Roy, & non de la ville, pource qu'en l'Estat monarchique de France on trouueroit mauuais de le faire au nom du peuple: & d'ailleurs il ne se peut faire au nom des officiers de ville, pource qu'il ne se fait jamais icy au nom du juge. Pareillement le seau de ces iustices deuroit estre, & auoit tousiours esté au coing & armes des villes, & a elles appartenant, mais en l'an 1568. lors que le Roy Charles 9. érigea en tiltre d'office les Gardes des seaux, il en voulut mettre és juris- 2. Ny Royales. 3. Pourquoy le commandement s'en fait au nom du Roy. 4. A qui en appartient le seau.

dictions des villes, ainsi qu'en celles des Consuls, ce qui encor a esté executé en fort peu de villes.

5. Iustices de villes venuës des Romains.

Or combien que les Romains n'ayent iamais eu, ny de seigneurs, ny de justices seigneuriales, si est-ce que les justices populaires sont venuës d'eux pendãt leur Republique populaire : mais depuis que leur estat est deuenu monarchique, elles ont esté fort retranchées, & en fin du tout abolies par l'Empereur Leon en sa constit. 47. soubs ceste consideration certes bien pertinente, *cùm alius*, dit le texte, *olim Reipub. status esset, rerum ordo similiter alius erat : Nunc autem cùm omnia à Principali cura dependeant hunc vsum, cum alijs, qui de Repub. eiecti sunt, eijciendum quoque putauimus.*

6. Droict des justices des villes Romaines.

Partant pour comprendre parfaitement l'vsage des justices de nos villes, il faut representer l'estat de celles des villes Romaines, entant que les liures nous en ont conserué la memoire. Et faut noter que les villes Romaines, selon leur diuersité, auoient trois di-

7. Il y en auoit de trois sortes.

uerses sortes de justices, sçauoir est celle des Duumvirs ou Magistrats municipaux, *in Municipijs aut Colonijs*: celle des Ediles, *in præfecturis* : & celle des defenseurs des citez, *in Prouincijs.*

8. Iustices des villes appellées *Municipia.*

Municipia, comme l'explique fort bien Aulu-gelle *lib.* 16. *cap.* 13. estoient originairement les villes libres, qui par leurs capitulatiõs s'estoient rẽduës & adjointes volontairement à la Repub. Romaine, quant a la souueraineté seulement, gardans neantmoins leur liberté, & a l'égard de la seigneurie priuée, *quia nempe eorum fundus numquam Populi Rom. factus fuerat*, & encores a l'égard de la seigneurie publique subalterne, *quia suis legibus, & sub suis Magistratibus viuebant* : dont s'ensuit, qu'en ce commancement-là, ils auoient toute justice, les officiers de laquelle auoiẽt diuers noms, selon leur ancienne institution, faicte du temps de leur parfaicte liberté, c'est pourquoy au droict ils sont appellez du mot general, *Magistratus Municipale.*

Colonia

Coloniæ verò erant ciuitates, in quas populus Rom. ciues suos ad incolẽdum deduxerat, & partant elles estoient ordonnées au moule de la ville de Rõme, *cuius effigies paruæ, simulachráque erant,* dit Aulu-gelle, vray est que par respect, les Magistrats d'icelles auoiẽt d'autres noms, que ceux de Rõme: partant leur Senat estoit appellé *Curia*, leurs Senateurs Decurions, & leurs Consuls ou Préteurs (qui estoient leurs juges, comme à Rõme anciennement) estoient appellez Duumvirs. Comme aussi ces officiers n'auoient pas tant de puissance, que ceux de Rõme, principalement les Duumvirs, qui en fin n'eurent jurisdiction, que jusqu'à certaine somme, dit Paulus, 5. *lib. sentent. cap.* 5. & la loy *Inter consentientes. D. ad Municip.* ce que Cujas à noté sur la loy *Duumviros. de Decur. lib.* 10. *Cod.* c'est pourquoy il ne leur estoit pas permis comme à ceux qui ont toute justice, *jurisdictionem suam defendere pœnali judicio. l.* 1. *D. siquis ius dicenti non obtemper.*

9. Iustice de celles appellées *Coloniæ.*

10. Pouuoir des Duumvirs.

Mais en fin *Municipia & Coloniæ* furent confondus ensemble, pour ce que, dit Aulu-gelle, *Coloniarum conditio, licet magis obnoxia, minúsque libera, potior tamen & præstabilior existimata est, propter amplitudinem & majestatem Pop. Rom. & simul, quia obscura obliteratáque sunt municipiorum jura, quibus uti jam per ignorantiam non possunt.* Par ainsi les Municipies, qui auoient laissé perdre leurs droicts, vserent de ceux des Colonies, & les Colonies neantmoins prinrent le nom de Municipies, qui en fin deuint general, pour signifier toutes les bonnes villes ayans Republique, c'est à dire corps de ville & officiers, dit la loy 1. *D. ad municipal.* c'est pourquoy je n'ay faict qu'vn article de la justice des Colonies & municipies.

11. *Municipia & Coloniæ* confondus ensemble.

Quant aux préfectures c'estoient les villes d'Italie, qui auoient esté rebelles & perfides au peuple Romain, & celles-là n'auoient point de vrayes justi-

12. Iustices des villes appellées *Præfecturæ.*

ces à elles, ains de Rome des Magistrats appellez
13. *Præfecti.* *Præfecti.* Mais elles auoient coustumierement des officiers de leurs corps, pour auoir soin seulement de
14. *Ædiles urbium.* leurs affaires communes, appellés Ediles, à l'instar des Ediles de Rome, ainsi apellez, dit Varro, *quod curam haberent ædium*; c'est à dire des bastimens publics.

15. Deux sortes d'Ediles à Rôme. Car à Rôme il y auoit deux sortes d'Ediles ordinaires outre les extraordinaires appellez Ædiles Cereales, qui estoient les commissaires des viures, deputez pendant la cherté seulement) à sçauoir *Ae-*
16. *Ædiles plebis.* *diles plebis*, & *Aediles Curules.* Ceux-là furent les premiers instituez, & auoient l'execution de la menue police, comme des ruës, des tauernes, des bordels, ainsi qu'ont aujourd'huy les commissaires du Chastellet, comme il se collige de la loy vnique *D. de via publica*, & est bien prouué par Rosinus *lib. 7. cap.* 24.

17. *Ædiles Curules.* Et quant aux Ediles Curules, ils estoient tirez du nombre des Senateurs, qui du commencement ayant esté mis seulemẽt, pour donner au peuple des jeux publics, entreprirent par apres la principale Police de Rôme, comme d'auoir soin des bastimens publics: de mettre taux aux viures, de policer les marchez: pour raisõ dequoy mesme à la fin ils vsurperent vne maniere de justice, differente de la jurisdiction du Préteur, qui estoit la justice ordinaire de Rôme, & comme tous les ans le Préteur proposoit son Edict, c'est à dire le réglement, suiuant lequel il vouloit qu'on se gouuernast en son année, aussi les
18. *Ædilitium Edictum.* grands Ediles proposoient le leur, appellé *Aedilitium edictum*: & comme le Préteur rẽdant la justice estoit assis au tribunal, eux estoient assis *in sella Curuli*, & pour ceste cause estoient appellez Ediles Curules, & ainsi estoient distinguez des juges Pedanées, qui *plano pede judicabant.*

19. Ἀγορανόμοι, καὶ Ἀστυνόμοι. Partant les Ediles plebéïens des Romains sont à comparer aux ἀστυνόμοι des Grecs, & les Curules

aux ἀγορανόμοι. Ἐπειδὴ ἀγορανόμος ὁ ἐπιμελητὴς τῶν ὠνίων ἐστί· Ἀστυνόμος δὲ ὁ ἐπὶ τοῦ καθαρὰν τὴν πόλιν ἀσχολούμενος, dit Vlpian sur l'oraison de Demosth. εἰς Τιμοκράτ. Lesquelles deux charges sont nettement distinguées par Aristote liu. 6. des polit. chap. 3. où il dit, que le soin des officiers des villes a deux principales parties: l'vne d'auoir soin du marché & des marchãdises, l'autre d'auoir charge des edifices, des ruës, & des autres negoces de Police.

J'estime neantmoins que les Ediles des préfectures Romaines, & des autres villes, où il y en eut a succession de temps, n'ont eu de leur vray droict & premiere institution, que l'Astynomie & menue Police, qui n'attribue aucune vraye iustice, ains correction simple, qui gist en execution seulement, & non pas en cognoissance de cause, comme il sera tantost dit. Et de fait on voit que les Autheurs, qui en parlent, ne font pas mention, qu'ils eussent iustice: comme Perse en sa Satyre.

20 Pouuoir des Ediles des villes.

21 Correction cõsiste en execution sans sentence.

Sese aliquem credens, Italo quod honore supinus
Fregerit heminas Areti Ædilis iniquas.

Et Iuuenal,

Et de mensura ius dicere (car ainsi faut-il lire, & non pas *ius dicere*) *vasa minora*
Frangere pannosus vacuis Ædilis Vlubris.

Et Plaute *in Sticho*,

——*Siquæ sunt improbæ*
Merces, iactat omnes: Ædilitatem gerit.

Et le Iurisconsulte en la loy *Lectos. de pericu. & com. rei vend. Lectos, qui in via erant, Ædilis conscidit.* Et en la loy *Itemque §. Siquis mensuras. D. Locati. Mensuras Magistratus frangi iussit.* Et en la loy *Eos qui D. De Decur. Qui vtensilia vendunt ab Ædilibus cæsi sunt.*

Car il y a bien de difference entre la correction, la iustice sommaire, & la iustice entiere: ce qui merite bien d'estre expliqué en passant. La corre-

22 Difference entre la correctiõ iustice sommaire, & iustice entiere.

ction se faict & execute sans forme & figure de pro-
23 Que c'est que correction. cez *sine figura judicij*, & sans escrire, ἀγράμματως: comme celle, qu'a l'Abbé sur son Religieux, le pedagogue ou maistre de mestier sur ses disciples où apprẽtis: le capitaine sur ses soldats: le pere de famille sur sa femme, enfans & seruiteurs: aussi ne peut elle tendre qu'à legere punition. Telle est la coërcion ou
24 Correction à lieu en fait de Police. correction de la Police: Ce qui ce collige de la conciliation de deux Loix, à sçauoir ceste mesme loy *Eos*, qui dit, que *qui ab Aedilibus cæsi sunt infames non*
25 Conciliation de plusieus loix. *fiunt*, & la loy *Cognitionum. §. Minuitur. D. de extraord. cognit.* qui dit indistinctement, que *fustibus cæsus infamis efficitur*: mais ceste derniere loy parle nommément de celuy, qui est fustigé en vertu de sentence, dõnée auec cognoissãce de cause, & l'autre de celuy, qui est fustigé sans cognoissance de cause par voye de correction: voire mesme, cõbien qu'vn homme fust accusé pardeuant vn juge ordinaire, si auant sa sentence definitiue, il se faisoit fustiger ou flageller, il n'estoit pas pourtant infame, *Nullam existimationis infamiã auunculus tuus pertimescat, ictibus fustium subjectus, ob crimen quæstione habita, si sententia non præcessit, ignominiæ maculam irrogans.*

26 Correction des Magistrats de Rõme & villes Romaines. Car les Magistrats Romains faisoient tousjours marcher leurs Bedeaux ou massiers deuant eux, qui portoient des haches, ausquelles y auoit des verges attachées, dont sans figure de procez, il faisoient battre ceux du menu peuple, qu'ils trouuoient faisans quelque insolence, & à c'est exemple les Magstrats des villes faisoient porter deuant eux *fustes seu bacillos*, que nous appellons des verges, dont ils faisoient fustiger & battre ceux, qu'ils trouuoient en faute, dont est faict mention en la loy 8. *de Decur. lib.* 10. *Cod.* & en la 2. Agraire de Ciceron. Et pour ce que cela se faisoit sans cognoissance de cause, il ne portoit point d'infamie.

27 De mesme. Mesme les Magistrats ordinaires en instruisant les

procez criminels, par cholere, ou autremẽt faisoient fustiger les accusez, comme il se voit en l'histoire de la passion de nostre Redempteur, où Pilate dit, *emendatum eum vobis dimittam*: voylà la correction. Et és actes des Apostres, il se voit que S. Paul à esté ainsi fustigé plusieurs fois. C'est pourquoy Vlpian dit, que *quãtùm ad infamiam pertinet, multùm interest causa cognita aliquid pronunciatum sit, an quædam sint extrinsecus elocuta. Nam ex his infamia non irrogatur. l. Quid ergo. §. quantùm. De his qui not. infam.* qui est la decision de la loy *Verbum*: & de la loy *Interlocutio. C. eod.*

28. Interpretation de la loy *Ictus de his qui not. infam.*

Et c'est ainsi à mon aduis qu'il faut entendre la loy *Ictus fustium. D. eod.* qui dit que *Ictus fustium non infamat, sed causa, id est præcedens conuictio sententiâ iudicis solenniter declarata: vt in l. fustibus. C. eod. tit. Quando præco pronunciare jussus est, ἐσυκοφάντησε.*

92. Correction auoit lieu en la Police.

30. Correction du chef des communautez.

Voylà que c'estoit de la correction, qui auoit lieu principalement en matiere de menuë police, laquelle participe plus du gouuernement, que de la justice, & partant doit estre vuidée sans figure de procez, ainsi que la discipline militaire: & aussi sans qu'il y ait voye d'appel, sauf à se plaindre au juge ordinaire de l'excez d'icelle. Elle a lieu aussi en matiere de cõmunautez priuilegiées, aux chefs desquelles on dõne ordinairement ceste puissance de correction, sur les particuliers de la communauté, comme Bodin à tres-bien discouru au dernier chapitre du troisiesme liure de sa Republique. En quoy plusieurs se trompent pensant que ce soit vne justice: & ce qui monstre biẽ, que ce n'en est pas, c'est, qu'ils n'ont point de greffier, & qu'ordinairement les chefs, qui ont ceste correction, n'ont point de sermẽt à justice, au moins ne l'ont ils pas en qualité de juges.

31. De la justice sommaire.

Quant à la justice sommaire, c'est celle des juges Pedanées du droict, & des bas justiciers de France, qui ne peuuẽt cognoistre que des causes legeres lesquelles la Nou. 82. chap. 5. dit qu'ils doiuent vuider ἐν σχήματι παρασημειώσεως, *sub figura annotationis*, c'est à dire en forme sõmaire. Car il y a deux formes ou figures de procez, l'ordinaire appellée *Σημείωσις, id est solẽnis & plena cognitio*, & la sõmaire appellée παρασημείωσις, *hoc est per annotationẽ breuitatis & celeritatis causa*, & comme disent les interpretes Grecs τουτέστι μὴ γίνεσθαι σημειώματα πλατικὰ, ἐπὶ ταῖς διὰ μέσου διαγνώσεσι, καὶ ἀπογεγραμμένας ἔχοντα πάσας τὰς μερικὰς δικαιολογίας ou bien τουτέστι τοὺς κωλύοντας τὰς λαλιὰς ὑπομνηματισθῆναι, καὶ γράφοντας ταῦτα πᾶσιν ἐν συντόμῳ, καὶ δι' ὀλίγων.

32.
Iustice sommaire de Frãce

Qui est en effect ce qui est contenu en l'art. 153. des Estats de Blois, que tous juges sont tenus expedier sommairement & sur le champ, les causes personelles non excedantes la valeur de trois escus vn tiers sãs appoincter les parties à escrire ny informer: ce qui est aussi ordonné par plusieurs Edicts és causes attribuées aux justices des villes, comme il sera dit incontinent.

33.
Istice des villes de prouinces Romaines

Finalement és villes des prouinces, c'est à dire des pays eslongnez de Rome, qui auoient esté reduicts en forme de prouince, il n'y auoit point du cõmencement de justice populaire, non plus qu'és Préfectures d'Italie: Car comme disent Sigonius & Rosinus, les villes des prouinces estoient gouuernées presque tout ainsi, que les Préfectures d'Italie, ce que i'enten des villes gouuernées à la mode des prouinces: car dans les prouinces il y auoit quelques fois des villes, qui estoient de meilleure condition que les autres, qu'on appelloit libres citez, & celles-là estoiẽt comme les Municipies ou Colonies, dont il vient d'estre parlé.

34.
De defensoribus ciuitatum.

Mais les villes non libres, ny priuilegées des prouinces auoiẽt vn officier particulier, qui n'estoit aux villes d'Italie, qu'on appelloit *Defensorem ciuitatis aut plebis, Græcè* ἔκδικον, *i. vindicẽ seu assertorem l. Sancimus. C. de Episc. & cler.* Dont la principale charge estoit de tenir la main à l'egale distribution, & au recou-

35.
Leur origine

urement des tributs, qui n'estoient point leuez en Italie : mais outre cela il representoit le Censeur, de Rome, ou pour mieux dire le *Magister Census*, qui fut estably à Rome en la place du Censeur, apres que les Empereurs se furent faits Censeurs perpetuels : aussi l'office du défenseur duroit-il cinq ans, ainsi que celuy des Censeurs l. 4. *C. De defens. ciuit.* Partant il auoit charge de garder les registres publics, d'enregistrer les nouueaux habitans, receuoir les insinuations, les actes des natiuités & déces, à raison de quoy en Grece il estoit appellé ὑπομνηματογράφος, comme celuy d'Alexandrie *in l.* 59. *C. De Decurio.* Pareillement c'estoit luy, qui eslisoit les Decurions ou Conseillers de ville, és citez ou il y en auoit, ainsi que les Censeurs Romains *legebant Senatores.* 36. Leur charge.

Sur tout c'estoit sa principale charge, cõme son nom le portoit de defendre le menu peuple de la vexation des plus grands, & de moyenner, que chascun vescust en repos. Pour cêt effait il auoit soin de promouoir la punitiõ des crimes & auoit entrée en tous temps chez le President de la prouince, lequel ne faisant son deuoir, il estoit tenu d'en aduertir le *Prefectus Pretorio*, ou l'Empereur, comme il est dit au tiltre du Code *De Defensoribus ciuit.* 37. De mesme.

Et d'autant qu'en chacune prouince de l'Empire Romain, quelque grande & spatieuse quelle fust, il ny auoit qu'vn seul magistrat, tãt pour le gouuernemẽt, que pour l'excice de la justice : & que par consequẽt c'estoit vne incommodité insupportable au peuple, que pour ses menus differens il l'allast chercher ou il estoit : cela fut cause, que comme les Censeurs Romains entreprenoient sur le sujet de la reformation des moeurs, de cognoistre des petites querelles, & de corriger les fautes legeres, qui n'estoient pas recherchées en la justice contentieuse, combien qu'ils n'eussent point de jurisdiction, ains 38. Qu'ils eurent en fin la justice des causes legeres. 39. Censeurs n'auoient jurisdiction mais correction.

vne simple correction seulement : comme Bodin à naïuement bien discouru au liure 3. chapitre 3. & au liu. 6. chap. 1. Tout de mesme les Defenseurs des citez s'auctoriserent peu à peu, par respect & biēseance, & pour le biē de leur patrie, de cognoistre, en l'absēce des Présidēs des prouinces, de causes legeres, *maximè inter volentes*. Ce qu'ayant esté trouué vtile, voire necessaire au repos du peuple, en fin les Empereurs leur attribuerent jurisdiction cōtentieuse *vsque ad quinquaginta solidos*, dit la loy 1. *De Defens. ciuit.*

40. La jurisdiction des Defenseurs accreuë par Iustinian.

Mesmement estant aduenu du temps de Iustinian, que les gouuerneurs des prouinces auoient fait en sorte, pour diminuer l'auctorité de ces Defenseurs des citez, qu'on ny eslisoit plus, que des gens de peu, qui dépendoient totalement d'eux, & mesme en aucuns lieux ils entreprenoient de mettre en leur place des juges Pedanées, qu'ils appelloient τοποθηρηταί, *loci seruatores*, cêt Empereur ordonna par sa Nou. 15. que tous les plus apparens des villes sans exemption, fussent faits tour à tour defenseurs d'icelles, sans que les Gouuerneurs y peussent plus mettre gens de leur part. Et à fin de rendre ceste charge plus honnorable, il augmenta leur jurisdiction *vsque ad trecentos solidos*, & mesme ordonna qu'au dessoubs de ceste somme on ne se peust aucunement addresser aux Gouuerneurs, à peine de perdition de cause: combien qu'auparauant ils ne jugeassent que cōcurrement auec eux: mesme leur attribua l'execution de leurs sentences, qu'ils n'auoient point auparauant, non plus que les juges pedanées: mais aussi il retrancha le temps de leur office, voulant qu'il ne fust que de deux ans, au lieu de cinq ans.

41. Sommaire des justices des villes Romaines.

Somme de tout ce discours, que les magistrats Municipaux, soit qu'ils fussent appellez Duumuirs, ou Préteurs, auoient du commencement toute justice, mais en fin n'eurent que celle des causes legeres, que nous appellons basse justice : les Ediles n'auoient

cognoissance

cognoissance, que de la Police & marchandise, par voye de correction seulement, & les defenseurs des citez auoient aussi la basse iustice.

Dont resulte, qu'il n'y auoit en fin autre difference entre les Duumvirs, & les defenseurs des citez, sinon que les Duumvirs estoient seulement és citez priuilegées, qui auoient droit de Republique & cōseil de ville, & estoient pris du nombre & ordre des conseillers d'icelles *l. 1. C. de magistr. municip.* & les defenseurs estoiēt indistinctemēt en toutes les villes des Prouinces, où il n'y auoit point d'autres officiers de iustice populaire, & estoient pris indifferemment de tout le peuple *l. 2. C. de defens. ciuit. & d. Nou.* 15. 42. Differēce entre les Duumvirs & Defenseurs des Citez.

Pareillement il n'y auoit point d'autre difference entre le defenseur de la Cité, & le juge Pedanée, sinon que le defenseur estoit esleu par le peuple, & le juge Pedanée par le Proconsul ou autre Magistrat: Celuy-là estoit vray officier pendant son temps, & cestuy-cy n'estoit qu'vn commissaire & juge delegué, jusques à tant que Iustinian en erigea sept, en tiltre d'office dans Constantinople: aussi que le magistrat pouuoit retenir telles causes qu'il vouloit, & les oster au juge Pedanée, & que le Pedanée n'auoit l'execution de ses sentences, combien que le defenseur de la Cité l'eust par la Nou. 15. de Iustin. 43. Difference entre les Defenseurs des Citez & juges Pedanées.

Tout cecy qui viēt d'estre dit de la justice des villes Romaines, conuient assez bien auec nostre vsage. Aussi Cesar nous apprend en son 6. liu. & Strabo au 4. que les Gaulois & les Allemans viuoient plus cōmunement en estats populaires ou Aristocratiques, & qu'ils s'assembloient tous les ans à fin d'eslire les principaux des villes, pour y rendre la justice. 44. Des justices des villes de Frāce.

Et faut noter, qu'en la Gaule Belgique (qui fut le premier endroit où la monarchie Françoise commença à s'establir, & qui fut aussi presque la borne des conquestes des Romains) plusieurs villes demeurerent libres, par les capitulations qu'elles feirēt 45. Iustices des villes de la Gaule Belgique.

auec eux, comme Pline liu. 4. chap. 17. nous tesmoigne: & Suetone *in Iulio* nous dit, que quand il reduisit les Gaules en forme de Prouince, il excepta quelques cités alliées, & quelques autres bien meritées des Romains, ausquelles il laissa leur pristine liberté, c'est à dire leur permist d'auoir leurs loix, & leurs Magistrats comme auparauant.

46. De mesme. Et de faict plusieurs villes de la Gaule Belgique, ont tousiours gardé la justice ordinaire, jusques au temps de nos peres, quand l'ord. de Moulins fut faite, qui encor n'a peu estre executée en toutes. Et ces villes sont appellées dans les coustumes *villes de Loy*: comme en la coust. de Boulonnoys art. 13. *Au Comté de Boulonnoys y a cinq villes de Loy, ayans Majeurs & Escheuins, qui ont cognoissance du faict politique, & de toutes matieres suruenantes aux bourgeois*; & en l'art. 99. il est encor parlé des villes de Loy & Escheuinage.

47. Loy signifie justice en nos coustumes. Car és coustumes de Picardie, & communement dans Bouteiller, qui estoit du fonds de ceste Prouince, le mot de Loy signifie justice, *opinor, quia ibi nulla lege scripta, arbitria magistratuum pro legibus erant. Indè venir à Loy, est judicio sisti*: Main de Loy, c'est la main de justice: *Present Loy*. c'est à dire en jugement: *Oeure de Loy, legis actio*: Ordonnance de Loy, c'est à dire du juge: *Ramener complainte à Loy*, c'est à dire en jugement & non sur le lieu. Et en la coustume d'Artoys, il est dit, que *les huissiers doiuent demander assistance aux Loix des lieux*, c'est à dire aux juges des lieux, ou pour mieux dire, aux Escheuins des villes, qui en estoient les juges.

48. Gens de Loy sont les Escheuins des villes ayans justice. Car en ceste mesme coustume tout à la fin, & en celle de Hainaut chap. 85. de Mons chap. 8. & 12. dãs Froissart liu. 4. chap. 112. dans Commines liu. 2. ch. 4. *Gens de Loy, ou hommes de Loy*, ce sont les Escheuins des villes. Et encor à present en toute l'Angleterre, & en quelques villes d'Allemagne, les officiers des

villes ont le premier degré de jurisdiction : & d'autant qu'ils sont ordinairement marchans & non lettrez, j'ay ouy dire qu'en Angleterre ils ont vn officier lettré, nommé *Ricorder*, pour faire l'instruction des procez : ainsi qu'il semble, qu'il y ait eu anciennement és villes Belgiques vn officier qui en quelques coustumes est appellée *Records de la Loy*, dont Ragueau fait mention.

49. Records de la Loy.

Aussi au chap. *Ex parte ext. de alienat jud. mut. cau. fac.* il est faict mention de la justice de la ville d'Ypre en Flandres & au chap. 1. *De immunit. Eccles. in 6.* dit que *in Regno Franciæ Scabini, seu Consules jurisdictionem temporalem in quibusdam ciuitatibus exercent.*

50. Que plusieurs villes de Frãce ont justice.

Ce qui se veoit encor plus clairement és capitulaires de Charlemaigne, & Loys debonnaire, où il y a plus de dix passages, auxquels *Scabinei seu Scabini* sõt qualifiez juges, notamment au 3. liu. qui est celuy, qui traicte plus particulierement du faict de la justice, comme en l'art. 7. *judicio Scabineorum acquiescere*: en l'art. 31. *A Scabineis, qui causam judicarunt* : en l'art. 47. *Inter Scabineos ad legem judicandam:* en l'art. 48. *Post judicium Scabineorum* : en l'art. 53. *Nullus judex aut Scabineus justitiam differre præsumat.* Aussi ay-je appris, que *Scabin* en Alleman signifie juge, combien que Choppin die, que c'est vn mot Hebrieu : & quant au mot *Escheuin*, on le peut fort à propos tirer du verbe *Escheuer*, qui signifie *cauere aut præcauere*, comme il sera dit au 5. liu. des offices, au chap. traictant des offices des villes.

51. *Scabinei* sont les juges des villes aux Capit. de Charlemagne.

52. Escheuin *vnde.*

Mais tout ainsi que l'Empereur Leon pour oster de son Empire d'Orient tout vestige de gouuernement populaire, abolit tout à faict les justices des villes par sa coust. 47. Aussi ont elles esté retranchées en Frãce de temps en temps le plus qu'on à peu. Et premierement, nous trouuons que soubs Charlemagne & ses successeurs, soit les Roys, soit les Ducs & Gouuerneurs des prouinces, mirent des Comtes presque en

53. Retranchemẽt des justices des villes.

54. Comtes mis és villes pour estre juges.

toutes les villes, qui en auoient la justice entiere & ordinaire, & mesme és villes, dont les Escheuins auoient accoustumé d'auoir la justice, les Comtes y presidoient & jugeoient auec eux, comme il se veoit au 4. liu. des capitulaires art. 5. *Comes ad maritimam custodiam deputatus, si secum suos Scabinos habeat, ibi Placitum teneat, & justiciam faciat. Et Beat. Rhenan. in lib. rerum Germanic.* parlant de l'estat des Gaules & d'Allemagne, soubs la domination des François, dit ces mots *unicuique ferè ciuitati Comes præsidebat, qui nominatur aliquando judex fiscalis, scabinos sub se habens*: ce qui a esté prouué au chap. 4.

55. *Comes est judex fiscalis.* La raison à mon aduis, pourquoy le Comte estoit appellé *judex fiscalis* (comme il est ainsi appellé dans les loix Ripuaires, en ce passage vulgaire *Siquis judicem fiscalem occiderit, quem Comitem vocant*) estoit, pour ce qu'il estoit estably, non par le peuple, mais par le Roy, *cuius propriè est fiscus*. Aussi veoit-on qu'ē la plus part des villes où les Maires ont justice, il n'y a point de Preuost ou Chastellain, pour exercer la justice ordinaire, ains y a seulement vn Bailly ou Seneschal, pour la justice superieure.

56. Il y a eu peu de justices attribuées aux villes de la Gaule Celtique, & Aquitanique. Voylà pour la Gaule Belgique, mais en la Celtique & l'Aquitanique, qui furent entierement assujecties aux Romains, & reduittes en forme de prouince, les justices des villes, n'y ont pas esté si auctorisées, ains, cōme je croy, elles sont toutes venues de priuilége & concessiō particuliere, faictes de temps en tēps, par nos Roys: aussi bien que celles, qu'auoient les villes des prouinces Romaines, cōme il se veoit dās Spartian de la ville d'Alexandrie, *cui Seuerus Imperator jus*

57. Iustices attribuées par forme de priuilége. *Buleutarum dedit, cùm anteà sine publico cōcilio, vt potè sub Regibus, viueret, vno judice contenta*; & dās Pline, epist. 57. du 10. liu. l'Empereur Trajan luy mande, qu'il veut qu'on entretienne le priuilege des Apaméans cité de Bithynie, *vt arbitrio suo Rempub. suam administrarent.*

De mesme en France au moins en ces prouinces-là, les justices des villes ne subsistent, que par les priuileges & concessions de noz Roys, ainsi que les seigneuriales subsistent par la feodalité: & ces priuileges, aussi bien à l'egard de la justice, qu'és autres poincts, sont diuers, selon que noz Roys ont voulu diuersement gratifier les villes. 58. De mesme

Peu d'icelles ont eu la justice entiere, hors mis celles de la Gaule Belgique, qui l'auoiẽt de tout tẽps: mais plusieurs õt obtenu la basse justice: dõt Mõsieur Choppin en son premier tome de la coust. d'Anjou, rapporte les chartres de Mante & de la Ferté sur Aube, contenantes ces mots, *qu'elles auront droict de Mairie & Preuosté, c'est à dire basse justice.* Aussi par la coust. du Liege art. 7. 22. & 23. les Majeurs & Escheuins ont basse justice. Et de verité en noz anciens liures de prattique, & és vieilles coustumes, Mairie signifie basse justice, & le juge du bas justicier, est appellé Maire, cõme encor és articles secrets de la coustume de Paris, & en celle de Rebetz locale de Meaux, ainsi qu'il à esté dit cy deuant du mot de Preuosté, qui est ordinairement adjoint à celuy de Maire, comme synonime. De sorte qu'il y a grande apparence de dire, que les Maires en France, és villes ou ils ont justice, se rapportẽt aux Defenseurs des citez du droit: quoy que ce soit que noz Maires de ville n'ont que basse justice, & en consequence de ce qui vient d'estre dit, que tous les officiers des villes de l'Empire Romain n'auoient justice, que des causes legeres, *& vsque ad quinquaginta solidos*, ce que nous auons pris en France pour nostre basse justice, comme il a esté dit cy deuant. 59. Iustices des villes sont ordinairement basses justices. 60. Mairie signifie basse justice, aussi bien que preuosté. 61. Maires des villes ressemblent aux defenseurs des citez.

Et és villes ou il n'y a point de justice, ny de Mairie, ains y a seulement des Escheuins, qui representent les Ediles des villes Romaines, la creãce & support qu'ils ont du peuple, qui les fauorise tousiours, comme ses propres officiers, à fait qu'en plusieurs d'i- 62. Escheuins en quelques villes ont entrepris la police.

celles, ils ont vsurpé la cognoissance du fait de police, ainsi que les Ediles tant de Rôme, que des autres villes de l'Empire Romain s'estoient attribué la police, comme en effect le mot de police, signifie la justice de la cité.

63. La police a deux parties.

Comme donc il vient d'estre dit que ceste police dont les officiers des villes ont entrepris de cognoistre, a deux parties, a sçauoir l'Agoranomie, qui est le reglement des marchandises, & l'Astynomie, qui est l'executiõ de la menuë police, qu'on appellé proprement le fait de police : aussi y a-il quelques villes de France dont les officiers, soit par concession, ou par vsurpation ont pris cognoissance de l'vne & de

64. Preuost des marchands à Paris d'où est dit.

l'autre : comme entre autres ceux de la ville de Paris faisoient auparauant que leur jurisdiction eust esté retranchée par le Roy Charles 9. Et de là vient que le premier officier d'icelle est appellé preuost des marchands, d'autant qu'il cognoissoit anciennemẽt, auec les escheuins, du fait de la marchandise, lors qu'il tenoit sa justice au parloir des bourgeois, dont il retient encor la cognoissance de la marchandise amenée dãs Paris sur la riuiere entre le quatre tours.

65. Deux sortes de justice attribuées aux villes par le Chancelier l'Hospital.

De ceste antiquité ce docte Chancellier de l'Hopital reueilla & feist renouueler de son temps en Frãce, deux sortes de justices, qui encor sont excercées és villes par les habitans d'icelles esleus par le peuple.

66. Des juges consuls.

L'vne pour l'agoranomie, qui est la justice des juges consuls des marchands, qui premierement fut instituée à Paris en l'an 1563. puis en d'autres villes par concessions particulieres, & finalement par Edict general de l'an 1566. ceste justice fut establie en toutes les bonnes villes de ce Royaume, ou il y a affluẽce de marchands, pour vuider les procez de marchand à marchand, & pour faict de marchandise : ce que Bodin nous apprend estre prattiqué de long temps en la plus part des villes d'Italie.

L'autre pour l'Astynomie & menuë police des

villes, instituée, tant par l'ordonnance de Moulins art. 72. que par Edict de l'an 1572. qui veut qu'en chascune ville Royalle il soit esleu, en l'assemblée generale d'icelle, de six en six mois, six personages notables, sçauoir deux officiers, & quatre bourgeois, pour cognoistre du fait de la police, qui peuuent juger sans appel, jusques à quarante solz & executer nonobstant l'appel jusques à dix liures. Et faut noter neantmoins, que à bien entendre ces justices des Consuls, & des Policiers n'appartiennent pas aux villes, ains au Roy, qui seulement remet & concede aux villes l'election des officiers d'icelles, mais les émoluments luy appartiennent, comme les amendes & reuenu des greffes, & du seau pareillement, qui doit estre aux armes du Roy & non des villes.

67. Des bourgeois policiers.

68. Que ces deux justices n'appartiennét proprement aux villes.

Il y auoit encor anciennement vne autre justice de mesme sorte, sçauoir est celle des Esleus sur le fait des aydes & subsides du Roy. Car comme en l'Empire Romain les officiers des villes auoient la charge de moyenner la leuée des tributs, dont mesme ils estoient responsables: aussi anciennement en France c'estoient les Escheuins des villes, qui cognoissoient des aydes & tailles accordées au Roy par le peuple, comme il se veoit par les lettres patẽtes du Roy Iean de l'an 1350. par lesquelles il attribuë au preuost des marchãds & escheuins de Paris la cognoissance des differends suruenans à raison de la leuée des six deniers pour liure des menues denrées vendues au marché: d'ou vient possible, que la ville de Paris retient encor la jurisdiction des aydes, qui luy sont engagées pour le payement des rentes, dont elle s'est chargée pour le Roy enuers les particuliers

69. Iustices des électionsestoit jadis vne justice populaire.

Mais a succession de temps les escheuins des villes ne voulãs prendre la peine de vuider ces differẽts il fut esleu par le peuple d'autres persones expres,

70. Esleus d'où sõt prouenus.

pour cet effect, que pour ceste cause furent appellez esleus : & ceux qui furẽt esleus par les estats de toute la France, pour auoir la superintendance de ces

71. Generaux des aydes ou iustice d'icelles.

leuées, & aussi des procez, qui en prouiendroient, furent appellez generaux, soit des aydes, soit de la iustice d'icelles : ainsi qu'au dernier temps de l'Empire Romain le *Magister Census* de Constantinople, estant comme le superintendant des Defenseurs des citez, quant au fait des cens ou tributz fut appellé γενικὸς : comme il se voit en la Nou. 44. de Leon, & dans Suidas *In Artemio*.

72. Esleus & generaux faits perpetuels.

Toutesfois en fin les aydes & subsides, qui du commencement n'estoient leuez, que du consentement du peuple, & n'auoient cours, que pendant les guerres, ayant esté continuez à perpetuité, & se leuans sans le consentement du peuple, les officiers, qui en auoient la charge, ont aussi par consequent esté faicts perpetuels, & n'ont plus esté mis par le peuple, ains par le Roy. Ce que Monsieur Pasquier à discouru égalemẽt en son 2. liure des Recherches chapitre 7.

73. Toutes ces iustices doiuent estre sommaires.

Et faut noter, que toutes ces iustices populaires ont esté de tout temps, & doiuent estre encor, sommaires, ainsi que la basse iustice de France, & qu'estoient en l'Empire Romain les iustices des Defenseurs des citez, & des iuges pedanées : c'est à dire que les causes y doiuent estre vuidées sommairement, & sur le champ, sans ministere d'aduocat & procureur, & sans appointer les parties à produire, ny à faire enqueste : comme pour le regard de la iustice des Consuls il est porté par l'Edit de l'an 1563. & quant à celle des bourgeois policiers par l'ordonnance de l'an 1577. & quant à celle des villes il y en à Edict pour Paris de l'an 1563.

74. Et exercées gratuitement.

D'ont s'ensuit par consequent, que ces iustices doibuent estre exercées gratuitement, & sans rien prẽdre des parties, pource qu'il n'eschet aucũ salaire

de ce

de ce qui se vuide en l'audience, comme il a esté dit au 1. liu. des *Offices*. Aussi est-ce vn secours mutuel, que chasque hõneste habitãt doit à son tour à sa patrie: ainsi qu'on voit qu'à Rõme *munus judicãdi* estoit mis entre les redeuances & subjections persõnelles, dont chascun estoit tenu *l. 6. §. 8. D. De excusat. tut. & l. vlt. §. judicandi D. De Muner. & Honor., vbi Budæus laté.*

Ce qui deuoit estre aussi gardé és justices des Esleus & l'estoit sans doute, lors qu'ils estoient vrayement esleus par le peuple: mais depuis qu'ils ont esté faits officiers du Roy, ils se sont licentiés d'appointer les procez, & de prendre des espices & autres salaires sur le peuple, combien qu'ils ayent beaucoup plus de gages, que les juges ordinaires: gages que le peuple paye, & partant estant payez en gros par le peuple, ils ne s'en deuroiẽt encor faire payer en détail, joint qu'en leur jurisdiction il est tousiours question de deniers du Roy, és affaires duquel on ne doit point adjuger de despens. 75. Esleus ne deuroient rien prendre des parties.

Reuenant donc à nostre propos hors les justices des Consulz & des bourgeois policiers, qui encor ne sont pas exercées par les Escheuins, & n'appartiennent pas proprement aux villes, les villes n'ont à présent aucune justice en France par droit commun, ains seulement aucunes en ont par priuilege. Encor par l'ordonnance de Moulins art. 71. nonobstant les priuileges particuliers des villes, la justice ciuile leur a esté interdicte & ostée: & a seulement esté laissée la cognoissance de la police & du criminel, aux villes, qui l'auoient auparauant. 76. Retranchemẽt des justices des villes par l'ord. de Moulins.

Quand ceste ord. dit que la police est laissée aux villes, cela ne s'entend pas de ceste nouuelle inuention de bourgeois policiers, qui n'ont pas vrayemẽt la justice de la police, ains seulement l'administratiõ & intendance non cõtentieuse d'icelle, pour la taxe des viures & autres petits réglemens, & la simple 77. Interpretation d'icelles. 78. Comment les Policiers sont reglés auec le juge ordinaire.

correction en ce qui est contentieux. Car nonobstãt leur establissement, le juge ordinaire de la ville, comme vray juge de police, a toute cognoissance d'icelle par preuention & concurrence, & outre à tout seul la reception & reglement des mestiers, la visitation du fait de police contentieux, & la cognoissance des procez criminels tendans à punition exemplaire, comme porte l'ord. de l'an 1577. ce qui se r'apporte presque à la decision de la loy 1. C. *De Off. Praefecti annonae*: mais quand les villes ont par priuilége la cognoissance de la police, ce sont les Escheuins, qui en cognoissent, & n'y à point lors en icelles de bourgeois policiers, comme il est dit en l'ordonnãce de Moulins art. 72.

79. Quand les Escheuins ont la police n'y a point de bourgeois policiers.

Et de verité, il y a bien quelque apparence que la police, ou le peuple a le total interest, soit administrée par officiers populaires. Mais ie ne sçay pas sur quoy sont fondées les concessions attribuées à aucunes villes de France, d'auoir la iustice criminelle, & pourquoy ceste ord. de Moulins la leur a plustost laissée que la ciuile. Car la iustice criminelle est le droict de glaiue, qui ne doit point estre baillé au furieux, c'est le *merum imperium*, qui en vn estat monarchique, ne doit point estre communiqué au peuple. Aussi au droit Romain la iustice criminelle estoit tellement interdite aux officiers des villes, que mesme ils n'auoient pas puissance de condemner à vne simple amende, comme il vient d'estre prouué. Et sans doute c'est ainsi qu'il faut entendre le passage de l'Euangile, ou les Iuifs disent à Pilate, *Non licet nobis interficere quemquam*, pource qu'ils n'auoient point de iustice criminelle, depuis qu'ils eurẽt esté assujetis aux Romains, combien que noz Theologiens l'expliquent autrement.

80. Iustice criminelle ne doit estre laissée aux villes.

81. Interpretation d'vn passage de la Passion.

Or quand on voulut executer ceste ordonnance de Moulins, & oster par effaict aux villes la iustice ciuile, plusieurs villes y formerent opposition, les

82. Oppositions formées par les villes à l'execution de ceste ord. de Moulins.

vnes disãs, que ceste justice leur appartenoit de toute ancienneté, voire auant l'establissemẽt de ceste monarchie; autres qu'elle leur auoit esté concedée à tiltre onereux: autres que leur priuileges ayant esté deüement renouuellés & confirmés par le Roy lors regnant, ils ne debuoient estre abolis: & sur ces oppositiõs on disputa fermemẽt la question, si, & quãd les priuileges concedés par les Roys peuuent estre reuoqués.

Les habitans de Bologne soustindrent hautemẽt contre Monsieur le procureur general du Roy, qu'ils auoient leur justice de toute ancienneté, & qu'ils s'estoiẽt donnés & adjoints à ceste monarchie, à cõditiõ, que ceste justice leur demeureroit, & en auoiẽt tousiours jouy depuis. Leur fait fut receu; & neantmoins faute d'en faire apparoir promptement & par tiltres, fut dit par arrest du moys de Ian. 1571. que par prouision l'ordonnance seroit executée. Autant en fut ordonné en la cause de ceux d'Angoulesme le dernier Ianuier 1572.

83. Opposition des Boulonnoys.

84. Et de ceux d'Angoulesme

Mais il est bien malaisé de faire preuue de choses si anciennes, & comme dit Aulu-gelle au lieu sus-allegué, *antiquitate, obscura obliteratáque sunt Municipiorum jura, quibus vti jam per ignorantiam non queunt.* Et n'y a nulle doubte que ces villes n'eussent gaigné leur cause, si elles eussent peu prouuer leur dire. Car estant ainsi, qu'elles se fussẽt adjointes, a ce Royaume à ceste condition, que leur justice demeureroit, il seroit vray de dire, qu'elle leur appartiendroit de leur propre droit, & que ce ne seroit pas vn priuilege, ains plustost vne franchise & liberté, vne loy & condition imposée *in traditione sui*, qui doit estre inuiolable, *l. Sancimus. C. De reb. al. non alien.* bref vne capitulation qui oblige la foy publique, & qui ne peut estre reuoquée sans violer le droict des gens.

85. Iustice appartenant aux villes par capitulation ne leur doit estre ostée.

C'est la plainte que faisoient les Rocheloys pendant les troubles de la religion, disans qu'apres

86. Plainte des Rocheloys touchãt leurs franchises & libertés.

auoit esté contre leur volonté abandonnés à l'Angloys par le traicté de Bretigny, & depuis l'ayãt chassé & s'estans mis en pleine liberté, ils s'estoient eux-mesmes remis & rejoincts à ce Royaume, à condition expresse de jouyr de certaines frãchises & libertés, qui leur furẽt lors accordées par le traicté, qu'ils feirent auec le Roy Charles 5. lesquelles partant ne leur peuuent estre justement ostées, si leur dire est veritable, & si de leur costé ils n'ont point contreuenu à ce traicté.

87. Des priuileges des villes.

Voylà pour les libertés & franchises, mais quant aux simples priuileges des villes, il faut destinguer, s'ils ont esté concedez ou a tiltre onereux ou grattuitement. Car ceux qui ont esté baillés à tiltre onereux, ne sont point sujets à estre confirmés & renouuellés de Roy en Roy, pource que la cause en subsiste tousiours, & que les cõtracts ont trait à perpetuité. Pareillement ils n'ont pas accoustumé en ce cas d'estre réuoqués, principalement quand ils ont este verifiés au Parlement, pource qu'il y va lors de la foy publique, & que les Roys sont tenus de leurs cõtracts legitimemẽt faits, aussi bien que les particuliers. C'est pourquoy les habitans de Chauny furent maintenus en leur justice, nonobstant l'ordonnance de Moulins par arrest prouisional du 11. Iuin 1570. ayant fait apparoir qu'ils la tenoiẽt à tiltre onereux: & c'est la cause pourquoy on laisse les justices aux seigneurs de France, pource qu'elles leur ont esté concedées par les Roys à tiltre de fief, qui est reputé tiltre onereux, & qui de tout temps à esté licite jusques a l'ordonnance du domaine, qui à prohibé, pour l'aduenir seulement, les concessions en fief du domaine, ou droits de la Courone. Et partant il n'est besoing de confirmation & renouuellement des justices seigneuriales aux changemẽs des Roys, ains seulement en faut reïterer la foy, comme des autres fiefs.

88. Priuileges concedés à tiltre onereux.

89. Pourquoy nonobstant l'ord. de Moulins plusieurs villes ont gardé leurs justices.

Non que pourtant le Roy ne puisse sans injustice, 90. Comment les priuileges onereux peuuent estre reuoquez.
reuoquer les priuileges concedez à tiltre onereux par son prédecesseur, lequel le peut encor moins lier, que le prédecesseur peut lier vn beneficier en attribuant nouueaux droicts aux vassaux du benefice. Car en outre le Roy a pour luy la consideration du bien public, qui est tousiours plus forte, que l'interest des particuliers: de maniere que pour vn reglement public, & vne bõne reformation, il peut tousjours reuoquer les priuileges concedez à tiltre onereux, & fust ce par luy mesme. Mais toutesfois il faut en tout cas qu'il rende indemnes ceux, à qui il les oste, & qu'il leur restitue preallablemét tout ce, qui est entré du leur, au profit de la Couronne.

Finalement quant aux priuileges concedez gra- 91. Des priuileges gratuits.
tuitement, d'autant qu'ils sont contraires au droict commun & partãt odieux, ils ne lient jamais le successeur du Prince, qui les a concedez: tesmoin Bartole sur la constit. *Ad reprimendam. in verb. Reges. num.* 21. où il recite qu'estant enuoyé vers l'Empereur Charles IIII. comme deputé de la ville de Peruse,
pour obtenir la confirmation des priuileges d'icelle, 92. Confirmation de chasque Roy necessaire aux priuileges gratuits.
il ne la peut auoir, que soubs ceste clause, *jusques à ce qu'ils soient reuoquez par nos successeurs.* Ce que l'Empereur Tibere mist le premier en vsage ordõnant, ainsi que dit Suetone *in Tito*, que *indulta à Principibus defunctis beneficia non aliter rata haberentur, quàm si ipse firmasset: cùm antea Principis beneficium, nisi ad tempus datum esset, perpetuum haberetur.* Et adjouste Suetone que le bon Empereur Titus *superiorum Principum beneficia vno confirmauit Edicto, nec à se peti passus est*: cè qui est aussi rapporté par Dion en sa vie. χαρίσματα ἐξέθηκε βεβαιῶν πάντα τὰ ὑπὸ τῶν προτέρων αὐτοκρατόρων βεβαιωθέντα ποιῶν, ὥστε μὴ καθ' ἑκάστοις σφῶν αἰτοῦντας αὐτὸν πράγματα ἔχειν.

Aurel Victor in Domitiano. Cum donata, inquit, concessáue à prioribus Principibus firmare insequentes solerent, simul imperium cepit, talia possidentibus Edicto sponte cavit. Lequel Edict est au 10. liure des Epistres de Pline.

93. Priuileges gratuits ne peuuent estre perpetuels.

Qui fut la cause, dit Bodin, pourquoy le Chãcellier l'Hospital refusa de seeller la confirmatiõ des priuiléges de S. Maur des Fossez prés Paris, quelque commandement, qu'il en eust du Roy, pour ce qu'ils portoient perpetuel affranchissement des tailles. Ce que Bodin trouue estrange, disant que le mot perpetuel apposé aux priuileges, doit estre entendu selõ la nature d'iceux, & partant ne lie point les Princes successeurs. Mais quoy qu'il en die, c'estoit à mon aduis plus religieusemẽt faict de refuser à seeller ces lettres, que d'y passer vne clause, qui, a succession de temps eust esté trouuée & jugée nulle.

F I N.

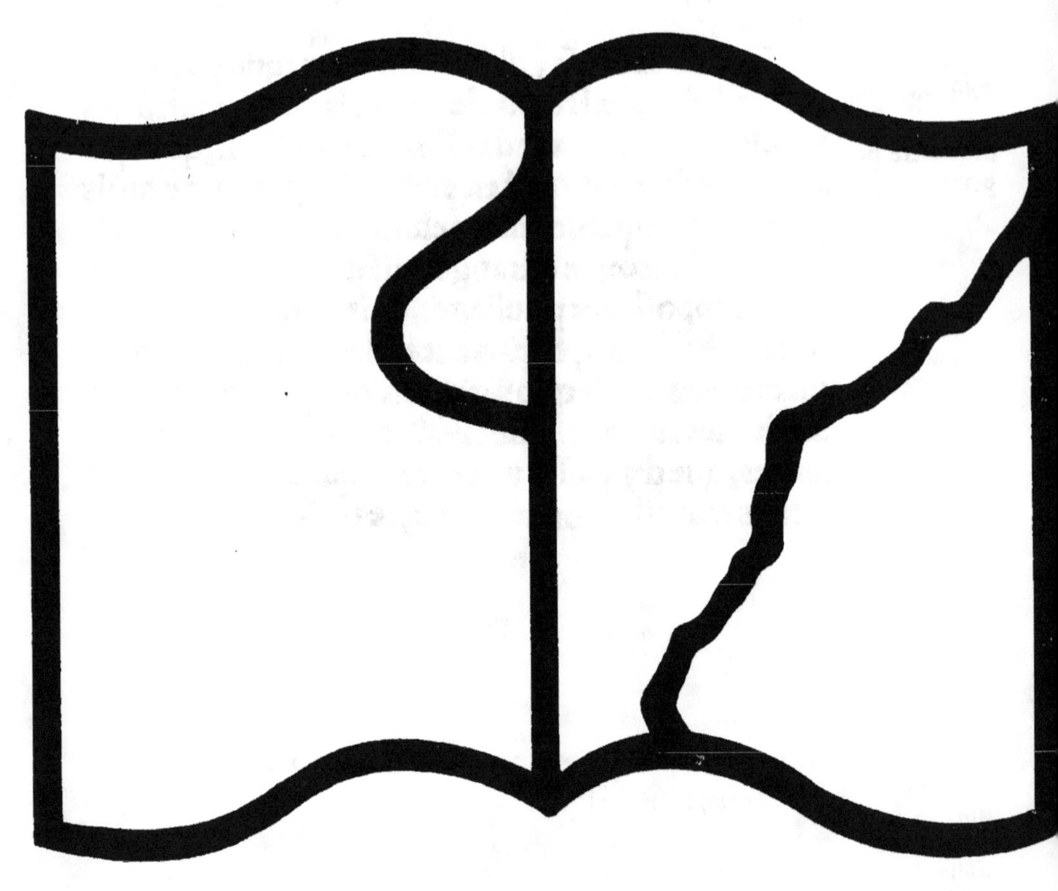

Texte détérioré — reliure défectueuse

NF Z 43-120-11

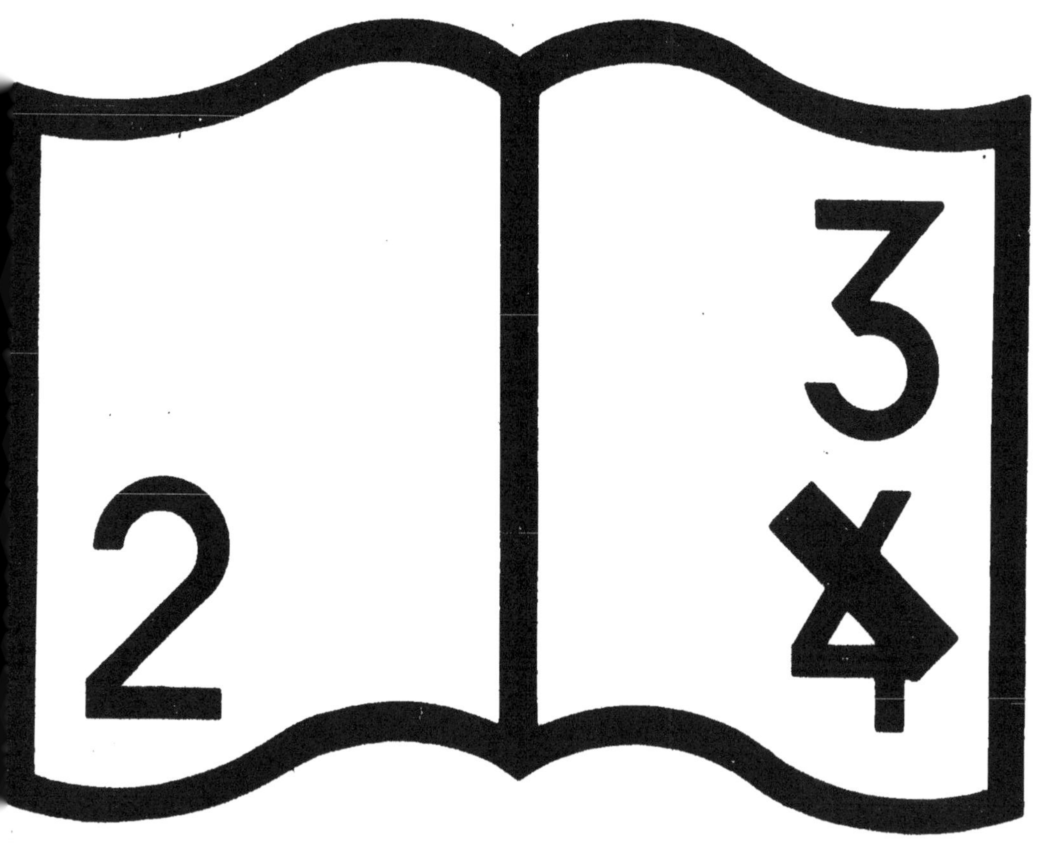
2
3
4

www.ingramcontent.com/pod-product-compliance
Lightning Source LLC
Chambersburg PA
CBHW060951220326
41599CB00023B/3671

* 9 7 8 2 0 1 2 6 2 9 4 5 5 *